`요즘 트렌드` `요즘 디자인을 위한`

포토샵 &
일러스트레이터

우디(서영열) 지음

**요즘 디자인을 위한
포토샵 & 일러스트레이터**

Copyright © 2025 by 서영열 All rights reserved.

초판 1쇄 발행 2025년 6월 15일

지은이 서영열(우디)
펴낸이 송찬수
펴낸곳 시프트

출판등록 2024년 1월 26일 제2024-000016호
주소 경기도 파주시 청암로 82
팩스 050-4047-5587

기획·편집 송찬수 / **내지 디자인** 다람쥐생활 / **표지 디자인** 롤스토리디자인연구소

문의 ask@shiftbook.co.kr
SNS instagram.com/shift.book

ISBN 979-11-986730-8-4 13000
책값은 뒤표지에 있습니다.

- 이 책은 저작권법에 따라 보호를 받는 저작물이므로 무단 전재와 무단 복제를 금합니다.
- 이 책의 내용 전부 또는 일부를 이용하려면 반드시 저작권자와 시프트의 동의를 받아야 합니다.
- 잘못된 책은 구입처에서 교환해 드립니다.
- 시프트에서는 여러분의 소중한 원고, 새로운 기획을 기다리고 있습니다.
  https://bityl.co/idea 에서 설문을 작성하거나 아이디어 또는 주제를 이메일 offer@shiftbook.co.kr 로 보내 주세요.

| 요즘 트렌드 | 실무 프로젝트로 따라 하며 배우는 디자인 실습 워크북 |

요즘 디자인을 위한
포토샵 & 일러스트레이터

어도비 인공지능

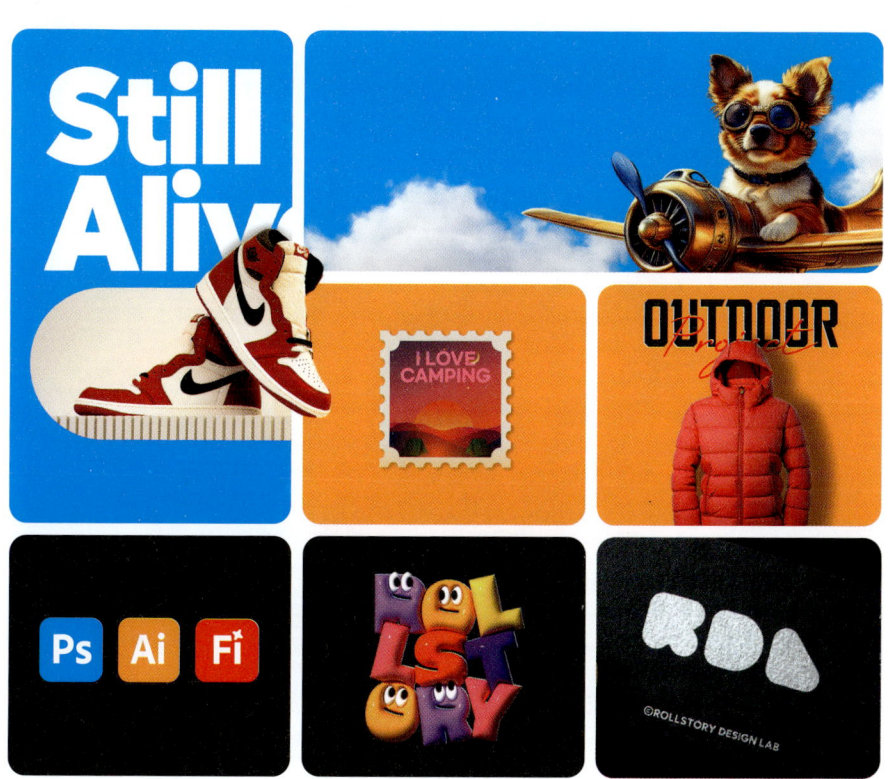

시프트

※ **일러두기**

- 이 책의 내용을 기반으로 한 운용 결과에 대해 지은이 및 출판사에서는 일체의 책임을 지지 않으므로 양해 바랍니다.
- 이 책의 집필 시점과 학습 시점에 따른 프로그램 버전 차이, 사용하는 디바이스나 운영체제의 차이에 따라 일부 기능은 지원하지 않거나 책의 내용과 다를 수 있습니다.
- Windows와 macOS의 화면은 거의 동일하며, 단축키 사용 시 Windows의 Ctrl , Alt , Enter 는 macOS에서 command , option , return 으로 대체하면 됩니다.
- 용어 표기는 실제 프로그램에 사용된 단어를 우선으로 하였습니다.
- 시프트 출판사의 출간 도서 및 예제 파일은 https://bityl.co/shiftbook 에서 확인할 수 있습니다.
- 책 내용과 관련된 문의는 지은이(rollstory@naver.com) 혹은 출판사(ask@shiftbook.co.kr)로 연락해 주시기를 바랍니다.

차례

완성 결과 미리보기 • 11 / 머리말 • 16 / 예제 파일 및 동영상 강의 • 17 / 이 책의 구성 • 18

PART 01 포토샵 & 일러스트레이터 디자인 준비하기 • 21

LESSON 01 디자인에 필요한 기초 개념 익히기 — 22
- 비트맵과 벡터의 차이점 알아보기 — 22
- RGB와 CMYK 색상 모드 이해하기 — 24
- 선명한 디자인을 위한 해상도 개념 파악하기 — 25
- 작업에 맞는 파일 포맷 선택 가이드 — 26

LESSON 02 알아 두면 유용한 사이트 모음 — 27

LESSON 03 프로그램 설치 및 업데이트를 위한 Creative Cloud — 30
- Creative Cloud의 주요 기능 — 30
- 프로그램 설치 및 사용 언어 변경하기 — 31
- Creative Cloud 활용하기 — 33

LESSON 04 포토샵 툴바와 패널 살펴보기 — 36
- 각종 도구가 모여 있는 포토샵 툴바 — 36
- 포토샵 주요 패널 살펴보기 — 41
- 나만의 작업 환경, 워크스페이스 설정 및 저장하기 — 45

LESSON 05 일러스트레이터 툴바와 패널 살펴보기 — 50
- 각종 도구가 모여 있는 일러스트레이터 툴바 — 50
- 일러스트레이터 주요 패널 살펴보기 — 58

PART 02 비트맵 그래픽의 정점 포토샵 • 65

LESSON 01 만들면서 배우는 포토샵 기본 기능 — 66
- 새 작업 시작하고 이미지 가져오기 — 68
- 도형을 이용하여 폴라로이드 프레임 만들기 — 70
- 텍스트 입력 및 레이어 스타일로 프레임 꾸미기 — 73
- 그룹으로 레이어 정리하고, 디자인 결과 저장하기 — 76
- 응용해 보기 — 79

LESSON 02 조정 레이어로 풍경 사진 보정 — 81
- 이미지 파일 열고, 수평 맞추기 — 83
- Selective Color로 색감 보정하기 — 84
- Curves로 이미지 밝기 조절하기 — 87
- 응용해 보기 — 89

LESSON 03 클리핑 마스크로 인물 사진과 텍스트 합성 91
가이드라인 추가 후 피사체 선택하기 92
클리핑 마스크의 마스크 준비하기 94
클리핑 마스크로 텍스트 합성하기 96
응용해 보기 98

LESSON 04 블렌딩 모드로 완성한 아트웍 100
블렌딩 모드로 배경 만들기 101
블렌딩 모드와 클리핑 마스크로 아트웍 완성하기 105
응용해 보기 111

LESSON 05 다양한 필터로 인물 사진 보정 112
카메라 로우로 머리카락 염색하기 113
뉴럴 필터로 피부 보정하기 117
리퀴파이로 외형 보정하기 118
응용해 보기 120

LESSON 06 시선을 사로잡는 배너 디자인 123
사선 구분이 돋보이는 배경 만들기 124
헤어까지 정교하게 선택한 인물 사진 배치하기 125
가독성을 고려하여 메시지 배치하기 128
색상 변경 및 스타일 추가하여 디자인 완성하기 132

LESSON 07 레이어 마스크 기능을 이용한 초대장 디자인 135
블렌딩 모드로 노란색 종이 질감 배경 만들기 136
레이어 마스크 기능으로 사진 프레임 표현하기 138
초대 문구 및 주요 정보 입력하기 140

LESSON 08 분할 구도의 감성적인 섬네일 디자인 143
사진 2장으로 이분할된 섬네일 배경 만들기 144
사진의 경계를 흐리게 처리하기 146
주제어 및 Lorem Ipsum으로 디자인 꾸미기 149
Color Lookup으로 보정하고, 네온 사인 효과 적용하기 152

LESSON 09 제품이 돋보이는 배너 디자인 155
모서리가 둥근 사각형으로 영역 구분하기 156
입체감이 느껴지도록 제품 사진 배치하기 157
카피나 로고 등을 배치하여 디자인 완성하기 159

LESSON 10 아트보드 기능으로 완성한 카드뉴스 템플릿 163
첫 번째 아트보드에 카드뉴스 기본 배경 만들기 164
카드뉴스 기본 레이아웃 구성하기 166
카드뉴스 번호 영역 구성하기 169
아트보드를 복제하여 템플릿 완성하기 171
응용해 보기 173

LESSON 11 긴 그림자가 돋보이는 타이포그래피 175
레이어 복제 기능으로 긴 그림자 표현하기 176
레이어 스타일을 적용하여 깊이감 더하기 180

그레이디언트로 자연스러운 그림자 완성하기	181
응용해 보기	182

LESSON 12 　분위기가 느껴지는 타이틀 디자인　183
　브러시로 질감 표현하기　184
　질감 표현에 디테일 더하기　187
　그레이디언트 적용 및 추가 작업으로 분위기 한층 강조하기　189

LESSON 13 　번쩍 속도감이 느껴지는 타이포그래피　192
　사선과 흐림 처리로 속도감 표현하기　193
　빛나는 타이포그래피　196
　응용해 보기　200

LESSON 14 　레이어 스타일로 만드는 입체 타이포그래피　204
　자유 변형으로 왜곡하여 타이포그래피 기초 만들기　204
　레이어 스타일로 입체감 표현하기　206
　응용해 보기　208

LESSON 15 　네온 효과로 꾸민 사진　209
　LUT로 보정한 후 네온 효과 설정하기　209
　색상을 변경하여 여러 종류의 네온 만들기　213
　브러시로 네온 사인 드로잉하기　215

LESSON 16 　빈티지한 느낌의 포스터 디자인　218
　임곗값으로 단순화한 후 빈티지 효과 표현하기　219
　텍스트를 입력하여 포스터 완성하기　223

LESSON 17 　글래스모피즘 효과로 완성한 감각적인 배경　226
　유리에 비친 듯한 글래스모피즘 효과 표현하기　227
　레이어 마스크 적용하여 배경 완성하기　229
　감각적으로 텍스트 배치하기　233
　응용해 보기　236

LESSON 18 　듀오톤 효과로 완성한 레트로 표지　238
　듀오톤 적용을 위한 이미지 보정하기　239
　그레이디언트 맵으로 듀오톤 적용하기　243
　레트로 표지 디자인 완성하기　245

LESSON 19 　커스텀 브러시로 그린 캐릭터　250
　나만의 커스텀 브러시 만들기　251
　밑그림을 따라 캐릭터 드로잉하기　254
　채색하여 강아지 그림 완성하기　256

LESSON 20 　클라이언트를 사로잡는 목업　258
　디자인 영역 만들기　259
　실제 제품과 유사한 질감 표현하기　263
　목업 파일로 저장하기　267
　완성한 목업 사용해 보기　268
　응용해 보기　270

PART 03 벡터 디자인의 정석 일러스트레이터 • 273

LESSON 01 사각형과 라이브 코너로 완성한 여우 캐릭터 — 274
- 사각형으로 배경 만들기 — 275
- 사각형과 라이브 코너로 얼굴 완성하기 — 277
- 디테일 추가하여 캐릭터 완성도 높이기 — 281
- **응용해 보기** — 284

LESSON 02 페인트 브러시와 오프셋 패스로 완성한 꽃 일러스트 — 287
- 원형과 Offset Path로 꽃의 얼굴 표현하기 — 288
- 원형을 잘라 얼굴 표정 표현하기 — 290
- 자유 드로잉으로 줄기 그리기 — 293
- **응용해 보기** — 296

LESSON 03 도형과 패스파인더로 완성한 풍경 일러스트 — 298
- 패스파인더로 여러 도형 합치기 — 299
- 패스파인더로 나누고 합쳐서 나무 일러스트 완성하기 — 301
- 풍경 일러스트 최종 완성하기 — 304

LESSON 04 회전과 변형 반복으로 완성한 시계 일러스트 — 308
- 기본 도형으로 시계 배경 만들기 — 309
- 변형 반복으로 시계 눈금 만들기 — 311
- 시침과 분침 추가하여 시계 일러스트 완성하기 — 313
- **응용해 보기** — 316

LESSON 05 물방울 브러시로 한국적인 로고 만들기 — 320
- 물방울 브러시로 기와 지붕 표현하기 — 321
- 문자 입력하여 로고 완성하기 — 324

LESSON 06 패턴 제작하여 캐릭터 채색하기 — 327
- 꽃 모양 패턴 요소 디자인하기 — 328
- 패턴으로 등록하기 — 330
- 등록한 패턴 사용하여 캐릭터 채색하기 — 332

LESSON 07 블렌드 도구와 클리핑 마스크로 완성한 우표 디자인 — 336
- 블렌드 도구로 우표의 틀 모양 만들기 — 337
- 클리핑 마스크를 활용하여 우표 디자인하기 — 342
- **응용해 보기** — 345

LESSON 08 문자 왜곡하여 뉴레트로 포스터 디자인하기 — 346
- 패스파인더를 활용하여 오목한 도형 만들기 — 347
- 문자 입력 후 왜곡하기 — 351
- 세부적인 수정을 거쳐 디자인 완성도 높이기 — 354
- 아트 브러시에 등록할 디자인 요소 만들기 — 358

LESSON 09 아트 브러시로 등록하여 뱀 일러스트 완성하기 — 358
- 디자인 요소를 아트 브러시로 등록하기 — 360
- **응용해 보기** — 364

LESSON 10 패턴 브러시로 마스킹 테이프 만들기 — 366
패턴으로 등록할 디자인 요소 완성하기 — 367
완성한 디자인을 패턴 브러시로 등록하기 — 368
패턴 브러시의 시작과 끝 타일 지정하기 — 370

LESSON 11 도형 구성 도구로 그리드 로고 만들기 — 373
도형 구성 도구 기본 사용 방법 익히기 — 374
도형 구성 도구로 그리드 로고 만들기 — 376

LESSON 12 도형과 문자로 완성한 엠블럼 — 379
원과 오프셋 패스를 이용하여 기본 틀 만들기 — 380
패스파인더 기능으로 원의 형태 변형하기 — 382
패스를 따라 둥근 형태로 문자 입력하기 — 385

LESSON 13 스케치 이미지를 벡터로 변환하여 완성한 캐릭터 — 391
이미지 추적 기능으로 비트맵을 백터로 변환하기 — 392
라이브 페인트 통으로 캐릭터 채색하기 — 397
응용해 보기 — 400

LESSON 14 모자이크 기능으로 완성한 픽셀 아트 — 403
이미지를 활용한 픽셀 아트 가이드 만들기 — 404
픽셀 작업을 위한 격자 표시 및 설정 — 407
격자를 이용해 픽셀 작업하기 — 408

LESSON 15 여러 효과를 이용하여 완성한 초크 아트 — 412
초크 아트 질감 표현하기 — 413
그래픽 스타일로 저장한 후 개체에 적용하기 — 415

LESSON 16 흐림 효과로 완성한 네온 사인 — 418
빛 표현을 위한 흐림 효과 적용하기 — 419
여러 흐림 효과 개체를 겹쳐서 네온 사인 효과 완성하기 — 421

LESSON 17 변형 기능으로 완성한 가변형 타이포그래피 — 425
칠 속성으로 형태를 만들고, 변형하여 입체 표현하기 — 426
선 속성 추가하여 타이포그래피 꾸미기 — 431

LESSON 18 블렌드 기능으로 완성한 입체적인 타이포그래피 — 434
문자 입력하여 타이포그래피의 형태 구성하기 — 435
블렌드 도구로 입체감 표현하기 — 438

LESSON 19 2D 개체를 3D 개체로 변형한 입체 타이포그래피 — 440
2D로 타이포그래피 디자인하기 — 441
2D를 3D 개체로 변경하기 — 444
응용해 보기 — 447

LESSON 20 2D 개체와 3D 개체를 조합하여 완성한 카드 — 449
2D 개체를 3D 개체로 변환하기 — 449
3D 개체에 2D 개체를 더하여 카드 디자인 완성하기 — 452

PART 04 포토샵 & 일러스트레이터 연동의 기술 • 457

LESSON 01 포토샵과 일러스트레이터 연동으로 완성한 인쇄용 포스터 — 458
포토샵 & 일러스트레이터 실시간 연동하기 — 459
포토샵에서 이미지 편집하여 포스터 디자인 완성하기 — 461
인쇄용 파일 만들기 — 465

LESSON 02 레이어 가져오기로 질감 표현하기 — 467
일러스트레이터 개체를 포토샵 개별 레이어로 가져오기 — 467
블렌딩 모드와 브러시 조합으로 그레인 질감 표현하기 — 470

LESSON 03 스마트 오브젝트로 완성한 아트웍 디자인 — 473
일러스트레이터 개체를 스마트 오브젝트로 가져오기 — 474
아트웍 디자인 완성하기 — 475

APPENDIX 어도비 인공지능 활용하기 • 481

LESSON 01 인공지능으로 이미지 생성하기 — 482

LESSON 02 생성형 채우기 & 생성형 확장 — 487
선택 영역 지정한 후 오브젝트 추가하기 — 487
이미지의 빈 여백을 인공지능으로 채우기 — 490

LESSON 03 인공지능으로 생성한 벡터 그래픽 & 모양 채우기 — 492
인공지능으로 생성할 수 있는 3가지 유형의 벡터 그래픽 — 493
선택한 개체의 모양에 맞게 채워 주는 생성형 모양 채우기 — 498

LESSON 04 인공지능으로 생성한 패턴 — 500

LESSON 05 인공지능으로 완성한 타이포그래피 — 504

찾아보기 • 509

완성 결과 미리보기

PART 02 비트맵 그래픽의 정점 포토샵

▲ 포토샵 기본 기능 066쪽

▲ 조정 레이어 081쪽

▲ 클리핑 마스크 091쪽

▲ 블렌딩 모드 100쪽

▲ 다양한 필터로 인물 보정 112쪽

▲ 배너디자인 123쪽

▲ 레이어마스크 135쪽

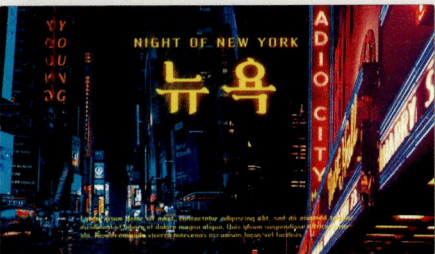
▲ 감성적인 섬네일 143쪽

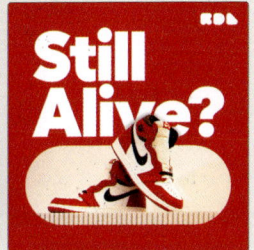
▲ 제품이 돋보이는 배너 155쪽

▲ 아트보드를 활용한 카드뉴스 163쪽

▲ 그림자 타이포그래피　175쪽

▲ 분위기가 느껴지는 타이틀　183쪽

▲ 속도감이 느껴지는 타이포그래피　192쪽

▲ 입체 타이포그래피　204쪽

▲ 네온 효과　209쪽

▲ 빈티지한 포스터　218쪽

▲ 글래스모피즘 효과　226쪽

▲ 듀오톤 효과　238쪽

▲ 커스텀 브러시로 그린 캐릭터　250쪽

▲ 목업　258쪽

12　완성 결과 미리보기

PART 03 벡터 디자인의 정적 일러스트레이터

▲ 사각형과 라이브 코너 274쪽

▲ 페인트 브러시와 오프셋 패스 287쪽

▲ 도형과 패스파인더 298쪽

▲ 사각형과 라이브 코너 308쪽

▲ 사각형과 라이브 코너 320쪽

▲ 사각형과 라이브 코너 327쪽

▲ 블렌드 도구와 클리핑 마스크 336쪽

▲ 문자 왜곡 346쪽

▲ 아트 브러시 358쪽

▲ 패턴 브러시 366쪽

▲ 도형 구성 도구 373쪽

▲ 도형과 문자 379쪽

▲ 비트맵을 벡터로 변환 391쪽

▲ 모자이크 기능과 픽셀 아트 403쪽

▲ 초크 아트 412쪽

▲ 흐림 효과와 네온 418쪽

▲ 가변형 타이포그래피 425쪽

▲ 블렌드 기능과 입체 타이포그래피 434쪽

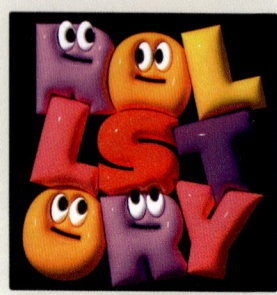

▲ 3D 타이포그래피 440쪽

▲ 2D와 3D를 조합한 카드 449쪽

PART 04 포토샵&일러스트레이터 연동의 기술

▲ 인쇄용 포스터　458쪽

▲ 질감 표현　467쪽

▲ 아트웍　473쪽

APPENDIX 어도비 인공지능 활용하기

▲ 인공지능 이미지 생성　482쪽

▲ 생성형 채우기　487쪽

▲ 생성형 확장　490쪽

▲ 벡터 그래픽 생성　493쪽

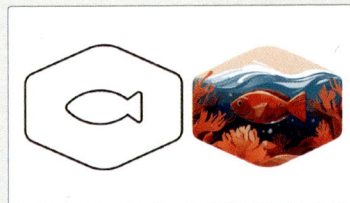
▲ 모양 채우기　498쪽

▲ 인공지능 패턴　500쪽

▲ 파이어플라이 활용　504쪽

완성 결과 미리보기 **15**

머리말

안녕하세요? 디자인 실무를 소개하는 유튜브 채널 '롤스토리디자인연구소'의 디자이너 우디입니다. 디자인은 단순한 시각적 표현을 넘어 우리의 생각과 감정을 세상과 연결하는 강력한 언어입니다. 오늘날 디자인의 가능성은 무한히 확장되었고, 그 중심에는 포토샵과 일러스트레이터라는 두 개의 강력한 도구가 자리 잡고 있죠.

이 책은 기초 디자인 이론부터 최신 AI 도구를 활용한 창의적인 워크플로우까지, 트렌디하고 감각적인 55가지 실무 예제를 통해 디자이너로서의 여정을 더욱 풍요롭게 해 줄 가이드북입니다. 수많은 디자이너와 창작의 기쁨과 도전을 나누며 깨달은 것은 기술과 창의력이 조화를 이룰 때 비로소 가장 놀라운 결과물이 탄생한다는 사실이었습니다. 이러한 경험을 바탕으로, 초보자부터 숙련자까지 누구나 포토샵과 일러스트레이터를 활용해 자신만의 독창적인 작품을 만들어갈 수 있도록 구성했습니다.

책으로 이해하기 어려운 부분은 롤스토리디자인연구소 유튜브 채널(https://www.youtube.com/@rollstory)에서 동영상 강의를 통해 더욱 자세히 만나볼 수 있으며, 질문이 있다면 언제든 댓글이나 이메일(rollstory@naver.com)로 문의해 주세요.

끊임없이 변화하는 디자인 여정 속에서 이 책이 새로운 영감과 자신만의 색을 찾는 데 든든한 동반자가 되기를 바라며, 여러분의 이야기가 세상에 멋지게 울려 퍼지기를 진심으로 응원합니다.

끝으로, 이 책이 세상에 나오기까지 함께해 주신 시프트 출판사, 사랑하는 가족, 그리고 가르치는 즐거움을 느끼게 해주신 독자 여러분과 유튜브 채널 구독자 여러분께 깊은 감사를 전합니다.

롤스토리디자인연구소
서영열(우디) 드림

예제 파일 및 동영상 강의

예제 및 완성 파일 안내

책에서 다루는 모든 실습은 예제 파일과 완성 파일을 제공하며, 아래 URL에서 다운로드할 수 있습니다. 레슨별 폴더에 정리되어 있으며, 완성 파일은 파트별로 정리되어 있습니다.

https://shiftbook.notion.site/adobe 또는 https://bityl.co/shift-adobe

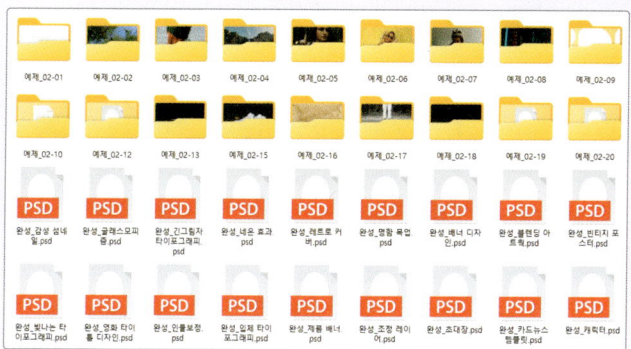

TIP 실습 중에 사용한 모든 글꼴은 https://bityl.co/adobe-font에서 일괄 확인할 수 있습니다.

유튜브 동영상 강의

이 책의 모든 실습은 저자의 유튜브 채널에서 동영상 강의를 제공합니다. 책을 보면서 따라 하기 어려울 때는 동영상 강의를 참고해 보세요. 강의는 2025년 12월 말까지 순차적으로 업로드됩니다.

https://bityl.co/adobe-class

◀ https://www.youtube.com/@rollstory

이 책의 구성

브랜드 디자인과 강의, 그래픽 디자인 유튜브 채널 운영 등 다양한 분야에서 디자이너로 활동하면서 쌓은 노하우를 가득 담았습니다.

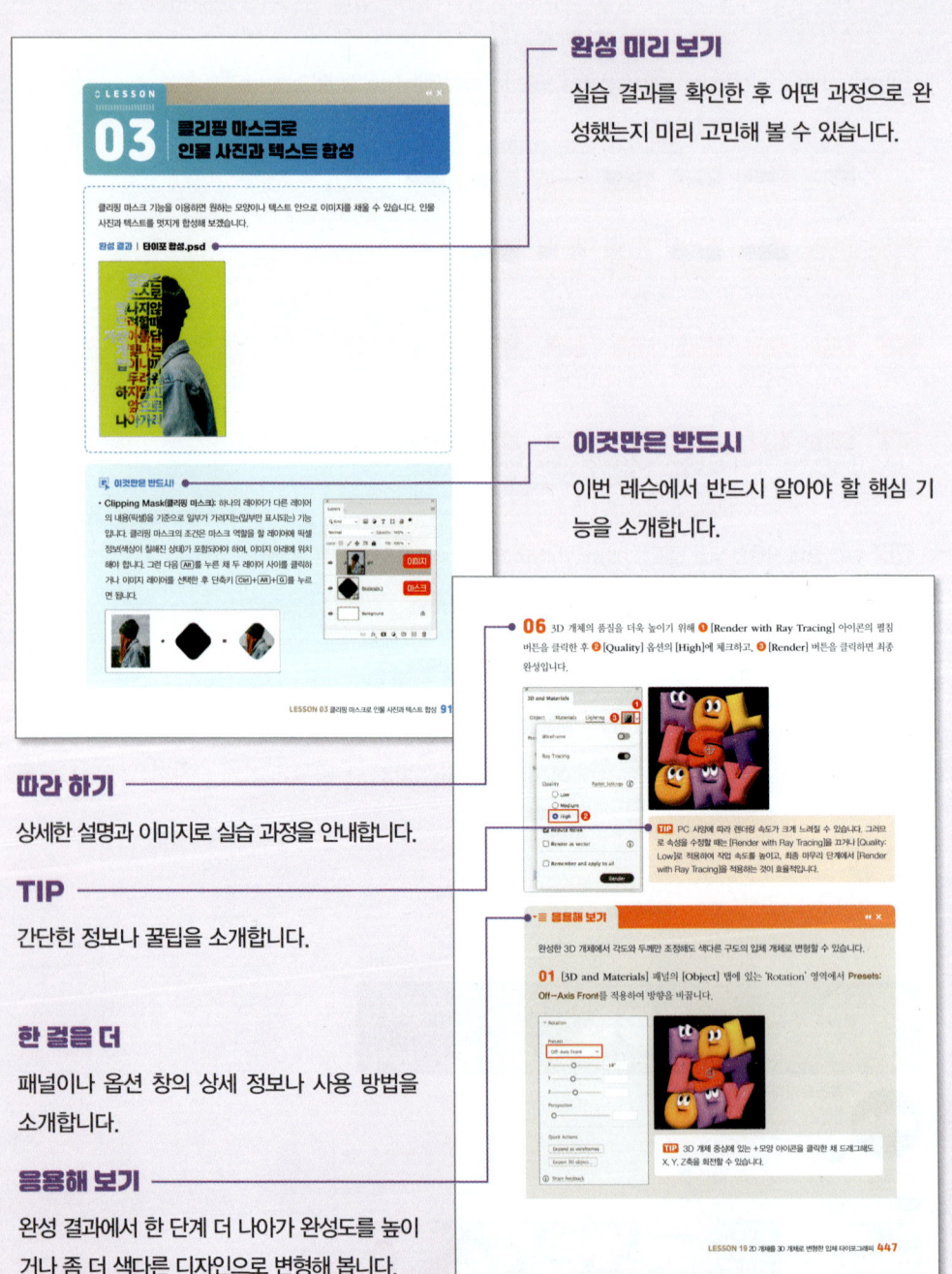

완성 미리 보기
실습 결과를 확인한 후 어떤 과정으로 완성했는지 미리 고민해 볼 수 있습니다.

이것만은 반드시
이번 레슨에서 반드시 알아야 할 핵심 기능을 소개합니다.

따라 하기
상세한 설명과 이미지로 실습 과정을 안내합니다.

TIP
간단한 정보나 꿀팁을 소개합니다.

한 걸음 더
패널이나 옵션 창의 상세 정보나 사용 방법을 소개합니다.

응용해 보기
완성 결과에서 한 단계 더 나아가 완성도를 높이거나 좀 더 색다른 디자인으로 변형해 봅니다.

포토샵, 일러스트레이터, 연동의 기술, 그리고 인공지능 활용 방법까지 실무형 실습을 따라 하면서 프로그램 사용 방법과 디자인 노하우를 함께 배울 수 있습니다.

디자인 기초, 포토샵, 일러스트레이터, 연동의 기술 인공지능 활용까지 한 권에!

디자인을 시작하는 첫걸음은 기본 개념을 정확히 이해하는 것입니다. 포토샵과 일러스트레이터는 각각 비트맵과 벡터 기반의 대표적인 그래픽 디자인 도구로, 이를 제대로 활용하려면 파일 형식, 색상 모드, 해상도 등의 기초 이론을 익히는 것도 중요합니다. 기본을 탄탄히 다지면서 포토샵 & 일러스트레이터의 핵심 도구와 패널, 워크스페이스 활용법까지 체계적으로 알아보며 앞으로 펼쳐질 창작의 세계를 준비해 보겠습니다.

CHAPTER

01

포토샵 &
일러스트레이터
디자인 준비하기

 × ×  ×  ×

LESSON 01 | 디자인에 필요한 기초 개념 익히기

디자인과 관련된 기본적인 용어나 개념을 알면 상황에 맞게 필요한 프로그램을 선택하는 데 도움이 됩니다. 물론 디자인 완성도에도 영향을 미칠 수 있죠. 여기서는 비트맵과 벡터 그래픽의 차이부터 해상도, 색상 모드, 파일 포맷 등의 핵심 개념을 익혀 디자인의 기초를 다져 보겠습니다.

비트맵과 벡터의 차이점 알아보기

디지털 디자인에는 두 가지 주요 이미지 방식이 사용됩니다. 포토샵은 비트맵(Bitmap) 방식을, 일러스트레이터는 벡터(Vector) 방식을 주로 활용하죠. 이 두 방식의 차이를 이해하면 프로젝트에 어떤 방식을 사용할지 판단할 수 있게 됩니다.

▲ 비트맵 방식을 사용하는 포토샵과 벡터 방식을 사용하는 일러스트레이터의 아이콘

구분	비트맵(Bitmap)	벡터(Vector)
구성 방식	픽셀(pixel) 단위로 구성	수학적 계산을 기반으로 한 점과 선, 도형으로 구성
확대 시 품질	확대하면 픽셀이 깨져 품질 저하 (계단 현상 발생)	아무리 확대해도 품질이 유지됨
해상도	정해진 해상도 이상으로 변경 시 품질 저하 발생 가능	해상도의 영향을 받지 않음
파일 용량	해상도가 높을수록 용량이 커짐	상대적으로 용량이 작음
대표 포맷	JPG, PNG, GIF, BMP, TIFF	AI, SVG, EPS, PDF

아래는 같은 크기의 원을 비트맵과 벡터 방식으로 생성한 후 확대했을 때의 차이입니다. 앞의 표에서 언급했듯 비트맵 이미지는 픽셀로 구성되어 있어 확대하면 개별 픽셀이 드러나고 경계선이 흐려지며, 계단 현상이 발생할 수 있습니다. 반면, 벡터 이미지는 수학적 계산을 기반으로 하기 때문에 아무리 크기를 확대해도 선명도가 유지됩니다.

▲ 비트맵 기반의 포토샵에서 확대했을 때(좌)와 벡터 기반의 일러스트레이터에서 확대했을 때(우)

이러한 방식의 차이를 이해하고 비트맵과 벡터를 적절하게 활용하면 프로젝트의 완성도를 높일 수 있으므로 최종 사용 목적에 맞는 파일 포맷을 선택해야 합니다.

비트맵이 적합한 경우

- 사진 편집 및 보정 작업
- 웹사이트 배경 이미지 제작
- 현실적인 질감과 색감을 강조하는 디자인
- 고해상도가 요구되는 디지털 페인팅 및 일러스트레이션

벡터가 적합한 경우

- 브랜드 로고 디자인
- 아이콘, 심볼, 타이포그래피 제작
- 명함, 포스터, 배너 등 인쇄물 디자인
- UI/UX 디자인 및 웹 그래픽 요소 제작

RGB와 CMYK 색상 모드 이해하기

디지털 디자인을 할 때 색상 모드는 최종 결과물의 색감을 결정하는 중요한 요소입니다. RGB와 CMYK는 가장 많이 사용되는 색상 모드이며, 색을 표현하는 방식에서 근본적인 차이가 있습니다. 우선 RGB는 웹사이트, 소셜 미디어 콘텐츠, 모바일 앱 디자인 등 화면에서 표현되는 그래픽 작업에 적합합니다. 반면, CMYK는 책, 포스터, 명함, 브로슈어 등 인쇄가 필요한 작업에 적합하죠. RGB 색상 모드에서 작업한 후 인쇄할 경우 색상이 다르게 표현될 수 있으므로, 인쇄용 디자인은 처음부터 CMYK 모드로 설정하는 것이 좋습니다. RGB와 CMYK를 적절히 활용하면 보다 정확한 색상 표현이 가능하며, 디자인의 완성도를 높일 수 있습니다.

구분	RGB	CMYK
색상 체계	Red, Green, Blue	Cyan, Magenta, Yellow, Black
색상 원리	빛의 삼원색을 혼합하여 색을 표현 (가산 혼합)	잉크의 혼합으로 색을 표현(감산 혼합)
사용 환경	모니터, 스마트폰, TV 등 디지털 디스플레이	인쇄물(포스터, 명함, 브로슈어 등)
색상 표현 범위	CMYK보다 더 넓은 색상 표현	RGB보다 표현 가능한 색상이 제한적
흰색 표현	모든 색을 합치면 흰색이 됨	색을 합칠수록 어두워짐

참고로 색상의 범위를 표현하는 색 공간(Color Space)에서 모니터처럼 빛을 다루는 RGB 색 공간은 인쇄물에서 사용하는 CMYK 색 공간보다 훨씬 더 넓은 범위를 가집니다. 이는 빛을 기반으로 한 RGB 색 공간이 잉크를 사용하는 CMYK 색 공간보다 더 많은 색상을 표현할 수 있음을 의미합니다. 예를 들어, 화면에서는 선명하고 채도가 높은 형광색을 구현할 수 있지만, 인쇄물에서는 이러한 색상을 정확하게 표현하기 어렵습니다.

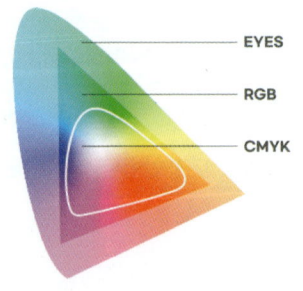

▲ 색 공간(Color Space)

즉, RGB 색 공간은 CMYK 색 공간보다 더 넓은 표현 영역을 가지고 있습니다. 그리고 이보다 더 넓은 색 공간을 가지고 있는 게 바로 우리의 눈입니다.

선명한 디자인을 위한 해상도 개념 파악하기

디자인 작업에서 해상도(Resolution)는 이미지의 품질과 선명도를 결정하는 중요한 요소입니다. 해상도를 올바르게 이해하고 설정해야 원하는 품질로 디자인 결과물을 출력할 수 있습니다.

그렇다면 해상도(Resolution)란 무엇일까요? 해상도는 화면에 표시되거나 인쇄할 때 이미지의 정밀도를 나타내는 지표로, 가로세로 1인치 영역에 몇 개의 픽셀 또는 점으로 채울 것인지를 나타내는 값입니다. 사용하는 단위는 PPI와 DPI가 있습니다. 먼저 PPI(Pixels Per Inch)는 1인치 안에 포함된 픽셀 수를 의미하며, 디지털 화면에서의 해상도를 측정하는 단위입니다. 그리고 DPI(Dots Per Inch)는 1인치당 프린터가 찍을 수 있는 점의 개수를 의미하며, 인쇄에서의 해상도를 측정하는 단위입니다.

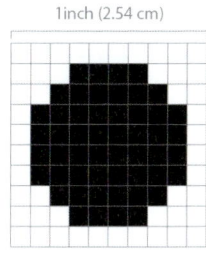 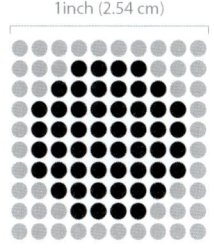

▲ 10PPI, 1인치에 100개(10x10)의 픽셀을 채울 수 있음　▲ 10DPI, 1인치에 100개(10x10)의 점을 채울 수 있음

해상도가 높을수록 더 많은 픽셀이나 점이 포함되어 세밀한 표현이 가능하지만, 용량이 커질 수 있습니다. 따라서 용도에 맞게 적절한 해상도를 설정해야 합니다. 해상도가 낮으면 출력 시 계단 현상(Aliasing)이 발생하여 이미지가 거칠고 흐릿하게 보일 수 있습니다. 웹사이트나 SNS용 디자인은 최소 72PPI 이상으로 설정하고, 인쇄물은 최소 300DPI 이상으로 설정해야 선명하고 깨끗한 결과물을 얻을 수 있습니다.

용도	권장 해상도
웹/디지털 디자인	72~150PPI
고품질 인쇄(포스터, 브로슈어 등)	300DPI 이상

작업에 맞는 파일 포맷 선택 가이드

디자인 작업을 끝낸 후 최종 용도에 맞게 파일 포맷(파일 형식)을 선택하는 것은 무척 중요한 과정 중 하나입니다. 파일 형식마다 특징과 활용 방식이 다르므로, 목적에 따라 적절하게 선택해야 최상의 결과를 얻을 수 있습니다. 또한, 올바른 형식을 선택해야 이미지 품질을 유지하면서도 작업 효율을 극대화할 수 있습니다. 디자인 작업을 위해 꼭 알아야 할 주요 포맷과 특징을 살펴보겠습니다.

포맷	특징	용도	장점	단점
JPG	손실 압축 방식, 작은 파일 크기, 투명 배경 불가능	웹 이미지, 사진, 블로그 콘텐츠	파일 크기가 작고 웹에서 빠름	여러 번 저장하면 품질이 점점 저하됨
PNG	무손실 압축, 투명 배경 지원, 상대적으로 용량 큼	웹 그래픽, 로고, 아이콘	투명 배경 가능, 품질 손실 없음	파일 크기가 큼, 애니메이션 미지원
GIF	256색 제한, 애니메이션 지원, 작은 파일 크기	간단한 애니메이션, 웹용 아이콘	움직이는 이미지 제작 가능	색상 제한이 있고 해상도가 낮음
TIFF	무손실 고품질, 레이어 지원 가능, 큰 파일 크기	고해상도 인쇄, 사진 보정	고품질 유지 가능, 인쇄에 최적화	파일 크기가 매우 큼
PSD	포토샵 전용, 레이어 및 필터 유지, 편집 가능	포토샵 작업 파일, 편집이 필요한 디자인	모든 디자인 요소 유지 가능	포토샵이 없으면 보기 어렵고, 파일 크기가 큼
AI	일러스트레이터 전용, 벡터 기반, 크기 제한 없음	로고, 아이콘, 인쇄 디자인	무한 확대 가능, 선명도 유지	일러스트레이터 필요함
SVG	XML 기반 벡터 그래픽, 무한 확대 가능, 웹 친화적	웹 아이콘, 반응형 디자인	파일 크기가 작고 해상도 제약 없음	복잡한 그래픽은 파일 크기가 커질 수 있음
EPS	인쇄용 벡터 파일, 다양한 소프트웨어에서 사용 가능	인쇄물, 로고, 브로슈어	다양한 프로그램에서 사용 가능	파일 크기가 클 수 있음, 웹에서 직접 보기 어려움
PDF	문서 및 디자인 공유, 여러 프로그램에서 호환	프레젠테이션, 인쇄, 전자 문서	폰트 및 그래픽 포함 가능, 범용적 사용	편집이 제한될 수 있음
WEBP	최신 웹 포맷, 압축 효율 높음, 투명 배경 가능	웹 이미지, 빠른 로딩이 필요한 디자인	품질 유지하면서 파일 크기 작음	오래된 브라우저에서 호환되지 않을 수 있음

LESSON 02 | 알아 두면 유용한 사이트 모음

디자인에 참고할 수 있는 다양한 자료가 있다면 그만큼 디자인 작업이 수월해질 것입니다. 다양한 무료 글꼴부터 이미지, 그래픽 소스, 아이디어를 얻을 수 있는 플랫폼 등을 정리해 두었습니다. 필요할 때, 혹은 평소에 조금씩 살펴보면서 자료를 찾고, 영감을 얻어 보세요.

> **TIP** 아래에서 소개하는 사이트들은 대부분 무료로 사용할 수 있는 자료를 제공합니다. 다만, 일부 유료 자료가 포함되어 있거나, 상업적 사용에 제한이 있을 수 있으므로 상세 정보를 꼼꼼하게 확인하고 사용하는 것이 좋습니다.

무료 글꼴 모음

아래 사이트에서 다양한 무료 글꼴을 찾아 다운로드할 수 있습니다. 한글 글꼴을 찾는다면 눈누와 네이버 글꼴을, 영문 글꼴을 찾는다면 다폰트를 이용해 보세요.

- **눈누(https://noonnu.cc):** 상업적인 용도에도 무료로 사용할 수 있는 다양한 한글 글꼴을 제공합니다. 미리보기 기능을 통해 원하는 스타일을 찾아 다운로드할 수 있습니다.
- **네이버 글꼴(https://hangeul.naver.com/font):** 네이버에서 제공하는 한글 글꼴입니다. 대표적으로 나눔 글꼴, 나눔손글씨가 있으며 이외에도 다양한 스타일의 글꼴을 다운로드할 수 있습니다.
- **다폰트(https://www.dafont.com/):** 영문 글꼴 다운로드 사이트입니다. 개인적인 용도로 사용하는 것은 대부분 무료이나, 상업적 용도로 사용할 시 확인이 필요할 수 있습니다.

▲ 눈누

▲ 네이버 글꼴

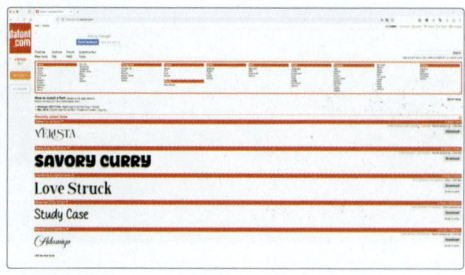

▲ 다폰트

무료 이미지 및 그래픽 자료 모음

우수한 품질의 무료 이미지를 찾거나 디자인에 활용할 그래픽 자료를 다운로드할 수 있는 사이트들입니다.

- **Unsplash(https://unsplash.com):** 사진 작가들이 직접 업로드한 고해상도의 무료 사진을 다운로드할 수 있습니다. 일부 유료 이미지도 포함되어 있으므로 잘 확인하고 다운로드해야 합니다.
- **Pixabay(https://pixabay.com):** 사진, 일러스트, 벡터 이미지, 동영상 등을 무료로 다운로드할 수 있습니다.
- **Resource Boy(https://resourceboy.com):** 다양한 무료 PSD, 벡터, 목업, 템플릿을 제공합니다.

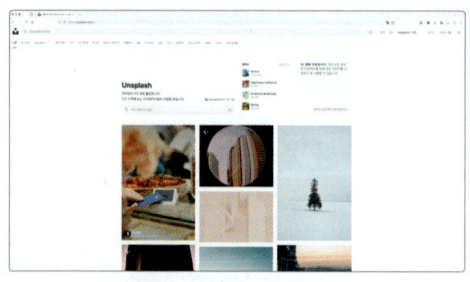

▲ Unsplash(https://unsplash.com)

▲ Pixabay(https://pixabay.com)

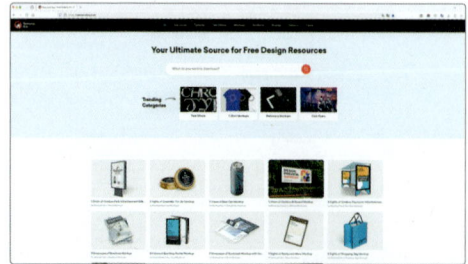

▲ Resource Boy(https://resourceboy.com)

디자인 아이디어 및 영감 얻기

트렌디한 디자인을 살펴보고 영감을 얻을 수 있는 사이트들입니다.

- **Pinterest(https://pinterest.com):** 다양한 디자인, 사진, 아이디어를 공유하는 플랫폼입니다. 관심 있는 키워드로 검색하면 트렌디한 디자인을 쉽게 찾을 수 있습니다.

- **Behance(https://behance.net):** 전 세계 디자이너들이 자신의 포트폴리오를 공유하는 사이트입니다. 최신 디자인 트렌드와 우수한 작품들을 감상할 수 있습니다.

▲ Pinterest(https://pinterest.com)

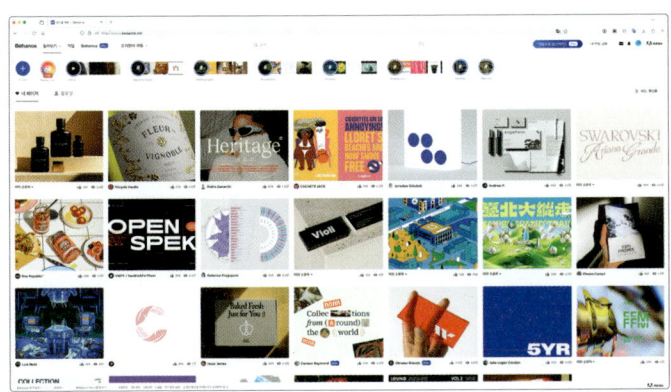

▲ Behance(https://behance.net)

LESSON 03 | 프로그램 설치 및 업데이트를 위한 Creative Cloud

어도비 Creative Cloud(크리에이티브 클라우드)는 포토샵, 일러스트레이터 등의 어도비 프로그램들을 통합 관리하는 플랫폼입니다. 이 앱을 활용하여 어도비의 각 프로그램을 설치하거나 업데이트할 수 있으며, 클라우드 저장소 Adobe Fonts와 같은 부가 서비스를 이용할 수 있습니다.

Creative Cloud의 주요 기능

Creative Cloud의 가장 대표적인 기능은 포토샵과 일러스트레이터와 같은 어도비의 프로그램을 설치, 삭제, 업데이트하는 것이며, 이외에도 다음과 같은 다양한 기능을 제공합니다.

- **앱 관리:** 어도비 제품을 설치, 업데이트, 삭제할 수 있습니다.
- **클라우드 저장소:** Adobe Cloud에 파일을 저장하면 어디서든 접근하여 확인하고, 사용할 수 있습니다.
- **글꼴 서비스:** Adobe Fonts를 이용해 다양한 글꼴을 사용할 수 있습니다.
- **튜토리얼 및 학습 자료 제공:** 프로그램 사용법을 익힐 수 있는 무료 강좌와 튜토리얼이 포함되어 있습니다.
- **플러그인 및 확장 기능:** Creative Cloud Market을 통해 추가적인 플러그인과 에셋을 다운로드할 수 있습니다.
- **파일 동기화 및 공유:** 팀원들과 파일을 공유하고 공동으로 작업할 수 있습니다.

▲ 어도비 Creative Cloud

> **TIP** www.adobe.com/kr/creativecloud에 접속한 후 [무료 체험하기] 버튼을 클릭하면 구독 선택 과정을 거쳐 앱을 다운로드 및 설치할 수 있습니다. 7일간은 무료로 사용할 수 있으나 이후에는 비용이 청구되므로 계속해서 사용하지 않을 때는 반드시 구독을 해지해야 합니다.

프로그램 설치 및 사용 언어 변경하기

이 책의 모든 실습은 영문 버전을 이용합니다. 아직 프로그램을 설치하지 않았거나 현재 사용 중인 프로그램의 기본 언어가 한글이라면 Creative Cloud 앱을 실행하고 사용 언어를 변경하여 영문 버전을 준비하세요.

01 ❶ Creative Cloud 앱을 실행한 후 오른쪽 위의 프로필 아이콘을 클릭하고 ❷ [환경 설정]을 선택합니다.

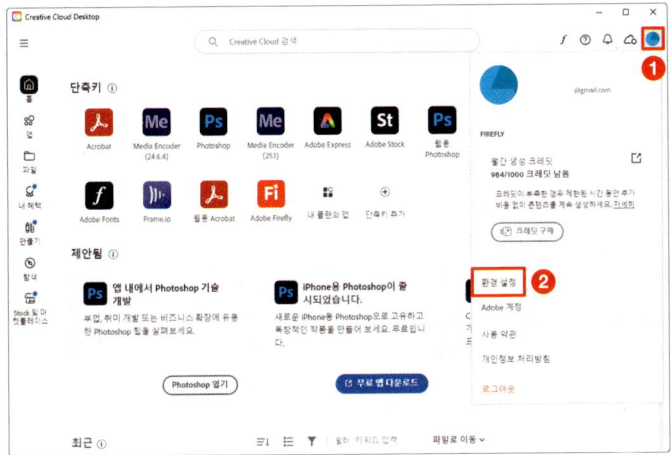

02 환경 설정 창이 열리면 ❶ [앱] 탭으로 이동한 후 ❷ [기본 설치 언어]를 [English (International)]로 변경하고 ❸ [완료] 버튼을 클릭합니다.

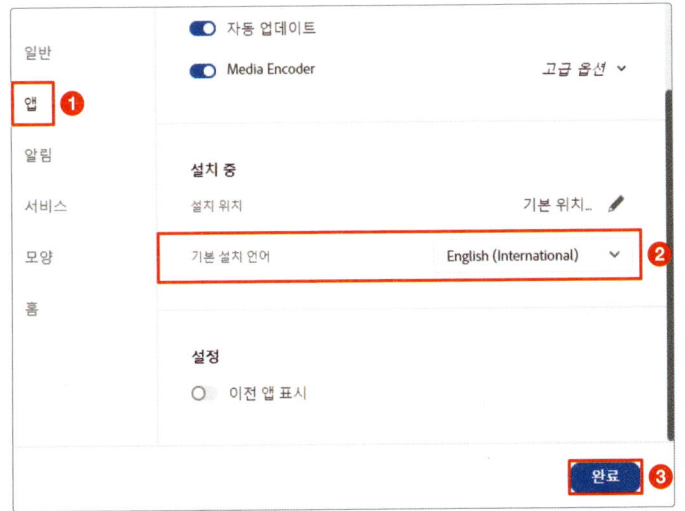

TIP [앱] 탭에서 설치된 프로그램 목록 및 업데이트 여부도 확인할 수 있습니다.

03 ❶ Creative Cloud 앱에서 [앱] 탭을 클릭한 후 ❷ 변경한 언어 설정으로 설치할 프로그램을 찾아 [설치] 버튼을 클릭하면 해당 언어로 프로그램이 설치됩니다.

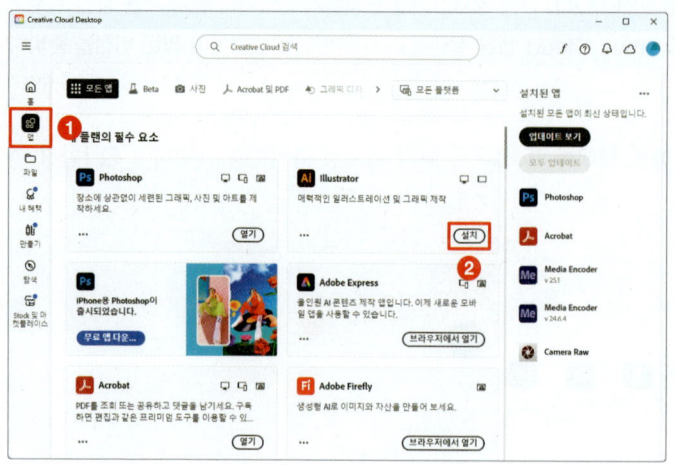

TIP 프로그램을 처음 설치했다면 위의 과정으로 끝입니다. 만약 한글 버전을 사용하고 있었다면 추가로 다음 과정을 진행하세요.

04 한글로 사용 중이던 프로그램을 실행한 후 ❶ Ctrl + K 를 눌러 환경 설정 창을 엽니다. ❷ [인터페이스] 탭을 클릭한 후 ❸ '프레젠테이션' 영역의 [UI 언어] 옵션을 앞서 설치한 [English (International)]으로 변경하고 ❹ [확인] 버튼을 클릭합니다. 이제 해당 프로그램을 종료한 후 다시 실행하면 영문 버전이 실행됩니다.

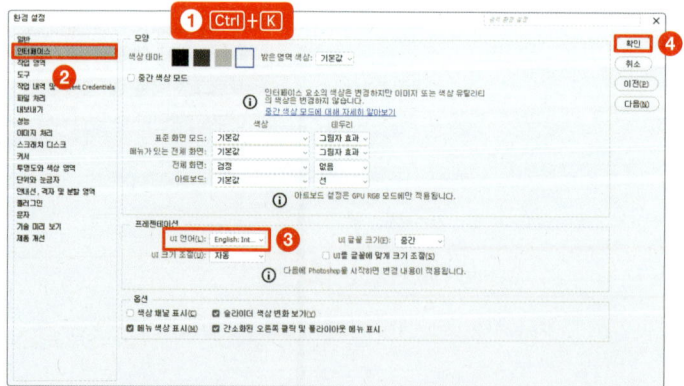

TIP 프로그램 종류에 따라 환경 설정 과정을 거치지 않아도 곧바로 설치한 언어의 프로그램이 실행되는 것도 있습니다.

◀◀ Creative Cloud 활용하기

Creative Cloud는 단순히 어도비의 프로그램을 관리하는 기능 외에도 다양한 부가 기능을 제공합니다. 대표적인 기능 몇 가지를 소개합니다.

Adobe Fonts Adobe Fonts는 Creative Cloud 사용자에게 제공하는 글꼴 라이브러리입니다. 필요한 글꼴을 검색하고 클릭 한 번으로 상업적 사용이 가능한 글꼴을 활성화할 수 있습니다.

01 Creative Cloud 앱의 ❶ [홈] 탭에서 ❷ [Adobe Fonts]를 클릭합니다.

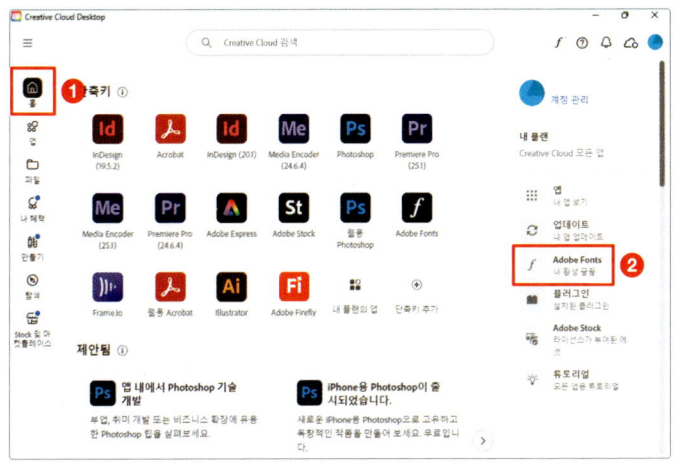

02 Adobe Fonts 화면이 열리면 추가했거나 설치된 글꼴을 확인할 수 있습니다. 새로운 글꼴을 검색하기 위해 [추가 글꼴 검색] 버튼을 클릭하여 Adobe Fonts 사이트로 이동합니다.

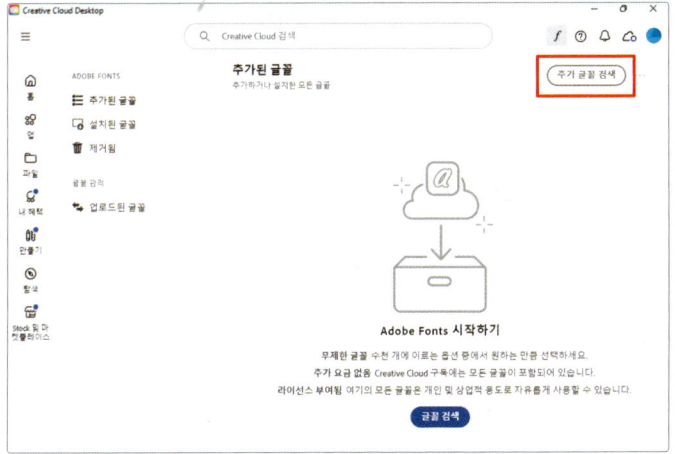

03 Adobe Fonts 사이트가 열리면 필터를 설정하거나 검색하여 원하는 글꼴을 찾아 **[패밀리 추가]** 버튼을 클릭하면 포토샵, 일러스트레이터 등의 어도비 프로그램에서 즉시 사용할 수 있습니다.

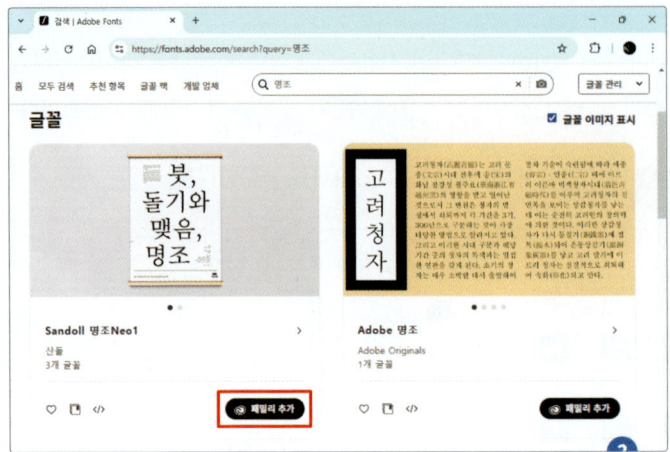

튜토리얼 및 학습 자료 Creative Cloud에서 각 프로그램의 공식 튜토리얼과 학습 자료 페이지로 빠르게 이동할 수 있습니다. ❶ **[홈]** 탭에서 ❷ 오른쪽 패널에 있는 **[튜토리얼]**을 클릭하면 학습 페이지로 이동하며, ❸ 원하는 프로그램을 선택하여 학습 자료를 확인할 수 있습니다.

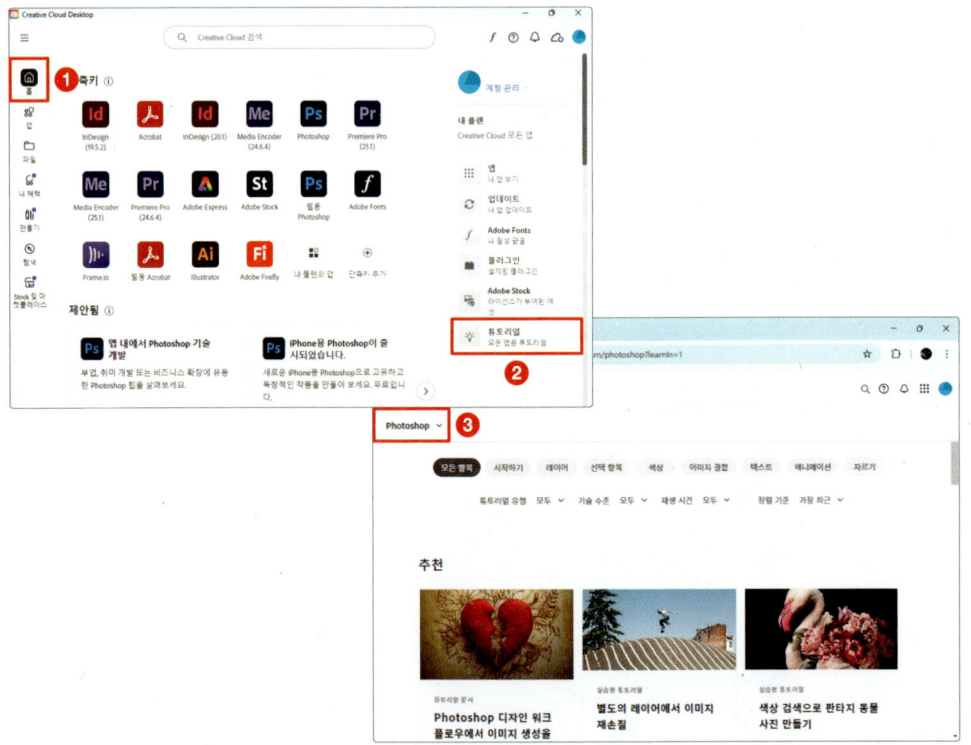

플러그인 및 확장 기능 Creative Cloud에서 ❶ [Stock 및 마켓플레이스] 탭을 클릭한 후 ❷ [플러그인] 탭을 클릭하면 어도비 프로그램을 더욱 강력하게 활용할 수 있는 다양한 플러그인과 확장 기능을 찾아 설치할 수 있습니다.

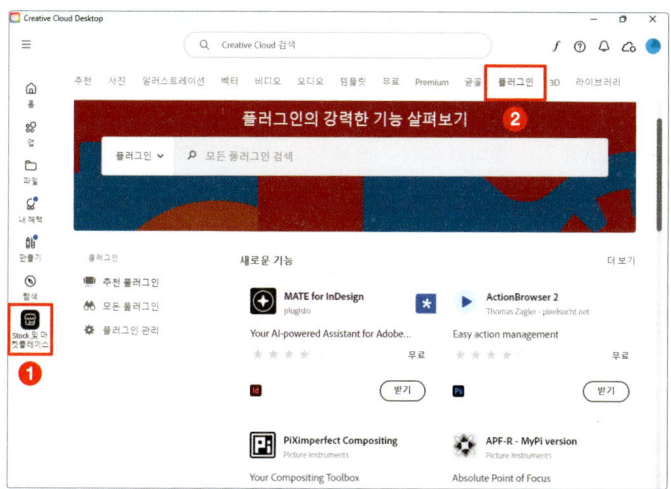

클라우드 및 라이브러리 Creative Cloud에서 ❶ [파일] 탭을 클릭하여 어도비의 클라우드 서비스를 이용할 수 있으며, ❷ [내 라이브러리] 항목에는 자주 사용하는 색상, 글꼴, 그래픽 요소 등을 저장하여 어도비 프로그램 및 팀원들과 공유할 수 있습니다.

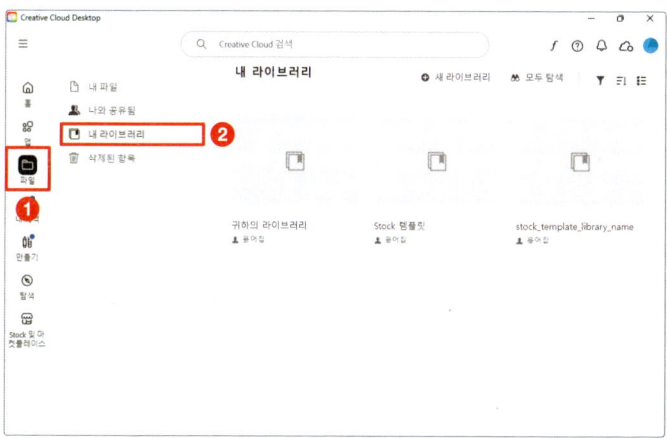

LESSON 04 포토샵 툴바와 패널 살펴보기

포토샵을 시작하기 전에 다양한 도구가 모여 있는 툴바와 핵심 기능을 담고 있는 패널을 살펴보고, 나만의 작업 환경을 구성할 수 있도록 워크스페이스 설정 방법까지 알아보겠습니다.

각종 도구가 모여 있는 포토샵 툴바

포토샵을 실행하면 기본적으로 화면 왼쪽에 한 줄로 표시되며, 툴바에서 오른쪽 위에 있는 [펼침/접기] 아이콘을 클릭해서 두 줄로 표시할 수 있습니다. 또한 각 아이콘을 길게 눌러 유사한 계열의 하위 툴을 확인할 수 있습니다.

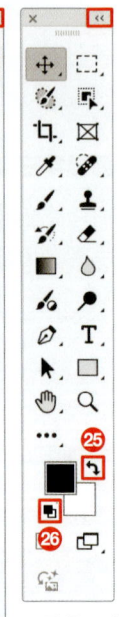

▲ 두 줄 보기

▲ 한 줄 보기

❶ **Move Tool(이동 도구, V):** 레이어를 선택하거나 이동합니다.

• Artboard Tool(아트보드 도구, V): 아트보드를 생성하고 크기를 조정합니다.

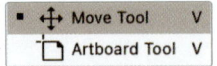

❷ **Rectangular Marquee Tool(사각형 선택 도구, M):** 사각형 선택 영역을 만듭니다.

• Elliptical Marquee Tool(타원형 선택 도구, M): 타원형 선택 영역을 만듭니다.
• Single Row Marquee Tool(단일 행 선택 도구): 1픽셀 행이나 열을 만듭니다.
• Single Column Marquee Tool(단일 열 선택 도구): 1픽셀 행이나 열을 만듭니다.

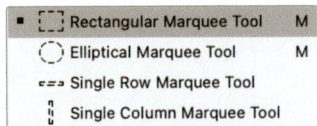

❸ **Selection Brush Tool(선택 영역 브러시 도구, L):** 브러시로 선택 영역을 지정합니다.

• Lasso Tool(올가미 도구, L): 자유롭게 그린 경로로 선택 영역을 지정합니다.

- Polygonal Lasso Tool(다각형 올가미 도구, L): 직선으로 선택 영역을 지정합니다.
- Magnetic Lasso Tool(자석 올가미 도구, L): 가장자리를 자동으로 감지하여 선택합니다.

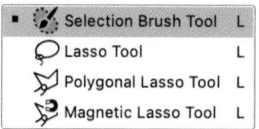

❹ **Object Selection Tool(개체 선택 도구, W)**: 개체 윤곽을 자동으로 선택합니다.

- Quick Selection Tool(빠른 선택 도구, W): 브러시로 칠하듯 영역을 선택합니다.
- Magic Wand Tool(자동 선택 도구, W): 유사한 색상 영역을 한 번에 선택합니다.

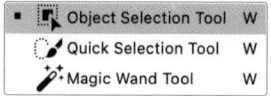

❺ **Crop Tool(자르기 도구, C)**: 이미지의 크기를 조정하거나 자릅니다.

- Perspective Crop Tool(원근 자르기 도구, C): 원근 왜곡을 고려하여 이미지를 자릅니다.
- Slice Tool(분할 영역 도구, C): 이미지를 여러 조각으로 나눕니다.
- Slice Select Tool(분할 영역 선택 도구, C): 만들어진 분할 영역을 선택 및 편집합니다.

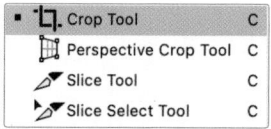

❻ **Frame Tool(프레임 도구, K)**: 이미지나 콘텐츠를 담을 프레임을 만듭니다.

❼ **Eyedropper Tool(스포이트 도구, I)**: 이미지에서 색상을 추출합니다.

- Color Sampler Tool(색상 샘플러 도구, I): 이미지의 색상 정보를 기록합니다.
- Ruler Tool(눈금자 도구, I): 거리와 각도를 측정합니다.
- Note Tool(메모 도구, I): 작업 메모를 추가합니다.
- Count Tool(카운트 도구, I): 이미지 내 특정 개체의 수를 계산합니다.

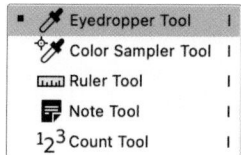

❽ **Spot Healing Brush Tool(스팟 복구 브러시 도구, J):** 피부 잡티 및 작은 결함을 자동으로 제거합니다.

- Remove Tool(제거 도구, J): 이미지에서 원치 않는 객체를 자동으로 제거합니다.
- Healing Brush Tool(복구 브러시 도구, J): 복제한 소스로 결함을 제거합니다.
- Patch Tool(패치 도구, J): 선택한 영역을 주변과 자연스럽게 합성합니다.
- Content-Aware Move Tool(내용 인식 이동 도구, J): 선택한 개체를 이동하고 배경을 자동으로 채웁니다.
- Red Eye Tool(적목 현상 도구, J): 플래시로 인한 적목 현상을 제거합니다.

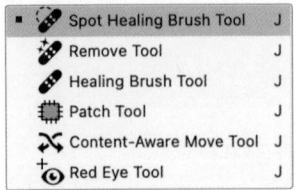

❾ **Brush Tool(브러시 도구, B):** 다양한 브러시 스타일로 자유롭게 그릴 수 있습니다.

- Pencil Tool(연필 도구, B): 픽셀 단위로 날카로운 선을 그릴 수 있습니다.
- Color Replacement Tool(색상 대체 도구, B): 이미지의 특정 색상을 다른 색상으로 바꿉니다.
- Mixer Brush Tool(혼합 브러시 도구, B): 캔버스 색상과 브러시 색상을 혼합합니다.

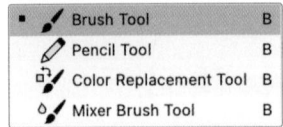

❿ **Clone Stamp Tool(복제 도장 도구, S):** 특정 영역을 샘플링하여 다른 위치에 복제합니다.

- Pattern Stamp Tool(패턴 도장 도구, S): 선택한 패턴으로 이미지 위에 칠합니다

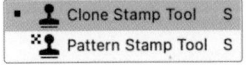

⓫ **History Brush Tool(작업 내역 브러시 도구, Y):** 히스토리를 기준으로 이전 상태로 복원합니다.

- Art History Brush Tool(미술 작업 내역 브러시 도구, Y): 히스토리를 기준으로 예술적 스타일로 복원합니다.

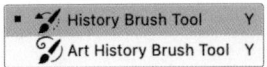

⓬ **Eraser Tool(지우개 도구, E)**: 픽셀을 삭제합니다.

- **Background Eraser Tool(배경 지우개 도구, E)**: 배경을 자동으로 삭제합니다.
- **Magic Eraser Tool(자동 지우개 도구, E)**: 비슷한 색상의 영역을 클릭 한 번으로 삭제합니다.

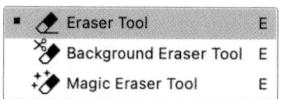

⓭ **Gradient Tool(그레이디언트 도구, G)**: 두 가지 이상의 색상을 점진적으로 채웁니다.

- **Paint Bucket Tool(페인트 통 도구, G)**: 클릭한 영역을 선택한 색상으로 채웁니다.

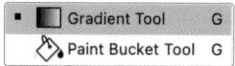

⓮ **Blur Tool(흐림 효과 도구)**: 특정 영역을 흐리게 만들어 부드러운 효과를 적용합니다.

- **Sharpen Tool(선명 효과 도구)**: 이미지의 디테일을 강조하여 선명하게 만듭니다.
- **Smudge Tool(손가락 도구)**: 픽셀을 문질러 흐리게 만듭니다.

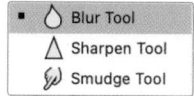

⓯ **Adjustment Brush Tool(조정 브러시 도구)**: 브러시로 특정 영역에 조정(밝기, 대비, 채도 등)을 적용합니다.

⓰ **Dodge Tool(닷지 도구, O)**: 특정 영역을 밝게 만듭니다.

- **Burn Tool(번 도구, O)**: 특정 영역을 어둡게 만듭니다.
- **Sponge Tool(스폰지 도구, O)**: 색상의 채도를 높이거나 낮춥니다.

⓱ **Pen Tool(펜 도구, P)**: 정밀한 벡터 패스를 생성합니다.

- **Freeform Pen Tool(자유 형태 펜 도구, P)**: 손으로 그리듯 패스를 생성합니다.
- **Curvature Pen Tool(곡률 펜 도구, P)**: 곡선 패스를 쉽게 만듭니다.
- **Add Anchor Point Tool(기준점 추가 도구)**: 패스에 기준점을 추가합니다.
- **Delete Anchor Point Tool(기준점 삭제 도구)**: 패스에서 기준점을 제거합니다.
- **Convert Point Tool(기준점 변환 도구)**: 기준점의 유형을 변경합니다.

⑱ **Horizontal Type Tool(가로쓰기 문자 도구, T):** 가로 방향으로 텍스트를 입력합니다.

- **Vertical Type Tool(세로쓰기 문자 도구, T):** 세로 방향으로 텍스트를 입력합니다.

- **Vertical Mask Type Tool(세로쓰기 마스크 도구, T)):** 선택 영역 모양의 세로 텍스트를 만듭니다.

- **Horizontal Mask Type Tool(가로쓰기 마스크 도구, T)):** 선택 영역 모양의 가로 텍스트를 만듭니다.

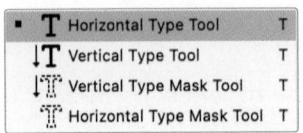

⑲ **Path Selection Tool(패스 선택 도구, A):** 전체 패스를 선택하고 이동합니다.

- **Direct Selection Tool(직접 선택 도구, A):** 개별 고정점이나 패스 세그먼트를 선택하고 조작합니다.

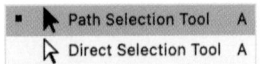

⑳ **Rectangle Tool(사각형 도구, U):** 사각형을 그립니다.

- **Ellipse Tool(타원 도구, U):** 타원형을 그립니다.

- **Triangle Tool(삼각형 도구, U):** 삼각형을 그립니다.

- **Polygon Tool(다각형 도구, U):** 다각형을 그립니다.

- **Line Tool(선 도구, U):** 직선을 그립니다.

- **Custom Shape Tool(사용자 정의 모양 도구, U):** 사용자 정의 모양을 선택하여 그립니다.

㉑ **Hand Tool(손 도구, H):** 작업 영역을 옮깁니다.

- **Rotate View Tool(회전 보기 도구, R):** 작업 영역을 회전합니다.

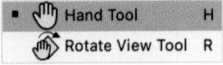

㉒ **Zoom Tool(돋보기 도구, Z):** 화면을 확대/축소합니다.

㉓ **Edit Toolbar(도구 모음 편집):** 툴바의 도구를 사용자 맞춤으로 편집합니다.

㉔ **Set Foreground color(전경색 설정):** 전경색을 지정합니다.

• **Set Background color(배경색 설정):** 배경색을 지정합니다.

㉕ **Default Foreground and Background Colors(기본 전경색과 배경색, D):** 전경색과 배경색을 기본값(검은색과 흰색)으로 재설정합니다.

㉖ **Switch Foreground and Background Colors(전경색과 배경색 전환, X):** 전경색과 배경색을 서로 교체합니다.

㉗ **Edit in Quick Mask Mode (퀵 마스크 모드로 편집, Q):** 선택 영역을 빨간색 오버레이로 표시하여 편집할 수 있는 모드입니다.

㉘ **Change Screen Mode(화면 모드 변경, F):** 화면 보기 모드를 전환합니다.

㉙ **Generate Image(이미지 생성):** Adobe Firefly AI를 활용하여 프롬프트(설명글) 기반의 새로운 이미지를 생성합니다.

◀◀ 포토샵 주요 패널 살펴보기

패널은 도구 및 레이어 등의 속성을 조정하거나 작업 정보를 확인할 수 있는 창입니다. 각 패널은 특정 기능에 맞게 구성되어 있으며, [Window] 메뉴에서 선택하여 열거나 닫을 수 있습니다. 작업 환경에 따라 필요한 패널을 배치하고 활용하면 더욱 효율적으로 작업할 수 있습니다.

Options(옵션): 흔히 옵션 바라고 부르며, 각 도구의 세부 옵션을 조정할 수 있습니다. 툴바에서 선택한 도구에 따라 표시되는 옵션이 달라집니다.

Contextual Task Bar(상황별 작업 표시줄): 사용자의 작업 흐름을 분석해 적절한 기능이 자동으로 표시됩니다.

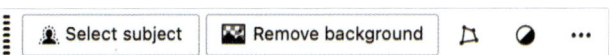

Layers(레이어, F7) 패널: 모든 레이어를 관리하며 순서, 가시성, 블렌딩 모드 등을 조정합니다.

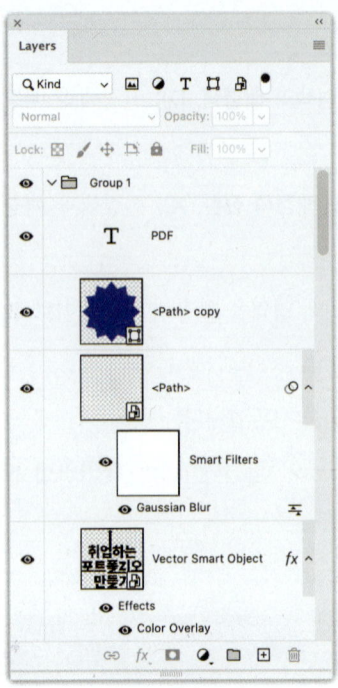

Paths(패스) 패널: 패스를 관리하고, 선택 영역으로 변환할 수 있습니다.

Channels(채널) 패널: 이미지의 색상 정보를 채널(RGB, CMYK 등)별로 확인하고, 마스크 작업에 활용할 수 있습니다.

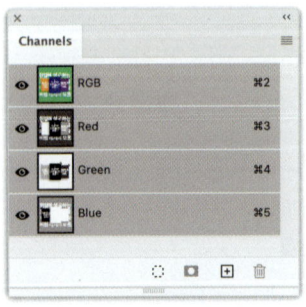

Color(색상, F6) 패널: 전경색과 배경색을 설정하며, RGB 및 CMYK 슬라이더로 색상을 변경할 수 있습니다.

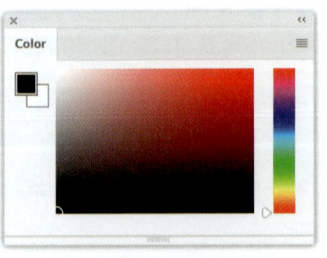

> **TIP** Color 패널의 [옵션] 아이콘을 클릭하여 다양한 방식의 색상 유형을 선택할 수 있습니다. 책에서는 [Color Wheel]을 주로 사용합니다.

Swatches(색상 견본) 패널: 색상 견본으로 빠른 선택과 저장을 지원하며 테마별 세트를 불러옵니다.

Adjustments(조정) 패널: 색상 및 톤을 조정하는 다양한 조정 레이어를 빠르게 추가할 수 있습니다.

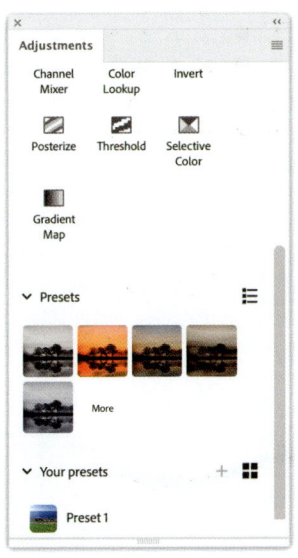

Character(문자) 패널: 글꼴, 크기, 행간, 자간 등을 세부적으로 조정할 수 있습니다.

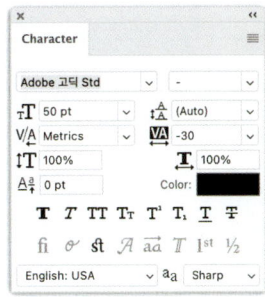

Paragraph(단락) 패널: 문자의 정렬, 들여쓰기, 단락 간격 등을 조정합니다.

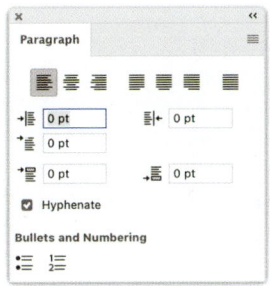

Brushes(브러시, F5) 패널: 브러시 모양과 설정을 편집하며 새로운 브러시를 추가합니다.

Navigator(내비게이터) 패널: 이미지의 전체적인 미리보기를 제공하며, 빠르게 확대/축소할 수 있습니다.

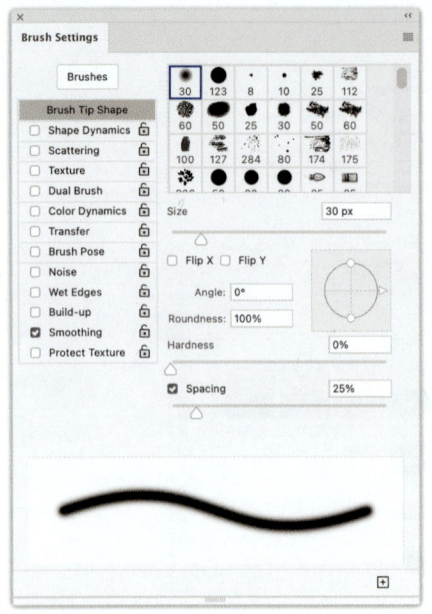

Info(정보, F8) 패널: 현재 마우스 커서 위치의 색상값과 픽셀 좌표를 표시해 정밀한 작업을 돕습니다.

Properties(속성) 패널: 선택한 개체(레이어, 조정 레이어 등)의 세부 속성을 조정할 수 있습니다.

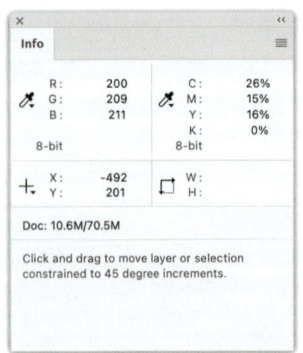

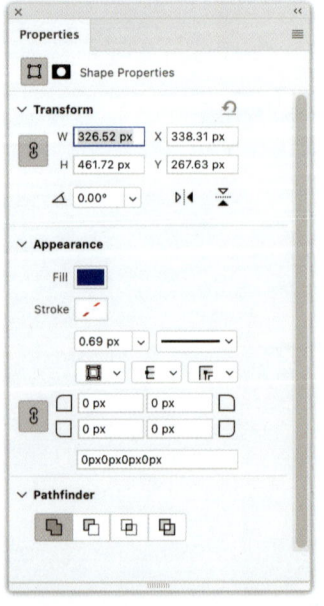

History(히스토리) 패널: 작업 단계를 기록해 이전으로 복귀하거나 실수를 수정합니다.

Actions(액션, Alt+F9) 패널: 반복적인 작업을 자동화하여, 클릭 한 번으로 동일한 프로세스를 실행할 수 있습니다.

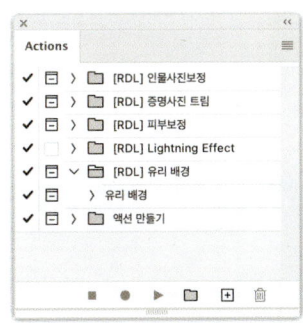

나만의 작업 환경, 워크스페이스 설정 및 저장하기

본격적으로 포토샵을 사용하기 전에 자주 사용하는 패널과 도구를 효율적으로 배치하여 나만의 워크스페이스를 설정해 보세요.

워크스페이스 워크스페이스(Workspace)는 패널, 도구 모음, 메뉴 위치 등을 사용자의 작업 방식에 맞게 배치한 설정을 의미합니다. 포토샵의 메뉴 바에서 [Window-Workspace]를 선택해 보면 작업 종류에 따라 미리 설정된 워크스페이스를 선택할 수 있으며, 필요에 따라 새로운 워크스페이스를 생성하고 저장할 수 있습니다.

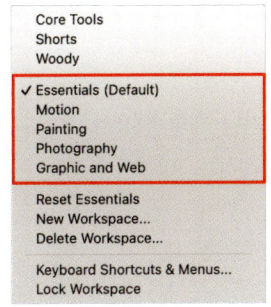

▲ 포토샵에서 제공하는 워크스페이스 목록

▲ 포토샵의 기본 워크스페이스, Essentials

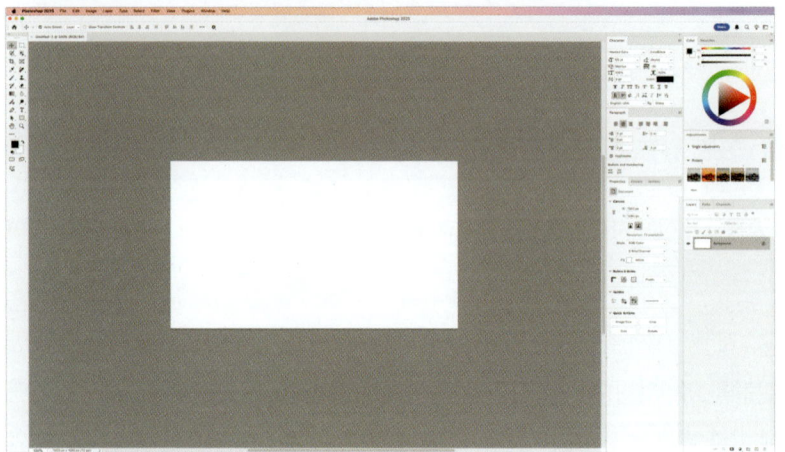

▲ 저자의 포토샵 워크스페이스

나만의 워크스페이스 설정 [Window] 메뉴에서 필요한 패널을 모두 선택해서 표시한 후 다음과 같은 방법으로 원하는 위치에 배치할 수 있습니다.

- 패널의 위치는 고정된 것이 아니므로, 필요에 따라 다른 패널과 묶거나 개별 창으로 분리할 수 있습니다. 패널을 이동하려면 패널 이름이 표시된 탭을 클릭한 상태에서 원하는 위치로 드래그합니다.

- 패널을 클릭한 채 다른 패널로 드래그하면 테두리에 파란색 가이드가 표시되어, 탭 형태로 함께 묶을 수 있습니다.

- 패널과 패널 사이 또는 측면 공간으로 이동하면 줄 형태의 파란색 가이드가 표시되며, 독립된 패널로 분리할 수 있습니다.

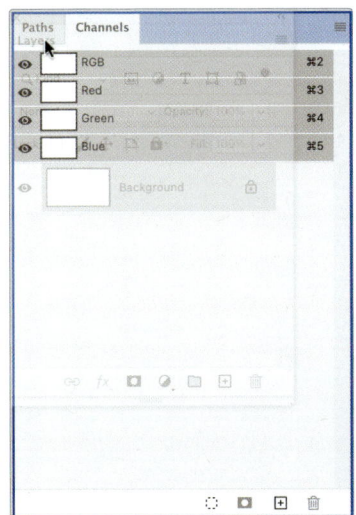
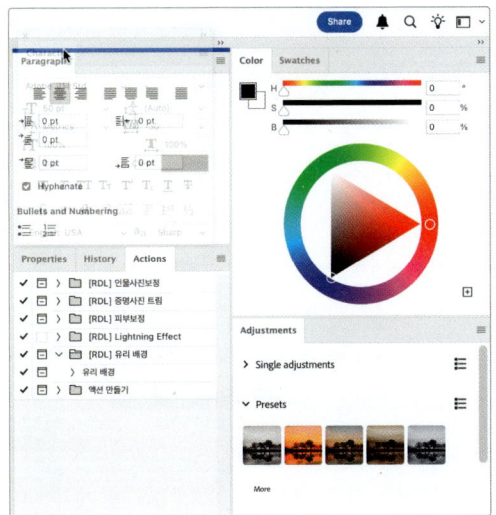

▲ 기존 패널 위치로 드래그하여 패널 그룹으로 배치하기   ▲ 패널 영역에서 독립 패널로 배치하기

- 패널의 탭(이름 부분)을 더블 클릭하여 이름만 남기고 모든 옵션을 가리거나 펼칠 수 있고(상하 접기), 패널 오른쪽 위에 표시되는 **[펼침/접기]** 아이콘을 클릭하여 현재 패널 영역을 모두 접거나 펼칠 수 있습니다(좌우 접기).

▲ 패널 상하 접기

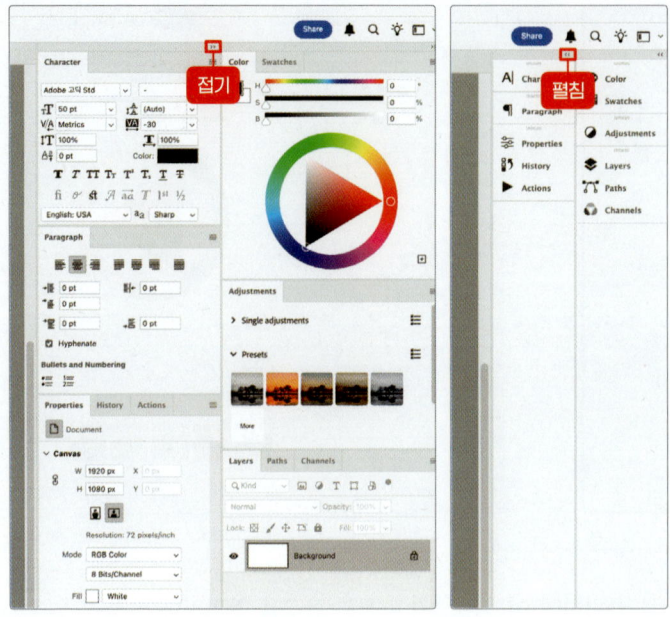

▲ 패널 영역 좌우 접기

> **TIP** 4K 이상의 고해상도 모니터에서는 UI가 작게 보이고, 저해상도 모니터에서는 UI가 너무 크게 보일 수 있습니다. 이럴 때는 Ctrl+K를 눌러 Preferences 창을 열고 [Interface] 탭의 'Presentation' 영역에서 UI를 글꼴 크기에 맞게 조정하는 [Scale UI To Font] 옵션에 체크한 후 [UI Font Size]를 조정합니다.

워크스페이스 저장하기 사용자 환경에 맞게 워크스페이스를 설정했다면 언제든 다시 사용할 수 있도록 저장해 놓는 것이 좋습니다. 메뉴 바에서 [Window-Workspace-New Workspace]를 선택하여 New Workspace 창이 열리면 저장할 워크스페이스 이름을 입력한 후 [Save] 버튼을 클릭합니다. 이때 [Keyboard Shortcuts](단축키), [Menus](메뉴), [Toolbar](툴바) 설정도 체크하여 함께 저장할 수 있습니다. 저장한 워크스페이스는 메뉴 바에서 [Window-Workspace]를 선택해서 확인할 수 있으며, 이후 설정을 변경하여 같은 이름으로 다시 저장하여 덮어쓸 수도 있습니다.

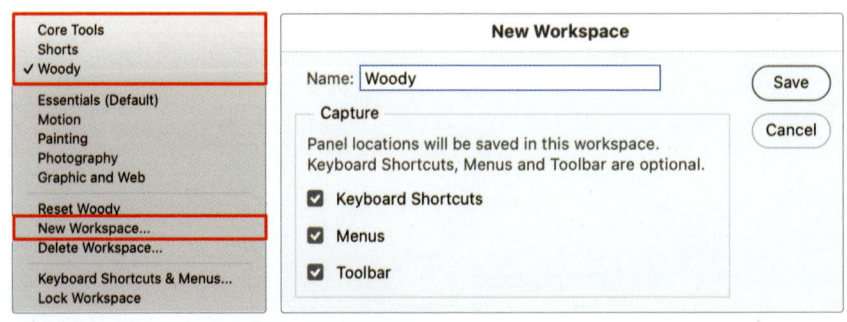

▲ 워크스페이스 저장 및 저장한 워크스페이스 메뉴

워크스페이스 초기화 작업을 하다 보면 특정 패널을 추가하거나 위치를 옮기는 등 변동이 발생할 수 있습니다. 이럴 때는 메뉴 바에서 [Window-Workspace-Reset (워크스페이스 이름)]을 선택하여 사용 중이던 워크스페이스의 처음 상태로 되돌릴 수 있습니다.

◀ 변형된 워크스페이스 상태

▲ 워크스페이스 재설정으로 되돌린 상태

워크스페이스 파일 내보내기 컴퓨터를 포맷하거나 포토샵을 재설치한 경우를 대비하거나 다른 컴퓨터에서 동일한 워크스페이스를 사용하고 싶다면 시스템에 저장된 워크스페이스 파일을 복사해 둡니다. 워크스페이스 파일은 다음 경로에서 찾을 수 있으며, 해당 파일을 복사하여 새로운 환경에서 같은 경로에 붙여 넣으면 됩니다. 단, 아래 경로는 기본적으로 숨김 처리되어 있으므로, 먼저 숨김 파일 보기를 활성화해야 합니다.

- **[Windows] 숨김 파일 보기 활성화:** Alt + V → H

  C:₩Users₩〈사용자 이름〉₩AppData₩Roaming₩Adobe₩Adobe Photoshop 〈버전〉₩Adobe Photoshop Settings₩Workspaces

- **[macOS] 숨김 파일 보는 단축키:** command (⌘) + shift (⇧) + . (마침표)

  ~사용자/〈사용자 이름〉/Library/Preferences/Adobe Photoshop 〈버전〉 Settings/Workspaces

LESSON 05 | 일러스트레이터 툴바와 패널 살펴보기

포토샵과 마찬가지로 일러스트레이터도 다양한 도구가 모여 있는 툴바와 핵심 기능을 담고 있는 패널이 있습니다. 툴바와 패널 그리고 나만의 작업 환경을 구성할 수 있는 워크스페이스 설정 방법까지 알아보겠습니다.

각종 도구가 모여 있는 일러스트레이터 툴바

일러스트레이터의 툴바도 화면 왼쪽에 한 줄로 표시되며, [펼침/접기] 아이콘을 클릭하여 두 줄 보기로 변경할 수 있습니다. 포토샵과 달리 일러스트레이터는 일부 툴이 숨김 처리되어 있으며, 메뉴 바에서 [Window-Toolbars-Advanced]를 선택하면 일러스트레이터의 모든 도구가 활성화됩니다. 책에서는 Advanced 모드에서 두 줄 보기를 기본으로 설명합니다.

포토샵과 일러스트레이터 툴바 모두 툴을 길게 눌러 하위 도구를 펼친 후 선택할 수 있습니다. 반면, 포토샵과 달리 일러스트레이터에서는 툴바의 아이콘을 더블 클릭하여 옵션 창을 열 수 있습니다.

▲ 툴을 길게 누르면 하위 도구가 펼쳐지고, 더블 클릭하면 옵션 창이 열립니다.

▲ Advanced 모드 두 줄 보기

❶ **Selection Tool(선택 도구, V):** 개체를 선택하거나 옮길 수 있습니다. 또한 개체를 선택한 후 크기를 조정하거나 회전할 수도 있습니다.

❷ **Direct Selection Tool(직접 선택 도구, A):** 개별 기준점을 선택하여 조정합니다. 곡선과 패스를 세밀하게 수정할 수 있습니다.

- **Group Selection Tool(그룹 선택 도구):** 그룹 내부의 개체를 개별적으로 선택합니다.

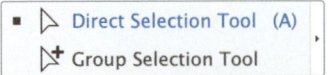

❸ **Magic Wand Tool(자동 선택 도구, Y):** 유사한 색상이나 속성을 가진 개체를 한 번에 선택합니다. 설정값을 조정하여 선택 범위를 변경할 수 있습니다.

❹ **Lasso Tool(올가미 도구, Q):** 자유로운 형태로 선택 영역을 지정합니다. 복잡한 개체의 일부만 선택할 때 유용합니다.

❺ **Pen Tool(펜 도구, P):** 직선 및 곡선을 그려 벡터 패스를 만듭니다. 기준점(앵커 포인트)을 조정하여 형태를 세밀하게 수정할 수 있습니다.

- Add Anchor Point Tool(고정점 추가 도구, +): 기존 패스에 새로운 고정점을 추가합니다.
- Delete Anchor Point Tool(고정점 삭제 도구, -): 패스에서 불필요한 고정점을 삭제합니다.
- Anchor Point Tool(고정점 도구, Shift+C): 기준점의 핸들을 조정하여 직선을 곡선으로 또는 곡선을 직선으로 만듭니다.

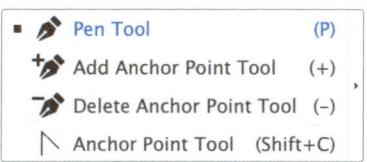

❻ **Curvature Tool(곡률 도구, Shift+~):** 곡률이 있는 패스를 자동으로 만듭니다.

❼ **Type Tool(문자 도구, T):** 가로 방향으로 문자를 입력하고 편집할 수 있습니다.

- Area Type Tool(영역 문자 도구): 선택한 영역이나 도형에 문자를 입력합니다.
- Type on a Path Tool(패스 상의 문자 도구): 패스 위에 문자를 배치해 곡선이나 특정 형태를 따라 흐르게 만듭니다.
- Vertical Type Tool(세로 문자 도구): 세로 방향으로 문자를 입력합니다.
- Vertical Area Type Tool(세로 영역 문자 도구): 선택한 영역이나 도형 안에 세로로 문자를 채웁니다.
- Vertical Type on a Path Tool(패스 상의 세로 문자 도구): 선택한 영역이나 도형에 세로 방향으로 문자를 입력합니다.
- Touch Type Tool(문자 손질 도구, Shift+T): 개별 문자 위치, 회전, 크기 등을 세밀하게 조정합니다.

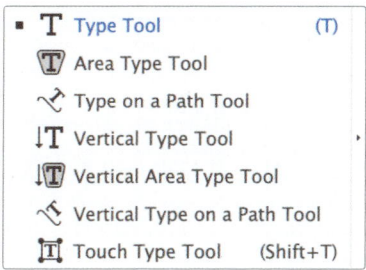

❽ **Line Segment Tool(선분 도구, ₩)**: 드래그하여 직선을 그립니다.

- **Arc Tool(호 도구)**: 드래그하여 곡선(호)을 그립니다. 설정값을 조정하여 곡률을 변경할 수 있습니다.
- **Spiral Tool(나선 도구)**: 드래그하여 나선을 그립니다. 설정값을 조정하여 회전 수와 크기를 변경할 수 있습니다.
- **Rectangular Grid Tool(사각형 격자 도구)**: 사각형 형태의 그리드(격자)를 그립니다. 설정값을 조정하여 행과 열의 개수를 변경할 수 있습니다.
- **Polar Grid Tool(극좌표 격자 도구)**: 원형 격자를 그립니다. 설정값을 조정하여 방사형과 동심원의 개수를 변경할 수 있습니다.

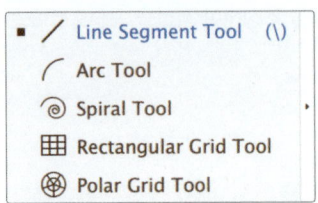

❾ **Rectangle Tool(사각형 도구, M)**: 원하는 크기로 드래그하거나 작업 영역을 클릭하면 나타나는 팝업 창을 이용하여 사각형을 그립니다. [Shift]를 누른 채 드래그하면 정사각형을 그릴 수 있습니다.

- **Rounded Rectangle Tool(둥근 사각형 도구)**: 모서리가 둥근 사각형을 그립니다.
- **Ellipse Tool(원형 도구, L)**: 타원 또는 원을 그립니다.
- **Polygon Tool(다각형 도구)**: 변의 개수를 조정하여 삼각형부터 다각형까지 그릴 수 있습니다.
- **Star Tool(별모양 도구)**: 별 모양을 그립니다. 설정값으로 포인트 개수와 길이를 변경할 수 있습니다.
- **Flare Tool(플레어 도구)**: 광원 효과를 그립니다.

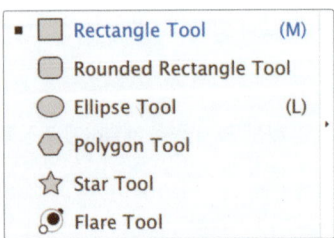

❿ **Paintbrush Tool(페인트 브러시 도구, B)**: 드래그하여 자유로운 형태의 패스를 그립니다.

- **Blob Brush Tool(물방울 브러시 도구, Shift+B)**: 드래그하여 칠(Fill)로 채워진 패스를 그립니다.

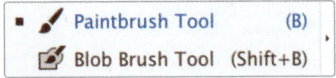

⓫ **Shaper Tool(모양 도구, Shift+N):** 드래그하여 유사한 도형을 그립니다.

- Pencil Tool(연필 도구, N): 자유롭게 드래그하여 다양한 형태의 패스를 그립니다.
- Smooth Tool(매끄럽게 도구): 패스의 거친 선을 부드럽게 만듭니다.
- Path Eraser Tool(패스 지우개 도구): 드래그하여 패스를 지웁니다.
- Join Tool(연결 도구): 끊어진 패스에서 드래그하여 서로 연결합니다.

⓬ **Eraser Tool(지우개 도구, Shift+E):** 드래그하여 개체를 지웁니다.

- Scissors Tool(가위 도구, C): 가위처럼 패스를 자릅니다.
- Knife Tool(칼 도구): 개체를 절단할 수 있습니다. 드래그한 패스를 따라 개체가 분리됩니다.

⓭ **Rotate Tool(회전 도구, R):** 개체를 회전합니다. 옵션을 설정하여 특정 각도로 회전할 수 있습니다.

- Reflect Tool(반사 도구, O): 개체를 반사(반전)합니다. 대칭 복사를 만들 때 유용합니다.

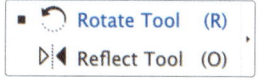

⓮ **Scale Tool(크기 조절 도구, S):** 개체의 크기를 조절합니다.

- Shear Tool(기울이기 도구): 개체를 특정 각도로 기울입니다.
- Reshape Tool(모양 변형 도구): 패스를 변형하여 개체의 형태를 변형합니다.

⑮ **Width Tool(선 폭 도구, Shift+W)**: 패스 선의 두께를 특정 지점마다 조정할 수 있습니다.

- **Warp Tool(변형 도구, Shift+R)**: 드래그하는 방향에 따라 개체를 변형합니다.
- **Twirl Tool(돌리기 도구)**: 드래그하는 방향에 따라 개체를 회오리 형태로 만듭니다.
- **Pucker Tool(오목 도구)**: 드래그하는 방향에 따라 개체를 오목하게 변형합니다.
- **Bloat Tool(볼록 도구)**: 드래그하는 방향에 따라 개체를 볼록하게 변형합니다.
- **Scallop Tool(조개 도구)**: 드래그하는 방향에 따라 개체를 주름진 부채꼴로 변형합니다.
- **Crystallize Tool(수정화 도구)**: 드래그하는 방향에 따라 개체를 뾰족하게 변형합니다.
- **Wrinkle Tool(주름 도구)**: 드래그하는 방향에 따라 개체에 주름이 생성됩니다.

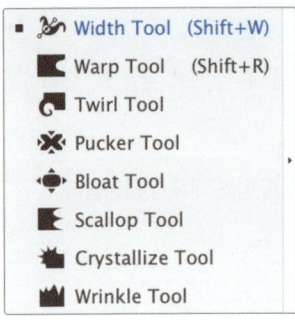

⑯ **Free Transform Tool(자유 변형 도구, E)**: 개체의 크기, 기울기, 회전 등을 자유롭게 변형합니다

- **Puppet Warp Tool(퍼펫 뒤틀기 도구)**: 개체에 핀(관절)을 추가하여 애니메이션 형태의 움직임을 추가합니다.

⑰ **Shape Builder Tool(도형 구성 도구, Shift+M)**: 클릭하거나 드래그하여 여러 개체를 병합하거나 삭제할 수 있습니다. 직관적으로 도형을 재구성합니다.

- **Live Paint Bucket Tool(라이브 페인트 통, K)**: 영역을 자동으로 감지하여 개체에 색을 채웁니다.
- **Live Paint Selection Tool(라이브 페인트 선택 도구)**: 라이브 페인트로 색을 채운 영역을 선택합니다.

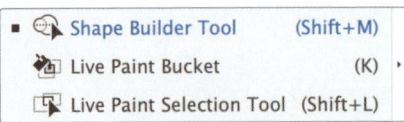

⑱ **Perspective Grid Tool(원근감 격자 도구, Shift+P):** 원근법 그리드를 표시하여 입체 개체를 그립니다.

- **Perspective Selection Tool(원근감 선택 도구, Shift+V):** 원근법 그리드로 만든 입체 개체를 선택합니다.

⑲ **Mesh Tool(망 도구, U):** 개체에 그물망 모양을 추가하여 그레이디언트를 적용합니다.

⑳ **Gradient Tool(그레이디언트 도구, G):** 그레이디언트를 적용하고 방향을 조정합니다.

㉑ **Dimension Tool(치수 도구):** 개체의 길이와 각도를 측정하고 표시합니다.

㉒ **Eyedropper Tool(스포이트 도구, I):** 이미지나 개체에서 색과 스타일을 추출하고, 선택 중인 개체에 바로 적용합니다.

- **Measure Tool(측정 도구):** 드래그한 위치의 좌표와 길이를 확인합니다.

㉓ **Blend Tool(블렌드 도구, W):** 2개 이상의 개체 사이에 단계를 추가하여 자연스럽게 연결합니다.

㉔ **Symbol Sprayer Tool(심볼 분무기 도구, Shift+S):** 심볼을 스프레이처럼 뿌립니다.

- **Symbol Shifter Tool(심볼 이동기 도구):** 드래그하여 심볼을 옮깁니다.

- **Symbol Scruncher Tool(심볼 분쇄기 도구):** 드래그하여 심볼을 안쪽으로 모읍니다. Alt 를 누른 채 드래그하면 바깥쪽으로 모으기가 실행됩니다.

- **Symbol Sizer Tool(심볼 크기 조절기 도구):** 드래그하여 심볼 크기를 키웁니다. Alt 를 누른 채 드래그하면 심볼 크기를 줄입니다.

- **Symbol Spinner Tool(심볼 회전기 도구):** 드래그하여 심볼을 회전합니다.

- **Symbol Stainer Tool(심볼 염색기 도구):** 드래그하여 심볼의 색을 변경합니다. Alt 를 누른 채 드래그하면 원본 색상으로 되돌릴 수 있습니다.

- **Symbol Screener Tool(심볼 투명기 도구):** 드래그하여 불투명도를 적용합니다. Alt 를 누른 채 드래그하면 원본 상태로 되돌릴 수 있습니다.

- Symbol Styler Tool(심볼 스타일기 도구): 드래그하여 등록되어 있는 그래픽 스타일을 적용합니다.

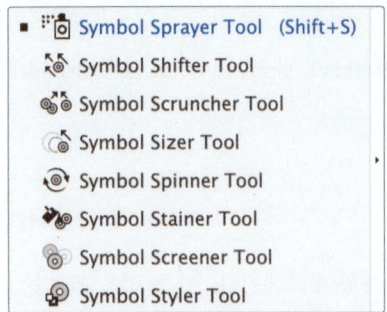

㉕ **Column Graph Tool(막대 그래프 도구, J)**: 도구 명칭에 해당하는 그래프를 만듭니다.

- Stacked Column Graph Tool(누적 막대 그래프 도구)
- Bar Graph Tool(가로 막대 그래프 도구)
- Stacked Bar Graph Tool(가로 누적 막대 그래프 도구)
- Line Graph Tool(선 그래프 도구)
- Area Graph Tool(영역 그래프 도구)
- Scatter Graph Tool(산포 그래프 도구)
- Pie Graph Tool(파이 그래프 도구)
- Radar Graph Tool(레이더 그래프 도구)

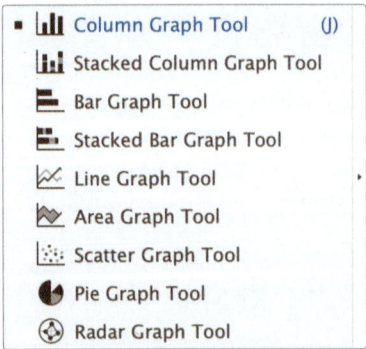

㉖ **Artboard Tool(아트보드 도구, Shift+O)**: 작업 영역(아트보드)을 추가하거나 조정합니다.

㉗ **Slice Tool(분할 영역 도구, Shift+K)**: 개체를 분할합니다. 주로 HTML 문서를 만들 때 사용합니다.

- Slice Selection Tool(분할 영역 선택 도구): 분할한 개체를 선택합니다

㉘ **Hand Tool(손 도구, H):** 드래그하여 작업 화면을 이동합니다.

- **Rotate View Tool(회전 보기 도구, Shift+H):** 드래그하여 작업 화면을 회전합니다. 툴바에서 아이콘을 더블 클릭하거나 Esc를 누르면 처음 상태로 되돌릴 수 있습니다.

- **Print Tiling Tool(타일링 인쇄 도구):** 작업 영역을 여러 페이지로 나누어 인쇄합니다.

㉙ **Objects on Path Tool(패스상의 오브젝트 도구):** 지정한 패스에 따라 개체를 일정한 간격으로 배치할 수 있습니다.

㉚ **Zoom Tool(돋보기 도구, Z):** 드래그하거나 클릭하여 작업 영역에서 확대하고, Alt 를 누른 채 클릭하여 축소할 수 있습니다.

㉛ **Fill & Stroke (칠과 선, X):** 칠(면)과 선(획)의 색을 지정합니다.

- **Swap Fill and Stroke (칠과 선 교체, Shift+X):** 칠과 선의 색을 서로 바꿉니다.

- **Default Fill and Stroke (초기값 칠과 선, D):** 칠과 선의 색을 초깃값으로 되돌립니다.

㉜ **Fill(색상, ⟨), Gradient(그레이디언트, ⟩), None (없음, ₩):** 개체의 색 속성을 선택합니다.

㉝ **Draw Normal(표준 그리기, 단축키 Shift+D):** 기본값으로, 기존 개체 위에 그립니다.

- **Draw Behind(배경 그리기, 단축키 Shift+D):** 선택한 개체 뒤로 그립니다. 배경 요소를 추가할 유용합니다.

- **Draw Inside(내부 그리기, 단축키 Shift+D):** 클리핑 마스크와 비슷한 효과로, 선택한 개체의 내부에만 그려집니다.

㉞ **Change Screen Mode(화면 모드 변경, F):** 작업 화면의 패널을 숨기거나 발표자 보기 모드 등, 화면 모드를 변경합니다.

㉟ **Edit Toolbar(도구 모음 편집):** 툴바의 도구를 사용자 맞춤으로 편집합니다.

일러스트레이터 주요 패널 살펴보기

메뉴 바에서 [Window]를 선택한 후 원하는 패널명을 선택하여 패널을 표시하거나 숨길 수 있습니다. 일부 패널은 간략하게 주요 옵션만 표시되어 있으며, 패널의 탭(이름 부분)을 더블 클릭하거나 패널 오른쪽 위에 있는 [메뉴] 아이콘을 클릭한 후 [Show Options]을 선택하여 가려진 옵션을 모두 표시할 수 있습니다. 일러스트레이터에서 자주 사용하는 주요 패널을 살펴보겠습니다.

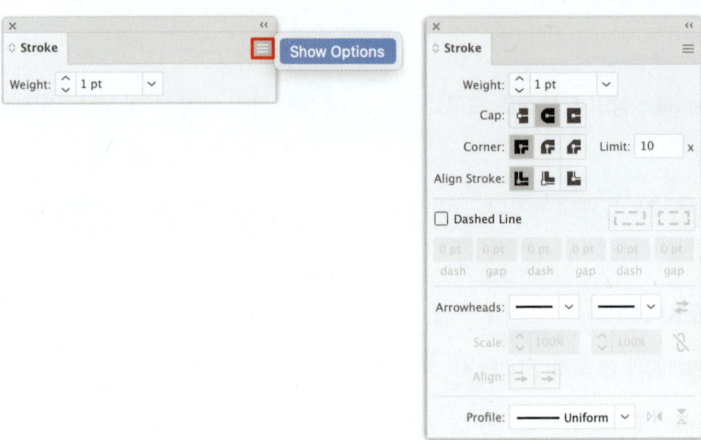

▲ 주요 옵션만 표시된 상태와 모든 옵션이 표시된 상태의 [Stroke] 패널

Contextual Task Bar(상황별 작업 표시줄): 사용자의 작업 흐름을 분석해 적절한 기능이 자동으로 표시됩니다.

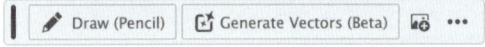

Control(제어): 흔히 컨트롤 바라고 부르며, 선택한 개체의 속성을 빠르게 조정할 수 있습니다.

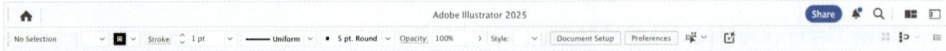

Help Bar(도움말 표시줄): 작업 화면 아래쪽에 있으며, 툴 또는 기능 사용법 등이 표시됩니다.

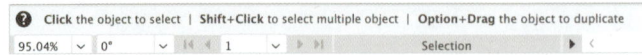

Layers(레이어, F7) 패널: 개체를 계층적으로 정리하고 관리합니다. 잠금, 숨김, 그룹화를 통해 작업을 효율적으로 수행할 수 있습니다.

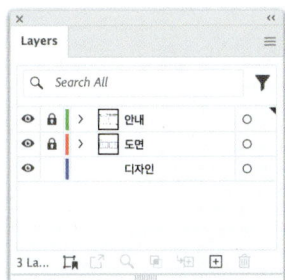

Color(색상, F6) 패널: 개체의 칠과 선 색을 설정합니다.

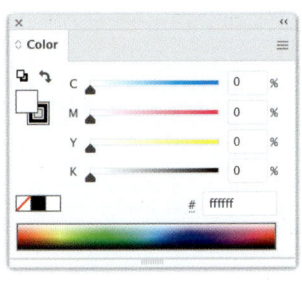

Swatches(견본) 패널: 자주 사용하는 색상, 패턴, 그레이디언트를 저장하고 빠르게 적용합니다.

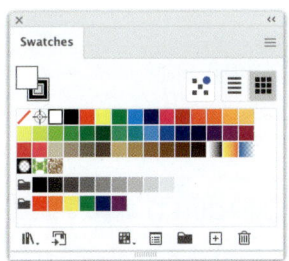

Brushes(브러시, F5) 패널: 다양한 브러시를 선택하고 사용자 정의 브러시를 생성합니다.

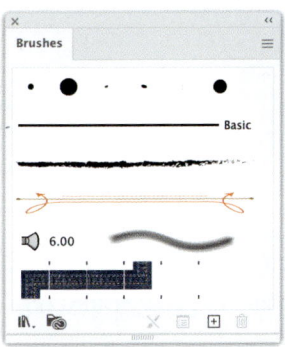

Symbols(심볼, Shift+Ctrl+F11) 패널: 다양한 심볼을 선택하고 사용자 정의 심볼을 등록합니다.

Properties(속성) 패널: 선택한 툴이나 개체에 따라 관련 옵션이 표시됩니다.

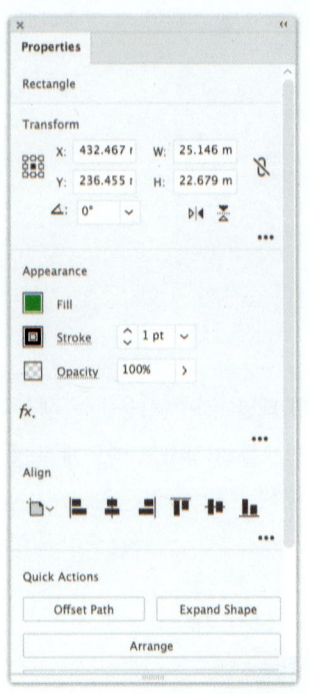

Character(문자, Ctrl+T) 패널: 글꼴, 크기, 자간, 행간 등 텍스트 스타일을 설정합니다.

Paragraph(단락, Alt+Ctrl+T) 패널: 텍스트의 정렬, 들여쓰기, 줄 간격 등을 설정합니다.

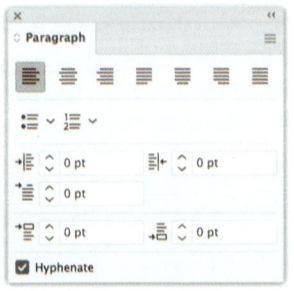

Pathfinder(패스파인더, Shift+Ctrl+F9) 패널: 병합, 분할, 교차 등으로 개체의 패스를 변형합니다.

Align(정렬, Shift+F7) 패널: 기준에 따라 정렬합니다.

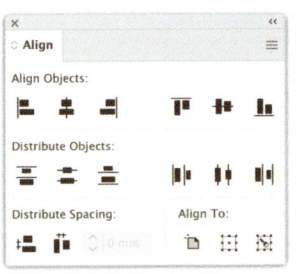

Transform(변형, Shift+F8) 패널: 개체의 위치, 크기, 회전, 기울기 등의 값을 입력하여 조정합니다.

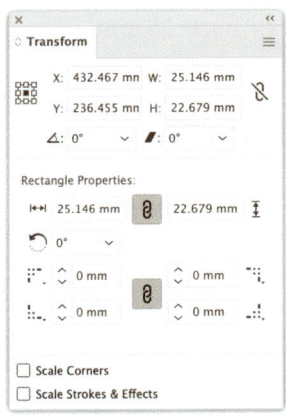

Stroke(획, Ctrl+F10) 패널: 개체의 선 두께, 스타일, 모양을 조정합니다.

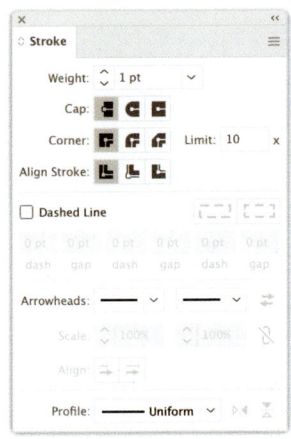

Gradient(그레이디언트, Ctrl+F9) 패널: 개체에 그레이디언트를 적용하고 색상, 각도, 간격을 조정합니다.

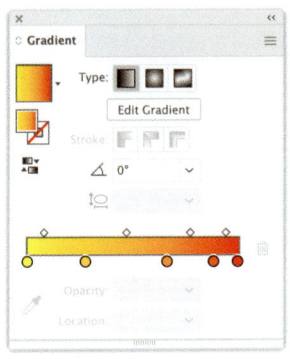

Graphic Styles(그래픽 스타일, Shift+F5) 패널: 저장된 스타일을 개체에 빠르게 적용할 수 있습니다.

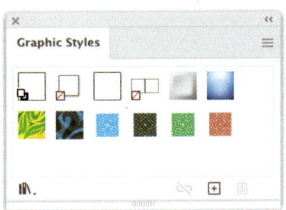

Appearance(모양, Shift+F6) 패널: 개체에 적용된 칠, 선, 효과 등을 관리합니다.

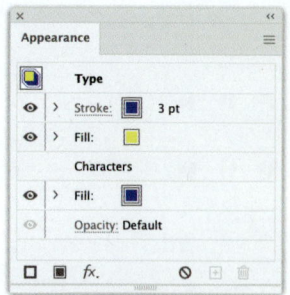

Transparency(투명도, Shift+Ctrl+F10) 패널: 개체의 불투명도를 조정하고 혼합 모드를 설정합니다.

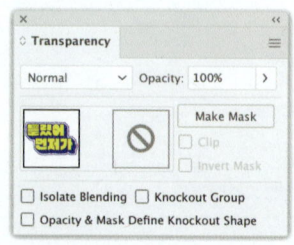

Artboards(대지, Shift+O) 패널: 작업 영역(아트보드)을 추가하거나 삭제하고 관리합니다.

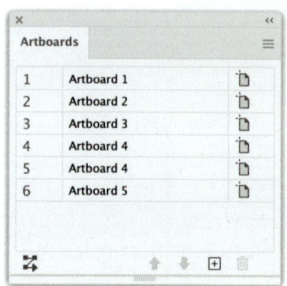

Links(연결, Shift+Ctrl+D) 패널: 이미지와 같은 외부 파일을 포함하거나 연결 상태를 관리합니다.

TIP 일러스트레이터에서도 포토샵과 99% 동일한 방법으로 나만의 워크스페이스를 설정하고 저장해서 사용할 수 있습니다. 자세한 방법은 000쪽을 참고하세요.

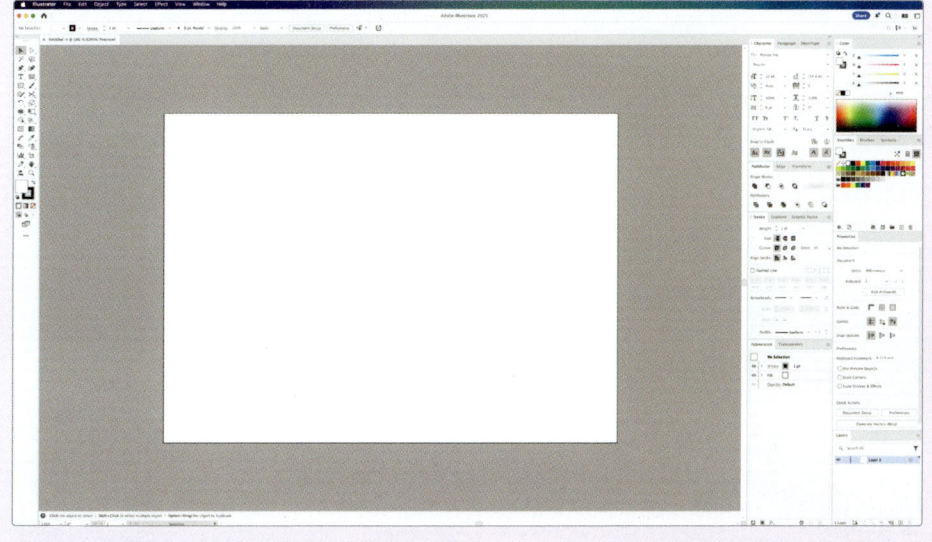

▲ 저자의 일러스트레이터 워크스페이스

포토샵은 단순한 이미지 편집 도구가 아닌, 상상한 거의 모든 것을 만들 수 있는 창작 도구입니다. 20가지 실습을 따라 해 보면서 꼭 알아야 할 효율적인 작업 방식과 디자인 실전 팁까지 배울 수 있습니다. 포토샵 초보자부터 실무자까지 누구나 새로운 영감을 얻을 수 있도록, 실무에 가까운 창작 활동을 통해 포토샵의 매력에 푹 빠져 보세요.

CHAPTER

02

비트맵 그래픽의 정점
포토샵

Ps

LESSON 01 | 만들면서 배우는 포토샵 기본 기능

드디어 포토샵 실습을 진행해 봅니다. 첫 레슨인 만큼, 포토샵의 기본 기능들을 이것저것 다룰 수 있는 실습을 준비했습니다. 다소 길지만 이번 실습을 진행해 보면 포토샵의 필수 기능과 친해질 것입니다.

완성 결과 | **폴라로이드 프레임 만들기.psd**

이것만은 반드시!

- **Free Transform(자유 변형), 단축키 Ctrl+T:** Free Transform 기능을 실행하면 레이어의 크기 및 비율, 기울이기, 왜곡, 원근 등을 자유롭게 변형할 수 있습니다. Free Transform 상태에서 이미지를 마우스 우클릭하면 변형 관련 메뉴를 확인할 수 있습니다.

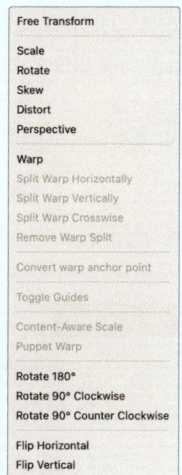

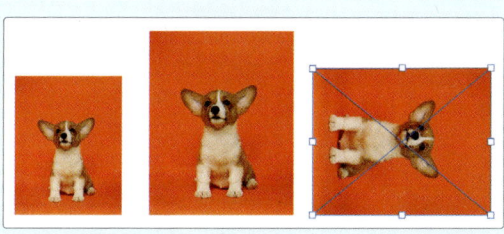

- **도형 그리기, 단축키 U:** 〈Rectangle Tool(U)〉을 선택하면 사각형을 그릴 수 있으며, 포함된 툴을 선택하면 각각 원형, 삼각형, 다각형, 선, 사용자 정의 도형을 그릴 수 있습니다.

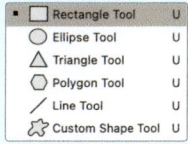

- **레이어 스타일:** Layer Style 창에서는 그림자, 네온 및 경사와 같은 다양한 효과를 적용할 수 있습니다.

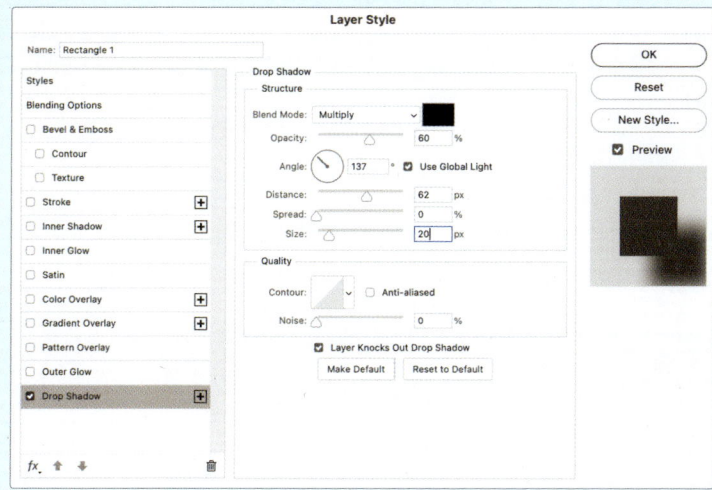

새 작업 시작하고 이미지 가져오기

포토샵을 실행한 후 새로운 디자인을 시작하려면 가장 먼저 새 작업(New Document)을 시작해야 합니다. 그런 다음 필요에 따라 이미지를 가져와서 편집을 진행합니다.

01 ① Ctrl+N을 눌러 New Document 창을 열고 ② [Web] 탭을 클릭합니다. ③ 프리셋 목록이 표시되면 [Web Large]를 선택합니다. ④ 세부 정보에서 **Artboards: 체크 해제**로 설정하고 ⑤ [Create] 버튼을 클릭해 새 작업을 시작합니다.

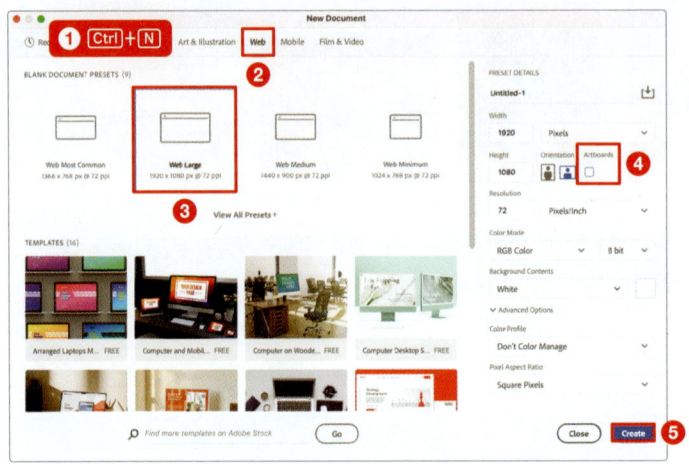

TIP [Web] 탭에 있는 프리셋을 선택하면 웹 페이지 작업에 최적화된 [Color Mode: RGB Color, Raster Effects: Screen(72ppi), Artboards: 체크]로 설정되어 있습니다. Artboards 기능은 하나의 작업에서 카드 뉴스와 같은 여러 개의 디자인 작업을 할 때 유용한 기능입니다. 지금은 단일 페이지를 디자인할 것이기에 [Artboards] 옵션의 체크는 해제합니다.

02 ① 메뉴 바에서 [File-Place Embedded]를 선택한 후 [paper_bg.jpg] 예제 파일을 가져옵니다. ② 이미지를 가져오면 Free Transform(자유 변형) 상태로 배치됩니다.

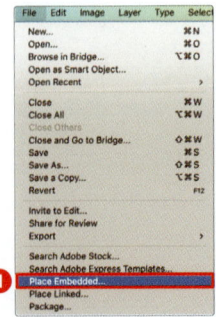 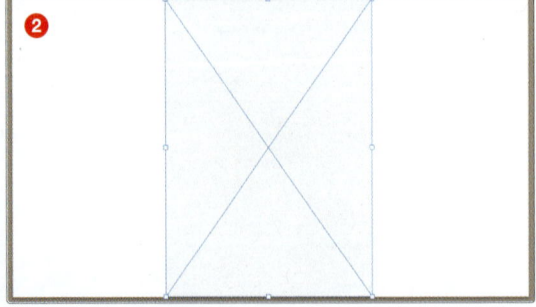

03 자유 변형 상태에서 ❶ Shift 를 누른 채 도형 바깥을 클릭한 상태로 드래그하여 90도 회전합니다. ❷ 그런 다음 Alt 를 누른 채 모퉁이에 있는 조절점을 작업 영역 바깥쪽까지 드래그하여 가득 채우고 Enter 를 눌러 자유 변형을 마칩니다.

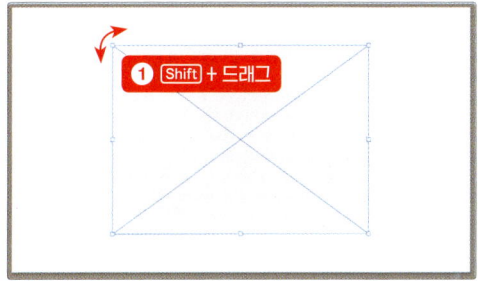 

TIP 도형을 회전할 때 Shift +드래그하면 15도 단위로 변형할 수 있습니다. 또한, 크기를 변경할 때 Alt +드래그하면 현재 개체의 중심을 기준으로 변형할 수 있습니다.

한 걸음 더 — Place Embedded와 Place Linked의 차이

포토샵에서 이미지를 가져올 땐 주로 [Place Embedded] 메뉴를 사용하거나 이미지 파일을 포토샵 작업창으로 드래그하는 방법을 사용하며, 두 가지 방법 모두 포함 가져오기에 해당합니다. 포함 가져오기와 다른 방법으로는 연결 가져오기가 있으며, 다음과 같은 차이가 있습니다.

Place Embedded(포함 가져오기)	Place Linked(연결 가져오기)
원본 파일(PSD)로 저장 시 용량이 비교적 큼	원본 파일(PSD)로 저장 시 용량이 비교적 적음
이미지 파일을 포토샵 파일에 포함시키므로 원본 이미지의 영향을 받지 않음	링크 형태로 가져오므로 원본의 위치가 변경되거나 삭제되면 작업 문서에서도 유실됨

◀◀ 도형을 이용하여 폴라로이드 프레임 만들기

새 작업을 시작한 후 작업 영역을 가져온 배경 이미지로 가득 채웠습니다. 이제 폴라로이드 형태의 프레임을 만들어 보겠습니다.

01 ① 메뉴 바에서 [File-Place Embedded]를 선택하여 [doggy_01.jpg] 예제 파일을 가져옵니다. ② Alt + 조절점을 드래그하여 크기를 조절하고 Enter 를 눌러 마칩니다.

 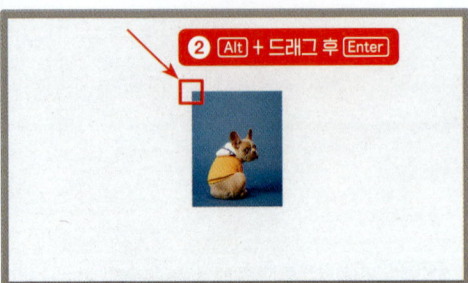

> **TIP** 조절점을 드래그할 때 이미지의 가로세로 비율이 변경된다면 메뉴 바 아래에 있는 옵션 바에서 [W]와 [H] 옵션 사이에 있는 연결 아이콘이 비활성 상태인지 확인해 보세요.
>
>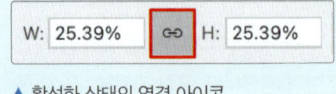
>
> ▲ 활성화 상태의 연결 아이콘

02 ① 툴바에서 〈Rectangle Tool(U)〉 ▭ 을 선택하고 ② 옵션 바에서 **Fill: White, Stroke: None**(색 없음)으로 적용합니다. ③ 강아지 이미지와 거의 비슷한 크기로 왼쪽 위에서 오른쪽 아래로 드래그하여 흰색 사각형을 그립니다.

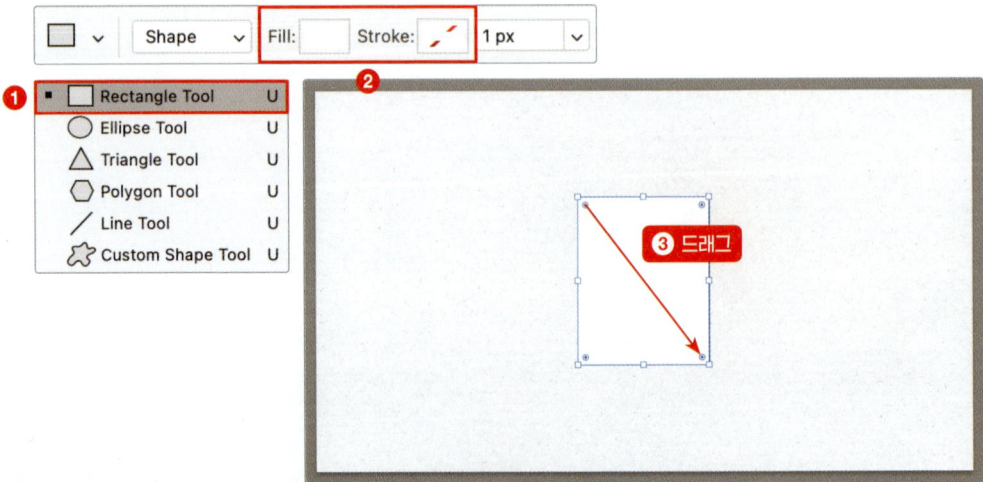

03 흰색 사각형은 프레임으로 사용할 것입니다. 그러므로 강아지 사진보다 가로세로 각각 20px씩 키웁니다. 옵션 바에서 [W]와 [H] 옵션값에 20씩 더한 값을 입력하면 됩니다.

04 프레임보다 사진이 위에 배치되어야 합니다. 그러므로 [Layer] 패널([F7])에서 [Rectangle 1] 레이어를 [doggy_01] 레이어 아래로 드래그하여 순서를 변경합니다.

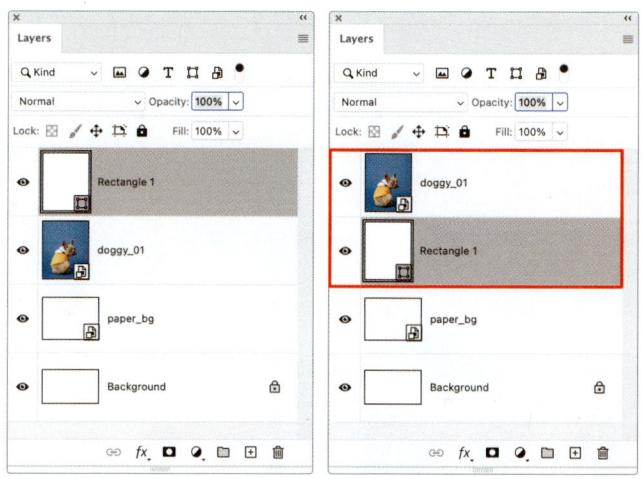

05 흰색 사각형과 강아지 사진을 작업 영역 정중앙으로 정렬하기 위해 〈Move Tool(V)〉 을 선택하고, 사각형과 사진을 각각 정중앙으로 드래그합니다. Smart Guides가 표시되어 손쉽게 정중앙에 정렬할 수 있습니다.

한 걸음 더 — 개체 배치 및 정렬에 유용한 기능들

작업 영역에 배치한 이미지나 도형 등의 개체를 원하는 위치에 정렬할 때 알아 놓으면 유용한 기능들이 있습니다.

Auto-Select: 우선 개체를 선택하거나 위치를 옮길 때는 기본적으로 〈Move Tool(V)〉을 선택합니다. 그런 다음 옵션 바에서 [Auto-Select] 옵션이 체크되어 있는지 확인해 보세요. Auto-Select는 작업 창에 보이는 오브젝트를 클릭해서 선택한 순간 [Layer] 패널에서 해당 레이어를 자동으로 선택하는 기능입니다. 하지만, 실수로 원치 않는 레이어가 선택되거나 움직이는 등 불편한 상황이 더 많다고 생각되면 [Auto-Select] 옵션의 체크를 해제하고 사용하면 됩니다. Auto-Select가 비활성화된 상태에서는 Ctrl 를 누른 채 개체를 클릭해서 해당 레이어를 선택할 수 있습니다. 책에서는 Auto-Select를 비활성한 채 사용했습니다.

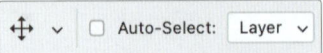

Smart Guides(고급 안내선): 메뉴 바에서 [View-Show-Smart Guides]를 보면 체크 상태로 활성화되어 있을 것입니다. 고급 안내선은 개체 간 거리, 작업 영역의 가장자리에서의 거리 등 모양, 분할 영역 및 선택 영역을 쉽게 정렬할 수 있도록 도와주는 기능입니다. 작업 중에 자주색으로 표시되는 것이 고급 안내선이며, 단축키 Ctrl + H 로 켜거나 끌 수 있습니다.

텍스트 입력 및 레이어 스타일로 프레임 꾸미기

이제 사진에 텍스트를 입력하고, 테이프 이미지를 추가한 후 그림자를 적용하는 등 간단하지만 눈에 띄도록 꾸며 보겠습니다.

01 ① 툴바에서 〈Horizontal Type Tool(T)〉 T 을 선택하고 ② [Character] 패널에서 **글꼴: 나눔손글씨 미래나무, 크기: 30pt, Color: White**를 적용합니다. ③ 사진을 클릭한 후 '넌 정말 귀여워~'를 입력한 뒤 Ctrl+Enter를 눌러 입력을 마칩니다.

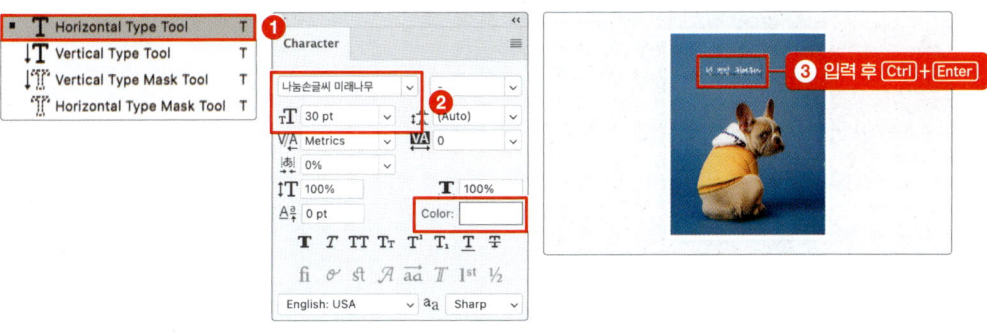

TIP 모든 패널은 메뉴 바의 [Windows]에서 하위 메뉴를 선택해서 열 수 있습니다.

02 ① [Paragraph] 패널에서 [중앙 정렬] 아이콘을 클릭하고, ② 〈Move Tool(V)〉 ✥ 을 선택한 후 그림과 같이 사진 위쪽 중앙으로 드래그하여 옮깁니다.

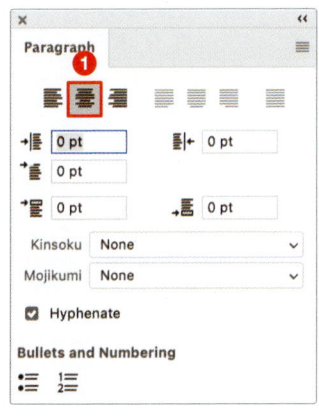
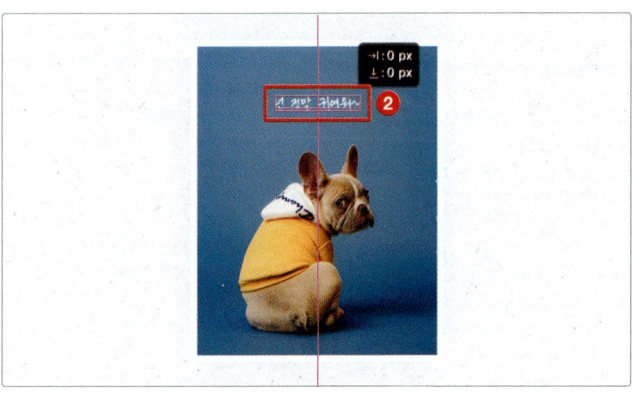

TIP 텍스트를 입력하고 ▢를 누르면 줄 바꿈이 실행됩니다. 그러므로 텍스트 입력을 마칠 때는 ▢+▢를 누르거나 툴바에서 〈Move Tool(V)〉을 선택합니다.

03 ① [tape_01.png] 예제 파일을 추가로 가져옵니다. ② 조절점을 드래그하여 크기를 줄인 후 그림과 같이 폴라로이드 프레임 위쪽에 겹치게 배치하고 Enter 를 눌러 마칩니다.

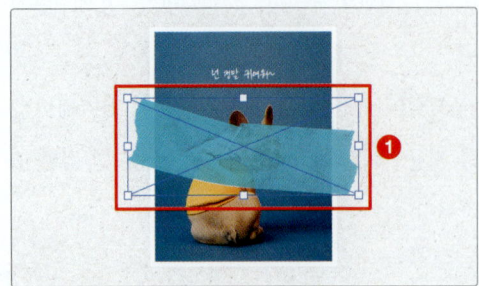 

04 흰색 사각형(프레임)에 그림자를 추가하겠습니다. [Layer] 패널에서 [Rectangle 1] 레이어의 이름 옆 빈 공간을 더블 클릭합니다.

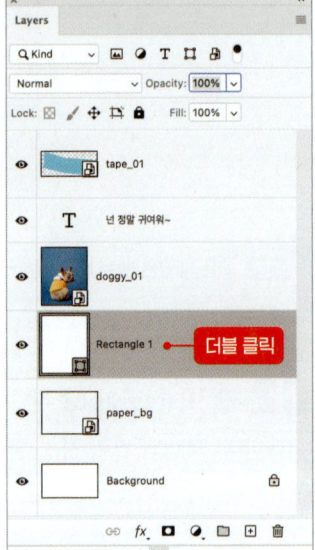

05 ❶ Layer Style 창이 열리면 [Drop Shadow] 메뉴를 선택한 후 ❷ Opacity: 15%, Angle: 145도, Distance: 20px, Spread: 0%, Size: 20px로 적용한 뒤, ❸ [OK]를 클릭합니다.

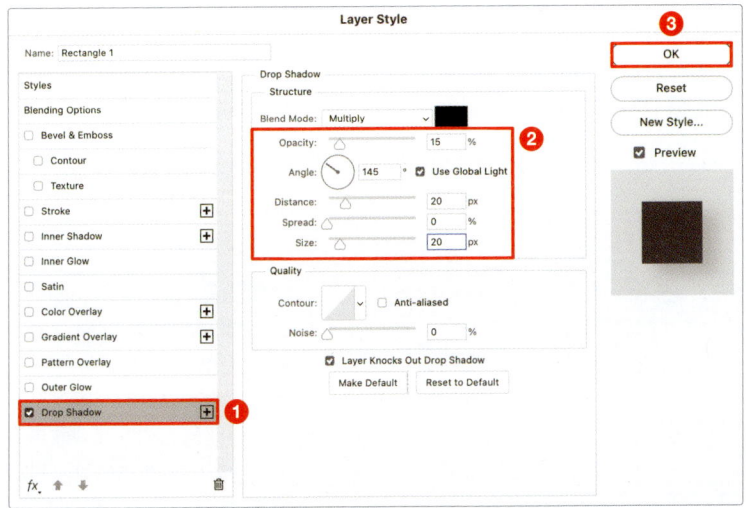

06 ❶ 흰색 사각형에 자연스러운 그림자가 추가되고, ❷ [Rectangle 1] 레이어에도 [Effects] 효과 레이어가 추가됩니다.

> **TIP** Layer Style은 레이어를 선택한 후 [Layers] 패널 아래쪽에 있는 [fx] 아이콘을 클릭해서 적용할 수도 있으며, 그림자, 네온 및 경사와 같은 다양한 효과를 적용할 수 있습니다. 이후 레이어 추가된 효과 레이어를 더블 클릭하여 스타일을 수정할 수 있습니다.

그룹으로 레이어 정리하고, 디자인 결과 저장하기

복잡한 디자인일수록 레이어가 많아지고, 레이어를 제대로 정리하지 않으면 이후 관리가 어려워집니다. 이럴 때 그룹 기능으로 레이어를 정리해 두면 효과적입니다.

01 [Layers] 패널에서 ❶ Ctrl을 누른 채 [tape_01] 레이어부터 [Rectangle 1] 레이어까지 4개의 레이어를 클릭하여 다중 선택한 후 Ctrl+G를 눌러 ❷ 선택한 레이어들을 하나의 그룹으로 묶습니다.

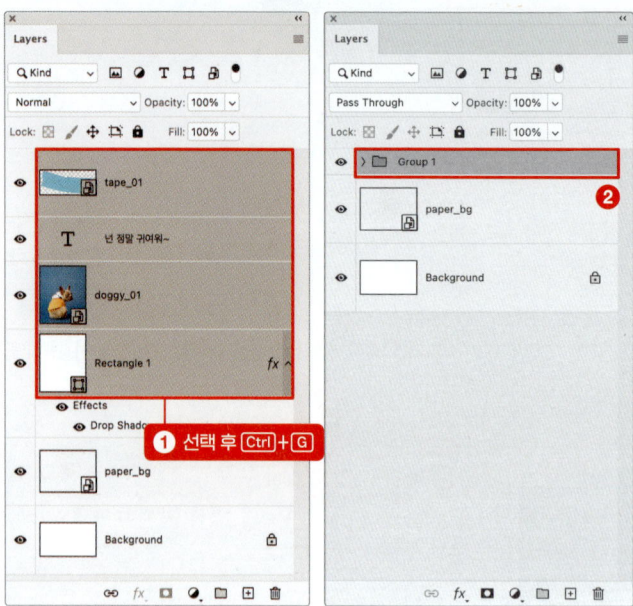

TIP 그룹 앞에는 [>] 아이콘이 표시되며, 아이콘을 클릭해서 그룹을 펼치면 포함된 레이어 목록을 확인할 수 있습니다. 그룹에 포함된 레이어를 클릭한 채 그룹 밖으로 드래그하여 꺼낼 수 있고, 다른 레이어를 그룹 안으로 드래그하여 추가할 수도 있습니다.

02 [Group 1] 그룹이 선택된 상태에서 ❶ Ctrl+T를 눌러 Free Transform을 실행합니다. ❷ 작업 영역에서 그림과 같이 회전하고 살짝 아래쪽에 배치한 후 Enter를 눌러 마칩니다.

03 ① 〈Horizontal Type Tool(T)〉 T 을 선택하고 [Character] 패널에서 **글꼴: 나눔스퀘어 (Regular), 크기: 30pt, Color: #5e9fc1**로 적용합니다. ② 프레임 위쪽을 클릭하여 '세상에서 제일 귀여운'을 입력하고 Ctrl + Enter 를 눌러 마칩니다.

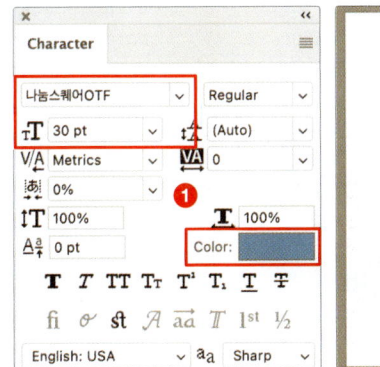 

04 ① Ctrl + J 를 눌러 앞서 입력한 텍스트 레이어를 복제합니다. ② 복제된 문구를 드래그하여 그림과 같이 아래로 살짝 옮긴 후 더블 클릭하여 편집 상태로 변경합니다.

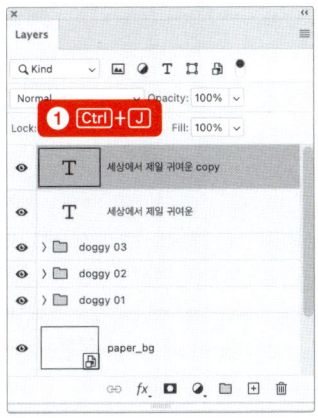 

05 ❶ [Character] 패널에서 **글꼴: 나눔스퀘어(Bold), 크기: 50pt, 자간: 500**을 적용하고 ❷ '우리집 친구를 소개해요'로 문구를 변경한 후 Ctrl+Enter를 눌러 마칩니다. 위쪽 텍스트와 간격을 맞춰 배치하여 디자인을 완성합니다.

06 ❶ 메뉴 바에서 [**File−Save As**](Ctrl+Shift+S)를 선택합니다. ❷ Save As 창이 열리면 경로, 파일명을 선택하고, **Format: JPEG**로 적용한 후 ❸ [**저장**] 버튼을 클릭해 이미지 파일로 저장합니다.

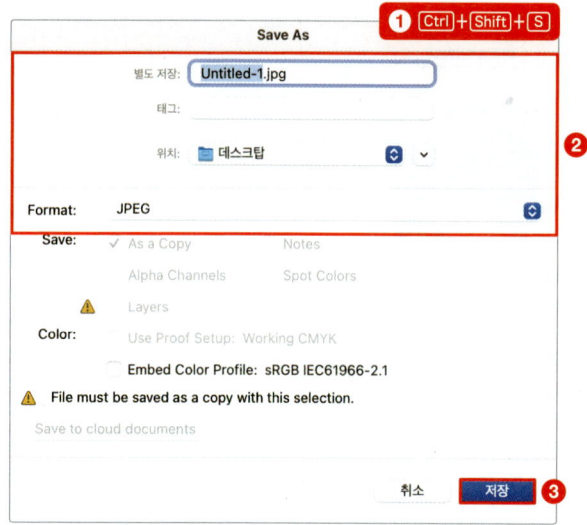

TIP Save As 창의 [Format] 옵션에 [JPEG], [PNG] 등의 포맷이 보이지 않는다면 포토샵 Preferences 창을 열고(Ctrl+K), [File Handling] 메뉴에서 [Enable legacy "Save As"] 옵션에 체크하면 모든 포맷으로 저장할 수 있습니다.

응용해 보기

그룹을 회전하기 전 그룹을 여러 개 복제하고(Ctrl+J) 사진만 바꿔서 다음과 같이 여러 개의 폴라로이드 프레임을 배치할 수 있습니다.

01 [Group 1] 그룹을 선택한 후 Ctrl+J를 2번 눌러 그룹을 2개 복제합니다.

02 〈Move Tool(V)〉을 선택하고, [Layers] 패널에서 각 그룹을 선택한 후 작업 창에서 각각 오른쪽과 왼쪽으로 드래그하여 배치합니다. 이때 Shift를 누른 채 드래그하면 수직/수평으로 옮길 수 있습니다.

03 〈Move Tool(V)〉 ✥이 선택된 상태에서 Ctrl을 누른 채 중앙에 있는 폴라로이드의 사진을 클릭합니다. [Layers] 패널을 보면 자동으로 클릭한 폴라로이드 그룹이 펼쳐지고, 해당 레이어(사진)가 선택됩니다.

04 Delete 를 눌러 선택된 강아지 사진 레이어를 삭제하고, [doggy_02.jpg] 예제 파일을 가져온 후 크기와 위치를 조정하여 빈 프레임에 배치합니다.

05 같은 방법으로 파란색 테이프 오브젝트도 삭제한 후 [tape_02.png] 예제 파일을 가져와 배치합니다.

06 지금까지의 과정을 참고하여 나머지 폴라로이드 사진과 테이프 이미지를 각각 [doggy_03.jpg]와 [tape_03.png]로 교체하고, 각 문구를 더블 클릭하여 적절하게 변경합니다.

07 마지막으로 [Layers] 패널에서 각 그룹을 선택하고 Ctrl + T 를 눌러 Free Transform을 실행하여 자유롭게 변형하고 배치하면 완성입니다.

LESSON 02 | 조정 레이어로 풍경 사진 보정

원본 이미지를 훼손하지 않고, 이미지를 보정할 때 사용하는 기능이 조정 레이어입니다. 여러 종류의 조정 레이어를 추가한 후 보정값을 변경하면 조정 레이어 아래에 있는 이미지가 보정됩니다. 조정 레이어를 이용하여 풍경 사진의 색감을 훨씬 더 풍성하게 보정해 보겠습니다.

완성 결과 | **조정 레이어.psd**

보정 전

보정 후

이것만은 반드시!

- **Adjustment Layer(조정 레이어)**: 이미지 위쪽에 조정 레이어(Adjustment Layer)를 추가하면 원본 이미지를 변경하지 않고도 색상 및 톤 등을 조정할 수 있습니다.

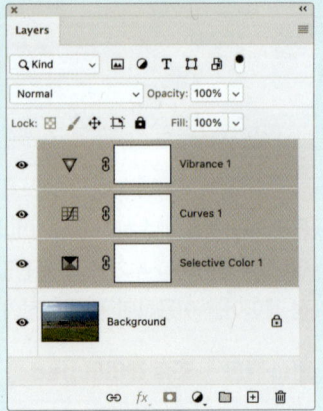

- **Selective Color(선택 색상)**: 이미지의 특정 색상을 선택하고 해당 색상을 조정할 수 있는 기능입니다.

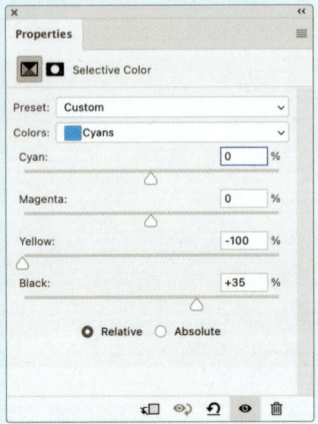

- **Curves(곡선)**: 그래프 곡선을 이용해 이미지의 밝기와 대비를 정밀하게 조정할 수 있습니다.

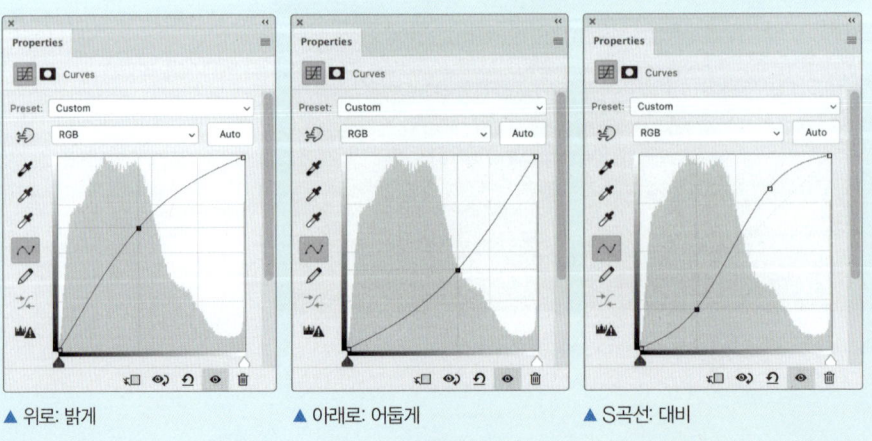

▲ 위로: 밝게 　　　　▲ 아래로: 어둡게 　　　　▲ S곡선: 대비

이미지 파일 열고, 수평 맞추기

보정할 풍경 사진을 열고, 비뚤어진 수평을 맞춥니다.

01 [Open] 메뉴의 단축키인 Ctrl+O를 눌러 [cuba_01.jpg] 예제 파일을 엽니다. 이 사진에서 수평선을 기준으로 수평을 맞추겠습니다.

🔍 한 걸음 더 — Open(열기)과 Place(가져오기)의 차이

[File] – [Open] 메뉴는 새로운 작업 창에 이미지나 포토샵 파일을 열 때 사용하며, 연 파일의 원본 크기에 따라 작업 영역의 크기가 결정됩니다. 반면 Place 기능은 이미 만들어진 작업 창에 새로운 이미지 파일 등을 추가하는 가져오기 작업으로, 새로운 레이어가 추가되면서 가져온 이미지가 배치됩니다. Place 기능은 000쪽에서 자세히 설명합니다.

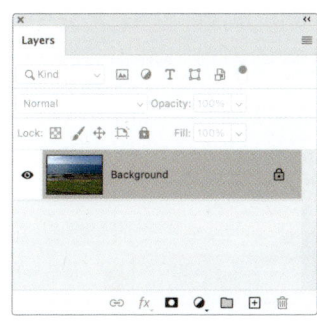 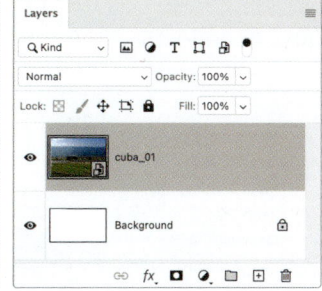

▲ Open 기능으로 연 이미지 파일   ▲ Place Embedded 기능으로 가져온 이미지 파일

02 ❶ 툴바에서 〈Crop Tool(C)〉 ㅂ 을 선택한 후 ❷ 옵션 바에서 [Straighten] 버튼을 클릭합니다. ❸ 기준이 될 수평선을 따라 드래그하면 수평이 맞춰집니다. ❹ Enter 를 눌러 Crop 기능을 마칩니다.

Selective Color로 색감 보정하기

조정 레이어는 원본을 훼손하지 않고 보정할 때 사용합니다. 여기서는 Selective Color(색상 선택) 조정 레이어를 사용해 보겠습니다. 만약, 원본 자체를 보정하려면 [Image]-[Adjustments] 메뉴를 이용하면 됩니다.

01 [Layers] 패널에서 ❶ [Create new fill or adjustment layer] 아이콘을 클릭한 후 ❷ [Selective Color]를 선택하여 ❸ [Selective Color 1] 조정 레이어를 추가합니다.

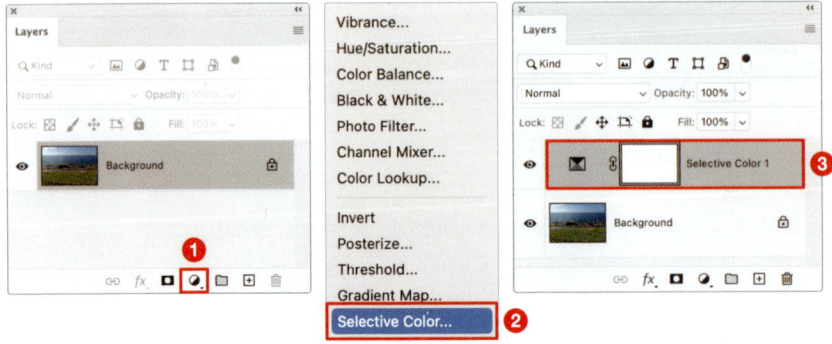

02 바다와 하늘을 더 푸르게 보정해 보겠습니다. [Properties] 패널에서 ❶ Colors: Cyans 을 선택한 후 ❷ Yellow: -100%, Black: +35%로 적용합니다. [Layers] 패널에서 [Selective Color 1] 조정 레이어의 눈 아이콘을 껐다 켜 보면 변화를 확인할 수 있습니다.

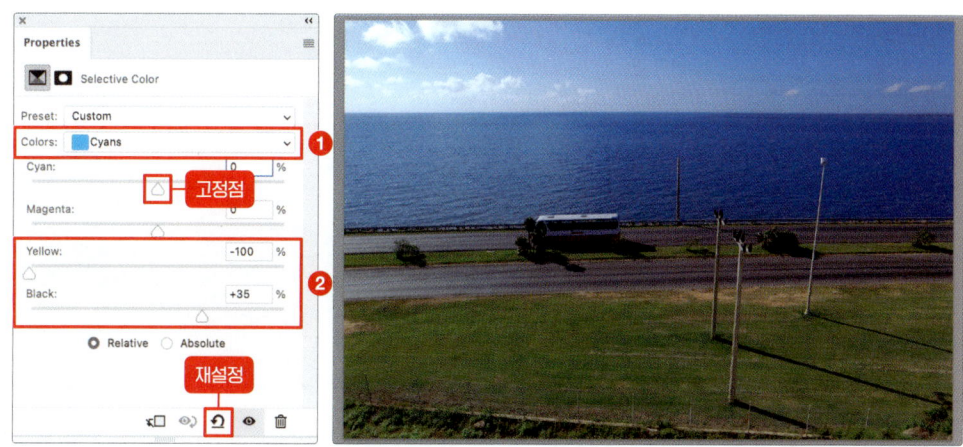

TIP [Properties] 패널은 현재 선택 중인 레이어에 따라 옵션이 바뀝니다. 위와 같은 상태에서는 삼각형 모양 [고정점]을 더블 클릭하면 해당 색상값이 초기화되며, 패널 아래에 있는 [재설정] 아이콘을 클릭하면 조정 레이어의 모든 설정값이 초기화됩니다.

한 걸음 더 Selective Color와 보색 활용

Selective Color 기능은 선택한 색상을 조정하는 기능이며 보색은 서로 반대되는 색으로, 섞었을 때 흰색이나 검은색처럼 무채색이 되는 두 가지 색상입니다. Red(빨간색)와 Cyan(청록색), Green(녹색)과 Magenta(자홍색), Blue(파란색)와 Yellow(노란색)가 대표적인 보색 관계입니다.

그러므로 위의 예시에서 파란색을 선택한 후 보색인 노란색의 값을 낮춤으로써 더 파랗게 보정할 수 있었습니다. 추가로 검정(Black)을 높임으로써 농도가 더 진해집니다.

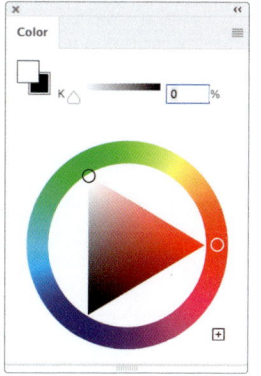

색상환에서 서로 마주보는 색이 보색 관계입니다. ▶

03 파란색을 좀 더 강조하기 위해 ① [Properties] 패널에서 Colors: Blues를 선택하고 ② Yellow: -80%, Black: +20%로 적용합니다.

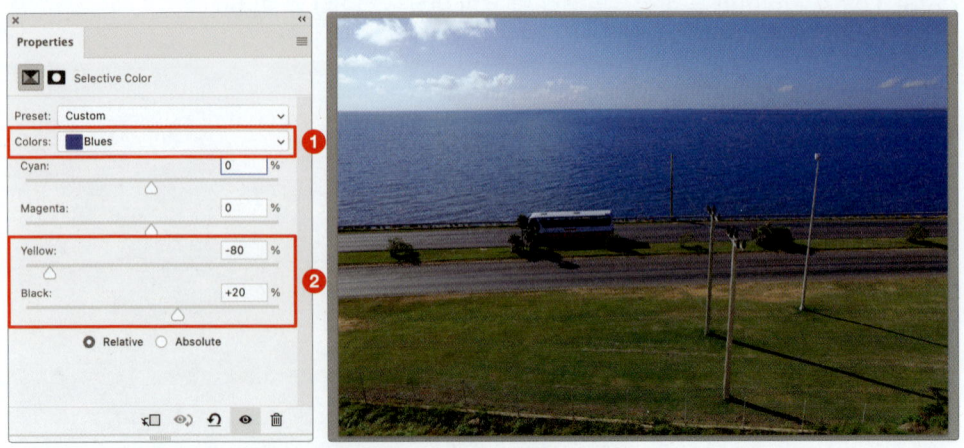

> **TIP** 하늘이나 바다는 Cyans을 선택하고 보정했을 때 극적인 변화를 확인할 수 있으며, Blues를 선택하고 보정함으로써 좀 더 진한 파란색을 표현할 수 있습니다.

04 계속해서 잔디의 색을 보정하기 위해 ① [Properties] 패널에서 Colors: Yellows를 선택하고 ② Magenta: -75%, Black: +35%로 적용합니다. 버스의 빨간색도 강조하기 위해 ③ Colors: Reds를 선택하고 ④ Cyan: -80%로 적용합니다.

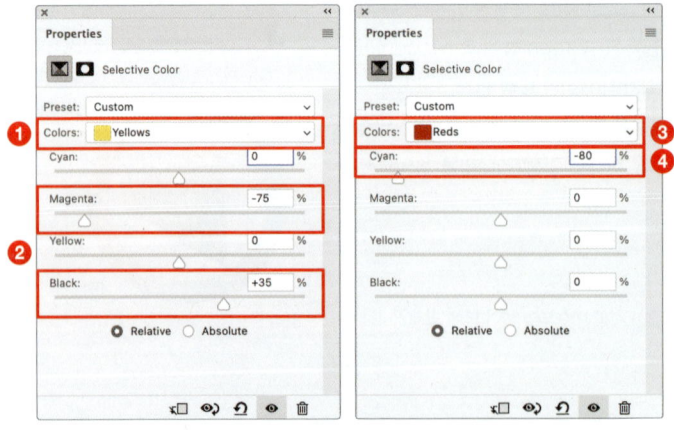

> **TIP** 잔디의 색상은 녹색(Green)으로 보이지만, 실제로는 노란색을 훨씬 더 많이 포함하고 있습니다. 따라서 잔디의 색을 강조하기 위해 Greens이 아닌, Yellows를 선택한 후 Green의 보색인 Magenta를 낮춤으로써 녹색을 강조했습니다.

◀◀ Curves로 이미지 밝기 조절하기

Curves 기능은 이미지의 밝기를 조절하는 방법 중 하나로, 색조 범위 전체에서 원하는 위치에 조절점을 추가하면서 세부적으로 조정할 수 있습니다.

01 [Layers] 패널에서 [Create new fill or adjustment layer] 아이콘을 클릭한 후 [Curves]를 선택하여 조정 레이어를 추가합니다. ❶ [Properties] 패널에서 위쪽 1/4 지점을 클릭하여 조절점을 추가한 후 살짝 위로 드래그합니다. ❷ 이미지 전체가 밝게 보정됩니다.

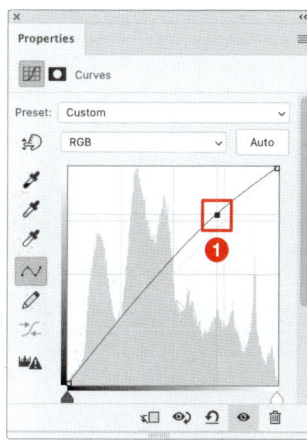 

🔍 한 걸음 더   Curves 다루기

Curves(곡선)는 이미지의 밝기와 대비를 정밀하게 조정할 수 있는 기능입니다. 이미지를 구성하는 각 픽셀의 톤값을 그래프 형태의 곡선으로 조정하여 전반적인 밝기, 대비, 색조를 조절함으로써 창의적인 결과물을 완성할 수 있는 유용한 이미지 보정 기능 중 하나입니다.

Curves 그래프 중앙에는 보정 중인 이미지의 밝기 분포가 히스토그램으로 표현되고, 곡선의 x값은 톤의 입력 값(원본의 밝기), y값은 톤의 출력 값(보정된 밝기)을 나타냅니다. 가로축은 위로 갈수록, 세로축은 오른쪽으로 갈수록 밝은 영역에 해당합니다. 즉, 곡선에서 조절점을 추가하여 위로 올리면 이미지가 밝아지고, 아래쪽으로 내리면 어두워지며, S자 형태의 곡선을 만들면 밝은 부분은 더 밝고 어두운 부분은 더 어두워져 대비(Contrast)가 강조된 이미지를 만들 수 있습니다.

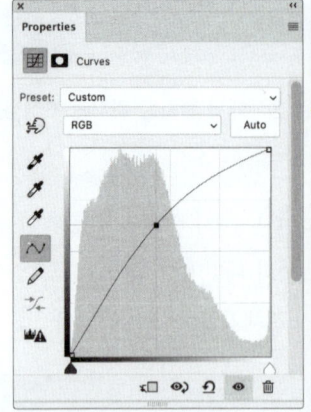 
▲ 밝게 보정한 곡선과 이미지

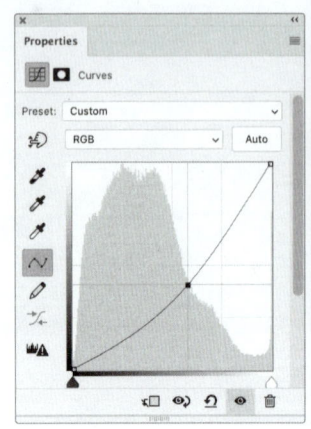 
▲ 어둡게 보정한 곡선과 이미지

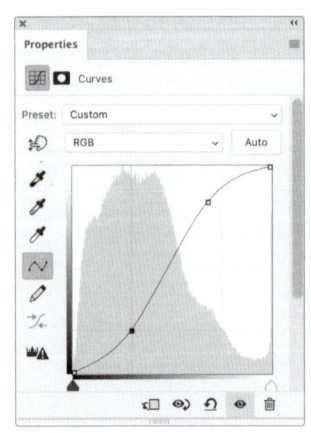 
▲ 대비를 강조한 S 곡선과 이미지

02
[Layers] 패널에서 [Create new fill or adjustment layer] 아이콘을 클릭한 후 [Vibrance]를 선택하여 조정 레이어를 추가합니다. ❶ [Properties] 패널에서 **Vibrance: 55%** 로 적용하여 ❷ 자연스러운 생동감을 더하면 완성입니다.

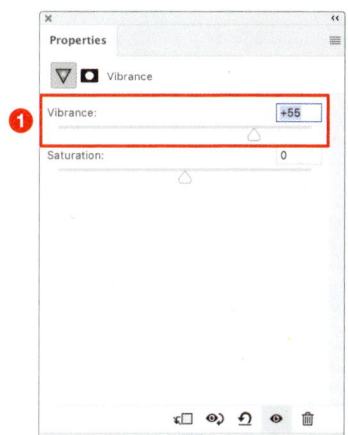

> **TIP** Selective Color로 특정 색상을 강조한 후 Curves로 이미지를 밝게 만드는 과정에서 색상 강조가 약해질 수 있습니다. 이럴 때 Vibrance(생동감)를 추가함으로써 약해진 색상을 자연스럽게 다시 강조할 수 있습니다.

▼☰ 응용해 보기

Adjustment Layer(조정 레이어)에 적용한 보정값은 복사 후 붙여 넣거나 프리셋으로 저장하여 다른 이미지에 같은 보정값을 빠르게 적용할 수 있습니다.

복사 후 붙여넣기 [Layer] 패널에서 Ctrl 을 누른 채 설정이 변경된 조정 레이어를 모두 선택한 후 Ctrl + C 를 눌러 복사합니다. 이어서 새로운 이미지를 열고 Ctrl + V 를 눌러 조정 레이어를 붙여 넣으면 새로운 이미지도 같은 값으로 보정됩니다. 이후 각 조정 레이어를 선택한 후 [Properties] 패널에서 보정값을 수정할 수도 있습니다.

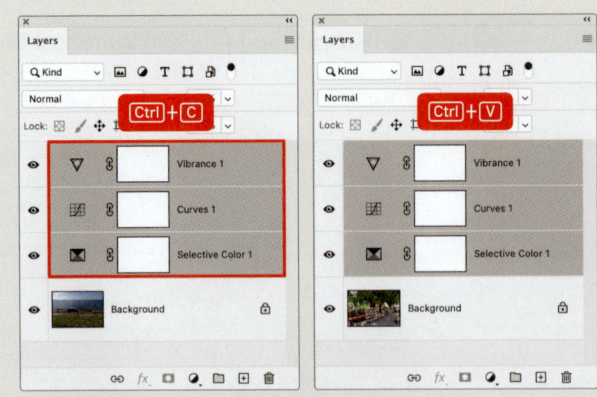

▲ 조정 레이어 복사 후 다른 작업 창에 붙여넣기

프리셋으로 저장하기 같은 보정값을 자주 사용할 것 같으면 프리셋으로 저장해 두는 것이 좋습니다. 저장할 조정 레이어를 모두 선택한 후 ① [Adjustments](조정) 패널에서 스크롤을 내려 Your presets 영역의 [+] 아이콘을 클릭하여 저장합니다. ② Your presets 영역에서 저장 결과를 확인할 수 있으며, 클릭해서 적용하면 ③ 저장한 조정 레이어가 그룹으로 묶여서 적용됩니다.

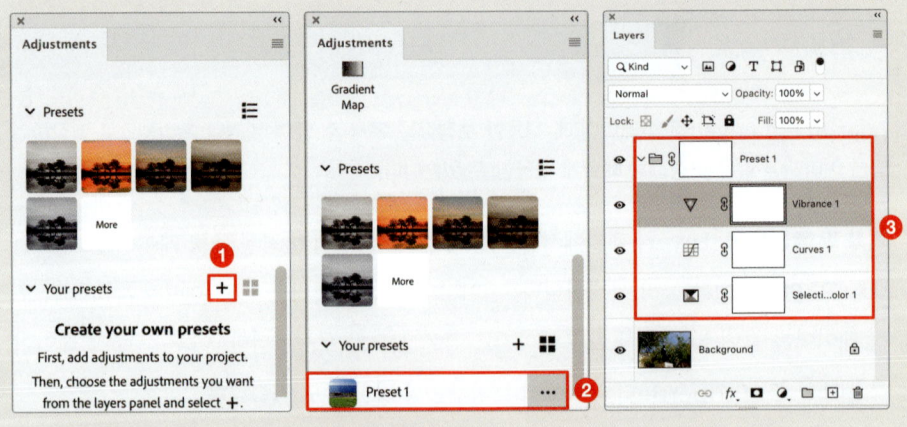

TIP [Adjustment] 패널의 Presets 영역에는 기본으로 제공하는 프리셋이 있으며, [More]를 클릭하면 더 많은 프리셋을 확인할 수 있습니다. 프리셋에 마우스를 올리면 효과를 미리 확인할 수 있습니다.

LESSON 03 | 클리핑 마스크로 인물 사진과 텍스트 합성

클리핑 마스크 기능을 이용하면 원하는 모양이나 텍스트 안으로 이미지를 채울 수 있습니다. 인물 사진과 텍스트를 멋지게 합성해 보겠습니다.

완성 결과 | **타이포 합성.psd**

이것만은 반드시!

- **Clipping Mask(클리핑 마스크):** 하나의 레이어가 다른 레이어의 내용(픽셀)을 기준으로 일부가 가려지는(일부만 표시되는) 기능입니다. 클리핑 마스크의 조건은 마스크 역할을 할 레이어에 픽셀 정보(색상이 칠해진 상태)가 포함되어야 하며, 이미지 아래에 위치해야 합니다. 그런 다음 Alt 를 누른 채 두 레이어 사이를 클릭하거나 이미지 레이어를 선택한 후 단축키 Ctrl + Alt + G 를 누르면 됩니다.

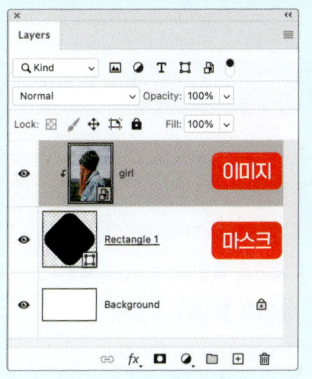

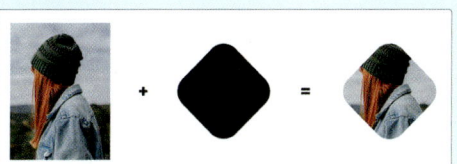

- **Rulers(눈금자) & Guidelines(가이드라인):** Rulers(눈금자)를 이용해 만든 가이드라인은 오브젝트의 정렬과 배치를 돕는 도구입니다.
- **[Select]–[Subject] 메뉴:** 이미지에서 주요 피사체를 자동으로 선택해 주는 기능입니다. 복잡한 이미지에서도 빠르고 정확하게 피사체를 선택할 수 있습니다.

가이드라인 추가 후 피사체 선택하기

포토샵의 AI 기반 피사체 선택 기능을 이용해 사진의 피사체만 빠르게 선택해 보겠습니다.

01 ❶ Ctrl+O를 눌러 [girl.jpg] 예제 파일을 열고, ❷ Ctrl+R을 눌러 눈금자를 활성화합니다. ❸ 왼쪽 눈금자를 클릭한 채 작업 영역의 중앙으로 드래그하여 가이드라인을 배치합니다. 스냅 기능이 작동되어 중앙에 정확히 배치할 수 있습니다.

🔍 한 걸음 더 가이드라인과 스냅 기능

가이드라인은 작업 영역에서 오브젝트의 정렬과 배치를 돕는 기능으로, 작업 중에만 표시되며, 이미지 파일로 저장하거나 인쇄 시에는 나타나지 않습니다. 또한, 가이드라인을 배치하기 위해 드래그하다 보면 작업 영역 중앙에서 자석처럼 달라 붙는 느낌의 스냅 기능이 작동됩니다. 스냅 기능 활성화 여부는 [View]–[Snap] 메뉴에서 확인할 수 있습니다.

- **눈금자 활성화:** Ctrl+R
- **가이드라인 숨기기/표시:** Ctrl+;
- **스냅 기능 활성화:** Shift+Ctrl+;
- **가이드라인 위치 이동:** ⟨Move Tool(V)⟩로 클릭 후 드래그
- **가이드 삭제:** 가이드라인 클릭 후 눈금자 안쪽으로 드래그

02 ❶ 메뉴 바에서 [Select-Subject]를 선택하여 자동으로 피사체를 선택합니다. ❷ 선택 영역을 새 레이어로 복제하는 단축키 Ctrl + J 를 누른 후 ❸ [Layers] 패널에서 복제된 [Layer 1] 레이어를 확인합니다.

  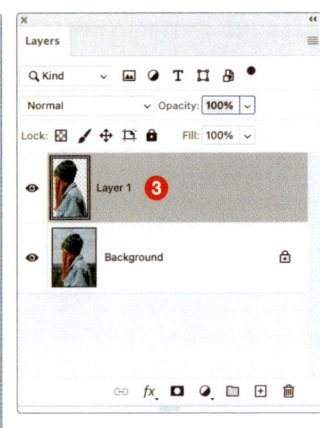

03 [Layer 1] 레이어가 선택된 상태에서 ❶ [Background] 레이어 눈 아이콘을 끕니다. ❷ 작업 영역을 보면 배경이 깔끔하게 정리된 인물을 확인할 수 있습니다.

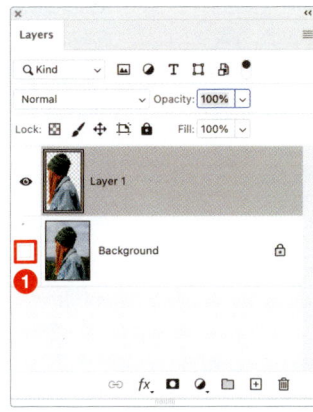 

> **TIP** 배경에 보이는 격자무늬는 실제 저장되는 이미지가 아닌, 색상 정보가 없는 투명한 영역을 의미합니다. 바탕이 투명한 이미지를 만들고 싶다면 PNG 포맷으로 저장해야 합니다.

클리핑 마스크의 마스크 준비하기

이미지를 특정 모양이나 텍스트 안에 채우기 위해서는 마스크 역할을 할 별도의 레이어가 필요합니다.

01 ❶ 툴바에서 〈Rectangular Marquee Tool(M)〉 을 선택한 후 ❷ 가이드라인 왼쪽이 모두 포함되도록 선택합니다. 작업 영역의 왼쪽 위에서 오른쪽 아래로 드래그하면 됩니다.

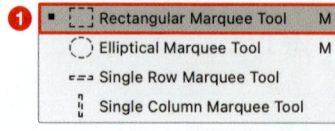

> **TIP** 선택 영역 지정은 이미지의 특정 부분을 수정, 이동, 복사, 색상 조정, 삭제하기 위한 사전 작업입니다. 선택 영역 지정은 앞서 사용해 본 [Subject] 메뉴 및 〈Rectangular Marquee Tool(M)〉 이외에도 다양합니다.

02 ❶ [Layers] 패널에서 피사체만 남긴 [Layer 1] 레이어가 선택되어 있는지 확인하고 ❷ 작업 영역에서 Delete 를 눌러 선택 영역을 삭제합니다. 작업 영역 왼쪽은 여전히 선택 영역으로 지정되어 있습니다.

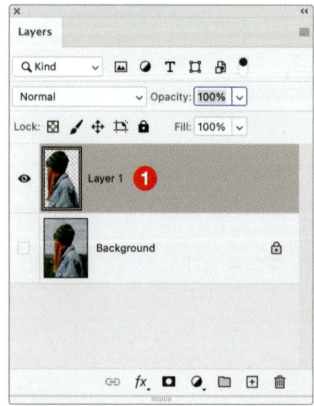

03 ❶ [Layers] 패널에서 [Background] 레이어를 선택하고 선택 영역을 복제하는 Ctrl +J를 누릅니다. ❷ 원본 이미지의 왼쪽 부분이 새 레이어에 복제되어 ❸ 작업 영역에 표시됩니다. 작업 영역의 왼쪽은 [Layer 2], 오른쪽은 [Layer 1]이 보이는 상태입니다.

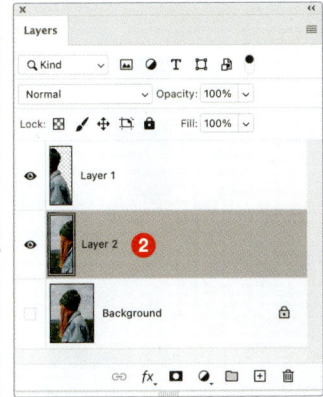

TIP 선택 영역을 삭제, 복사, 수정할 때는 현재 선택 중인 레이어가 기준이 됩니다. 따라서 선택 영역을 지정한 후 기능을 실행할 때는 작업 영역이 아닌 [Layers] 패널에서 선택 중인 레이어를 잘 확인해야 합니다.

04 마스크 역할의 문구를 입력하기 위해 ❶ 〈Horizontal Type Tool(T)〉 T을 선택합니다. ❷ [Character] 패널에서 **글꼴: Wanted Sans/ExtraBlack, 크기: 170pt, 행간: 160pt, 자간: -50, Color: White**로 적용하고, ❸ [Paragraph] 패널에서 우측 정렬을 적용합니다.

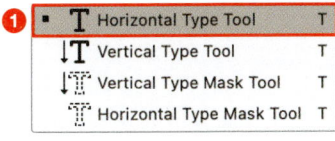
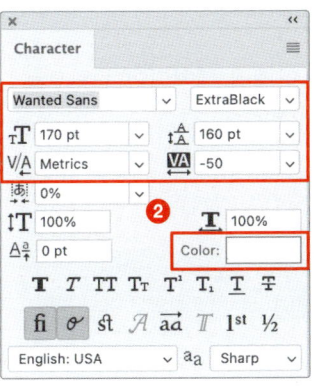
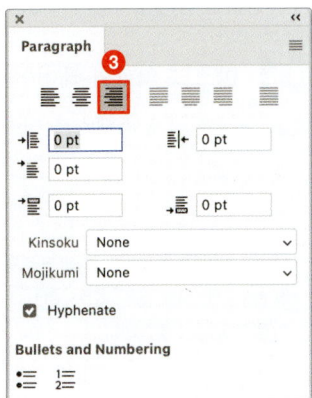

05 ① 작업 영역을 클릭하여 문구를 입력하고, `Ctrl`+`Enter`를 눌러 입력을 마칩니다. 그림과 같이 띄어쓰기 없이 줄 바꿈(`Enter`)하면서 입력했습니다. ② 〈Move Tool(V)〉 ✥을 선택한 후 문구를 드래그하여 가이드라인에 바짝 붙이고, ③ `Ctrl`+`;`을 눌러 가이드라인을 숨깁니다.

> **TIP** 〈Move Tool(V)〉을 선택한 상태에서 키보드 방향키를 누르면 선택 중인 개체를 세밀하게 옮길 수 있습니다. 방향키를 한 번 누를 때마다 1px씩 이동하며, `Shift`를 누른 채 방향키를 누르면 10px씩 이동합니다.

◀◀ 클리핑 마스크로 텍스트 합성하기 ▼≡

합성에 사용할 이미지(Layer 2)와 마스크(텍스트 레이어)가 모두 준비되었으니 클리핑 마스크로 두 레이어를 합성하면 됩니다. 이때 마스크 역할을 할 레이어가 아래, 이미지가 위에 배치되어야 합니다.

01 마스크 역할의 레이어가 아래에 배치되어야 하므로, [Layers] 패널에서 텍스트 레이어를 드래그하여 [Layer 2] 레이어 아래로 옮깁니다.

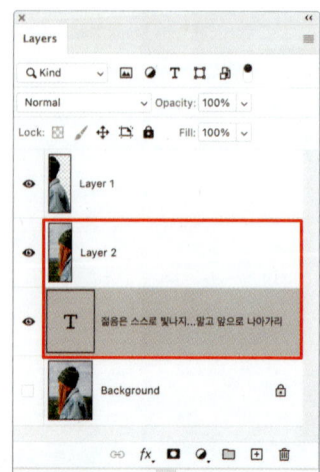

> **TIP** 선택한 레이어를 위/아래로 옮길 때는 `Ctrl`+`]`, `Ctrl`+`[`, 맨 앞 또는 맨 뒤로 옮길 때는 `Ctrl`+`Shift`+`]`, `Ctrl`+`Shift`+`[` 단축키를 이용해도 좋습니다.

02 클리핑 마스크를 실행하기 위해 Alt를 누른 채 [Layer 2]와 텍스트 레이어 사이를 클릭하거나, 위에 있는 [Layer 2] 레이어를 선택한 후 단축키 Ctrl + Alt + G를 누릅니다.

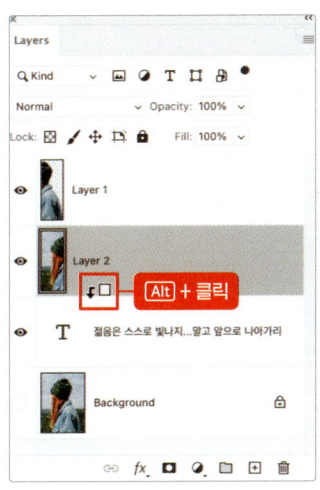 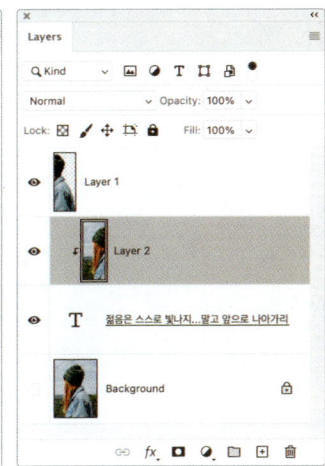 

03 ❶ [Layers] 패널에서 [Create new fill or adjustment layer] 아이콘을 클릭한 후 ❷ [Solid Color]를 선택합니다. ❸ Color Picker 창이 열리면 Color: #e4ff00을 적용하고 ❹ [OK]를 클릭합니다.

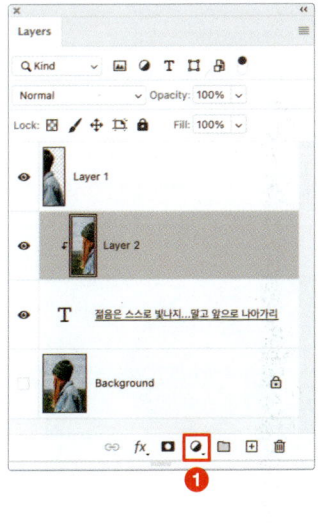 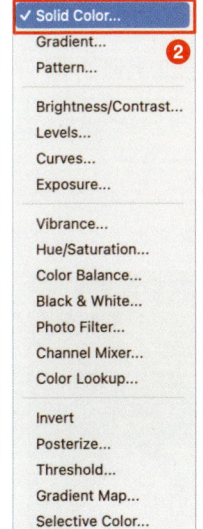 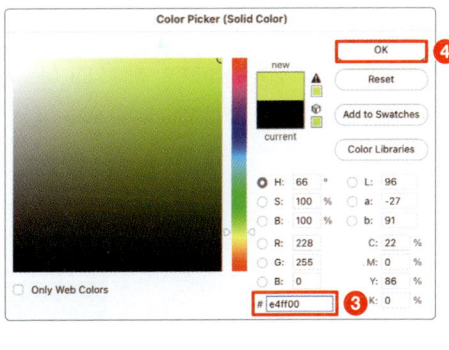

LESSON 03 클리핑 마스크로 인물 사진과 텍스트 합성 **97**

04 ❶ 추가된 [Color Fill 1] 칠 레이어를 [Background] 레이어 위로 옮기면 ❷ 노란색 배경이 적용됩니다.

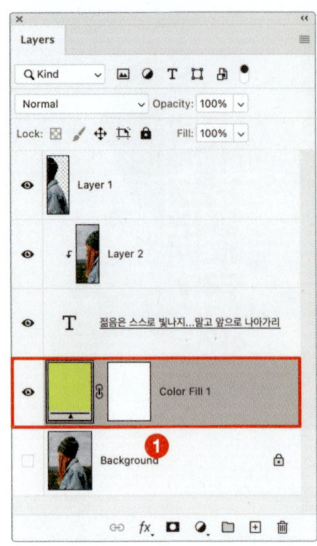

> **TIP** [Color Fill 1] 칠 레이어에서 섬네일을 더블 클릭하면 언제든 원하는 색으로 변경할 수 있습니다.

응용해 보기

[Color Fill 1] 칠 레이어의 섬네일을 더블 클릭한 후 배경색을 다양하게 변경해 보세요. 배경색에 따라 전혀 다른 느낌을 연출할 수 있습니다.

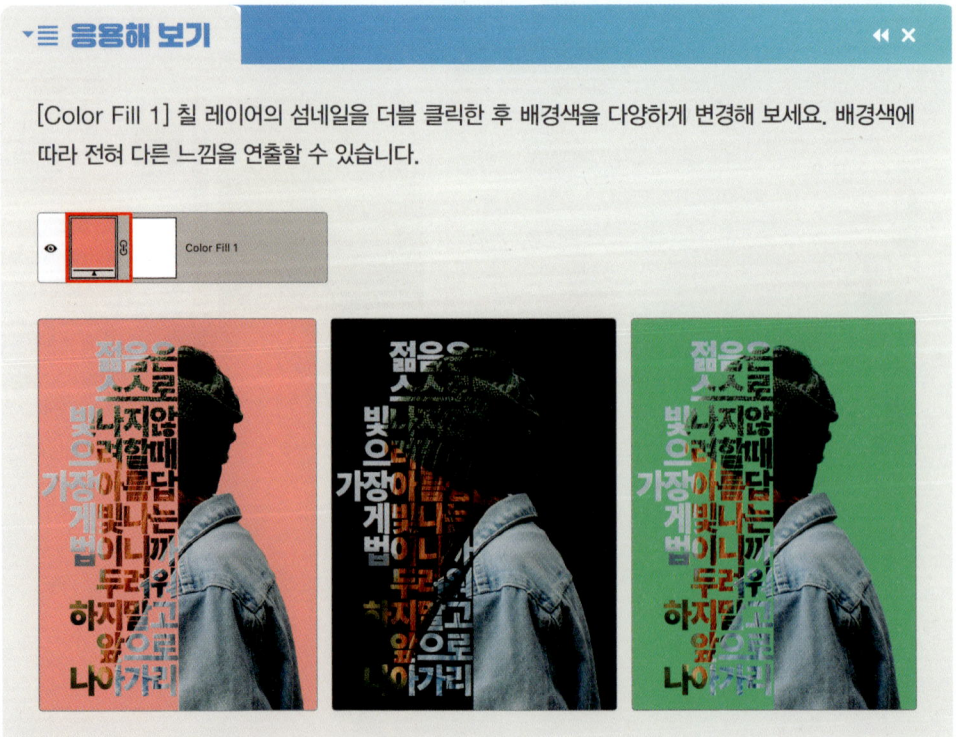

배경색 변경에 이어, 이번에는 텍스트 레이어를 선택한 후 [Character] 패널에서 텍스트 크기를 작게 변경하고, 긴 장문을 입력해 보세요. 마스크로 사용한 문구의 크기 및 분량, 글꼴 종류에 따라서도 다른 분위기를 연출할 수 있습니다.

LESSON 04 | 블렌딩 모드로 완성한 아트웍

두 개의 레이어를 조합해 다양한 시각적 효과를 연출할 수 있는 블렌딩 모드를 이용해 멋진 아트웍을 완성해 보겠습니다.

완성 결과 | **블렌딩 아트웍.psd**

이것만은 반드시!

- **Blending Mode(블렌딩 모드):** 다양한 모드 중 선택하여 두 개의 레이어를 혼합할 수 있습니다. 선택한 모드에 따라 전혀 다른 느낌의 시각적 효과를 만들 수 있습니다.

블렌딩 모드로 배경 만들기

여러 레이어를 다양한 블렌딩 모드로 혼합하여 몽환적인 배경을 만들어 보겠습니다.

01 Ctrl+N을 눌러 [Web] 탭에서 **Width: 1080px, Height: 1080px, Artboards: 해제**로 새 작업을 시작합니다. ❶ 메뉴 바에서 [File-Place Embedded]를 선택하여 [blending_01.jpg] 예제 파일을 가져오고 ❷ 크기와 위치를 조절하여 그림과 같이 작업 영역을 가득 채운 후 Enter 를 누릅니다. 새 작업 시작 및 가져오기 기능은 000쪽을 참고하세요.

> **TIP** 이미지를 가져오면 Free Transform(자유 변형) 상태이며, Alt +조절점 드래그로 중심점을 유지한 채 크기를 변경할 수 있습니다.

02 계속해서 ❶ [blending_02.jpg] 예제 파일을 가져온 후 ❷ 그림과 같이 크기와 위치를 조절하고 Enter 를 누릅니다.

03 2개의 레이어를 혼합해 보겠습니다. ❶ [Layers] 패널에서 [blending_02] 레이어가 선택된 상태로 ❷ 블렌딩 모드 옵션을 클릭한 후 ❸ [Divide]를 선택합니다. ❹ 2개의 이미지가 Divide 모드로 혼합됩니다.

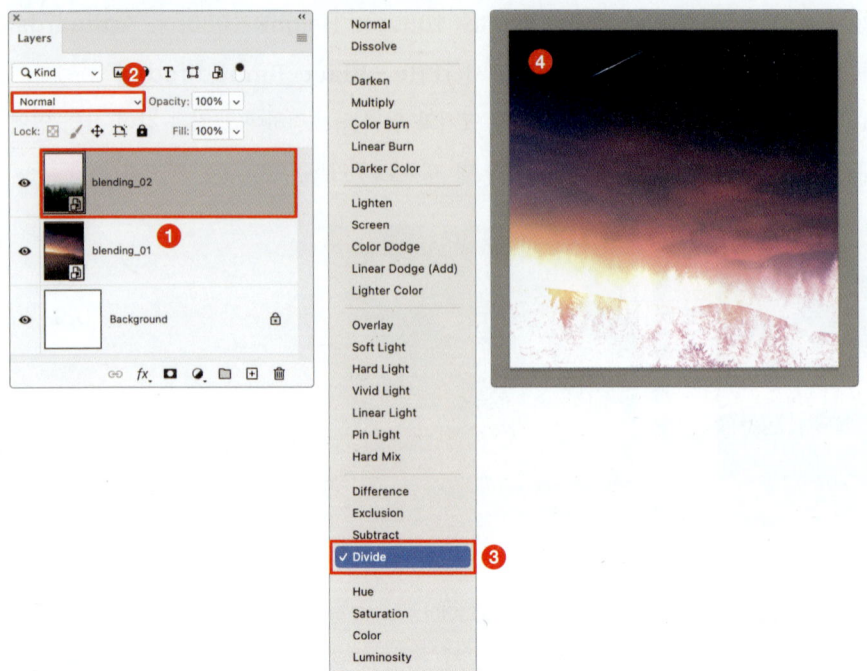

🔍 한 걸음 더   Blending Mode(블렌딩 모드)

두 개의 레이어를 조합하여 다양한 시각적 효과를 만들 수 있는 블렌딩 모드는 선택 중인 레이어와 아래에 있는 레이어를 서로 혼합합니다. 아래의 두 이미지를 대표적인 각 모드로 혼합했을 때 결과를 살펴보세요. 블렌딩 모드 사용 시 각 목록에 마우스 커서를 올리면 결과를 미리 확인할 수 있으므로, 결과에 따라 적절한 모드를 선택해서 사용하면 됩니다.

▲ 아래쪽 레이어와 위쪽 레이어

▲ Normal 　　　　　▲ Multiply 　　　　　▲ Screen

▲ Overlay 　　　　　▲ Difference 　　　　　▲ Luminosity

Normal 모드는 두 레이어를 블렌딩 모드를 적용하지 않은 기본 상태입니다. 그러므로 아래쪽 레이어는 가려지므로 위쪽 레이어만 표시됩니다.

04 계속하여 ① [blending_03.jpg] 예제 파일을 가져온 후 그림과 같이 크기와 위치를 조절하고 Enter 를 누릅니다. ② [Layers] 패널에서 **Blending Mode: Screen**을 적용하면 ③ 몽환적인 오로라 배경이 됩니다.

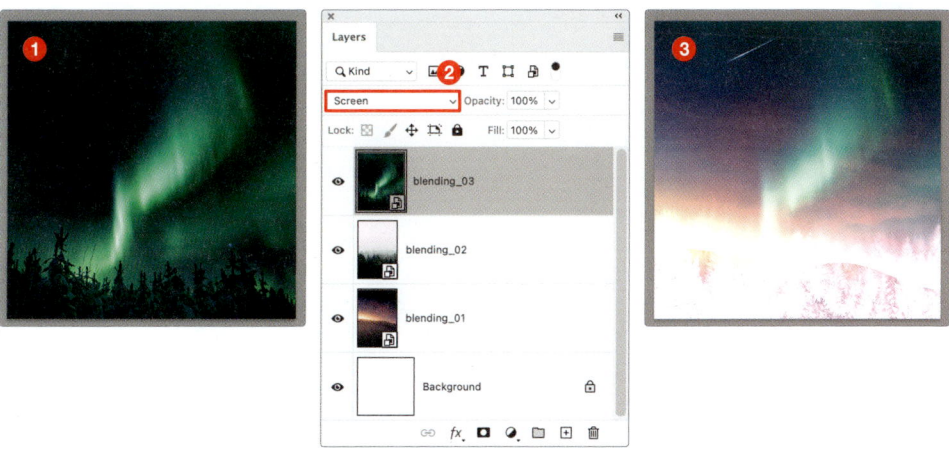

05 ❶ [blending_04.jpg] 예제 파일을 가져온 후 그림과 같이 크기를 조절하여 오른쪽 위에 배치하고 Enter를 누릅니다. ❷ **Blending Mode: Color Dodge**를 적용하면 ❸ 검은 배경은 빠지면서 자연스럽게 혼합됩니다.

06 ❶ [Layers] 패널에서 [blending_04] 레이어(달 이미지)가 선택된 상태로 **Opacity: 70%**로 변경하여 불투명도를 낮추면 ❷ 달 이미지의 농도가 연해지면서 좀 더 자연스럽게 어울립니다.

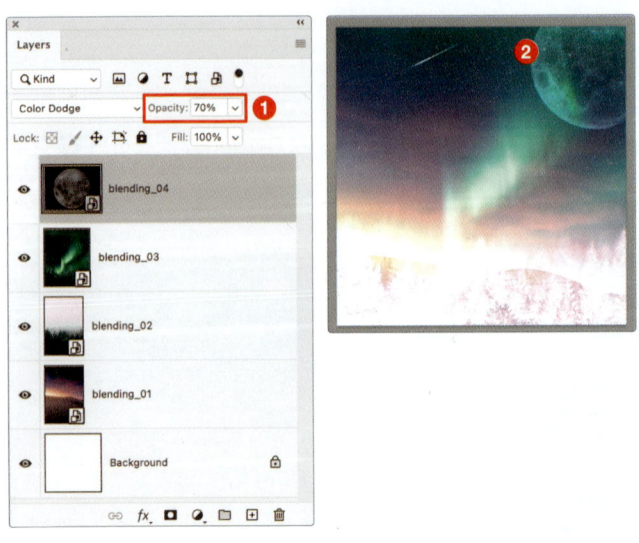

🔍 한 걸음 더 Opacity(불투명도)

[Opacity] 옵션은 레이어의 투명한 정도를 조절하는 기능으로 100% 일 때 해당 레이어가 온전히 보이는 상태, 50%일 때 절반만 투명해진 상태, 0%일 때 레이어가 완전히 투명한 상태입니다. 즉, 옵션값이 낮을 수록 투명해지면서 아래에 있는 레이어가 보이게 됩니다.

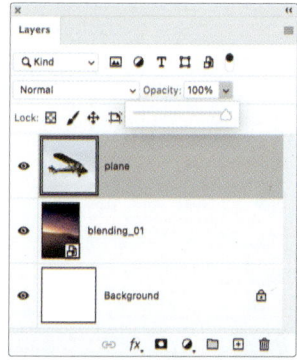

▲ Opacity: 100%

▲ Opacity: 50%

▲ Opacity: 0%

◀◀ 블렌딩 모드와 클리핑 마스크로 아트웍 완성하기

지난 [LESSON 03]에서 배운 클리핑 마스크 기능과 블렌딩 모드를 활용하여 이번 아트웍에서 메인 이미지가 될 인물 형상을 완성해 보겠습니다.

01 [blending_05.jpg] 예제 파일을 가져옵니다. 메뉴 바에서 [Select-Subject]를 선택해 피사체(인물)만 선택한 후 Ctrl + J 를 눌러 새 레이어로 복제합니다.

02 ❶ [Layers] 패널에서 [blending_05.jpg] 레이어를 선택한 후 Delete 를 눌러 레이어를 삭제하면 ❷ 오로라 배경에 인물만 남습니다.

03 ❶ [blending_06.jpg] 예제 파일을 가져온 후 ❷ [Layers] 패널에서 [blending_06.jpg] 레이어를 [Layer 1] 레이어 위로 옮기고, Alt + Ctrl + G 를 눌러 클리핑 마스크를 실행합니다.

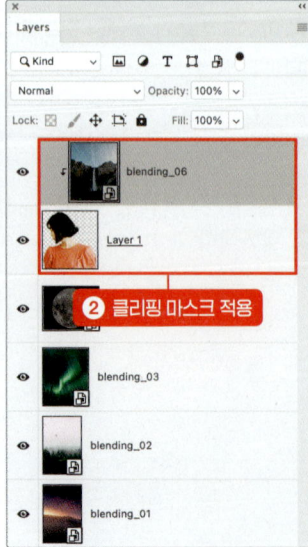

04 클리핑 마스크 적용 후에도 이미지의 위치나 크기를 변경할 수 있습니다. ❶ [Layer 1] 레이어를 선택합니다. ❷ 툴바에서 〈Move Tool(V)〉✥을 선택한 후 작업 영역에서 드래그하여 인물을 살짝 오른쪽으로 옮깁니다.

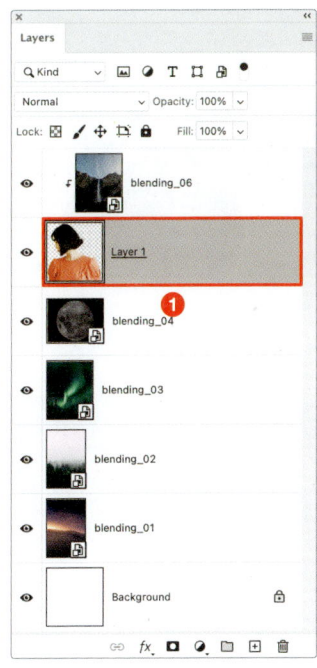

05 ❶ [blending_06] 레이어를 선택한 후 Ctrl + T 를 눌러 자유 변형을 실행합니다. ❷ 작업 영역에서 크기와 위치를 조절하여 폭포가 머리 중앙에 오도록 배치한 후 Enter 를 눌러 마칩니다.

06 ❶ [Blending_07.jpg] 예제 파일을 가져옵니다. ❷ [Layers] 패널에서 Blending Mode: Divide로 적용하면 ❸ 밝은 바탕색이 빠지면서 검은색 새가 흰색으로 표현됩니다.

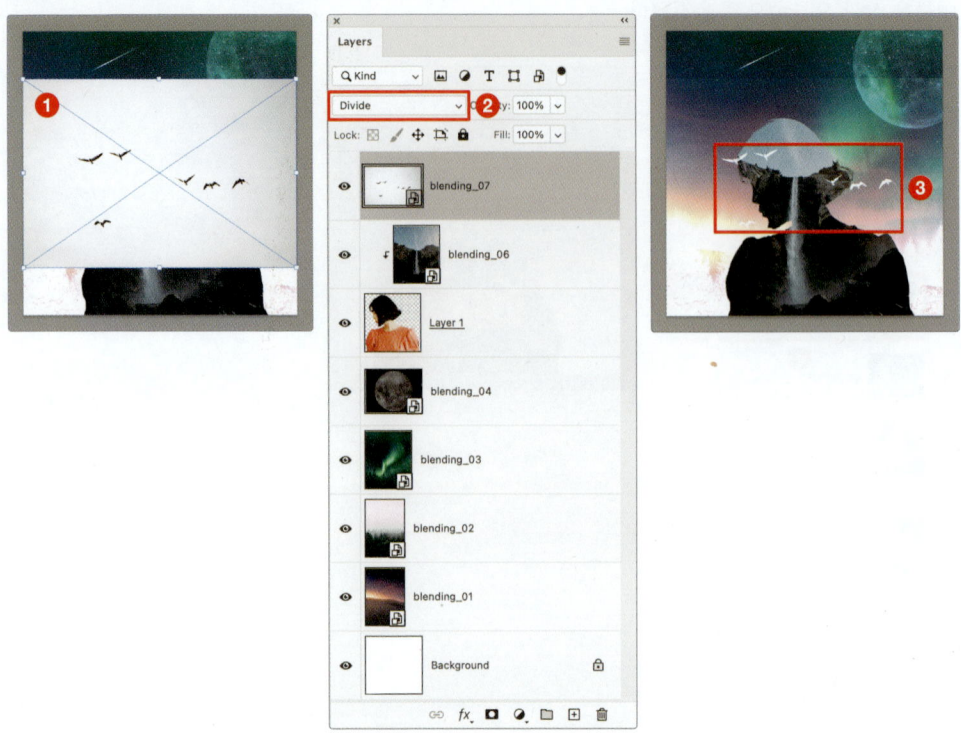

> **TIP** 위의 상황에서 [Blending Mode: Multiply]로 적용하면 밝은 바탕색만 빼고, 검은색 새를 남길 수 있습니다.

07 [Blending_07.jpg] 이미지의 잔상이 남아 경계선이 보입니다. ❶ 메뉴 바에서 [Image-Adjustments-Levels](Ctrl+L)를 선택하여 Levels 창을 엽니다. ❷ 흰색 슬라이더를 경계선이 보이지 않을 때까지 왼쪽으로 드래그한 후 ❸ [OK]를 클릭합니다.

🔍 한 걸음 더   Levels(레벨)

레벨은 이미지의 밝기, 대비, 그리고 색조를 보정하는 기능입니다. Levels 창이 열리면 히스토그램을 보면서 밝은 영역, 어두운 영역, 중간 영역을 조정할 수 있습니다. 커브 기능과 유사하지만, 단계별 밝기 조절이 조금 더 편한 기능이라고 보면 됩니다. 예를 들어 밝은 영역을 조절하는 흰색 슬라이더를 왼쪽으로 옮길수록 밝은 영역이 더 밝아지므로 실습처럼 희미한 잔상을 없애기 수월합니다. 즉, 슬라이더를 오른쪽으로 옮길수록 해당 영역이 어두워지고, 왼쪽으로 옮길수록 밝아집니다.

- **검은색 슬라이더:** 이미지의 어두운 영역을 조절합니다.
- **회색 슬라이더:** 이미지의 중간 영역을 조절합니다.
- **흰색 슬라이더:** 이미지의 밝은 부분을 조절합니다.

▲ 원본

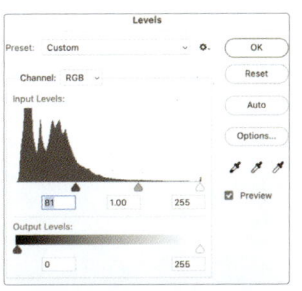
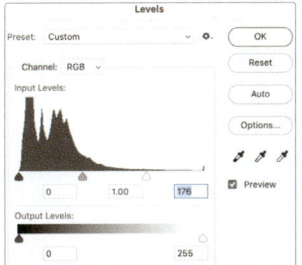
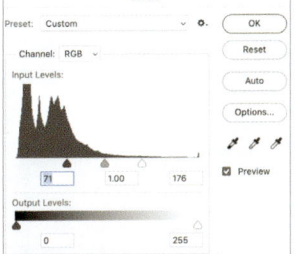

▲ 어둡게 보정

▲ 밝게 보정

▲ 어두운 부분은 더 어둡게, 밝은 부분은 더 밝게 보정(대비 강조)

08 Ctrl+T를 눌러 자유 변형을 실행한 후 그림과 같이 새 이미지의 크기와 위치를 조절하고 Enter를 눌러 마칩니다.

09 구겨진 종이 질감을 추가하기 위해 ① [blending_08.jpg] 예제 파일을 가져온 후 그림과 같이 작업 영역을 가득 채웁니다. ② **Blending Mode: Color Burn**을 적용하여 종이의 어두운 부분만 남기면 ③ 종이 질감이 추가된 아트웍이 완성됩니다.

응용해 보기

실습처럼 여러 색감의 이미지가 포함된 2개 이상의 레이어를 계속해서 블렌딩 모드로 조합하다 보면 어떤 결과물이 나올지 예측하기 어려울 정도입니다. 이번 실습의 각 과정에서 소개한 것과 다른 모드를 이용해 혼합해 보면서 다음과 같이 다양한 느낌으로 아트웍을 완성해 보세요.

LESSON 05 | 다양한 필터로 인물 사진 보정

매년 새로운 버전으로 업데이트되면서 포토샵에는 인물 보정을 위한 편리한 기능과 다양한 필터가 추가되었습니다. 이러한 기능들을 활용하여 인물 사진을 보정해 보겠습니다.

완성 결과 | **인물보정.psd**

보정 전

보정 후

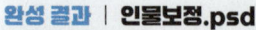 이것만은 반드시!

- **Camera Raw Filter:** RAW 파일 편집 플러그인으로, 사진의 디테일과 색상을 고품질로 조정할 수 있는 기능입니다.
- **Neural Filters:** 포토샵 AI를 기반으로, 몇 번의 클릭만으로 복잡한 이미지 보정할 수 있습니다.
- **Liquify:** 이미지를 자유롭게 왜곡하거나 변형하여 얼굴, 몸매 등을 보정할 수 있습니다.

카메라 로우로 머리카락 염색하기

사진의 디테일과 색상을 고품질로 보정할 수 있는 카메라 로우 필터(Camera Raw Filter) 기능을 이용해 색상을 보정해 보겠습니다.

01 ① Ctrl+O를 눌러 [girl.jpg] 예제 파일을 열고 ② Ctrl+J를 눌러 새 레이어에 복제합니다. ③ 복제된 [Layer 1] 레이어에서 우클릭 후 ④ [Convert to Smart Object]를 선택해 스마트 오브젝트로 변경합니다.

TIP 선택 영역을 지정하지 않고 Ctrl+J를 누르면 레이어가 통째로 복제됩니다.

한 걸음 더 — 스마트 오브젝트 레이어

스마트 오브젝트 레이어는 일반 레이어와 달리 섬네일 오른쪽 아래에 아이콘이 표시되며, 원본을 보존한 채 변형, 필터 적용, 다중 레이어 관리, 링크된 파일 활용, 템플릿 작업 등에 사용합니다. 좀 더 자세한 설명은 다음 영상을 참고하기 바랍니다.

▶ 스마트 오브젝트 레이어에 스마트 필터가 적용된 상황

02 ❶ 메뉴 바에서 [Filter-Camera Raw Filter]를 선택하여 Camera Raw 창을 엽니다. ❷ 히스토그램을 보면 전반적으로 어두운 영역에 치우쳐 있으므로, ❸ Light 영역에서 **Exposure: +0.80**을 적용해 적당히 밝게 보정합니다.

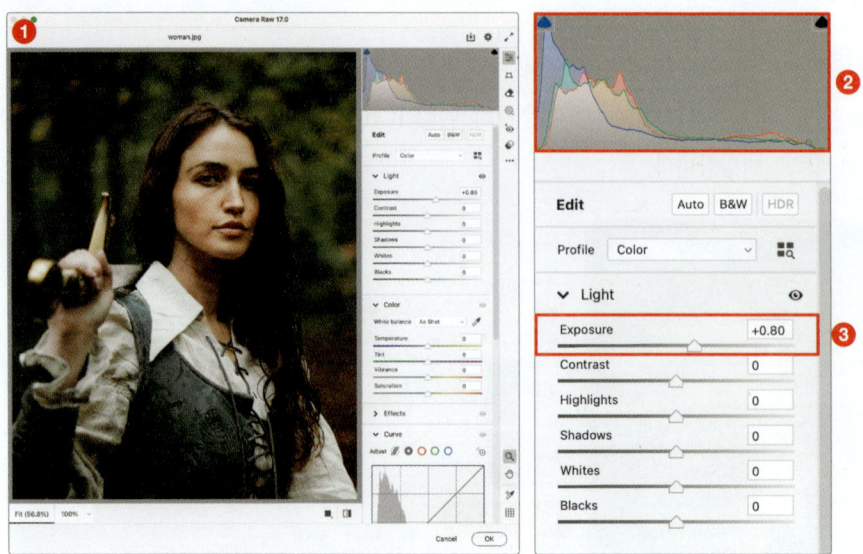

03 계속해서 ❶ **Highlights: -38, Shadows: +26**을 적용해 밝은 영역은 어둡게, 어두운 영역은 밝게 보정하여 차분한 분위기를 연출하고, ❷ Color 영역에서 **Tint: -13**을 적용해 숲 배경과 어울리는 녹색을 사진 전체에 추가합니다. ❸ **Vibrance: +31**을 적용해 생동감도 추가합니다.

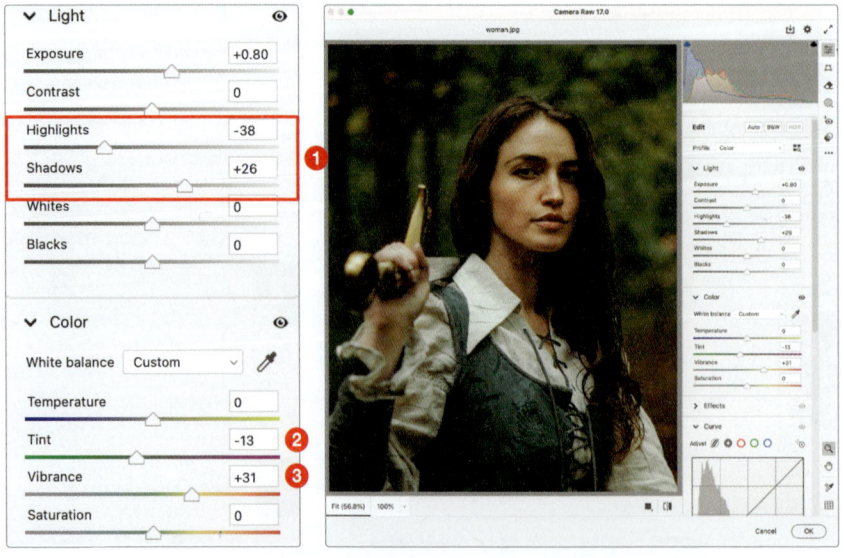

04 Camera Raw 창에서 인물의 각 부위를 마스크 처리할 수도 있습니다. 머리카락을 염색해 보기 위해 오른쪽 끝에 있는 ❶ 오른쪽 툴바에서 〈Masking〉을 선택합니다. ❷ 포토샵에서 자동으로 인물을 인식하며, People 영역에서 인식된 [Person 1]을 선택합니다.

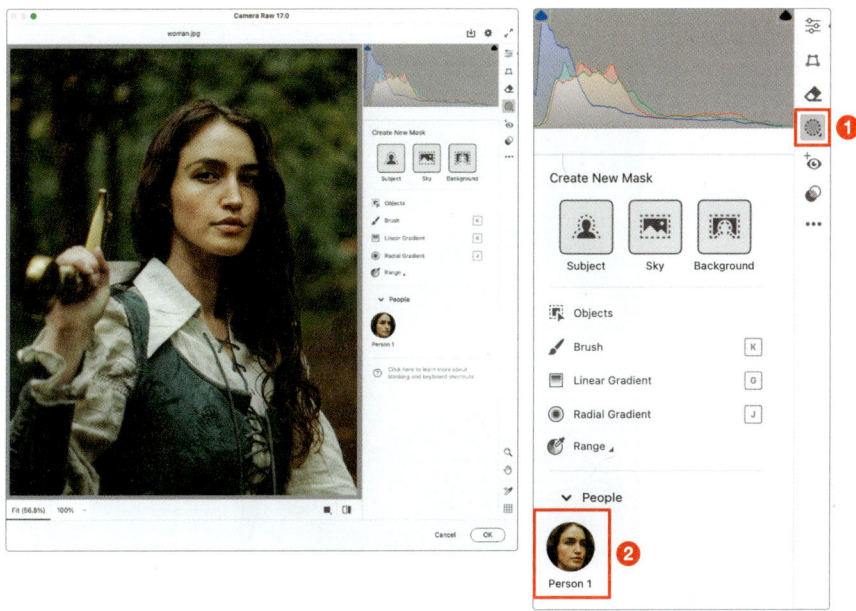

05 선택한 인물의 신체별 목록이 나타나고, 마우스 커서를 올리면 해당 위치가 빨간색으로 표시됩니다. ❶ [Hair]를 선택하여 머리카락이 마스킹되면 ❷ [Create] 버튼을 클릭합니다.

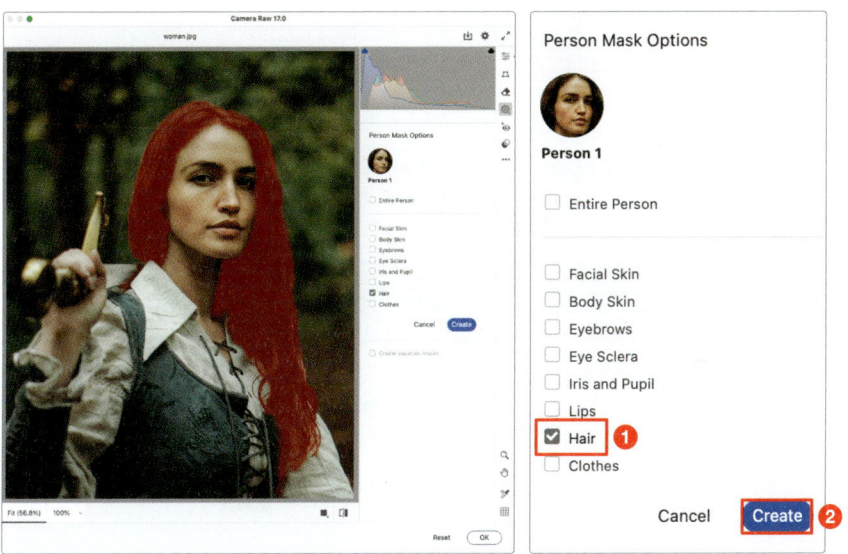

06 ① Color 영역에서 [Color] 옵션을 클릭하여 ② Color Picker 창이 열리면 **Hue: 8, Saturation: 50**으로 색을 변경한 후 ③ [OK]를 클릭합니다. ④ 머리카락이 염색된 것을 확인할 수 있습니다. ⑤ Camera Raw 창에서 [OK]를 클릭해 보정을 마칩니다.

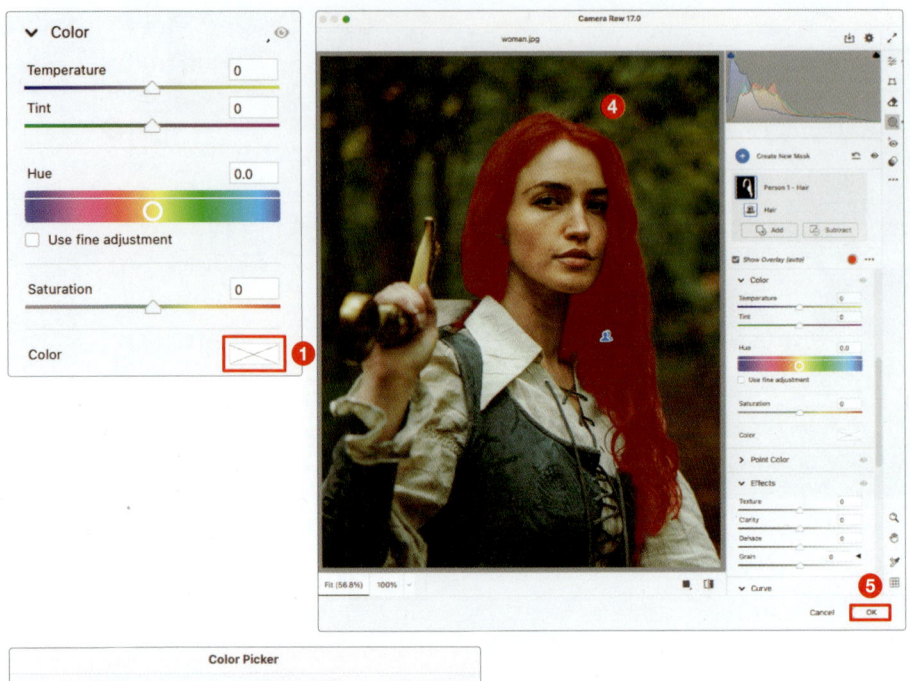

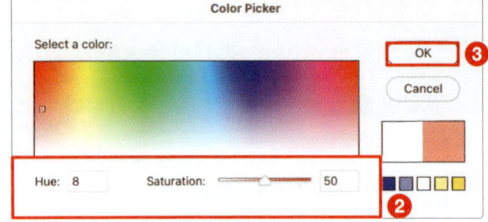

07 [Layers] 패널을 보면 [Layer 1] 레이어 아래로 [Smart Filters]가 적용된 것을 확인할 수 있습니다.

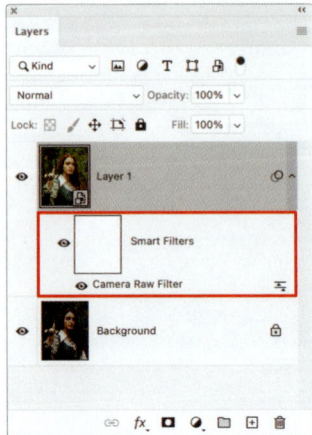

TIP 스마트 오브젝트 레이어에서 필터를 적용하면 스마트 필터가 적용되며, 필터의 눈 아이콘을 이용해 보정 내용을 가릴 수 있습니다. 또한, 필터를 더블 클릭하여 설정을 변경할 수도 있습니다.

뉴럴 필터로 피부 보정하기

어도비 AI 기술인 뉴럴 필터를 사용하면 복잡한 이미지 보정과 편집이 훨씬 편리합니다. 포토샵의 신기능을 활용하여 피부를 매끈하게 보정해 보겠습니다.

01 ① 메뉴 바에서 [Filter-Neural Filters]를 선택하면 [Neural Filters] 패널이 열리면서 인물이 인식됩니다. ② PORTRAITS 영역에서 [Skin Smoothing]을 활성화하면 피부가 매끈하게 보정되며, ③ [Blur]와 [Smoothness] 옵션 이용해 세부적으로 조절할 수도 있습니다.

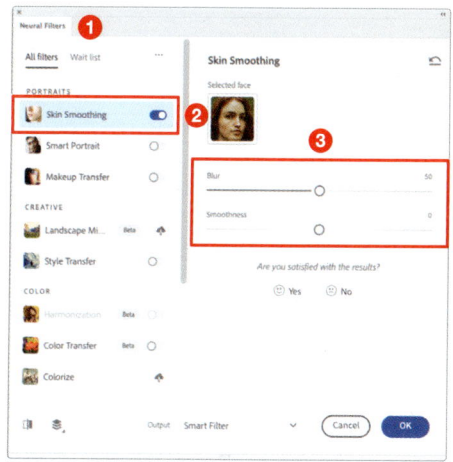

TIP 뉴럴 필터를 처음 사용하면 기능별 추가 다운로드가 필요합니다. 피부 보정, 표정 및 나이 변화(Smart Portrait), 사진 복원(Photo Restoration) 등 다양한 AI 기능이 포함되어 있으므로 한 번씩 사용해 보기 바랍니다.

02 예제 이미지는 화질이 다소 저하된 상태입니다. ① RESTORATION 영역의 [JPEG Artefacts Removal]을 활성화하여 이미지 품질을 향상시킵니다. ② [OK] 버튼을 클릭하여 뉴럴 필터 적용을 마칩니다.

TIP JPEG Artefacts Removal 기능은 JPEG 형식으로 저장된 이미지에서 흔히 발생하는 압축 손실 문제(블록화, 노이즈, 품질 저하 현상)를 AI 기술로 좀 더 선명하고 깨끗하게 복구합니다.

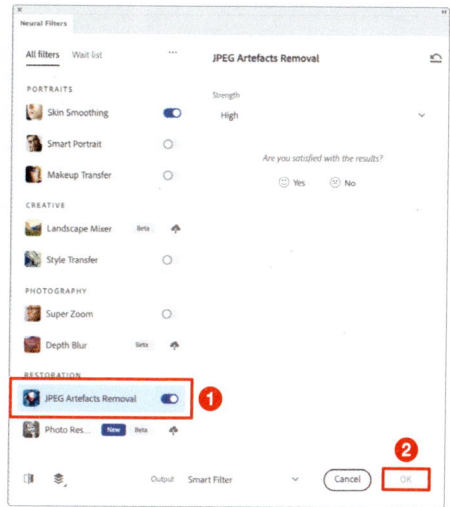

리퀴파이로 외형 보정하기

픽셀 유동화라 표현하는 Liquify 기능을 이용하면 이미지를 자유롭게 왜곡하거나 변형하여 얼굴, 몸매 등을 보정할 수 있습니다.

01 ❶ 메뉴 바에서 [Filter-Liquify]를 선택하여 Liquify 창을 열고 왼쪽 툴바에서 〈Face Tool(A)〉을 선택합니다. ❷ 얼굴 쪽으로 커서를 옮기면 얼굴 형태가 인식되며, 이 상태에서 턱선 부분을 드래그하여 갸름하게 보정합니다.

02 같은 방법으로 ❶ 눈, ❷ 코, ❸ 입도 각각 원하는 형태로 보정합니다. 이때 너무 과하지 않게 보정해야 자연스러운 모습을 유지할 수 있습니다.

 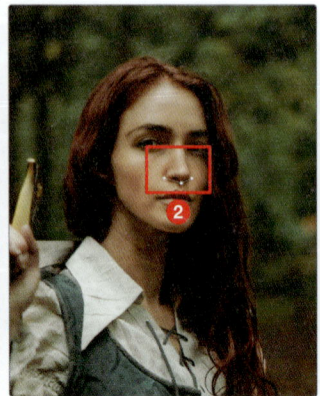 

03 머리 크기를 줄이기 위해 ① 툴바에서 〈Forward Warp Tool(W)〉을 선택하고 [,]를 눌러 브러시 크기를 적당하게 조절합니다. ② 배경과 머리 경계에서 안쪽으로 조금씩 드래그하면 머리 크기를 줄입니다. 과하지 않게 보정한 후 ③ [OK]를 클릭합니다.

TIP Liquify 창에서 주로 사용하는 도구 중 하나가 〈Forward Warp Tool(W)〉입니다. 드래그한 방향대로 픽셀을 이동(유동화)시킬 수 있는 도구로 머리, 어깨, 팔뚝, 허리 등의 몸매 보정 시 유용합니다.

04 포토샵의 여러 보정 도구를 이용해 인물 사진 보정을 마쳤습니다. [Layers] 패널에서 [Layer 1] 레이어에 추가된 [Smart Filters]에는 총 3가지 필터가 적용되어 있으며, 각 눈 아이콘을 이용해 필터별 결과를 확인할 수 있습니다.

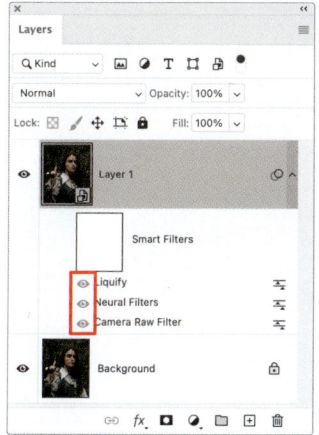

응용해 보기

예제 파일처럼 증명 사진과 비슷한 구도의 인물 사진이라면 가장자리를 어둡게 만들어 중심부에 시선을 집중시키는 비네팅 효과를 적용하여 중후한 느낌을 연출할 수 있습니다.

01 ① 보정한 레이어를 새 레이어로 복제하고(Ctrl+J), ② 복제된 [Layer 1 copy] 레이어에서 우클릭하여 [Rasterize Layer]를 선택합니다. ③ 스마트 오브젝트 레이어가 일반 레이어로 전환되면서 스마트 필터도 사라집니다.

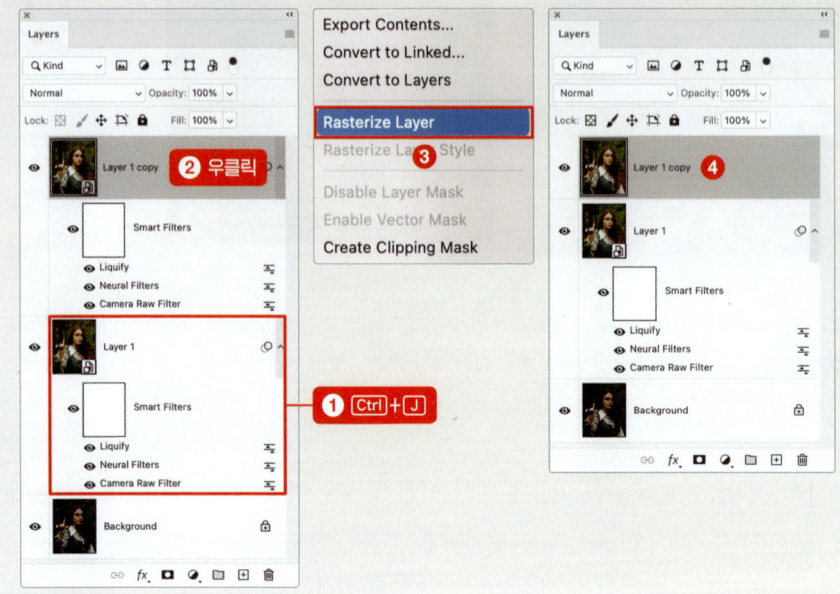

> **TIP** Rasterize Layer 기능은 벡터 기반의 레이어(예: 텍스트, 스마트 오브젝트, 셰이프 등)를 픽셀 기반의 일반 레이어로 변환하는 작업입니다. 이를 통해 해당 레이어에서 픽셀 편집 도구(브러시, 지우개 등)를 사용하거나 영역 삭제 등의 편집 작업을 실행할 수 있게 됩니다.

02 일반 레이어로 변경한 ❶ [Layer 1 copy] 레이어에서 Blending Mode: Multiply를 적용합니다. ❷ 두 레이어가 혼합되면서 사진이 더 어두워집니다.

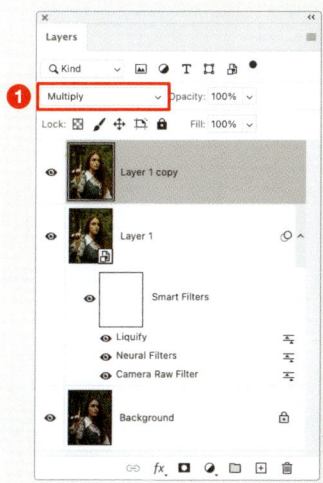

03 ❶ 〈Elliptical Marquee Tool(M)〉을 선택하고 ❷ 옵션 바에서 Feather: 300px 을 적용합니다. ❸ 작업 영역에서 드래그하여 타원 모양으로 선택 영역을 지정한 후 Delete 를 눌러 선택 영역을 지우면 ❹ 아래의 보정된 밝은 사진이 나타납니다. Ctrl + D 를 눌러 선택 영역을 해제합니다.

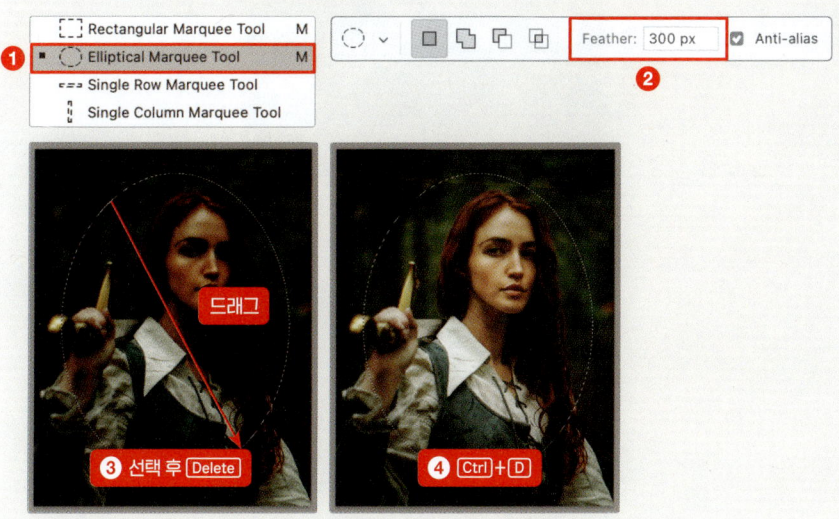

TIP [Feather] 옵션은 선택 영역의 가장자리를 부드럽게 처리하는 설정입니다. Feather값이 클수록 선택 영역의 경계가 매끄럽게 흐려지므로 자연스럽고 부드러운 편집 효과를 얻을 수 있습니다.

▲ Feather: 0px로 지웠을 때와 Feather: 100px로 지웠을 때

04 끝으로 ❶ [Layer 1 copy] 레이어를 복제(Ctrl+J)한 후 ❷ [Opacity] 옵션을 살짝 낮추면 ❸ 아래에 있는 [Layers 1 copy] 레이어와 겹쳐서 가장자리는 더 어둡게 표현되어 중심부로 시선이 더 집중되는 비네팅 효과가 완성됩니다.

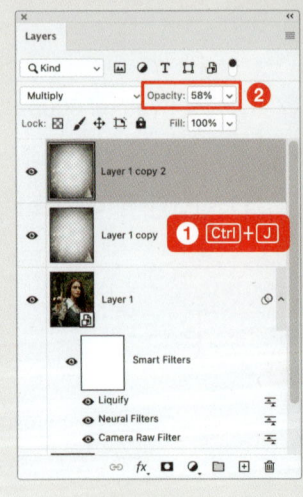 

LESSON 06 | 시선을 사로잡는 배너 디자인

배너를 디자인할 때 핵심은 보는 이의 시선을 사로잡는 것이겠죠? 색상 조합과 텍스트 배치, 주목도를 높이는 시각적 요소 활용법까지, 보는 이의 시선을 사로잡으면서 가독성까지 살리는 노하우를 배워 보겠습니다.

완성 결과 | 배너 디자인.psd

이것만은 반드시!

- **Direct Selection Tool(직접 선택 도구)**: 포토샵에서 도형을 그리면 기본적으로 벡터 도형이 되며, 벡터 도형은 앵커 포인트가 서로 연결되어 형태를 구성합니다. 〈Direct Selection Tool(A)〉은 이러한 앵커 포인트를 선택하여 위치를 옮기거나 삭제할 때 사용합니다.

▲ 원본   ▲ 1개의 앵커 포인트 이동   ◀ 1개의 앵커 포인트 삭제

- **Align**: 선택한 레이어, 개체, 또는 캔버스 기준으로 요소를 정렬하거나 배치하는 기능입니다. 〈Move Tool(V)〉을 선택한 후 옵션 바에서 사용할 수 있습니다.

사선 구분이 돋보이는 배경 만들기

디자인에 사선을 사용하면 긴장감을 고조시킬 수 있습니다. 직사각형 모양 배경에 사선을 배치해 보겠습니다. 배경색은 마지막 작업에서 변경할 것이므로 배경의 레이아웃 작업까지만 진행합니다.

01 Ctrl+N을 눌러 [Web] 탭에서 Width: 2000px, Height: 600px, Artboards: 해제로 새 작업을 시작합니다. ❶ 툴바에서 〈Rectangle Tool(U)〉을 선택하고 ❷ 옵션 바에서 Fill: Black, Stroke: None을 적용합니다.

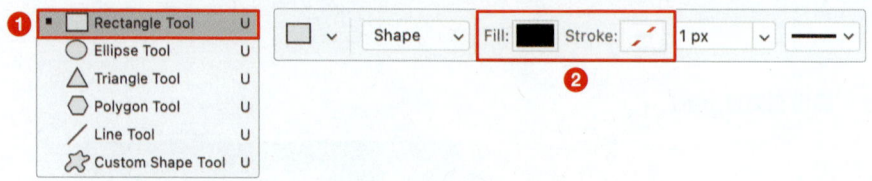

02 ❶ 작업 영역에서 빈 공간을 클릭하여 Create Rectangle 창이 열리면 Width: 2000px, Height: 600px, Radii: 0, 0, 0, 0px을 적용하고 ❷ [OK]를 클릭합니다. ❸ 작업 영역과 같은 크기의 사각형이 추가되면 ❹ 〈Move Tool(V)〉로 사각형을 드래그하여 작업 영역에 맞춥니다.

03 ❶ Ctrl+J를 눌러 도형 레이어를 복제하고, ❷ 복제된 [Rectangle 1 copy] 레이어의 섬네일을 더블 클릭합니다. ❸ Color Picker 창이 열리면 임의의 색을 선택하고 ❹ [OK]를 클릭하여 적용합니다.

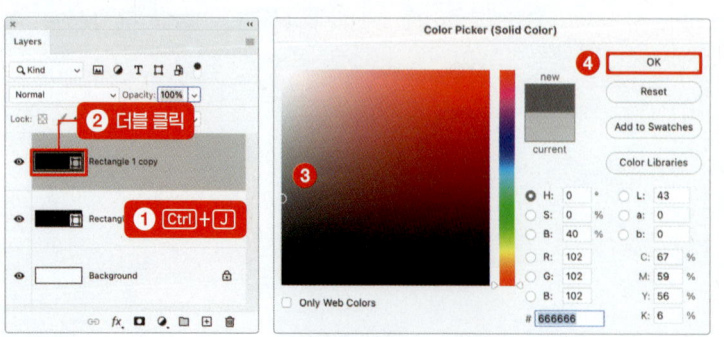

TIP 마무리 과정에서 배경색을 변경할 것이므로 여기서는 영역 구분을 위한 임의의 색을 고릅니다.

04 사각형의 한쪽 면을 사선으로 변경하기 위해 ❶ 툴바에서 〈Direct Selection Tool(A)〉을 선택하고 ❷ 오른쪽 2개의 꼭짓점만 포함되도록 범위를 드래그합니다. ❸ 2개의 앵커 포인트가 선택되면 둘 중 하나를 클릭한 채 왼쪽으로 드래그하여 중앙보다 살짝 오른쪽 위치까지 옮깁니다.

05 이번에는 ❶ 오른쪽 아래의 앵커 포인트만 정확히 클릭하거나 범위를 드래그하여 선택하고, ❷ 중앙에서 좀 더 왼쪽으로 드래그하여 사선으로 만듭니다.

헤어까지 정교하게 선택한 인물 사진 배치하기

이번 배너의 메인 이미지는 인물 사진입니다. 배경이 포함된 인물 사진을 열어 배경을 깔끔하게 제거한 다음 배너에 배치해 보겠습니다.

01 ❶ Ctrl + O 를 눌러 [attractive.jpg] 예제 파일을 열고, ❷ 메뉴 바에서 [Select - Subject]를 선택하면 피사체(인물)가 자동 선택됩니다. ❸ Ctrl + + 를 눌러 화면을 확대해 보면 머리카락 경계의 선택이 정밀하지 못한 것을 확인할 수 있습니다.

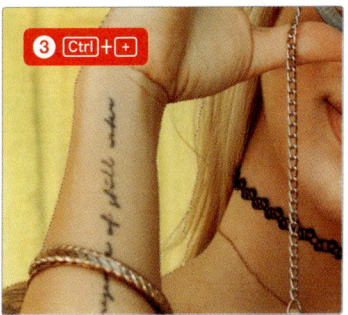

> **TIP** 화면의 작업 영역을 확대/축소할 때는 단축키를 이용하면 편리합니다. 기본적으로 Ctrl + + (확대), Ctrl + - (축소)를 이용하며 Ctrl + 0 을 눌러 화면 크기에 맞추거나, Ctrl + 1 을 눌러 원본 크기(100%)로 변경할 수 있습니다. 또한, Alt 를 누른 채 마우스로 스크롤하는 방법도 있으니 편한 방법을 이용하면 됩니다.

02 ❶ 메뉴 바에서 [Select – Select and Mask]를 선택합니다. 빨간색으로 오버레이 표시된 화면이 열리면 ❷ 옵션 바에서 [Refine Hair] 버튼을 클릭합니다. ❸ 머리카락이 정교하게 선택된 것을 확인한 후 ❹ [OK]를 클릭합니다.

TIP 선택 이외의 영역이 빨간색으로 오버레이되지 않는다면 [Properties] 패널에서 [View] 옵션을 클릭한 후 [Ovelay]를 선택하면 됩니다.

03 정교한 선택 후 ❶ Ctrl+J를 눌러 선택 영역만 복제합니다. ❷ [Layers] 패널에서 [Background] 레이어의 눈 아이콘을 끄고 ❸ 배경이 제거된 메인 이미지를 확인합니다.

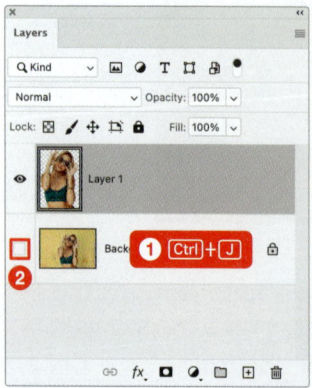

🔍 한 걸음 더 Refine Hair

실습에서 사용해 본 Select and Mask의 Refine Hair 기능은 AI 기반으로 선택 영역에서 머리카락처럼 세밀하고 복잡한 요소를 클릭 한 번만으로 정확하게 추출해 줍니다. AI 기술이 추가되기 전에는 Select and Mask의 〈Refine Edge Brush Tool(R)〉을 이용해 선택 영역을 추가하거나 제외했으나 이제는 [Refine Hair] 버튼을 클릭하는 것만으로 더 정확하고 빠르게 세밀한 영역을 선택할 수 있게 된 것입니다.

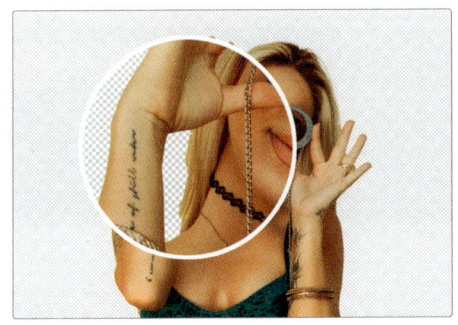
▲ Subject 결과

▲ Subject+Refine Hair 결과

실습에서 사용한 방법 이외에도 포토샵에는 배경을 제거하는 다양한 방법이 있습니다. 배경 제거와 관련된 좀 더 자세한 설명은 다음 영상을 참고하세요.

04 이제 배경 제거한 인물 이미지를 앞서 만든 사선 배경에 배치해야 합니다. [Layer 1] 레이어를 선택한 후 Ctrl + C 를 눌러 복사합니다.

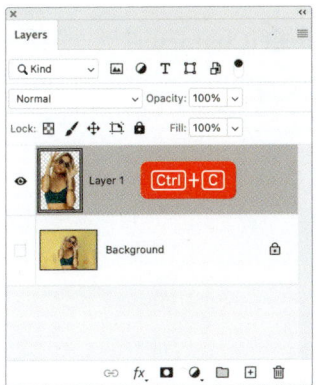

05 ❶ 배너 창으로 돌아와 Ctrl+V를 눌러 붙여 넣습니다. ❷ 인물 레이어를 스마트 오브젝트로 변경하기 위해 우클릭 후 ❸ [Convert to Smart Object]를 선택합니다. ❹ Ctrl+T를 눌러 이미지 크기를 조절한 후 배너 중앙에 배치하고 Enter를 누릅니다.

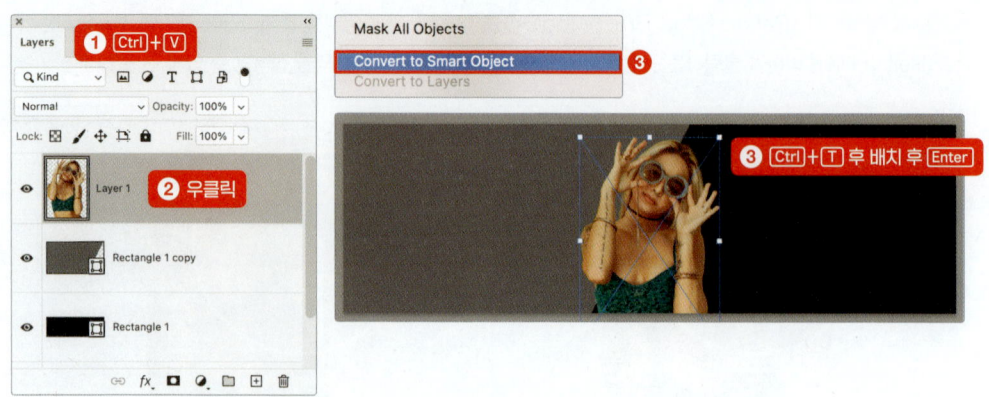

TIP 스마트 오브젝트 레이어는 여러 번 크기를 변경해도 원본의 해상도를 유지할 수 있어 배너 디자인처럼 요소의 크기를 자주 조절하는 작업에서 유용합니다. 스마트 오브젝트 레이어에 대한 좀 더 자세한 설명은 000쪽을 참고하세요.

가독성을 고려하여 메시지 배치하기

배너 디자인에서 이미지 등으로 시선을 끌었다면 원하는 메시지를 전달해야겠죠? 의도한 메시지를 정확하게 전달할 수 있도록 문구를 배치해 보겠습니다.

01 ❶ 툴바에서 〈Horizontal Type Tool(T)〉 T 을 선택하고 ❷ [Character] 패널에서 **글꼴: 비트로 인스파이어, 크기: 200pt, 자간: 50, Color: White**를 적용합니다.

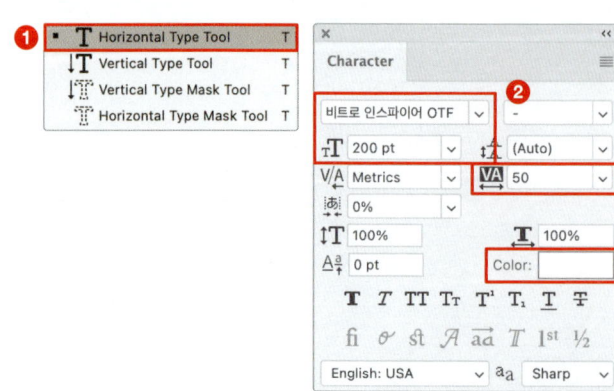

02 ① 배너 위를 클릭한 후 배너 문구를 입력하고 Ctrl+Enter를 눌러 입력을 마칩니다. 문구를 중앙에 배치하기 위해 ② 툴바에서 〈Move Tool(V)〉✥을 선택하고 Ctrl+A를 눌러 작업 영역 전체를 선택합니다.

03 옵션 바에 정렬 기능이 활성화됩니다. ① [Align Horizontal Centers](가로 중심 정렬)와 ② [Align Vertical Centers](세로 중심 정렬) 아이콘을 각각 클릭하여 정중앙에 배치한 후 ③ Ctrl+D를 눌러 선택 영역을 해제합니다.

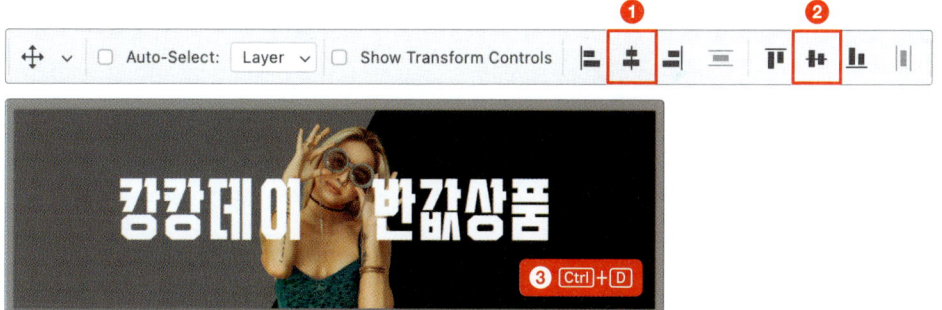

TIP 〈Move Tool(V)〉을 선택한 후 2개 이상의 레이어를 선택해야 정렬 기능이 활성화됩니다. 만약 1개의 레이어(요소)만으로 정렬하고 싶다면 위 실습처럼 Ctrl+A를 눌러 전체 영역을 선택하여 작업 영역을 기준으로 정렬할 수 있습니다.

04 ① [Layers] 패널에서 텍스트 레이어를 [Layer 1] 아래로 옮깁니다. ② 작업 영역에서 문구를 더블 클릭하여 편집 모드가 되면 문구 사이에 공백을 추가하여 그림과 같이 배치합니다.

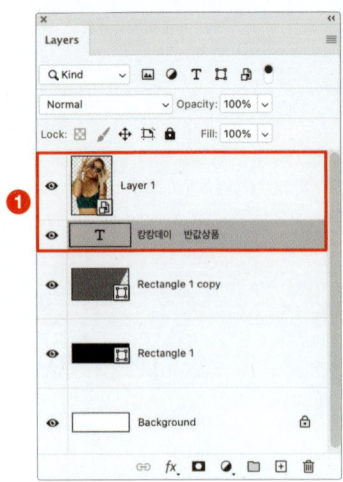

> **TIP** 위와 같이 메인 이미지 뒤로 배너 문구가 살짝 겹침으로써 입체감과 깊이감이 형성되어 보다 시선을 이끄는 배너가 됩니다.

05 ① ⟨Horizontal Type Tool(T)⟩ T 을 선택하고 [Character] 패널에서 **글꼴: 비트로 인스파이어, 크기: 450pt, 자간: -30, Color: #ff0000**을 적용합니다. ② 배너 왼쪽 영역을 클릭하여 포인트 문구(50%)를 입력한 후 Ctrl + Enter 를 눌러 입력을 마칩니다.

06 ❶ ⟨Move Tool(V)⟩ ✥을 선택하고 Ctrl+A를 눌러 전체를 선택합니다. ❷ 옵션 바에서 [Align Vertical Centers](세로 중심 정렬) 아이콘을 클릭하여 정렬하고, ❸ Ctrl+D를 눌러 선택 영역을 해제합니다.

07 작업 영역에서 ❶ Alt+Shift를 누른 채 오른쪽으로 드래그하여 '50%'를 복제합니다. ❷ 복제된 문구를 더블 클릭하여 내용을 변경하고 Ctrl+Enter를 눌러 마칩니다.

TIP 작업 영역에서 특정 요소를 빠르게 복제해서 다른 위치에 배치하고 싶다면 ⟨Move Tool(V)⟩이 선택된 상태에서 Alt를 누른 채 드래그하면 됩니다. 이때, Shift를 같이 누르면 수직/수평으로 이동할 수 있으며, [Layers] 패널에서는 반드시 복제할 요소의 레이어가 선택 중이어야 합니다.

08 [Layers] 패널에서 Ctrl을 누른 채 2개의 텍스트 레이어(50%, OFF)를 다중 선택한 후 처음 입력한 메인 문구 아래로 드래그해서 옮깁니다.

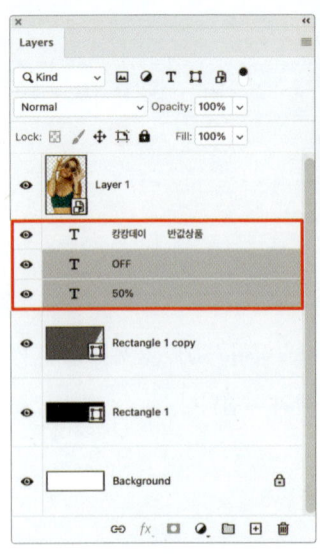

TIP 레이어 순서 조정을 마친 후 각 요소의 세밀한 위치 조정은 해당 레이어를 선택하고 방향키를 누르면 1px 단위로 옮길 수 있습니다.

◀◀ 색상 변경 및 스타일 추가하여 디자인 완성하기

전체 레이아웃이 완성되었습니다. 이제 브랜드나 제품에 따라 적절하게 색상을 변경하고, 스타일을 추가해 배너를 최종 완성합니다.

01 ❶ [Layers] 패널에서 회색 배경 레이어의 섬네일을 더블 클릭합니다. ❷ Color Picker 창이 열리면 ❸ 인물의 손바닥을 클릭해 색을 추출 및 지정하고, ❹ [OK]를 클릭하여 왼쪽 배경색을 변경합니다.

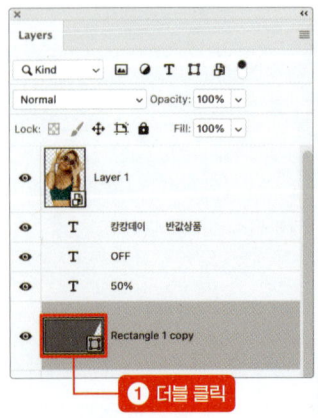

TIP   Color Picker 창이 열린 상태에서 마우스 커서를 작업 영역으로 옮기면 스포이트 역할을 합니다. 원하는 지점을 클릭해 빠르게 색을 추출할 수 있습니다.

02 앞서의 방법을 참고하여 오른쪽 배경색([Rectangle 1] 레이어)도 변경합니다. 여기서는 인물의 옷 색상을 추출해서 적용했습니다.

TIP   디자인 중에 색상 선택이 고민된다면 실습에서처럼 사용한 사진 등에서 색을 추출하는 것이 좋습니다. 디자인에 너무 많은 요소를 사용하면 산만해지고 쉽게 질릴 수 있듯이, 색상도 과한 것보다는 최소한으로 사용하는 것이 좋을 수 있습니다.

03 계속해서 포인트 문구의 색도 변경합니다. 텍스트 레이어의 섬네일을 더블 클릭한 후 [Character] 패널에서 [Color] 옵션을 변경하면 됩니다.

TIP   요소가 너무 많아 요소별 레이어를 찾기 어렵다면 〈Move Tool(V)〉을 선택한 후 작업 영역에서 Ctrl을 누른 채 요소를 클릭해 보세요. 해당 요소의 레이어가 선택됩니다.

04 마지막으로 메인 이미지(인물)에 그림자를 추가해 깊이감을 더하겠습니다. [Layers] 패널에서 [Layer 1] 레이어의 빈 공간을 더블 클릭하여 Layer Style 창을 엽니다.

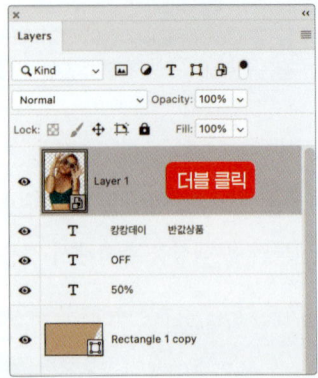

05 ❶ Layer Style 창에서 [Drop Shadow]를 선택하고 ❷ **Opacity: 30%, Size: 10px**을 적용합니다. ❸ 작업 영역에서 추가된 그림자를 드래그하여 원하는 위치에 배치하고 ❹ [OK]를 클릭해 디자인을 완성합니다.

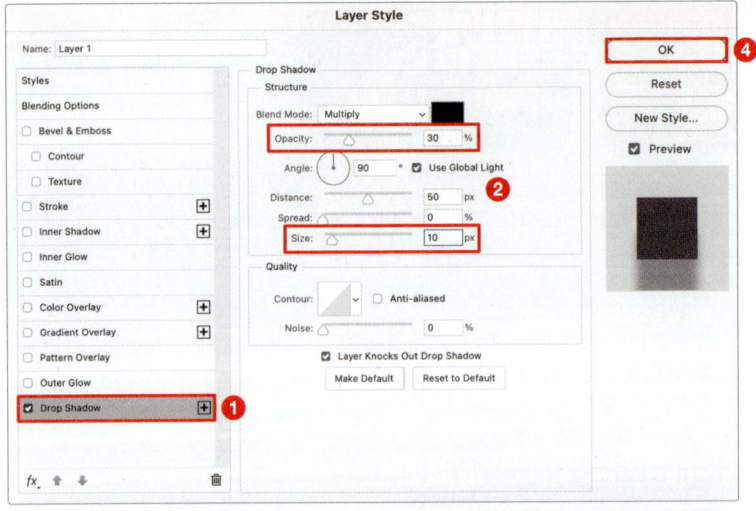

> **TIP** Drop Shadow 설정 중에 작업 영역에서 그림자를 드래그하면 그에 따라 [Angle]과 [Distance] 옵션이 변경됩니다.

LESSON 07 | 레이어 마스크 기능을 이용한 초대장 디자인

특정 부분을 숨기거나 드러내는 레이어 마스크 기능을 활용하여 이미지를 자연스럽게 합성한 후 질감을 추가해 심플하면서 세련된 초대장을 디자인해 보겠습니다.

완성 결과 | **초대장.psd**

이것만은 반드시!

- **Layer Mask(레이어 마스크):** 원본을 손상하지 않은 채 일부를 숨기거나 표시하는 기능입니다. 레이어 마스크에서 흰색으로 칠한 부분은 표시되고, 검은색으로 칠한 부분은 가려집니다. 칠할 때는 〈Brush Tool(B)〉, 〈Gradient Tool(G)〉 등 도구와 기능을 가리지 않고 검은색과 흰색만 칠할 수 있으면 모두 적용됩니다.

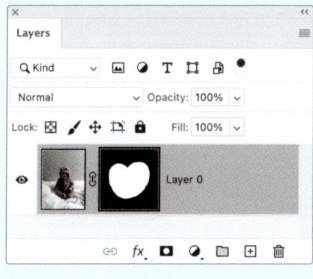 

- **Warp Text(텍스트 왜곡)**: 텍스트를 다양한 형태로 왜곡하는 기능으로 곡선, 기울기, 파동 등의 효과를 추가할 수 있습니다.

블렌딩 모드로 노란색 종이 질감 배경 만들기

초대장과 같은 디자인에 인쇄물처럼 질감이 표현되면 고급스러운 분위기를 연출할 수 있습니다. 종이 질감 이미지를 가져온 후 노란색으로 채운 칠 레이어와 블렌딩 모드로 혼합하여 노란색 종이 질감 배경을 만듭니다.

01 Ctrl+N을 눌러 [Web] 탭에서 **Width: 1080px, Height: 1080px**로, **Artboards: 해제**로 새 작업을 시작합니다. 메뉴 바에서 [File – Place Embedded]를 선택하여 [paper.jpg] 예제 파일을 가져온 후 Enter를 누릅니다.

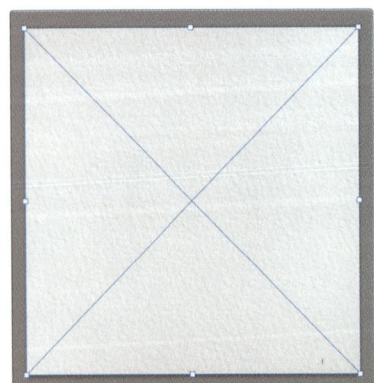

02 ❶ [Layers] 패널에서 [Create new fill or adjustment layer] 아이콘을 클릭한 후 ❷ [Solid Color]를 선택합니다. ❸ 칠 레이어가 추가되면서 Color Picker 창이 열리면 **#ffd200**을 적용하고 ❹ [OK]를 클릭합니다. ❺ 작업 영역이 노란색으로 채워집니다.

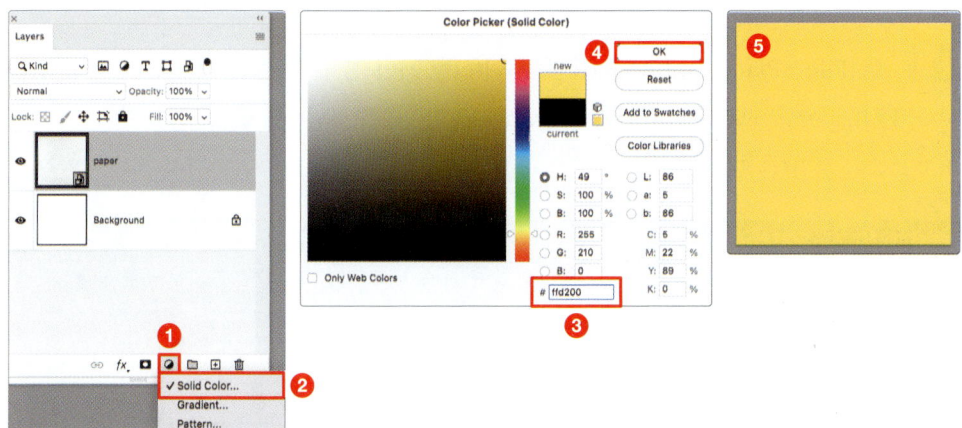

03 칠 레이어(Color Fill 1)가 선택된 상태에서 ❶ **Blending Mode: Pin Light**를 적용합니다. ❷ 종이 이미지에 색상이 혼합되어 노랑 종이 질감 배경이 완성됩니다.

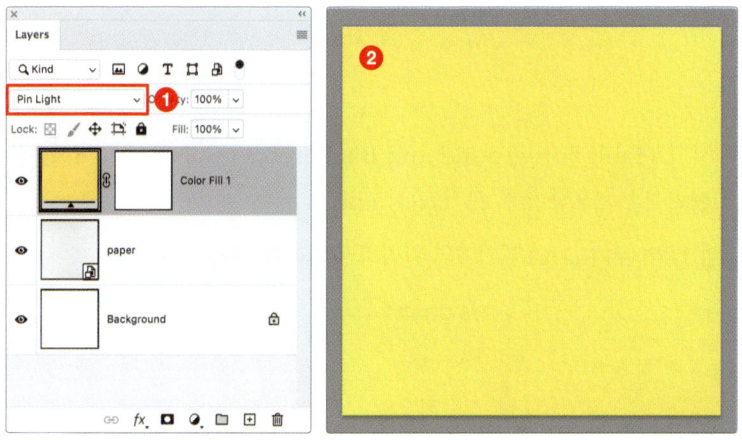

◁◁ 레이어 마스크 기능으로 사진 프레임 표현하기

레이어 마스크는 이미지 자체를 훼손하지 않고도 특정 부분을 지운 것처럼 가리거나 원하는 부분만 표시할 수 있습니다. 레이어 마스크로 붓으로 터치한 듯한 느낌의 사진 프레임을 표현해 보겠습니다.

01 ❶ [File-Place Embedded] 메뉴로 [tedy.jpg] 예제 파일을 가져온 후 [Enter]를 누릅니다. ❷ [Layers] 패널에서 [Add vector mask] 아이콘을 클릭하여 ❸ [tedy] 레이어에 레이어 마스크를 추가합니다.

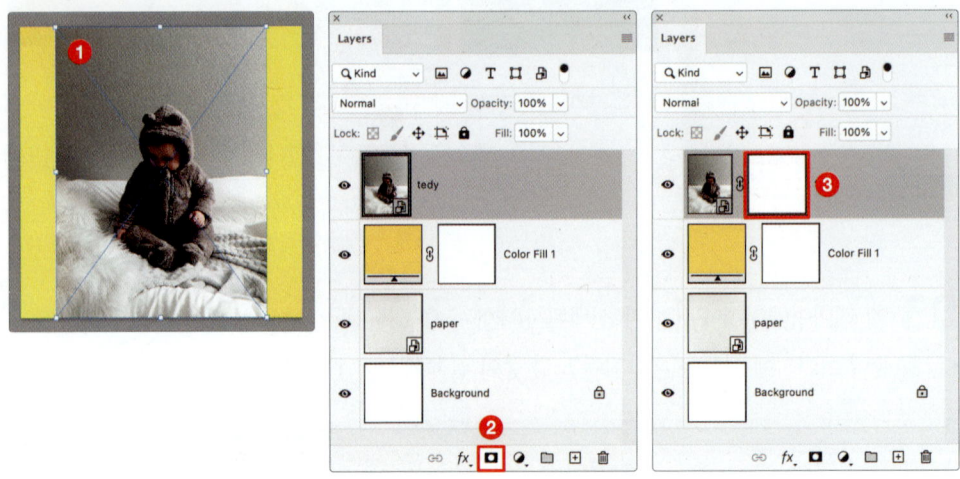

02 ❶ 툴바 아래쪽에서 [Default Foreground and Background Colors(D)] 아이콘을 클릭하여 기본 배경색과 전경색을 적용합니다. ❷ [Ctrl]+[Delete]를 눌러 레이어 마스크에 배경색(검은색)을 채우면 ❸ 작업 영역에서 [tedy] 레이어의 이미지가 가려집니다.

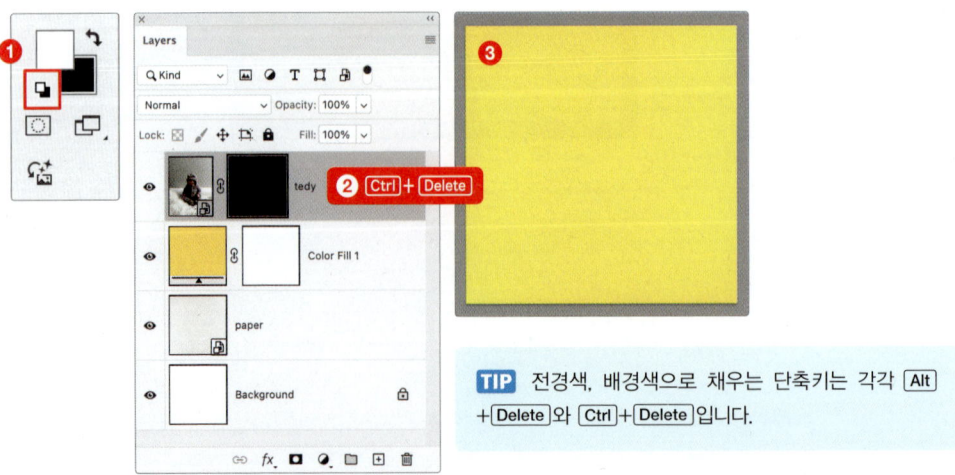

> **TIP** 전경색, 배경색으로 채우는 단축키는 각각 [Alt]+[Delete]와 [Ctrl]+[Delete]입니다.

03 가려진 사진의 일부만 표시하여 프레임처럼 표현하겠습니다. ❶ 툴바에서 〈Brush Tool(B)〉 을 선택하고, ❷ 옵션 바에서 [브러시 모양] 아이콘을 클릭한 후 ❸ 브러시 목록에서 'Dry Media Brushes' 그룹의 [Kyle's Ultimate Pastel Palooza]를 선택합니다.

TIP 브러시 목록에서 왼쪽 위에 있는 검색창에 키워드를 입력하면 원하는 브러시를 빠르게 찾을 수 있습니다.

04 전경색에 흰색이 적용된 상태에서 ⬜, ⬜를 눌러 브러시 크기를 적당하게 조절합니다. ❶ 작업 영역에서 중앙 부분을 칠하듯이 드래그하면 그 사이로 tedy 이미지가 표시됩니다. ❷ 레이어 마스크에는 드래그한 부분이 흰색으로 칠해집니다.

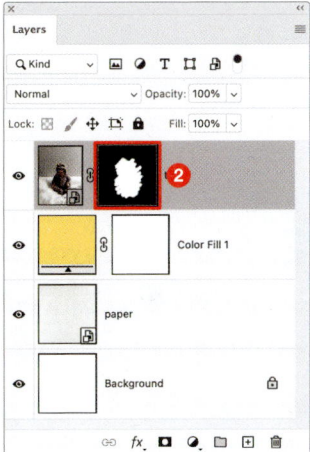

TIP 표시한 부분 중 일부를 다시 가리거나 수정하고 싶다면 전경색을 검은색으로 변경하고 작업 영역에서 해당 부분을 드래그하면 됩니다. '레이어 마스크에서 흰색은 표시하기, 검은색은 가리기' 개념을 기억하기 바랍니다.

05 Ctrl+T를 눌러 자유 변형 상태에서 [tedy] 레이어의 크기와 위치를 적절하게 조절하고 Enter를 눌러 변형을 마칩니다.

LESSON 07 레이어 마스크 기능을 이용한 초대장 디자인 **139**

초대 문구 및 주요 정보 입력하기

돌잔치 초대장에 어울리는 손글씨 느낌의 글꼴을 사용하여 초대 문구를 입력하고, Warp Text 기능으로 프레임 형태와 유사하게 왜곡시켜 배치합니다.

01 ❶ 〈Horizontal Type Tool(T)〉 T 을 선택하고 ❷ [Character] 패널에서 **글꼴: 상상토끼 꽃길, 크기: 80pt, 자간: -30, Color: Black**을 적용합니다. ❸ 프레임 위쪽을 클릭하여 초대 문구를 입력하고 Ctrl+Enter를 누릅니다. 〈Move Tool(V)〉 ⊕을 이용하여 문구를 위쪽 중앙에 배치합니다.

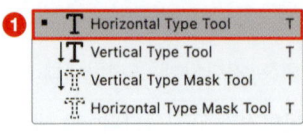
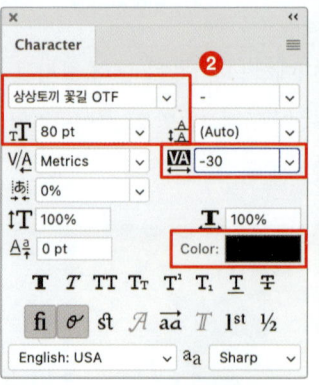

02 이번에는 ❶ **글꼴: Wanted Sans/SemiBold, 크기: 20pt, 자간: 100, Color: Black**으로 ❷ 프레임 아래쪽에 'TEDY'S FIRST BIRTHDAY'와 같은 장식용 문자를 입력합니다. ❸ 입력을 완료하기 전(텍스트 입력 상태), 옵션 바에서 [Create warped text] 아이콘을 클릭합니다.

03 텍스트를 왜곡하는 Warp Text 창이 열립니다. ❶ **Style: Arc, Bend: −35%**를 적용하고 ❷ [OK]를 클릭하여 텍스트를 왜곡합니다. ❸ Ctrl+Enter를 눌러 입력을 마친 후 〈Move Tool(V)〉✥로 그림과 같이 위치를 조절합니다.

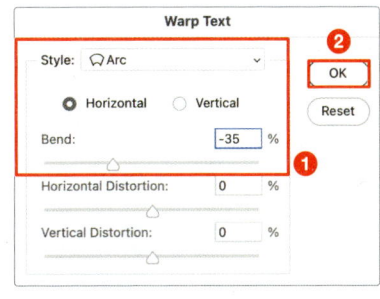

04 선으로 영역을 구분해 보겠습니다. ❶ 〈Line Tool(U)〉 ╱을 선택하고 ❷ 옵션 바에서 **Fill: 색 없음, Stroke: #ffb400, 1px**을 적용합니다. ❸ Shift+드래그하여 직선을 그린 후 〈Move Tool(V)〉✥로 그림과 같이 위치를 조절합니다.

> **TIP** [Fill] 또는 [Stroke] 옵션을 클릭한 후 색상 목록이 표시되면 오른쪽 위에 있는 그러데이션의 [Color Picker] 아이콘을 클릭하여 원하는 색을 적용할 수 있습니다.
>
>

05 앞서와 같은 방법으로 ❶ 짧은 수직선을 추가하고, ❷ **글꼴**: Wanted Sans/Regular, **크기**: 30pt, **자간**: -30, **Color**: Black을 적용한 후 ❸ 양쪽 영역에 일시와 장소 관련 정보를 입력합니다.

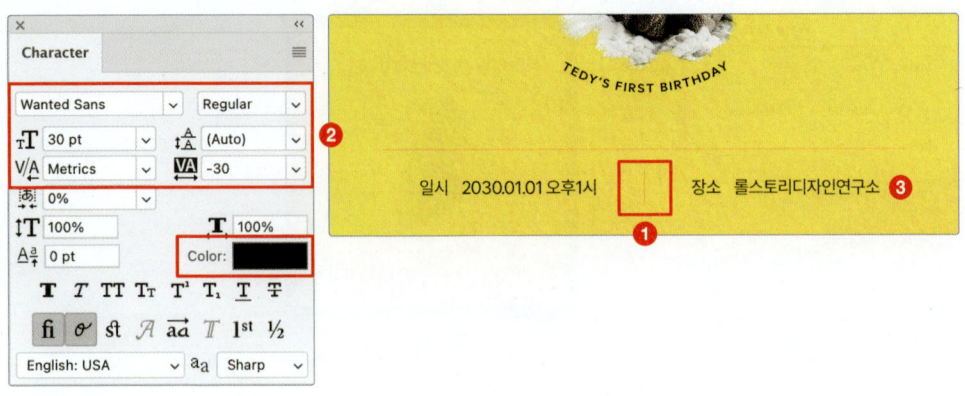

> **TIP** 복잡한 스타일의 문구를 여러 번 입력할 때는 하나를 완성한 후 복제해서 내용을 변경하면 편리합니다. Alt + 드래그로 복제하고, 더블 클릭하여 내용을 변경할 수 있습니다.

06 ❶ 〈Horizontal Type Tool(T)〉 T 을 선택하고 왼쪽 정보를 더블 클릭한 후 '일시'만 드래그합니다. ❷ [Character] 패널에서 **Bold**로 변경하고 Ctrl + Enter 를 눌러 마칩니다. ❸ 같은 방법으로 '장소'도 강조하면 초대장이 완성됩니다!

> **TIP** 문자와 문자 사이의 간격인 자간, 줄 간격인 행간 등의 설정으로 공간(여백)의 조화가 이뤄지고, 정렬 방법에 따라 나타나는 여백의 조화가 중요합니다. 위와 같이 '일시'와 '장소'와 같은 특정 단어의 굵기를 달리하여 강조하는 것만으로도 가독성과 심미성이 달라지며, 디자인에 리듬감을 표현할 수 있습니다.

LESSON 08 | 분할 구도의 감성적인 섬네일 디자인

사진의 감성을 극대화할 수 있는 컬러 그레이딩과 텍스트 등의 디자인 요소를 활용해 시선을 사로잡는 분할 구도의 감성적인 섬네일을 완성해 보겠습니다.

완성 결과 | **감성 섬네일.psd**

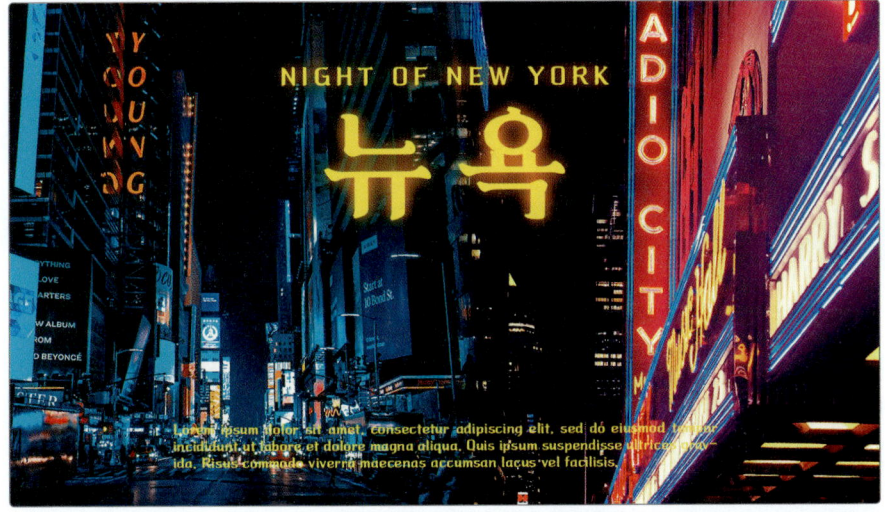

이것만은 반드시!

- **Gradient Tool(그레이디언트 도구)**: 색상을 부드럽게 전환하는 그레이디언트를 생성하는 도구입니다.
- **Outer Glow(외부 광선)**: 포토샵의 레이어 스타일 효과 중 하나로, 레이어의 외곽에 부드럽게 퍼지는 빛 효과를 만들 수 있습니다.

사진 2장으로 이분할된 섬네일 배경 만들기

클리핑 마스크 기능을 활용하여 정확히 이분할된 섬네일 배경을 만들어 보겠습니다.

01 Ctrl+N을 눌러 [Web] 탭에서 **Width: 1280px, Height: 720px, Artboards: 해제**로 새 작업을 시작합니다. Ctrl+R을 눌러 눈금자를 표시한 후 세로 눈금자에서 이분할 위치에 가이드 라인을 배치합니다. 눈금자 및 가이드라인 사용 방법은 000쪽을 참고합니다.

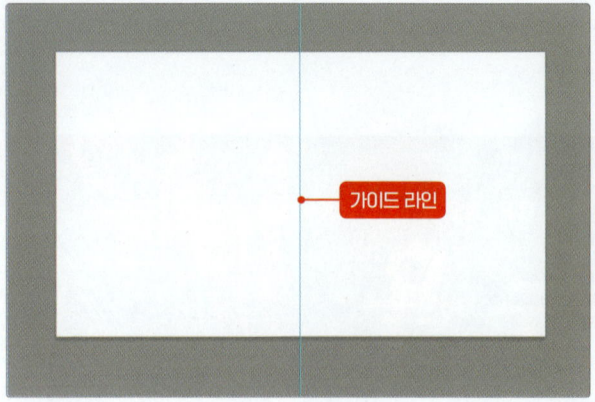

02 메뉴 바에서 [File – Place Embedded]를 선택하여 [new york_01.jpg] 예제 파일을 가져오고, 그림과 같이 크기와 위치를 조절하여 오른쪽에 배치한 후 Enter를 누릅니다. 이미지를 작업 영역 절반보다 좀 더 크게 배치했습니다.

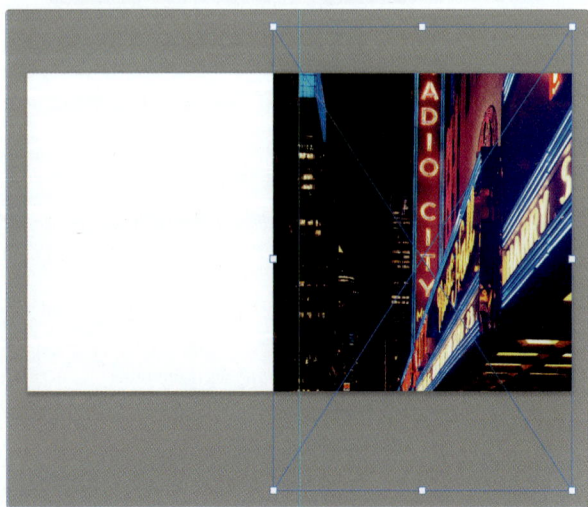

03
① 툴바에서 〈Rectangle Tool(U)〉▭을 선택하고 ② 옵션 바에서 **Fill: Black, Stroke: 색 없음**을 적용합니다. ③ 작업 영역의 왼쪽 위 바깥쪽부터 가이드라인까지 대각선으로 드래그하여 절반을 꽉 채운 사각형을 그립니다.

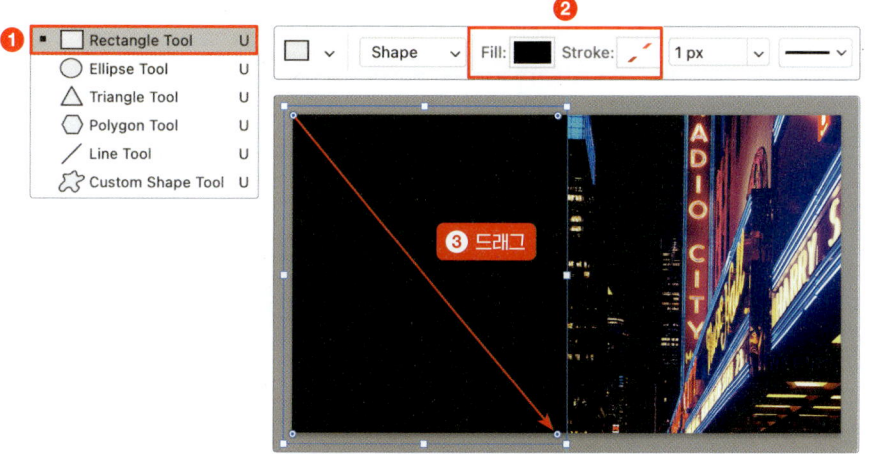

04
① [new_york_02.jpg] 예제 파일을 가져온 후 이번에는 왼쪽 절반보다 살짝 크게 배치합니다. ② [Layers] 패널에서 [new_york_02] 레이어와 [Rectangle 1] 레이어 경계를 Alt + 클릭하여 클리핑 마스크를 적용합니다.

TIP Ctrl + ; 눌러 가이드라인을 숨기면 정확히 이분할된 배경을 확인할 수 있습니다. 확인 후에는 다시 Ctrl + ; 를 눌러 가이드라인을 표시합니다.

사진의 경계를 흐리게 처리하기

레이어 마스크 기능을 활용해 두 이미지의 경계선을 흐리게 처리하면, 2개의 이미지가 원래 하나인 듯 자연스럽게 어울립니다.

01 ① [Layers] 패널에서 [Rectangle 1] 레이어(검은색 사각형)를 선택한 후 Ctrl+T를 눌러 자유 변형을 실행합니다. ② 오른쪽 중간에 있는 조절점을 좀 더 오른쪽으로 Shift+드래그하고 Enter를 눌러 변형을 마칩니다.

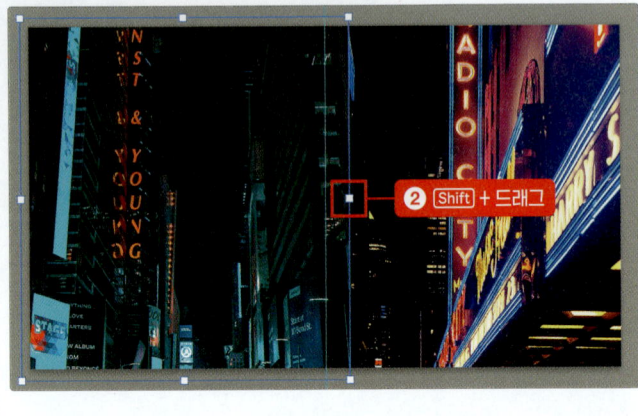

TIP 자유 변형 상태에서 비율을 무시한 채 크기를 변형하고 싶을 때는 Shift를 누른 채 드래그하면 됩니다.

02 ① [Layers] 패널에서 [Add layer mask] 아이콘을 클릭하여 ② [Rectangle 1] 레이어에 레이어 마스크를 추가합니다.

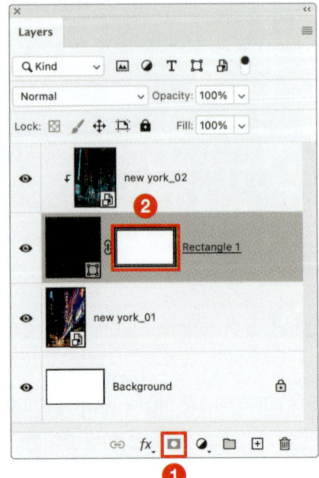

03 ❶ 툴바에서 〈Gradient Tool(G)〉■을 선택하고 [전경색]을 검은색으로 변경합니다. ❷ 옵션 바에서 [그레이디언트 설정] 아이콘을 클릭한 후 ❸ 목록 창에서 'Basics' 항목의 [Foreground to transparent]를 선택합니다.

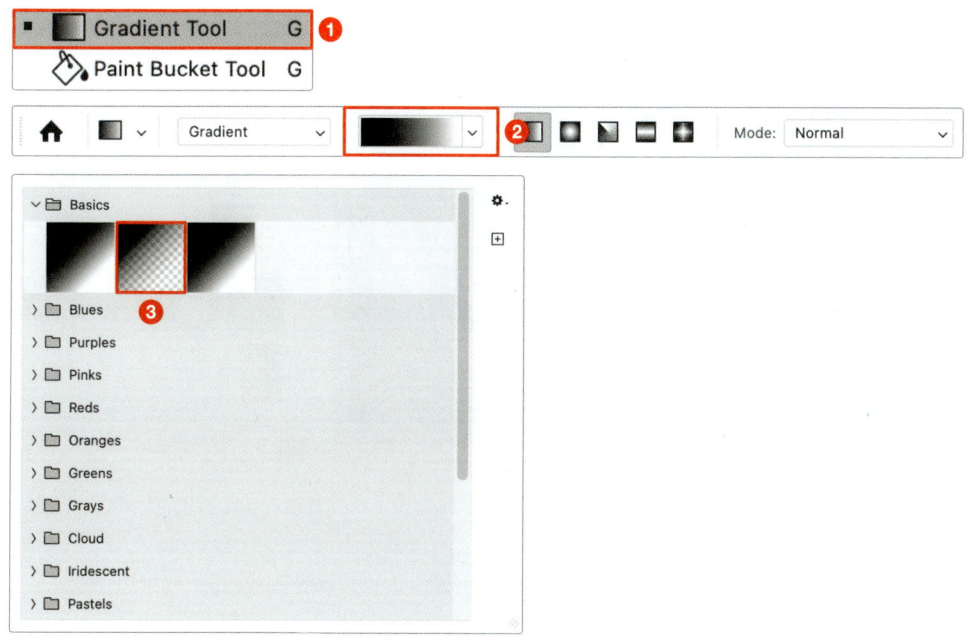

> **TIP** 'Basics' 항목의 설정은 순서대로 다음과 같습니다.
> - [Foreground to background](전경색에서 배경색으로)
> - [Foreground to transparent](전경색에서 투명으로)
> - [Black, White](검은색에서 흰색으로)
>
> 2개의 설정이 전경색과 배경색의 영향을 받으므로 전경색을 흰색, 배경색을 검은색으로 초기화하는 단축키 D와 전경색과 배경색을 서로 바꾸는 단축키 X를 활용하면 편리합니다.

04 ① 작업 영역에서 가이드라인의 살짝 오른쪽부터 가이드라인까지 드래그하면 ② 레이어 마스크에 그레이디언트가 채워집니다. 레이어 마스크의 개념(흰색은 표시, 검은색은 숨기기)에 따라 점점 투명해지는 경계의 이미지가 흐리게 표시됩니다. 레이어 마스크에 대한 자세한 설명은 000쪽을 참고하세요.

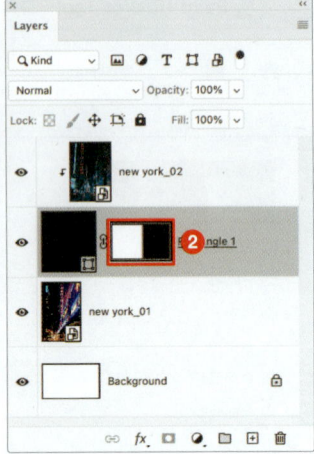

TIP [Foreground to transparent] 그레이디언트로 칠할 때는 여러 번 누적할 수 있습니다. 그러므로 레이어 마스크에서 칠해진 정도를 확인하면서 드래그하면 됩니다.

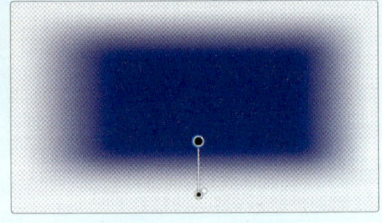

05 ❶ [Layers] 패널에서 [new york_02] 레이어를 선택하고 ❷ 〈Move Tool(V)〉로 작업 영역을 드래그하여 그림과 같이 길이 보이게 재배치합니다.

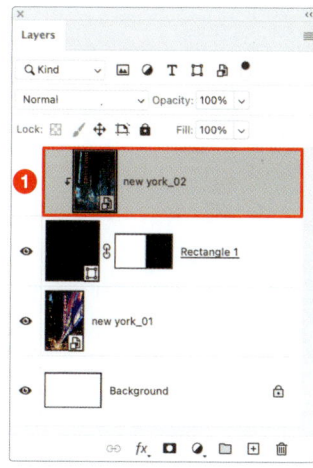
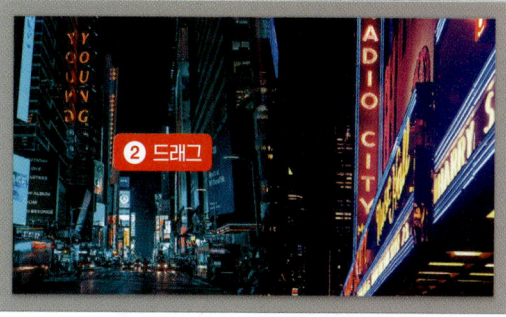

주제어 및 Lorem Ipsum으로 디자인 꾸미기

텍스트를 입력한 후 섬네일의 전체적인 분위기에 어울리도록 스타일을 적용합니다.

01 ❶ 〈Horizontal Type Tool(T)〉을 선택하고 ❷ [Character] 패널에서 **글꼴: 국립박물관재단클래식/Medium, 크기: 170pt, 자간: 200, Color: #ffe400**을 적용합니다. ❸ 작업 영역을 클릭해 주제어를 입력하고 Ctrl+Enter를 눌러 입력을 마친 후 〈Move Tool(V)〉로 중앙 위쪽에 배치합니다.

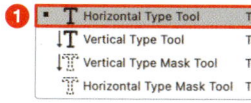

02 〈Move Tool(V)〉 선택 상태로 ❶ 작업 영역에서 Alt + Shift +드래그하여 위쪽에 복제 배치하고, ❷ 더블 클릭하여 편집 상태로 전환합니다. ❸ [Character] 패널에서 **크기: 35pt**로 변경하고 ❹ 주제어를 꾸며 줄 문구로 변경한 다음 그림과 같이 배치합니다.

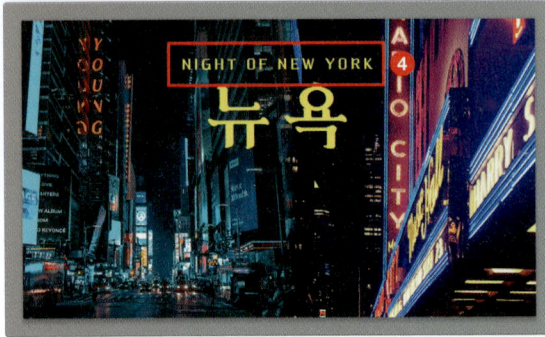

03 ❶ 〈Move Tool(V)〉로 작업 영역 바깥쪽을 Ctrl +클릭하여 모든 선택을 해제합니다. ❷ 〈Horizontal Type Tool(T)〉을 선택하고 [Character] 패널에서 **크기: 20pt**를 적용합니다. ❸ 섬네일 아래쪽에서 드래그하여 텍스트 박스를 추가하여 Lorem Ipsum(대체 텍스트)이 채워지면 ❹ 그대로 Ctrl + Enter 를 눌러 마칩니다.

04 ❶ [Paragraph] 패널에서 양쪽 정렬 후 마지막 줄만 왼쪽으로 정렬하는 [Justify last left]를 클릭하고, ❷ 〈Move Tool(V)〉 ✥로 적절하게 위치를 조절하여 꾸미기용 텍스트까지 추가하면 완성입니다.

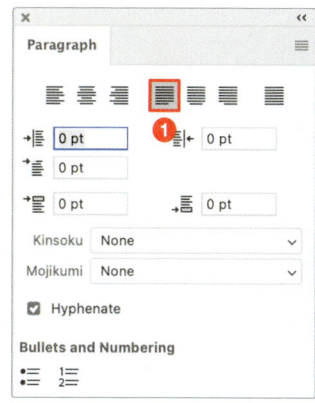

🔍 한 걸음 더   Lorem Ipsum 채우기 및 단락 정렬

〈Horizontal Type Tool(T)〉로 범위를 드래그하면 Lorem Ipsum(대체 텍스트)으로 텍스트 박스가 가득 채워지며, 편집 상태에서 텍스트 박스의 조절점을 드래그하여 박스의 크기를 조절할 수도 있습니다.

- **Lorem Ipsum 해제:** Lorem Ipsum 기능을 해제하거나 반대로 사용하려면 메뉴 바에서 [Edit - Preferenes - Type]을 선택한 후 [Fill mew type layers With placeholder text] 옵션의 체크를 해제하거나 체크합니다.

- **단락 정렬하기:** [Paragraph] 패널에는 텍스트를 정렬하는 다양한 옵션이 있으며, 이 중에서 텍스트 박스를 사용할 때는 양쪽 정렬 관련 옵션이 활성화됩니다. [Paragraph] 패널의 위쪽에 있는 7가지 정렬 방식에 따른 형태는 다음과 같습니다.

▲ 왼쪽 정렬   ▲ 가운데 정렬   ▲ 오른쪽 정렬

▲ 양쪽 정렬 후 왼쪽   ▲ 양쪽 정렬 후 중앙   ▲ 양쪽 정렬 후 오른쪽   ▲ 전체 양쪽 정렬

◀◀ Color Lookup으로 보정하고, 네온 사인 효과 적용하기

간단한 방법으로 섬네일 배경으로 사용한 이미지의 색상을 보정하여 완성도를 높이고, 텍스트에 외부 광선 효과를 적용하여 화려한 거리의 네온사인처럼 표현합니다.

01 ❶ [Layers] 패널에서 [new york_02] 레이어를 선택합니다. ❷ [Create new fill or adjustment layer] 아이콘을 클릭한 후 ❸ [Color Lookup]를 선택하면 ❹ [new york_02] 레이어 위로 색상 검색 조정 레이어가 추가됩니다.

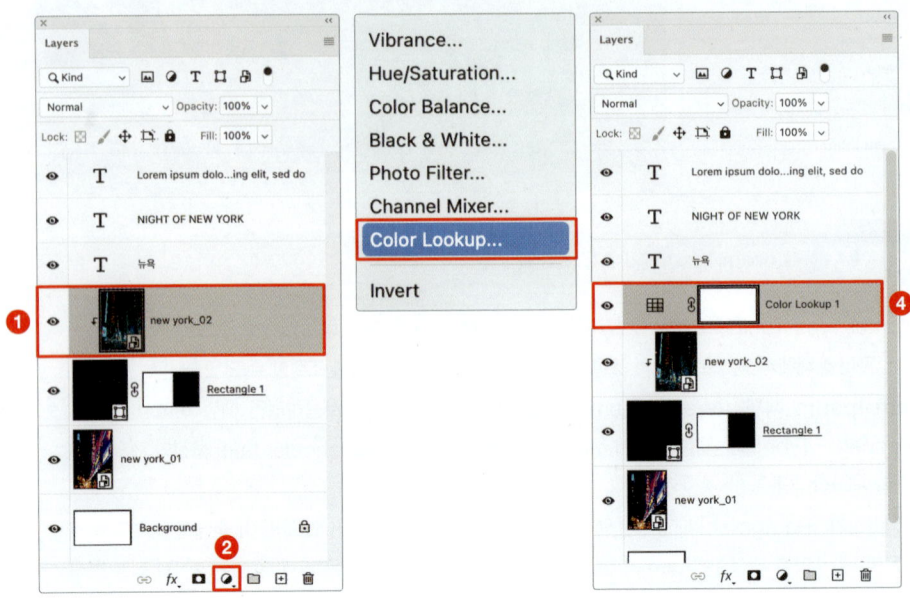

> **TIP** 조정 레이어 추가나 새로운 이미지 가져오기 등 새로운 레이어가 추가될 때는 현재 선택 중인 레이어 바로 위로 추가됩니다.

02 조정 레이어는 [Properties] 패널에서 옵션을 적용합니다. ❶ [3DLUT File] 옵션의 메뉴 목록을 펼친 후 ❷ [Kodak 5205 Fuji 3510 (by Adobe).cube]를 적용하여 ❸ 조정 레이어 아래쪽 이미지들을 필름 사진 느낌으로 보정합니다.

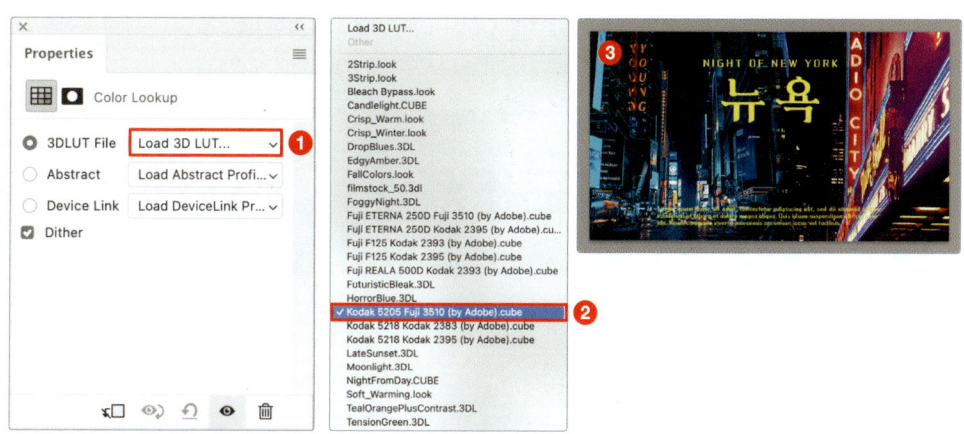

03 ❶ [뉴욕] 레이어의 빈 공간을 더블 클릭하여 Layer Style 창을 열고 ❷ [Outer Glow]를 선택합니다. ❸ Blend Mode: Normal, Opacity: 75%, Color: #ff9000, Spread: 0%, Size: 30px을 적용한 후 ❹ [OK]를 클릭합니다. 텍스트에 빛나는 효과가 적용됩니다.

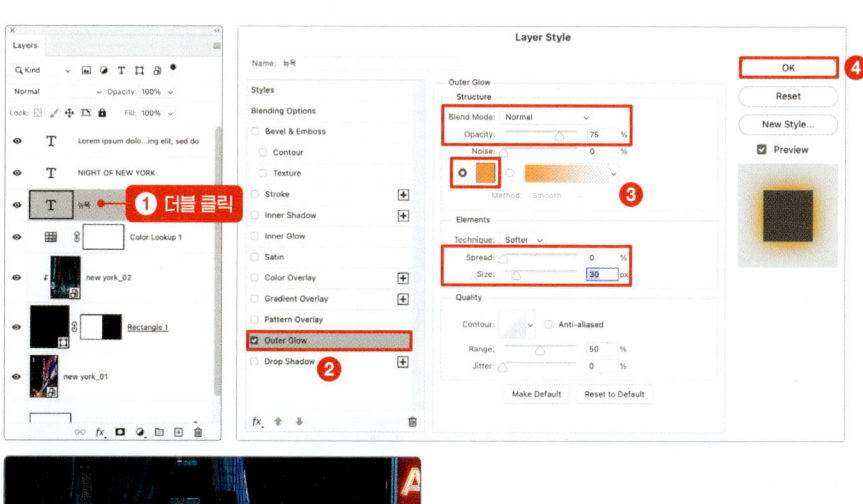

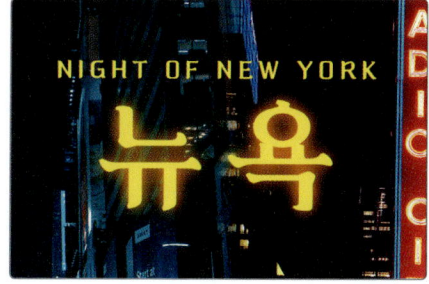

🔍 한 걸음 더 | Color Lookup의 LUT(Look-Up Table)

이미지의 색상과 톤을 빠르게 조정하는 데 사용하는 LUT은 특정 색상 값들을 다른 값으로 매핑한 표로, 색 보정이나 필터 효과 적용에 사용합니다. 다양한 색상 효과를 신속하게 적용할 수 있어 영화 제작, 사진 편집, 디자인 작업 등에서 유용하게 활용됩니다. 실습처럼 Color Lookup 조정 레이어의 [3DLUT File] 옵션에서 LUT 파일을 불러오거나 포토샵이 기본으로 제공하는 LUT을 선택해 적용할 수 있습니다.

▲ LUT을 이용해 보정된 결과물들

04 레이어 스타일은 복사해서 다른 레이어에 붙여 넣을 수 있습니다. ❶ [뉴욕] 레이어를 우클릭 후 ❷ [Copy Layer Style]을 선택하고, ❸ [NIGHT OF NEW YORK] 레이어를 우클릭 후 [Paste Layer Style]을 선택하면 감성적인 섬네일 디자인이 완성됩니다.

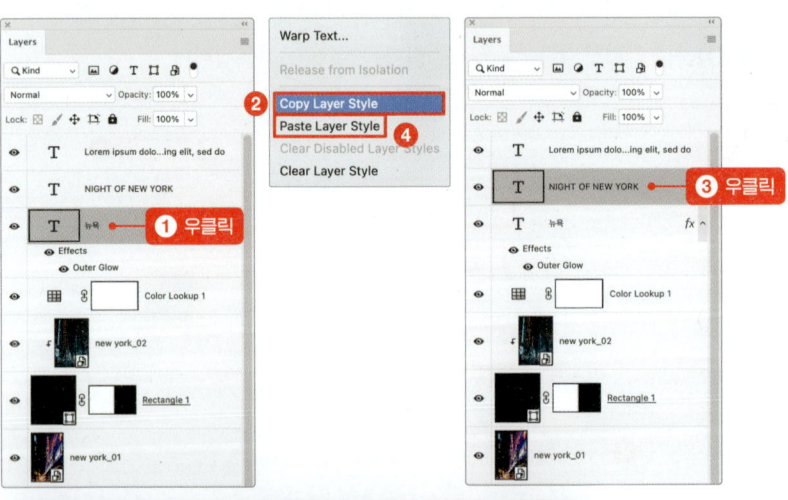

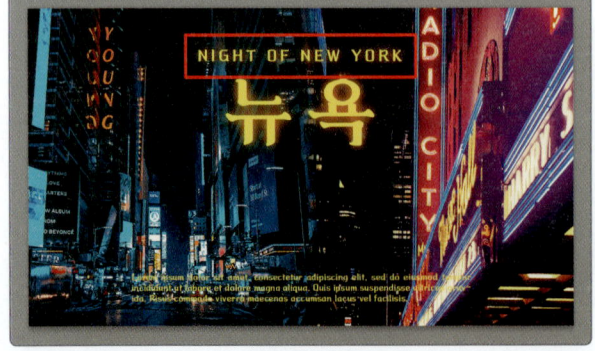

LESSON 09 | 제품이 돋보이는 배너 디자인

제품이나 브랜드의 특성이 돋보이는 문구와 디자인 요소는 마케팅의 핵심입니다. 이번 레슨에서는 심플한 레이아웃 구성으로 제품에 입체감을 살리고 메시지를 전달하여 제품이 강조되는 배너를 만들어 보겠습니다.

완성 결과 | **제품 배너.psd**

이것만은 반드시!

- **Live Corners Widget(라이브 코너 위젯):** 도형 모서리 안쪽에 표시되는 위젯으로, 드래그하여 모서리를 둥글게 변경할 수 있습니다.
- **Object Selection Tool(개체 선택 도구):** 특정 개체를 빠르고 간단하게 선택할 수 있습니다.

모서리가 둥근 사각형으로 영역 구분하기

제품 이미지와 텍스트가 배치될 공간을 예상하여 균형 잡힌 레이아웃을 구성해 보겠습니다.

01 Ctrl + N 을 눌러 [Web] 탭에서 Width: 1080px, Height: 1080px, Artboards: 해제로 새 작업을 시작합니다. ❶ [Layers] 패널에서 [Create new fill or adjustment layer] 아이콘을 클릭한 후 ❷ [Solid Color]를 선택해 칠 레이어를 추가하고, ❸ Color: #af000d를 적용한 후 ❹ [OK]를 클릭합니다.

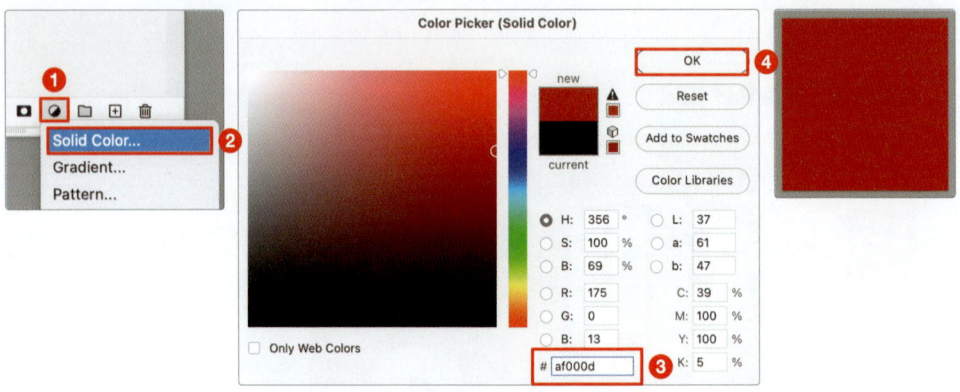

02 ❶ 툴바에서 〈Rectangle Tool(U)〉▭을 선택하고 옵션 바에서 Fill: Black, Stroke: 색 없음을 적용합니다. ❷ 작업 영역을 클릭하여 Create Rectangle 창이 열리면 Width: 920px, Height: 340px을 적용하고 ❸ [OK]를 클릭합니다.

03 사각형이 추가되면 ❶ 각 모퉁이에 있는 라이브 코너 위젯을 최대한 안쪽으로 드래그하여 모서리가 둥근 사각형으로 변형하고, ❷ 〈Move Tool(V)〉로 드래그하여 아래쪽 중앙에 배치합니다.

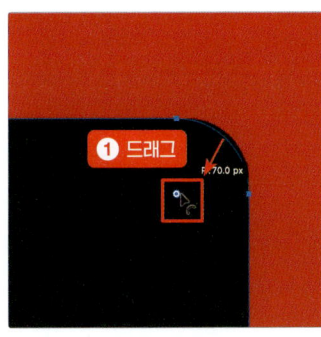
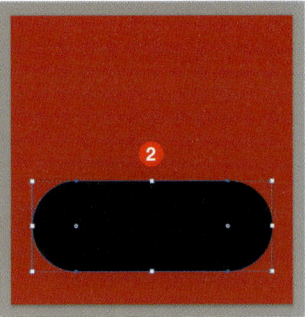

> **TIP** 〈Rectangle Tool(U)〉과 같은 도형 도구를 이용하면 각 모퉁이에 Live Corners Widget(라이브 코너 위젯)이 나타나며, 위와 같이 드래그하여 모퉁이를 둥글게 변형할 수 있습니다. 또한, 도형 관련 도구를 선택하면 언제든 라이브 코너 위젯을 이용해 둥근 정도를 다시 조절할 수 있습니다.

입체감이 느껴지도록 제품 사진 배치하기

클리핑 마스크와 레이어 마스크 기능을 이용해 입체감이 느껴지도록 제품 사진을 배치해 보겠습니다.

01 메뉴 바에서 [File-Place Embedded]를 선택하여 [nike.jpg] 예제 파일을 가져와서 그림과 같이 검은색 사각형과 겹치도록 배치합니다.

> **TIP** [Layers] 패널에서 [Opacity] 옵션값을 낮춰 투명도를 조절해 보세요. 아래쪽 레이어와 겹친 정도를 쉽게 확인할 수 있습니다.

02 ① [Layers] 패널에서 [nike] 레이어가 선택된 상태로 Ctrl+Alt+G를 누르거나 [Rectangle 1] 레이어 사이를 Alt+클릭하여 ② 클리핑 마스크를 적용합니다.

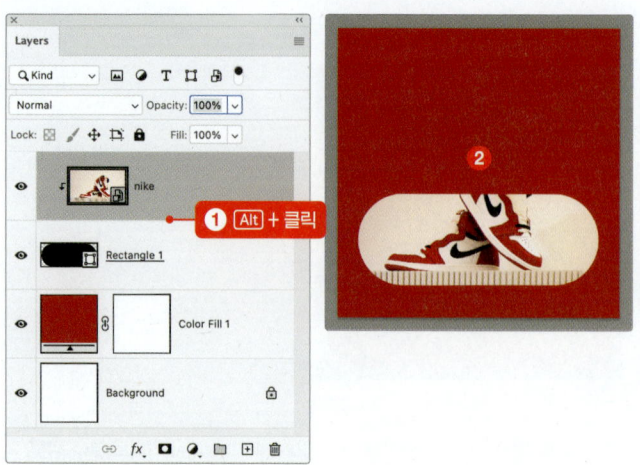

> **TIP** 클리핑 마스크 적용 후 〈Move Tool(V)〉을 이용하여 운동화 이미지의 위치를 옮기면 마스크에 표시되는 부분을 변경할 수 있습니다.

03 ① Ctrl+J를 눌러 [nike] 레이어를 복제합니다. ② 툴바에서 〈Object Selection Tool(W)〉을 선택하고 ③ 오른쪽 신발로 마우스 커서를 올리면 선택할 개체가 구분되고, 클릭하면 선택 영역으로 지정됩니다.

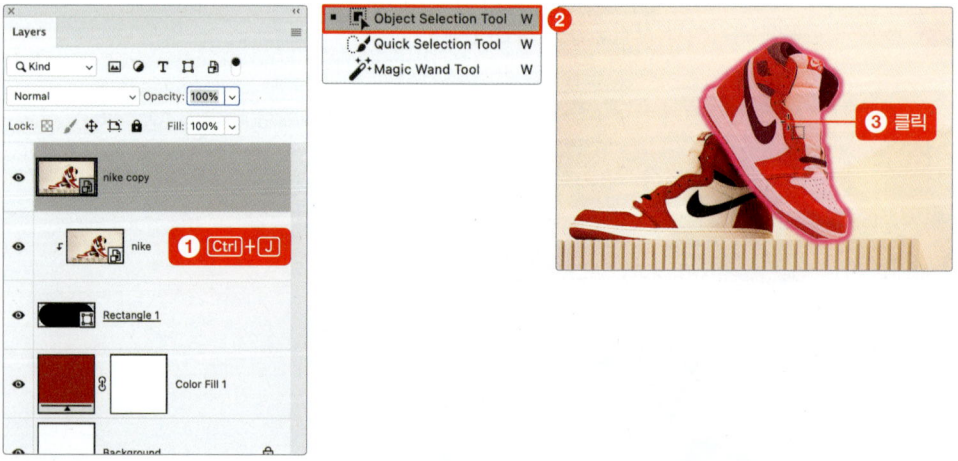

> **TIP** 〈Object Selection Tool(W)〉은 특정 개체를 빠르게 선택할 수 있는 AI 기반의 도구입니다. 이미지 위를 드래그하거나 선택하면 주요 개체를 자동으로 인식하여 손쉽게 선택 영역을 지정할 수 있습니다.

04 ❶ [Layers] 패널의 [Add vector mask] 아이콘을 클릭하여 레이어 마스크를 적용합니다. ❷ 선택 영역만 흰색으로 처리되어 ❸ 화면에는 선택 영역(오른쪽 신발)만 표시됩니다. 마치 클리핑 마스크 영역 밖으로 삐져나온 듯 입체적으로 표현됩니다.

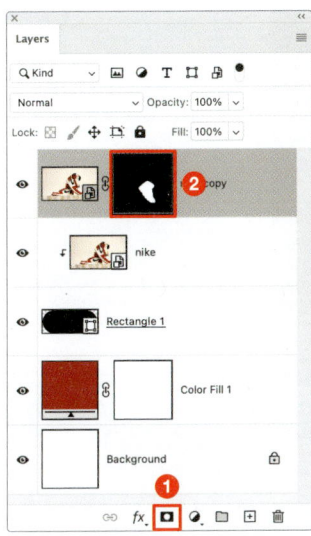

TIP 레이어 마스크를 추가할 때 선택 영역이 지정되어 있으면 선택 영역만 흰색(보이기), 나머지는 검은색(숨기기)으로 만들어집니다.

카피나 로고 등을 배치하여 디자인 완성하기

마지막으로 브랜드 로고나 카피 문구 등을 추가하는 등 소소한 디테일을 살려 디자인을 완성합니다.

01 ❶ 〈Horizontal Type Tool(T)〉 T 을 선택하고 [Character] 패널에서 **글꼴: Wanted Sans/ExtraBlack, 크기: 300pt, 행간: 240pt, 자간: −50, Color: White**를 적용한 후 ❷ 카피 문구를 입력하고, 〈Move Tool(V)〉 로 위치를 조절합니다.

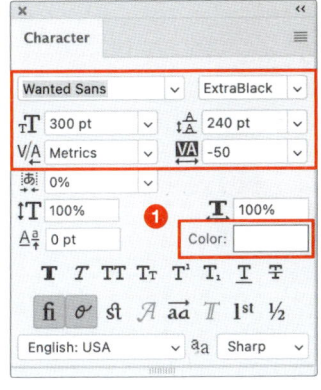

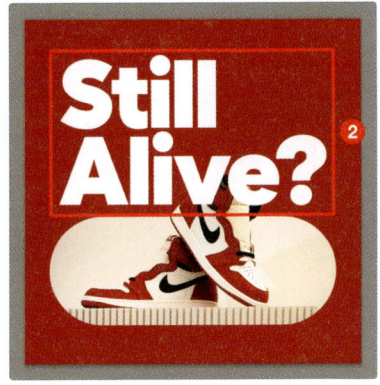

LESSON 09 제품이 돋보이는 배너 디자인 **159**

02 ① [Layers] 패널에서 텍스트 레이어를 [nike copy] 레이어 아래로 옮기면 ② 삐져나온 신발이 앞으로 배치되면서 입체감이 더 살아납니다. 이때 문구 일부가 가려져도 충분히 읽을 수 있어야 합니다.

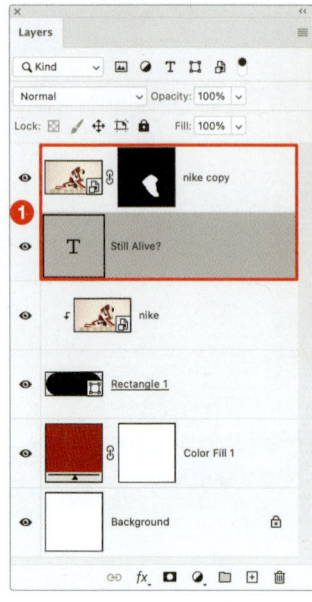

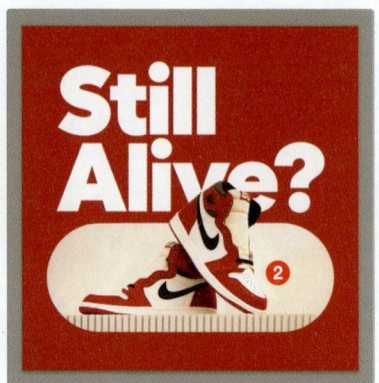

> **TIP** 배경으로 사용한 빨간색 배경색은 신발의 빨간색을 추출해서 사용한 것입니다.

03 ① [RDL_white_logo.png] 예제 파일을 가져온 후 오른쪽 위 작업 영역 경계에 배치합니다. ② 〈Move Tool(V)〉을 선택하고 Shift + ← 와 Shift + ↓ 를 각각 5번씩 눌러 경계에서 50px 안쪽으로 옮깁니다.

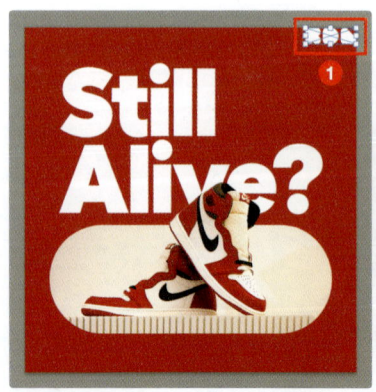

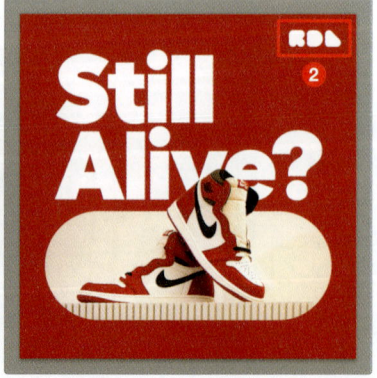

> **TIP** ← , → , ↑ , ↓ 는 선택한 레이어 또는 선택 영역을 1픽셀씩 옮길 수 있고, Shift + ← , → , ↑ , ↓ 는 10픽셀씩 옮길 수 있습니다.

04 입체감을 더하기 위해 신발 뒤쪽으로 그림자를 추가하겠습니다. ❶ [Layers] 패널에서 [Create a new layer] 아이콘을 클릭하여 새 레이어를 추가하고 ❷ [nike copy] 레이어 아래로 옮깁니다. ❸ 텍스트 레이어의 섬네일을 Ctrl+클릭하여 ❹ 해당 문구에 따라 선택 영역을 지정합니다.

TIP 특정 레이어의 섬네일을 Ctrl+클릭하면 해당 레이어의 내용(픽셀 영역)에 따라 선택 영역이 지정됩니다.

05 ❶ 툴바에서 〈Brush Tool(B)〉 을 선택하고 ❷ 옵션 바에서 **브러시 모양: Soft Round**, ❸ **Opacity: 5%**를 적용합니다.

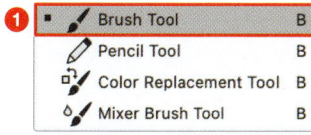

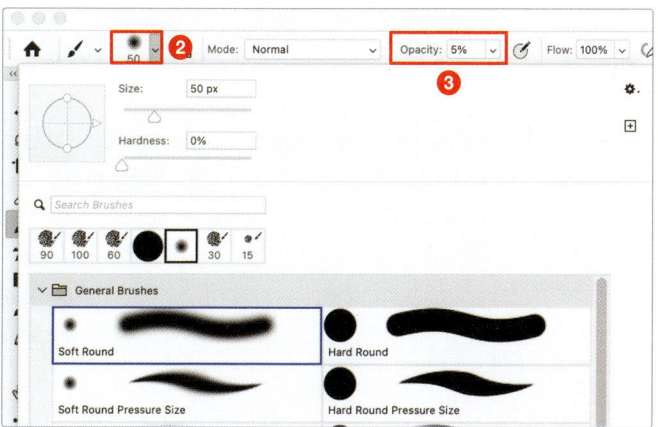

06 ① 작업 영역을 적절하게 확대한 후 신발과 겹쳐진 문자 부분을 여러 번 칠하여 그림자를 표현하면 입체감이 더욱 강조됩니다. ② Ctrl+D를 눌러 선택 영역을 해제하면 완성입니다.

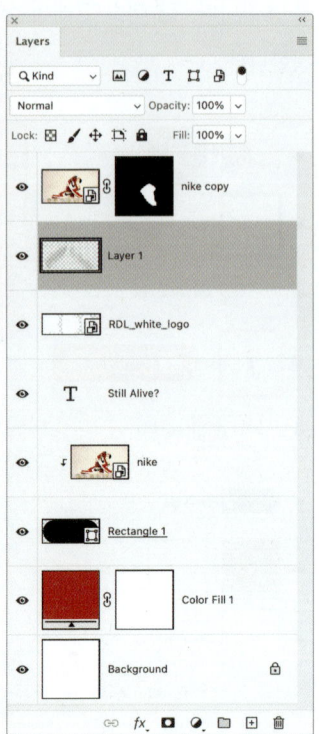

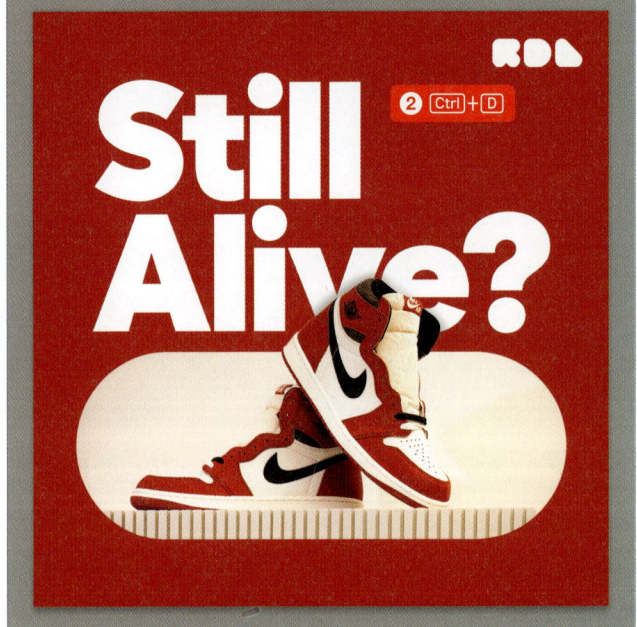

> **TIP** 포토샵에서 실행한 작업의 기본 위치는 '선택 중인 레이어'입니다. 하지만 선택 영역을 지정했다면 '선택 영역'이 최우선입니다. 앞서 새 레이어를 추가한 후 해당 레이어에 문자 모양으로 선택 영역을 지정했습니다. 그러므로 브러시로 드래그하면 선택 영역 내에서만 칠해집니다.

LESSON 10 | 아트보드 기능으로 완성한 카드뉴스 템플릿

하나의 작업 창에서 여러 개의 작업 영역을 구성할 수 있는 아트보드 기능을 활용하면 프로젝트별 전체 디자인을 한 번에 파악하고 저장하는 등 효율적으로 디자인할 수 있습니다.

완성 결과 | **카드뉴스 템플릿.psd**

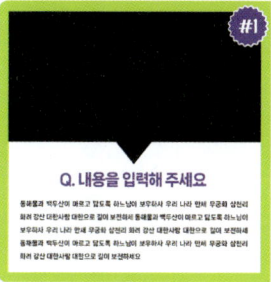
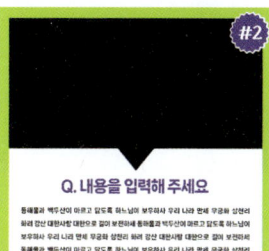
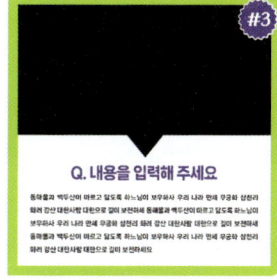

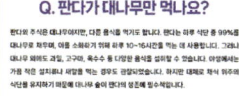

이것만은 반드시!

- **Artboards(아트보드):** 하나의 작업에 여러 개의 작업 영역을 구성할 수 있는 기능입니다.
- **Polygon Tool:** 벡터 셰이프 도구 중 하나로, 다양한 다각형을 만들 수 있습니다.

◀◀ 첫 번째 아트보드에 카드뉴스 기본 배경 만들기

아트보드 기능을 활성화한 상태로 새 작업을 시작한 후 첫 번째 아트보드에 기본 배경을 완성해 보겠습니다.

01 `Ctrl`+`N`을 눌러 [Web] 탭에서 **Width: 1080px, Height: 1080px, Artboards: 체크**로 새 작업을 시작합니다. ❶ [Layers] 패널과 ❷ 작업 영역에서 각각 'Artboard 1'을 확인할 수 있습니다.

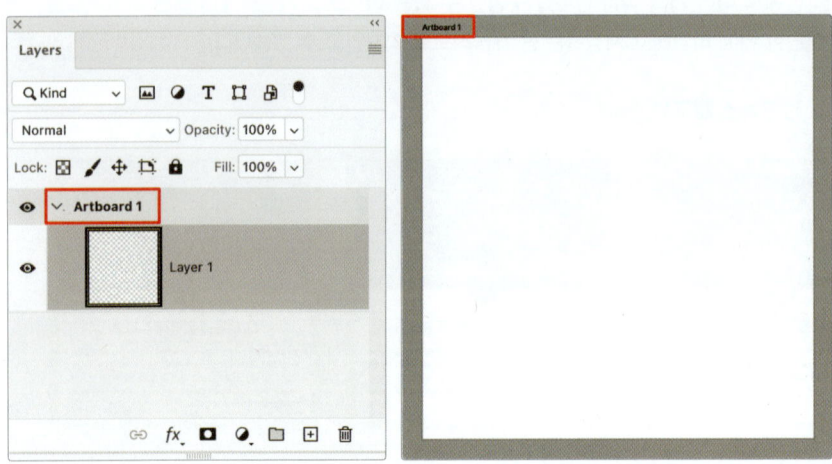

02 ❶ [Layers] 패널에서 [Create new fill or adjustment layer] 아이콘을 클릭한 후 ❷ [Solid Color]를 선택합니다. ❸ **Color: #ceff05**를 적용한 후 ❹ [OK]를 클릭하여 기본 배경을 만듭니다.

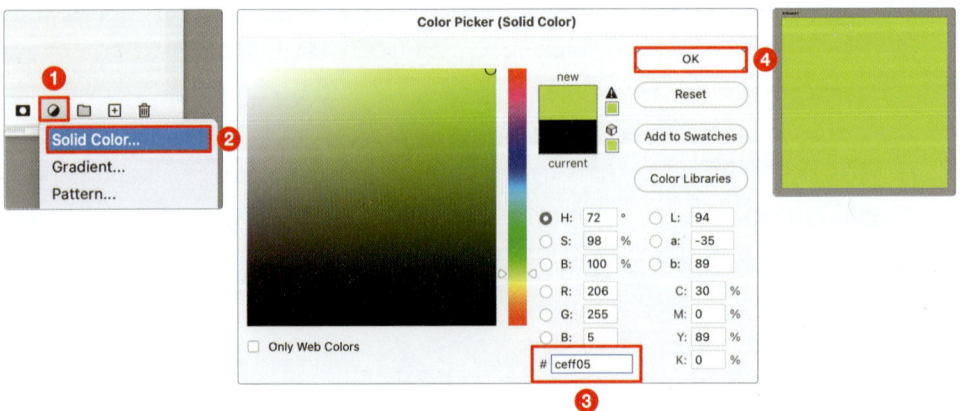

03

❶ 툴바에서 〈Rectangle Tool(U)〉 □을 선택하고 옵션 바에서 **Fill: White, Stroke: 색 없음**을 적용합니다. ❷ 작업 영역을 클릭하여 Create Rectangle 창이 열리면 **Width: 1000px, Height: 1000px**을 적용하고 ❸ [**OK**]를 클릭하여 흰색 사각형을 추가합니다.

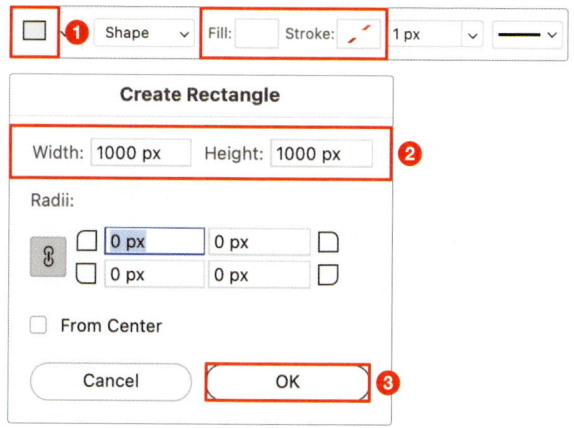

04

❶ 툴바에서 〈Move Tool(V)〉 ✥을 선택하고 [Ctrl]+[A]를 눌러 전체를 선택 영역으로 지정합니다. ❷ 옵션 바에서 [**Align Horizontal Centers**]와 ❸ [**Align Vertical Centers**]를 클릭하여 흰색 사각형을 정중앙에 정렬하고 ❹ [Ctrl]+[D]를 눌러 선택 영역을 해제합니다.

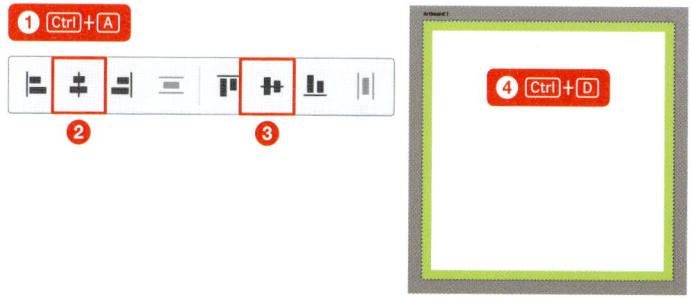

LESSON 10 아트보드 기능으로 완성한 카드뉴스 템플릿

카드뉴스 기본 레이아웃 구성하기

카드뉴스 템플릿이므로 추후 이미지를 배치하고, 텍스트가 입력될 위치를 미리 구성해 둡니다.

01 현재 레이어 선택을 해제한 후 ❶ 〈Rectangle Tool(U)〉을 선택하고 옵션 바에서 **Fill: Black**으로 변경합니다. ❷ 작업 영역을 클릭하여 Create Rectangle 창이 열리면 **Width: 1000px, Height: 500px**을 적용한 후 ❸ [OK]를 클릭합니다. 검은색 사각형이 추가됩니다.

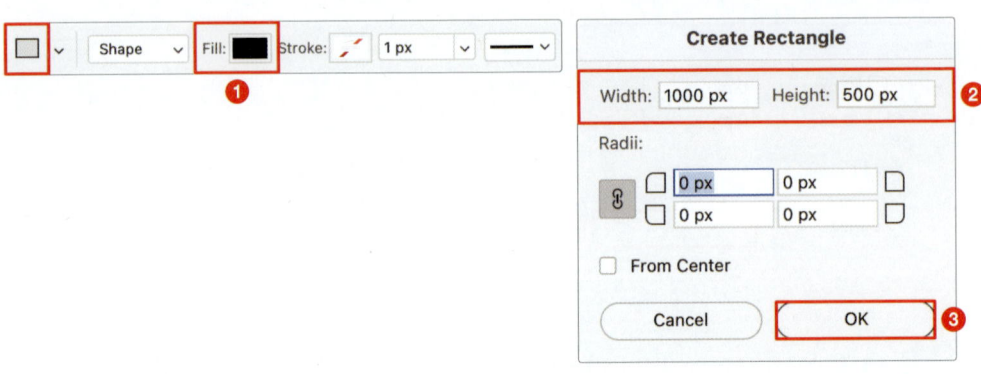

TIP 레이어 선택을 해제하는 방법은 다양합니다. 우선 작업 영역 바깥쪽인 회색 부분이나 [Layers] 패널에서 선택 중인 레이어의 이름 옆 빈 공간을 Ctrl+클릭하면 선택을 해제할 수 있습니다. 더 간단하게는 [Layers] 패널의 빈 공간을 클릭하면 됩니다.

02 ❶ 툴바에서 〈Triangle Tool(U)〉을 선택하고 ❷ 드래그하여 적당한 크기로 삼각형을 그립니다. ❸ 조절점 바깥쪽에서 Shift+드래그하여 180도 회전하고, 〈Move Tool(V)〉을 이용해 그림과 같이 배치합니다.

TIP 같은 그룹으로 묶인 도구들은 길게 클릭하거나 Shift+단축키를 눌러 선택할 수 있습니다. 예를 들어 〈Rectangle Tool(U)〉이 선택 중인 상태라면 Shift+U를 2번 눌러 〈Triangle Tool(U)〉로 변경합니다.

03 ❶ Ctrl을 누른 채 [Triangle 1] 레이어와 [Rectangle 2] 레이어를 각각 클릭하여 다중 선택하고 ❷ Ctrl + E를 눌러 2개의 레이어를 하나로 병합합니다.

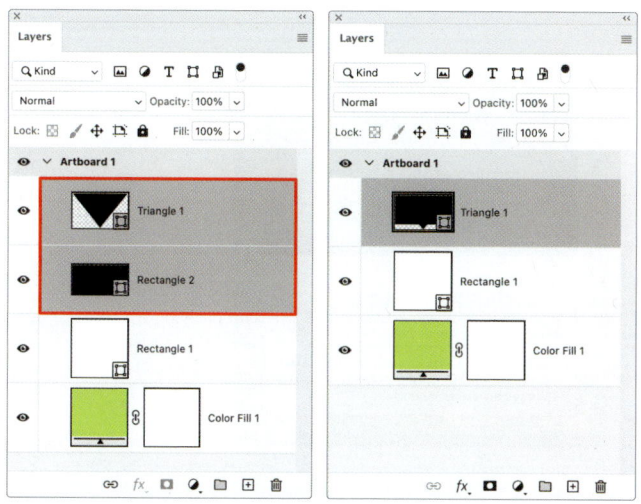

TIP 선택과 무관하게 Shift + Ctrl + E를 누르면 눈 아이콘이 켜진 모든 레이어가 하나로 병합됩니다.

04 ❶ 〈Horizontal Type Tool(T)〉 T을 선택하고 [Character] 패널에서 **글꼴: 나눔스퀘어 네오/Heavy, 크기: 60pt, 자간: -50, Color: #5d05ff**를 적용합니다. ❷ 작업 영역을 클릭한 후 메인 문구를 입력하고 중앙에 배치합니다. ❸ 문구가 바뀌어도 중앙에 유지되도록 [Paragraph] 패널에서 [**중앙 정렬**]을 클릭합니다.

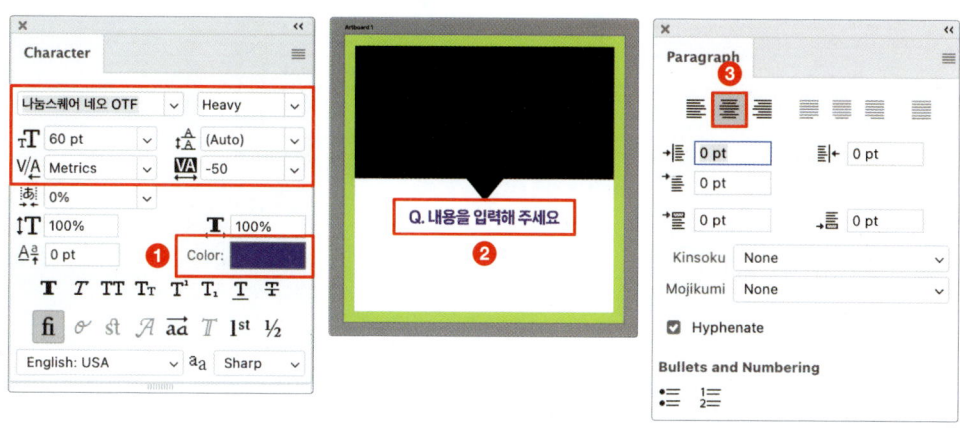

LESSON 10 아트보드 기능으로 완성한 카드뉴스 템플릿

05 ❶ [Character] 패널에서 **글꼴: 나눔스퀘어 네오/ExtraBold, 크기: 25pt, 행간: 50pt, 자간: 0, Color: Black**을 적용합니다. ❷ 메인 문구 아래에서 드래그하여 텍스트 박스를 추가한 후 임의로 내용을 입력합니다.

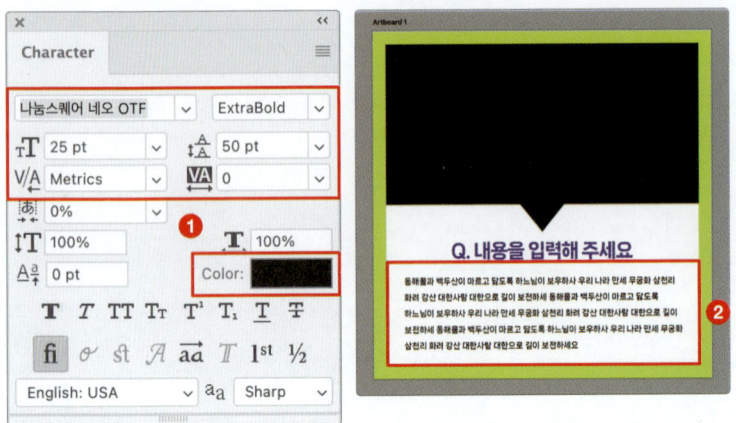

06 ❶ [Paragraph] 패널에서 '양측 정렬' 중 첫 번째 아이콘을 클릭하여 양쪽 마지막 왼쪽 정렬하고, ❷ 〈Move Tool(V)〉로 텍스트 박스의 위치를 중앙으로 옮깁니다.

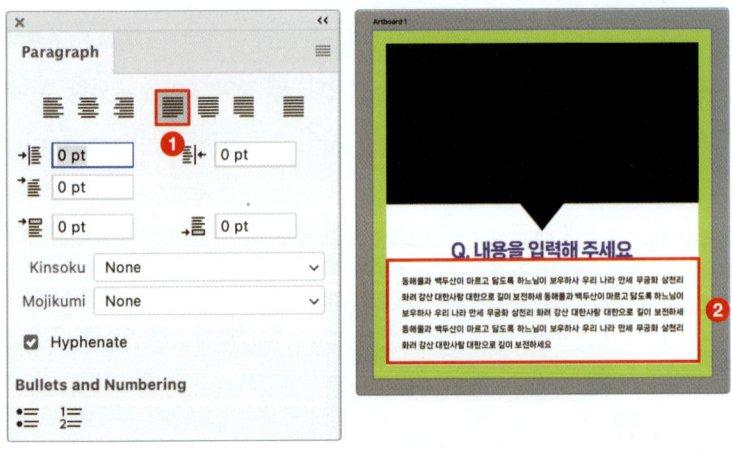

카드뉴스 번호 영역 구성하기

다각형을 만들 수 있는 〈Polygon Tool(U)〉을 이용해 몇 번째 카드뉴스인지 순서를 알 수 있는 배지를 추가해 보겠습니다.

01 ❶ 〈Polygon Tool(U)〉◯을 선택하고 ❷ 옵션 바에서 **Fill: #5d05ff, Stroke: 색 없음**을 적용합니다. ❸ 작업 영역을 클릭하여 Create Polygon 창이 열리면 **Width: 150px, Height: 150px, Number of Sides: 20, Corner Radius: 0px, Star Ratio: 90%**를 적용하고 ❹ [OK]를 클릭합니다.

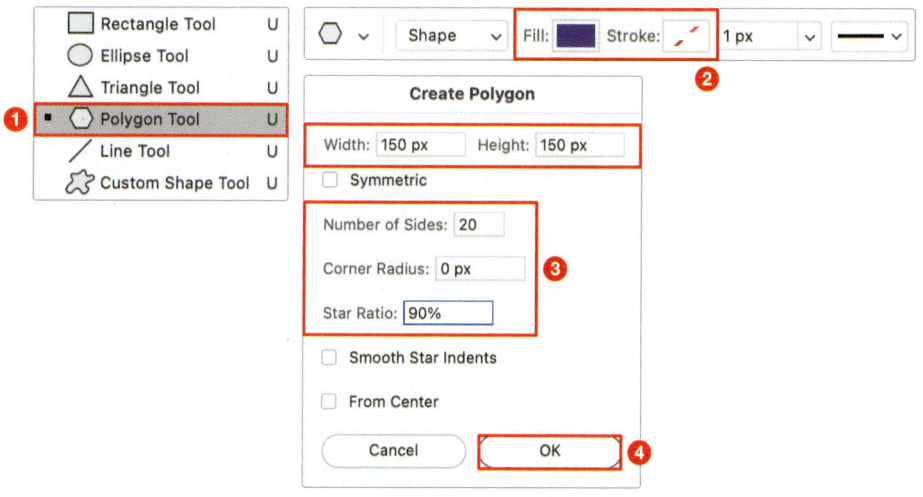

🔍 한 걸음 더   Create Polygon 창의 옵션 살펴보기

- **Width / Height:** 각각 도형의 너비와 높이를 픽셀 단위로 설정합니다.
- **Symmetric:** 체크 시 다각형의 너비와 높이가 동일하게 유지됩니다(정사각형 비율).
- **Number of Sides:** 생성할 다각형의 변(꼭짓점) 개수를 설정합니다.
- **Corner Radius:** 모서리를 둥글게 만들 때 사용하며, 값이 클수록 둥글게 표현됩니다.
- **Star Ratio:** 내부 꼭짓점을 얼마나 안쪽에 생성할지 비율(%)로 지정합니다. 기본값(100%)일 때는 보통의 다각형이 되지만 값이 작아질수록 점점 별 형태가 됩니다.
- **Smooth Star Indents:** 체크 시 별 모양의 내부 꼭짓점이 부드러운 곡선 형태가 됩니다.
- **From Center:** 체크 시 처음 클릭한 지점이 도형의 중심점이 됩니다.

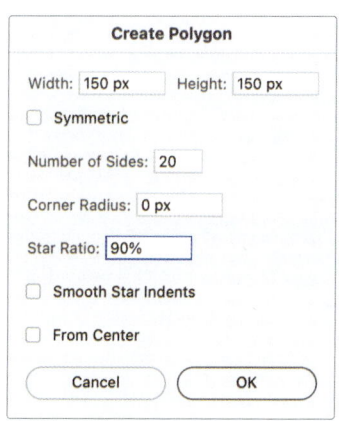

LESSON 10 아트보드 기능으로 완성한 카드뉴스 템플릿 **169**

02 다각형이 그려지면 ❶ 〈Move Tool(V)〉⊕을 이용하여 이미지 영역 오른쪽 위에 겹치게 옮깁니다. ❷ 레이어 스타일을 적용하기 위해 [Layers] 패널에서 [Polygon 1] 레이어의 빈 공간을 더블 클릭합니다.

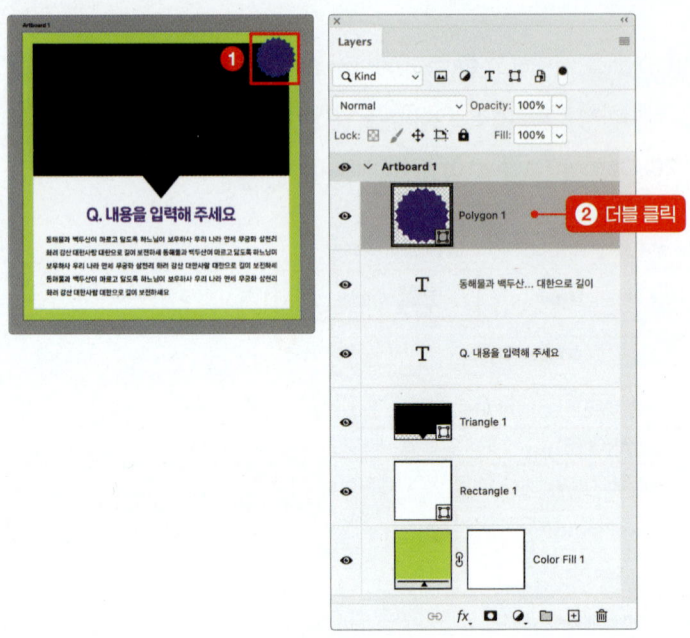

03 ❶ Layer Style 창이 열리면 [Stroke]를 선택하고 ❷ Size: 5px, Position: Outside, Color: White를 적용한 후 ❸ [OK]를 클릭합니다. ❹ 다각형 모양 개체에 흰색 테두리가 적용됩니다.

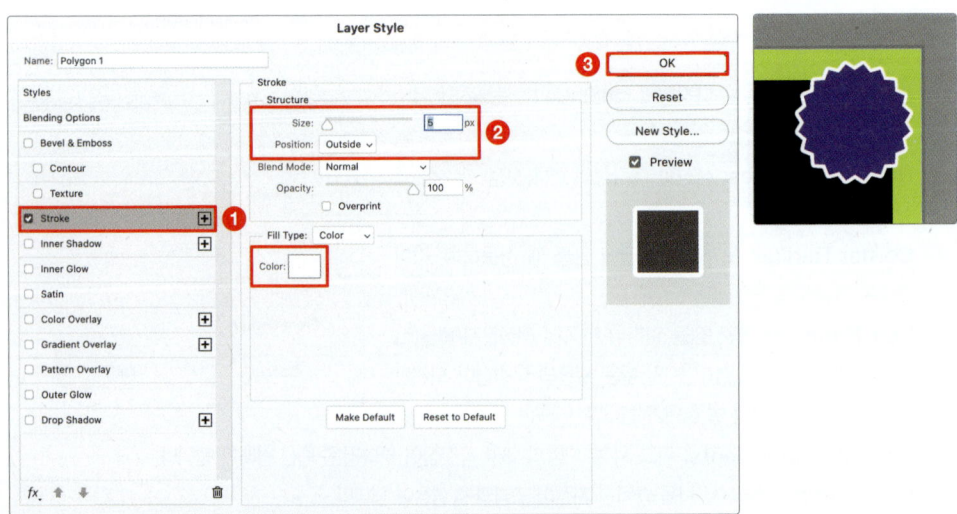

04

❶ [Character] 패널에서 **글꼴: 국립박물관문화재단클래식, 크기: 70pt, 자간: -50, Color: White**를 적용합니다. ❷ 검은색 도형 위를 클릭하여 '#1'을 입력하고 Ctrl + Enter 를 눌러 입력을 마칩니다. ❸ [Paragraph] 패널에서 [중앙 정렬]을 클릭한 후 〈Move Tool(V)〉 ✥ 로 배지 중앙으로 옮깁니다.

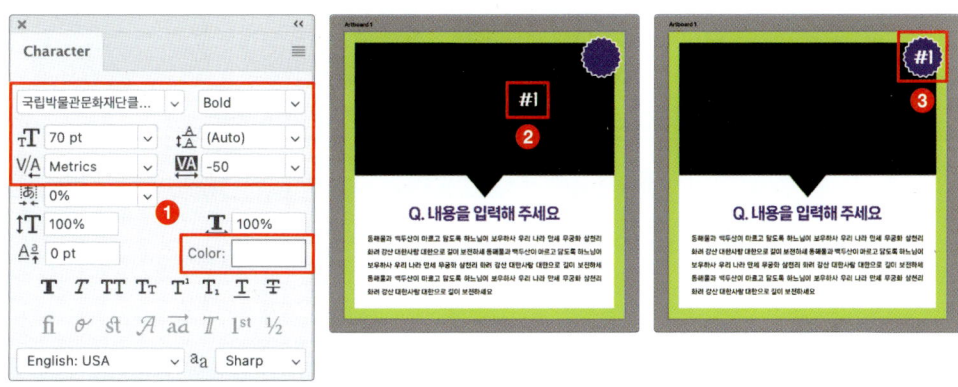

TIP 〈Horizontal Type Tool(T)〉로 현재 선택 중인 도형을 클릭하면 해당 도형이 텍스트 박스의 역할을 하며, 도형 내부에 문자를 입력할 수 있습니다. 여기서는 '#1'과 같은 간단한 텍스트를 입력할 것이므로 임의의 다른 영역을 클릭하여 문구를 입력한 후 위치를 옮겼습니다.

아트보드를 복제하여 템플릿 완성하기

1개의 기본 디자인을 완성했으니, 이제 완성한 아트보드를 여러 개 복제하여 카드뉴스 템플릿을 완성해 보겠습니다.

01

❶ [Layers] 패널에서 완성한 [Artboard 1] 아트보드 그룹을 닫고, ❷ Ctrl + J 를 2번 누릅니다. 아트보드 그룹이 복제되어 총 3개가 준비되었습니다. 필요에 따라 더 복제해도 됩니다.

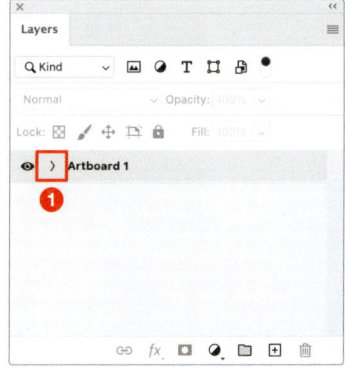 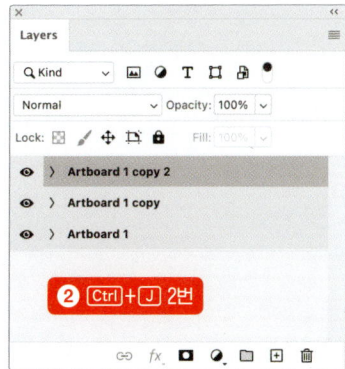

LESSON 10 아트보드 기능으로 완성한 카드뉴스 템플릿 **171**

02 Ctrl+0을 눌러 보면 3개의 아트보드가 나열되며, 'Artboard 1'에서 완성한 디자인이 그대로 복제된 것을 확인할 수 있습니다. ❶ [Layers] 패널에서 각 아트보드 제목을 더블 클릭하여 '카드뉴스 01, 카드뉴스 02…'와 같이 변경하면 ❷ 작업 영역에서도 변경됩니다.

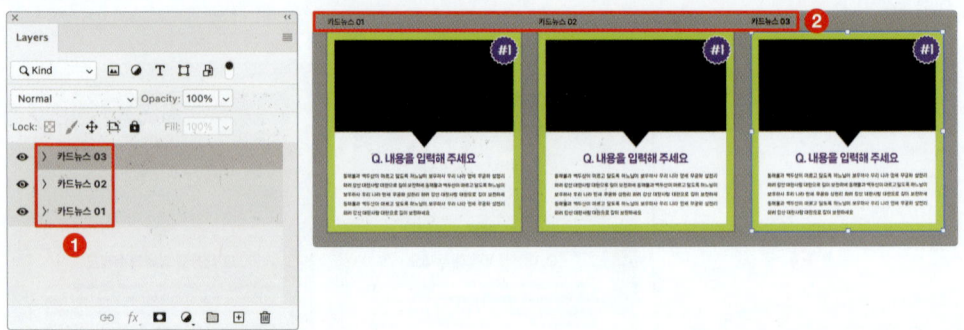

03 ❶ 〈Horizontal Type Tool(T)〉 T을 선택하고 각 배지에서 번호를 클릭하여 순서에 맞게 변경합니다. ❷ Ctrl+Shift+S를 눌러 Save As 창을 열고 PSD 형식으로 저장하면 카드뉴스 템플릿이 완성됩니다.

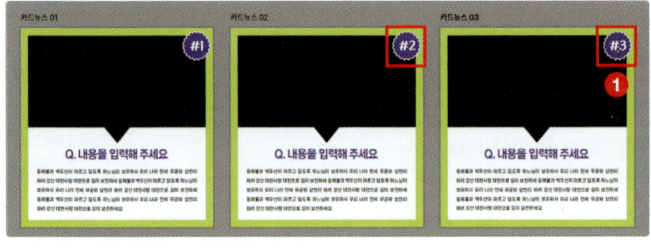

응용해 보기

완성한 템플릿을 이용해 실제 카드뉴스를 완성해 보세요.

01 저장한 [카드뉴스 템플릿.psd] 파일을 열고 첫 번째 아트보드에서 [panda_01.jpg] 예제 파일을 파일을 가져옵니다. 이미지 레이어를 배경 영역 레이어 위에 배치한 후 Ctrl + Alt + G 를 눌러 클리핑 마스크를 적용합니다.

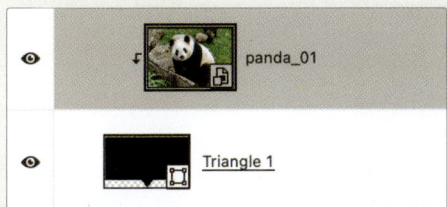

02 〈Horizontal Type Tool(T)〉 T 를 이용해 메인 텍스트(질문)와 텍스트 박스(답변)의 내용을 각각 변경합니다. 같은 방법으로 나머지 카드뉴스도 이미지와 텍스트를 변경하면 완성입니다.

LESSON 10 아트보드 기능으로 완성한 카드뉴스 템플릿

03 완성한 카드뉴스는 PNG나 JPG 형식으로 저장하면 됩니다. 각 아트보드를 이미지 파일로 일괄 저장하기 위해 메뉴 바에서 [File – Export – Export As]를 선택한 후 크기 및 포맷을 설정하고 [Export]를 클릭합니다.

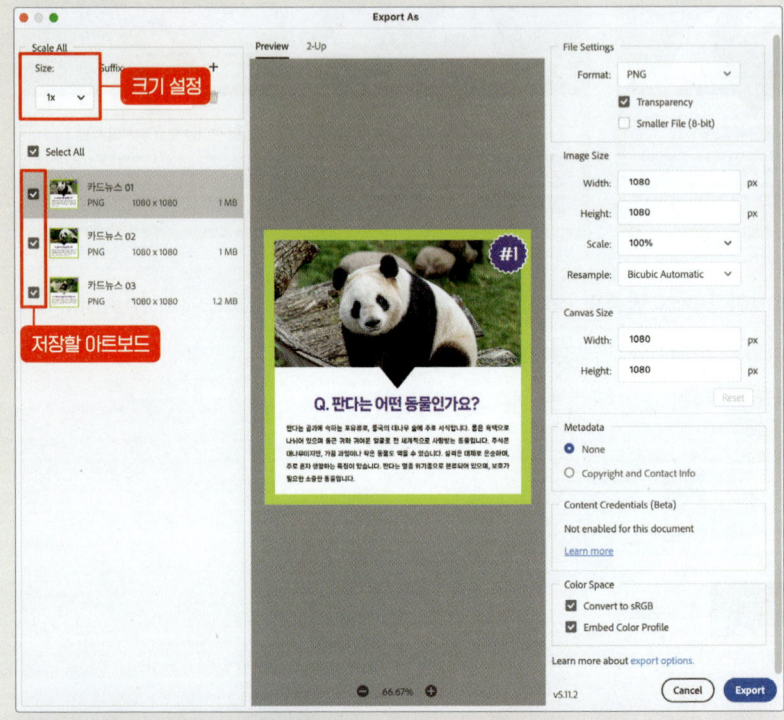

위의 Export As 창에서 [Size] 옵션은 이미지를 현재의 몇 배 크기로 저장할지 설정할 수 있습니다. 1x는 현재 크기 그대로 저장하고, 2x는 두 배 크기로 저장합니다. 만약 특정 아트보드만 이미지 파일로 저장하고 싶다면 왼쪽에 있는 목록에서 저장할 아트보드만 체크하면 됩니다.

LESSON 11 | 긴 그림자가 돋보이는 타이포그래피

문구에 긴 그림자를 표현하고 레이어 스타일을 적용해 디테일을 살려 보겠습니다. 이렇게 함으로써 텍스트에 깊이감과 입체감이 더해집니다.

완성 결과 | **긴그림자 타이포그래피.psd**

이것만은 반드시!

- **레이어 복제 이동(Duplicate and Move Layer):** 〈Move Tool(V)〉이 선택된 상태에서 Alt +방향 키를 누르면 선택한 레이어를 1px씩 옮기면서 복제할 수 있습니다.

레이어 복제 기능으로 긴 그림자 표현하기

긴 그림자는 단순한 텍스트 디자인을 입체적으로 표현할 수 있는 재미난 효과입니다.

01 Ctrl+N을 눌러 [Web] 탭에서 **Width: 1080px, Height: 1080px, Artboards: 해제**로 새 작업을 시작합니다. ❶ [Layers] 패널에서 [Create new fill or adjustment layer] 아이콘을 클릭한 후 ❷ [Solid Color]를 선택합니다. ❸ Color Picker 창이 열리면 **Color: #af000d**을 적용해 배경을 만듭니다.

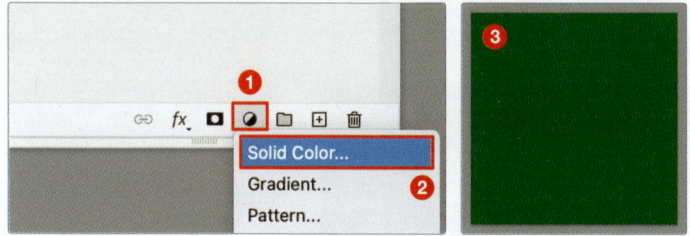

02 ❶ 툴바에서 〈Horizontal Type Tool(T)〉를 선택하고 [Character] 패널에서 **글꼴: 배달의민족 도현, 크기: 300pt, 행간: 310pt, 자간: -50, Color: #ffba00**을 적용합니다. ❷ 작업 영역을 클릭하여 2줄로 문구를 입력하고, 〈Move Tool(V)〉로 드래그하여 중앙으로 옮깁니다.

03 긴 그림자 표현을 위해 ❶ Ctrl + J 를 눌러 텍스트 레이어를 복제합니다. ❷ 원본 텍스트 레이어를 선택하고 Ctrl + G 를 눌러 ❸ 그룹으로 묶습니다.

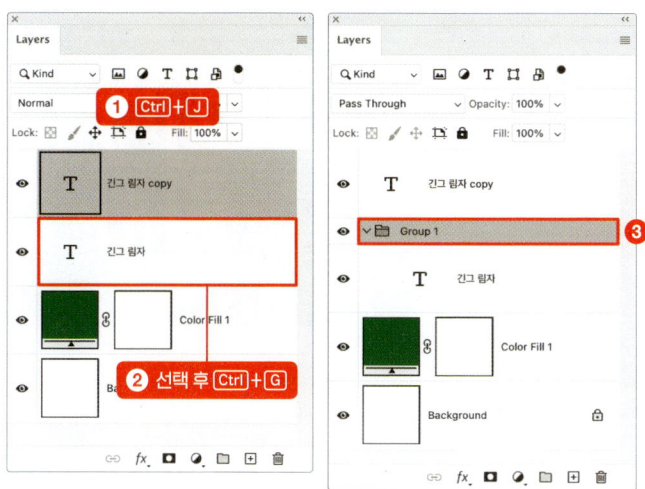

04 ❶ 그룹을 펼쳐 ❷ [긴그림자] 레이어를 선택하고 Ctrl + T 를 눌러 자유 변형을 실행합니다. ❸ 조절점 바깥쪽에서 Shift + 드래그하여 시계 방향으로 45도 회전한 후 Enter 를 눌러 자유 변형을 마칩니다. ❹ [Character] 패널에서 Color: #003604로 변경합니다.

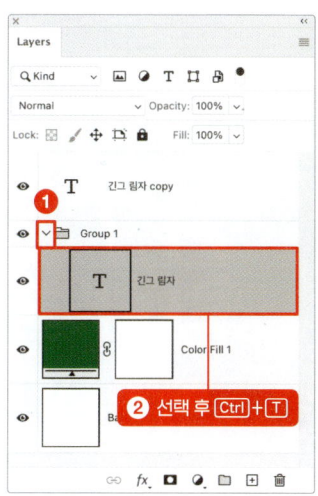  

05 〈Move Tool(V)〉 ✥을 선택한 후 Alt + ↓ 를 원하는 만큼 누릅니다. [긴 그림자] 레이어가 1px씩 이동&복제되어 긴 그림자가 표현됩니다. 여기서는 100개를 복제했습니다.

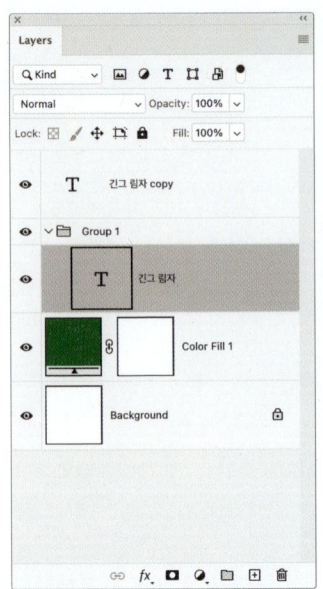 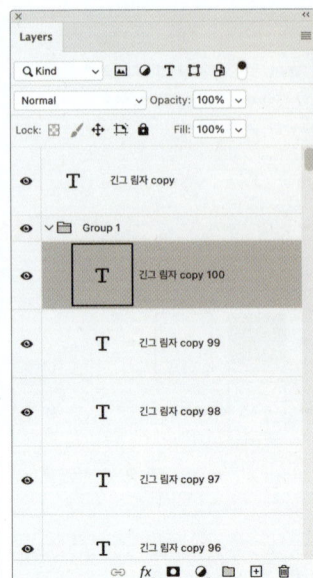 

06 그림자로 사용할 100개의 레이어가 포함된 ❶ [Group 1] 그룹을 선택하고 Ctrl + E 를 눌러 하나의 레이어로 병합합니다. ❷ Ctrl + T 를 누른 후 반시계 방향으로 45도 회전하고 ❸ Enter 를 누릅니다.

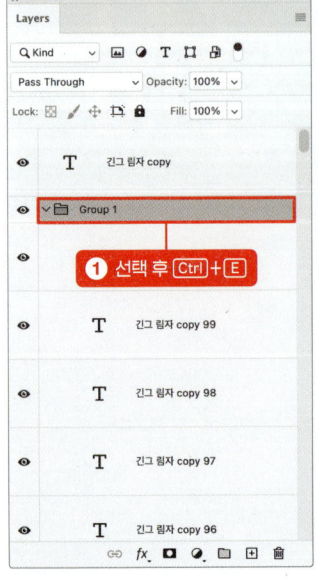  

07 ① Alt +드래그하여 그림자를 복제하고, ② 〈Move Tool(V)〉 ┿로 드래그하여 서로 이어지도록 위치를 조정합니다. 화면을 확대한 후 정확하게 연결하는 것이 좋습니다.

08 ① [Layers] 패널에서 그림자 레이어를 모두 선택하고 Ctrl + E 를 눌러 병합합니다. ② 병합한 그림자를 다시 복제 배치하여 작업 영역 바깥쪽까지 이어지도록 길게 표현하고 ③ 모든 그림자 레이어를 다시 하나로 병합합니다.

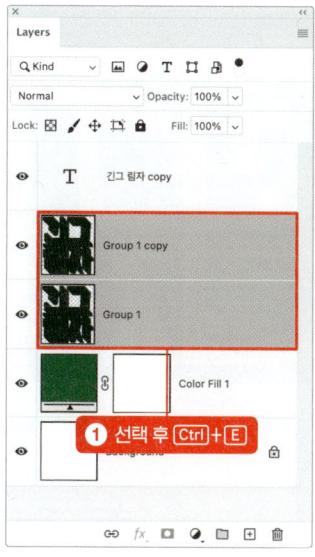  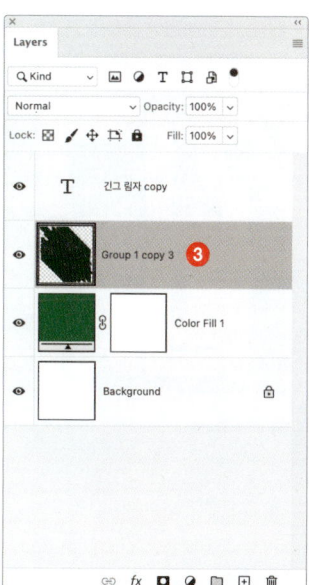

LESSON 11 긴 그림자가 돋보이는 타이포그래피 **179**

레이어 스타일을 적용하여 깊이감 더하기

디테일 작업은 디자인의 완성도를 높이는 중요한 과정입니다. 레이어 스타일을 이용해 텍스트에 테두리와 내부 그림자를 추가하여 깊이감을 더해 보겠습니다.

01 ❶ 텍스트 레이어의 이름 옆을 더블 클릭하여 Layer Style 창을 엽니다. ❷ [Stroke]를 선택한 후 ❸ Size: 3px, Position: Center, Color: #ffedcd를 적용하여 그림자를 추가합니다.

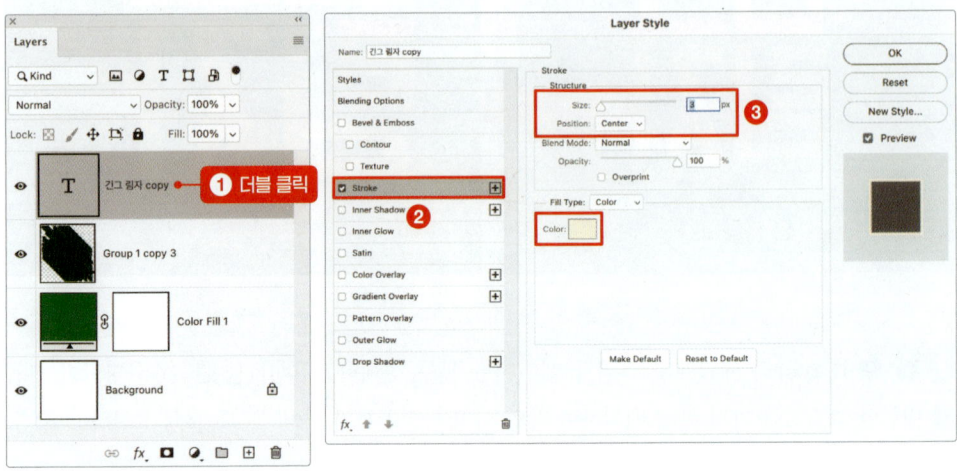

TIP [Position] 옵션은 경계를 기준으로 바깥쪽(Outside), 안쪽(inside), 중앙(Center) 중 테두리의 위치를 선택합니다. 테두리의 위치에 따라 텍스트의 면적이 달라집니다.

▲ Outside   ▲ Inside   ▲ Center

02 계속해서 ❶ [Inner Shadow]를 선택하고 ❷ Blend Mode: Normal, Color: #ff7800, Opacity: 100%, Angel: 135도, Distance: 8px, Choke: 0%, Size: 0px을 적용하여 내부 그림자를 추가합니다. ❸ [OK]를 클릭하여 레이어 스타일 적용을 마칩니다.

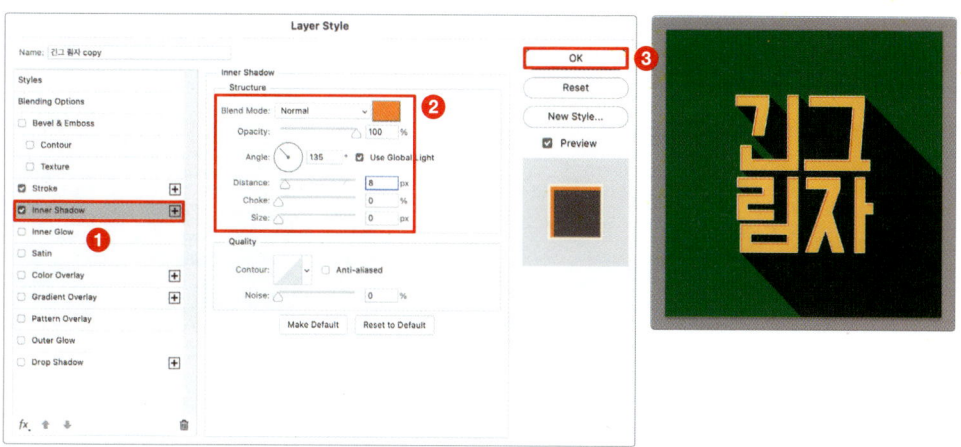

그레이디언트로 자연스러운 그림자 완성하기

이번에는 레이어 마스크와 그레이디언트 기능을 이용하여 뒤로 갈수록 점점 옅어지는 자연스러운 그림자를 표현해 보겠습니다.

01 ❶ 그림자 레이어를 선택하고 ❷ [Add layer Mask] 아이콘을 클릭하여 ❸ 레이어 마스크를 추가합니다.

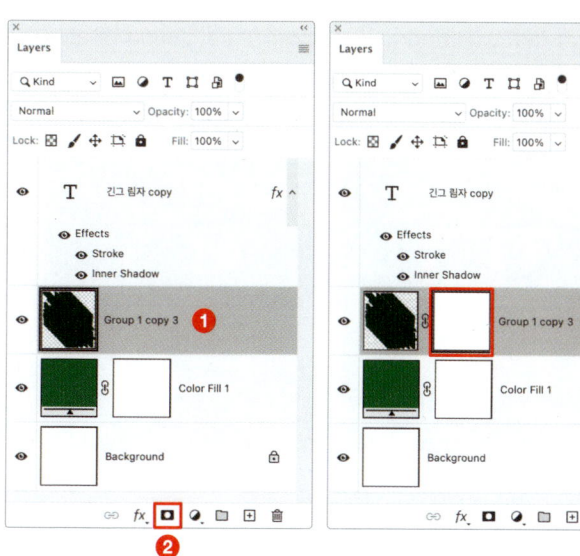

LESSON 11 긴 그림자가 돋보이는 타이포그래피 **181**

02 ❶ 툴바에서 〈Gradient Tool(G)〉■을 선택하고 ❷ 옵션 바에서 그레이디언트 설정을 ❸ [Basics-Foreground to Transparent]로 선택합니다. ❹ 전경색을 검은색으로 적용하고, ❺ 그림과 같이 오른쪽 아래에서 대각선 위로 드래그하면 자연스러운 그림자가 완성됩니다.

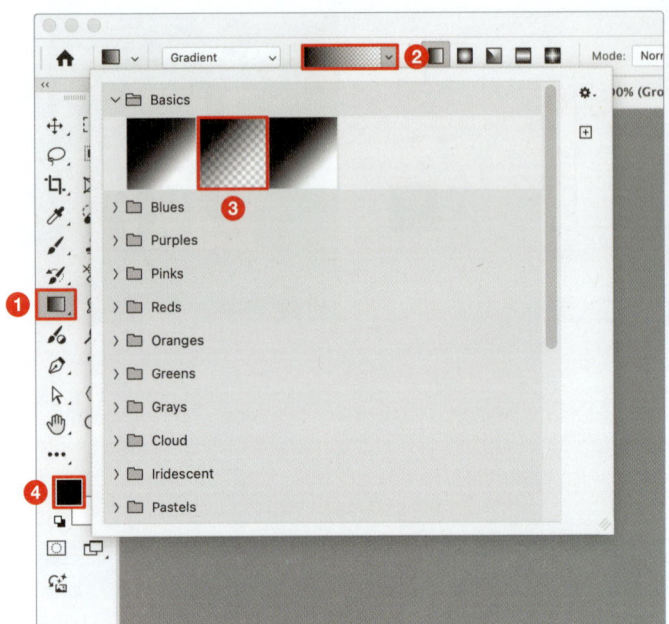

응용해 보기

Hue/Saturation 조정 레이어를 추가하여 색상을 변경해 보세요. 완성한 결과물을 여러 색상 조합으로 손쉽게 변경할 수 있습니다. [Create new fill or adjustment layer] 아이콘을 클릭한 후 [Hue/Saturation] 조정 레이어를 추가하고, [Properties] 패널에서 [Hue] 슬라이더를 조절하면 됩니다. 조정 레이어에 대한 자세한 설명은 000쪽, Hue/Saturation의 세부 옵션은 000쪽을 참고하세요.

▲ 조정 레이어로 변형한 여러 조합의 결과물들

LESSON 12 | 분위기가 느껴지는 타이틀 디자인

시청할 영화를 고르다 보면 종종 감각적인 분위기의 영화 타이틀을 접하게 됩니다. 여기서는 브러시 도구를 활용하여 텍스트에 다양한 질감을 더함으로써 분위기가 느껴지는 영화 타이틀을 완성해 보겠습니다.

완성 결과 | 영화 타이틀 디자인

이것만은 반드시!

- **Lasso Tool(올가미 도구):** 자유롭게 드래그하여 원하는 부분을 선택 영역으로 지정할 수 있습니다.

◀◀ 브러시로 질감 표현하기

텍스트에 질감을 더하는 것만으로도 원하는 분위기를 연출할 수 있습니다. 브러시 도구를 활용해 텍스트에 질감을 표현해 보겠습니다.

01 ❶ Ctrl+O를 눌러 [joker.psd] 예제 파일을 엽니다. ❷ [조커] 레이어를 선택하고 ❸ [Add layer mask] 아이콘을 클릭하여 ❹ 레이어 마스크를 추가합니다.

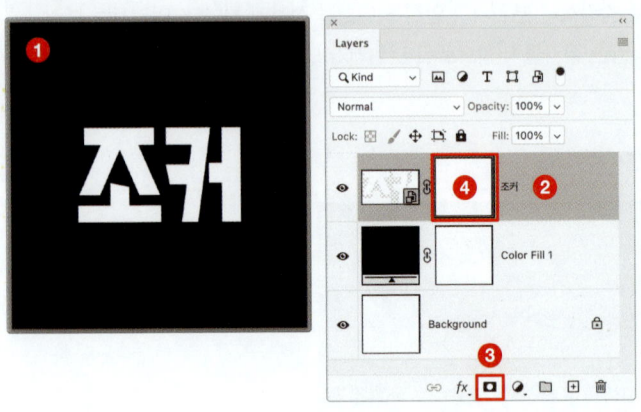

02 ❶ 툴바에서 〈Brush Tool(B)〉을 선택한 후 옵션 바에서 브러시 모양을 클릭합니다. ❷ 이전 버전용 브러시를 불러오기 위해 목록 창 오른쪽 위에 있는 [설정] 아이콘을 클릭하고 ❸ [Legacy Brushes]를 선택합니다. ❹ 이전 브러시를 불러올지 묻는 창이 열리면 [OK]를 클릭합니다.

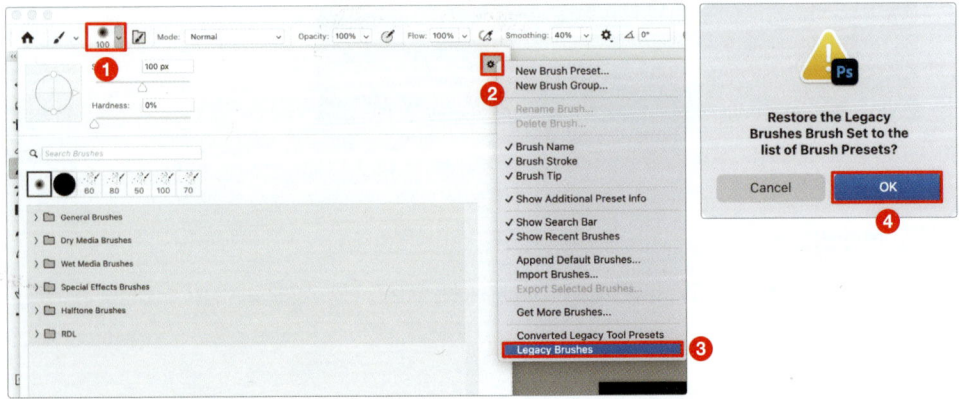

> **TIP** [Legacy Brushes]는 CS 버전이나 초기 CC 버전에서 사용하던 클래식 브러시 목록입니다. 위 방법으로 이전 버전용 브러시를 불러올 수 없다면 메뉴 바에서 [Window-Brushes]를 선택하여 [Brushes] 패널을 열고 오른쪽 위에 있는 [옵션] 아이콘을 클릭하여 추가할 수 있습니다.

03 다시 브러시 목록 창을 열면 'Legacy Brushes' 그룹이 추가되어 있습니다. ❶ 'Legacy Brushes 〉 Default Brushes' 그룹을 펼친 후 ❷ 마지막에 있는 [Rough Round Bristle]을 선택합니다.

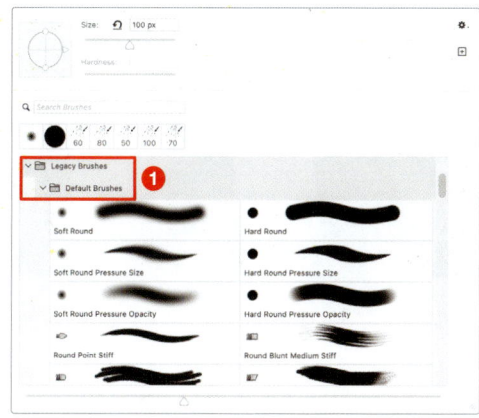 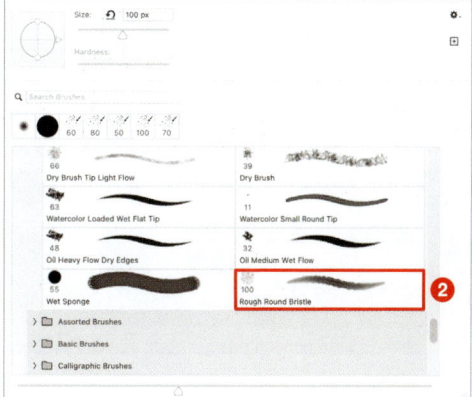

04 ❶ 옵션 바에서 불투명도가 100%인지 확인하고 ❷ 전경색은 검은색을 적용합니다. ❸ 화면을 확대하고 Ⅰ, Ⅰ를 눌러 브러시 크기를 다양하게 조절하면서 'ㅈ' 위를 골고루 클릭하면 질감이 표현됩니다.

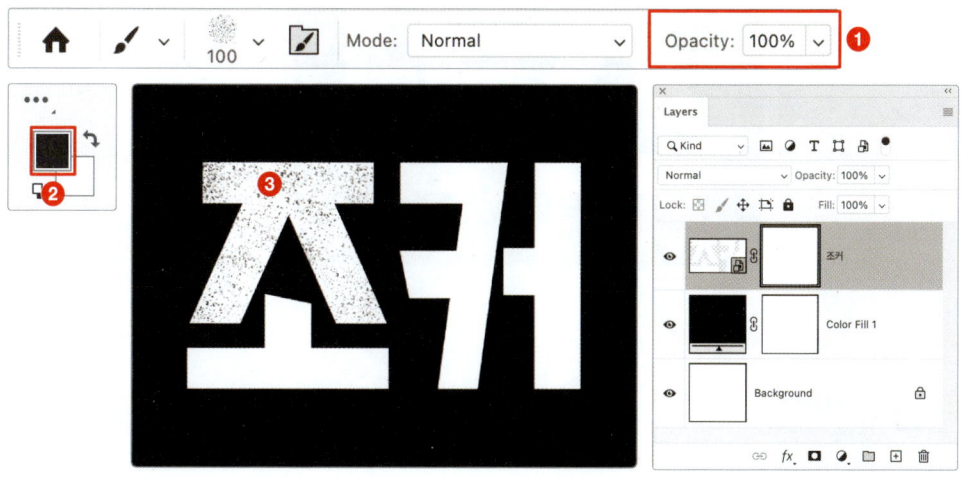

TIP 선택 중인 레이어 마스크를 보면 클릭한 지점이 검은색으로 표시되며, 검은색으로 표시된 부분이 화면에서 가려지면서 브러시의 질감이 표현되는 원리입니다.

05 계속해서 '조커' 전체에 질감을 표현합니다. 드래그가 아닌 여러 번 반복 클릭하여 더 자연스러운 질감을 표현할 수 있습니다. 또한, 전체적으로 균일한 것보다는 특정 구간에서 좀 더 여러 번 클릭하면 더욱 생생한 질감이 표현됩니다.

06 ❶ 전경색을 흰색으로 변경합니다. ❷ [,]를 눌러 브러시 크기를 150px 정도로 조절한 후 균일한 질감이 듬성듬성 보이도록 '조커' 위를 여러 번 클릭합니다.

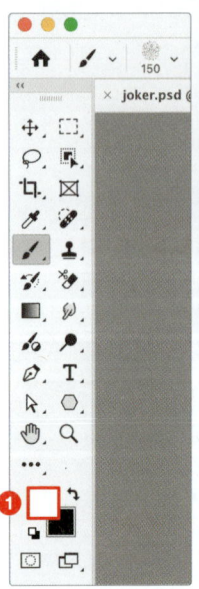 

> **TIP** 레이어 마스크에서 흰색은 보이게 합니다. 검은색으로 표현한 질감 위를 다시 흰색으로 클릭함으로써 가려졌던 일부분이 다시 보이면서 질감 표현 일부가 듬성듬성한 것처럼 연출할 수 있습니다.

◀◀ 질감 표현에 디테일 더하기

자유롭게 선택 영역을 지정할 수 있는 Lasso Tool, 일명 올가미 도구를 이용하여 질감 표현에 디테일을 더합니다.

01 ① 툴바에서 〈Lasso Tool(L)〉 ♀을 선택하고, ② 배경색은 검은색을 적용합니다. ③ 화면을 확대한 후 'ㅈ'의 일부가 찢긴듯 겹치도록 드래그하여 선택 영역을 지정하고 Delete 를 누른 후 Ctrl + D 를 눌러 선택 영역을 해제합니다.

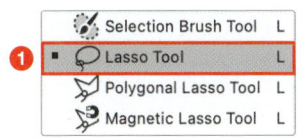 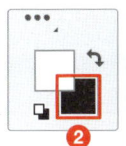 

> **TIP** 레이어 마스크가 선택 중일 때 선택 영역을 삭제(Delete)하면 배경색으로 채워집니다. 즉, 검은색으로 채워지면서 화면에서 해당 영역이 가려집니다.

02 계속해서 ㅈ의 다른 부분도 드래그하여 선택 영역을 지정하고, 삭제(Delete) 후 선택 영역 해제(Ctrl + D)를 반복합니다.

> **TIP** Shift +드래그하여 한 번에 여러 곳을 선택 영역으로 지정한 후 삭제해도 됩니다.

🔍 한 걸음 더 　 선택 영역 더하기 & 빼기

〈Lasso Tool(L)〉을 포함하여 선택 관련 도구를 선택하면 다음과 같이 옵션 바에서 선택 영역을 추가하거나 뺄 수 있는 옵션 아이콘이 표시되며, 기본 설정은 [New Selection]입니다.

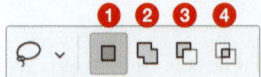

❶ **새 선택 영역(New Selection)**: 드래그할 때마다 기존 선택 영역은 사라지고, 새로운 선택 영역이 지정됩니다.

❷ **선택 영역 더하기(Add to Selection)**: 기존 선택 영역에 추가로 선택한 영역이 더해집니다. 기본 상태에서 Shift 를 누른 채 선택해도 선택 영역 더하기가 실행됩니다.

❸ **선택 영역 빼기(Subtract from Selection)**: 기존 선택 영역에서 추가로 선택한 영역을 뺍니다. 기본 상태에서 Alt 를 누른 채 선택해도 선택 영역 빼기가 실행됩니다.

❹ **선택 영역 교차(Intersect with Selection)**: 기존 선택 영역과 추가한 선택 영역의 교차 부분만 선택 영역으로 지정됩니다. 기본 상태에서 Shift + Alt 를 누른 채 선택해도 선택 영역 교차가 실행됩니다.

03 앞서의 과정을 반복하면서 전체적으로 원하는 영역을 지정한 후 삭제하여 디테일한 질감 표현을 완성합니다.

그레이디언트 적용 및 추가 작업으로 분위기 한층 강조하기

타이틀의 분위기에 어울리도록 텍스트에 그레이디언트 색상을 추가해 보겠습니다. 이어서 배경에 작은 입자를 표현하고, 어울리는 이미지를 더해 디자인을 완성합니다.

01 ① [조커] 레이어의 이름 옆을 더블 클릭하여 Layer Style 창을 엽니다. ② [Gradient Overlay]를 선택하고 ③ **Angle: 90도, Scale: 100%**를 적용한 후 ④ [Gradient] 모양을 클릭합니다.

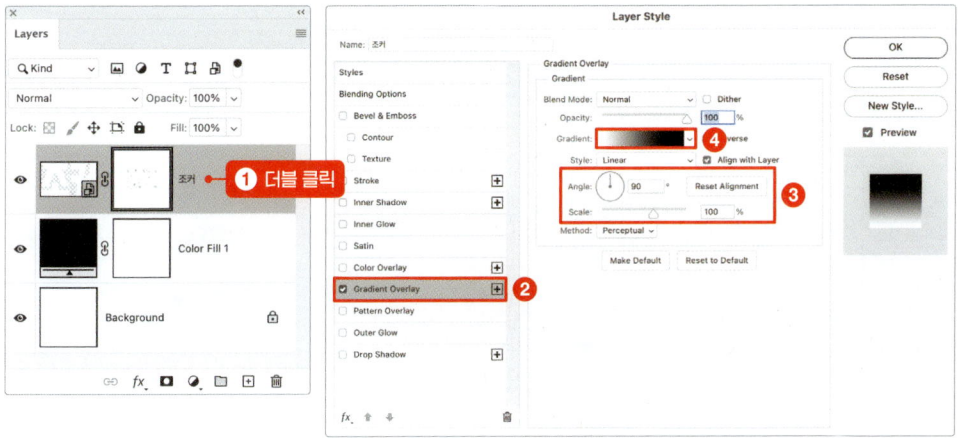

02 Gradient Editor 창이 열리면 ① 첫 번째 색 고정점을 선택하고 ② **Color: #ccdfd2**를 적용합니다. ③ 이어서 두 번째 색 고정점을 선택하고 **Color: #f6fbf9**를 적용한 후 ④ 모든 창에서 [OK]를 클릭합니다.

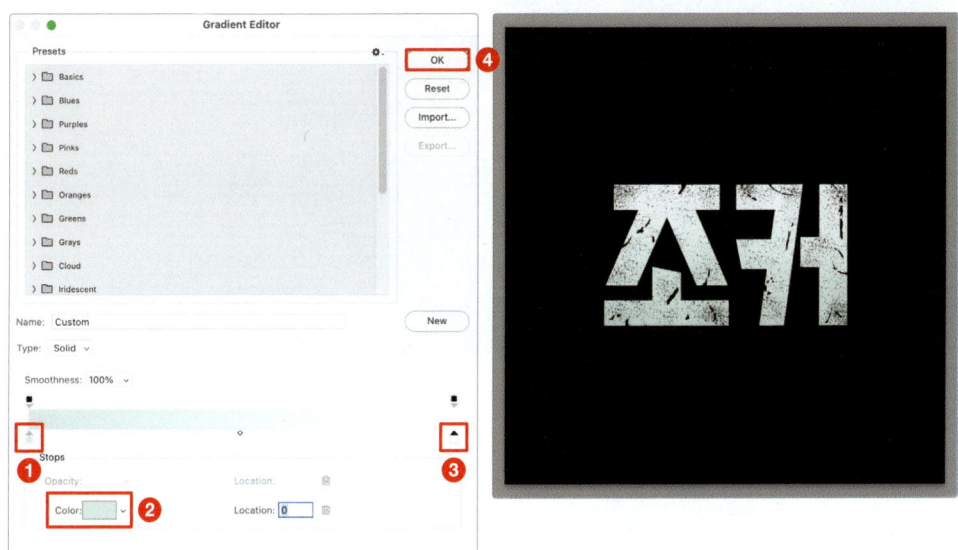

03 타이틀 주변으로 작은 입자를 표현하기 위해 ❶ [Layers] 패널에서 [Create a new layer] 아이콘을 클릭하여(Ctrl+Alt+Shift+N) 새 레이어를 추가합니다. ❷ 〈Brush Tool(B)〉을 선택하고, 브러시 모양은 'Special Effects Brushes'의 [Kyle's Spatter Brushes-Spatter Bot Tilt]를 선택합니다.

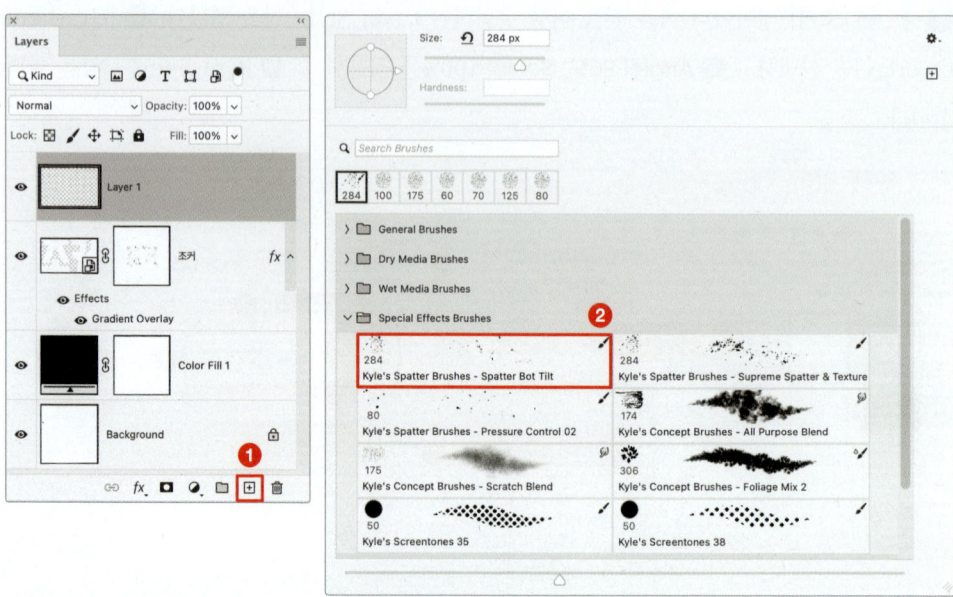

04 [,]를 눌러 브러시 크기를 70px 정도로 작게 변경하고 텍스트 주변으로 몇 번씩만 클릭하면서 입자를 표현합니다.

05 마지막으로 ❶ [mist.png] 예제 파일을 가져온 후 그림과 같이 안개가 한쪽에 치우치도록 크기와 위치를 조절한 후 Enter 를 눌러 배치합니다. ❷ [Layers] 패널에서 추가된 [mist] 레이어를 **Opacity: 90%**로 적용하여 살짝 투명하게 표현하면 최종 완성입니다.

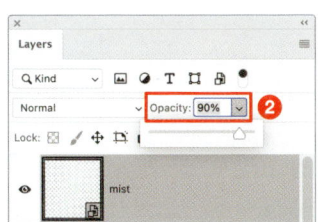
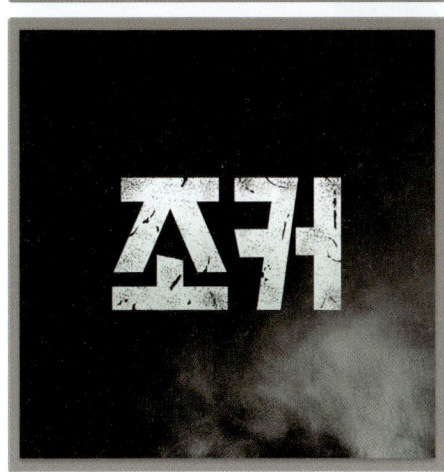

LESSON 13 | 번쩍 속도감이 느껴지는 타이포그래피

레이어 블렌딩, 색상 조정, 텍스트 변형을 이용해 텍스트에 속도감을 표현하고, 여러 도구와 기능을 활용해 번쩍이는 효과까지 추가함으로써 속도감이 느껴지는 타이포그래피를 완성해 보겠습니다.

완성 결과 | 빛나는 타이포그래피.psd

이것만은 반드시!

- **Skew(기울이기):** Skew는 객체를 수평 또는 수직으로 기울여 왜곡할 수 있는 기능입니다. 자유 변형 상태에서 실행할 수 있으며, 정확한 수치로 작업하고 싶다면 자유 변형 상태에서 옵션 바를 이용합니다.

  △ 0.00 ° H: -15 ° V: 0.00 °

사선과 흐림 처리로 속도감 표현하기

디자인에서 사선은 속도감을 표현하는 가장 기본적인 방법입니다. 여기에 블러와 같은 흐림 처리를 적용하면 속도감이 더해집니다.

01 Ctrl+N을 눌러 [Web] 탭에서 **Width: 1080px, Height: 1080px, Artboards: 해제**로 새 작업을 시작합니다. ❶ [Layers] 패널에서 [Create new fill or adjustment layer] 아이콘을 클릭한 후 ❷ [Solid Color]를 선택합니다. ❸ Color Picker 창이 열리면 **Color: #090030**을 적용해 배경을 만듭니다.

02 ❶ 툴바에서 〈Horizontal Type Tool(T)〉 T을 선택하고 [Character] 패널에서 **글꼴: G마켓 산스/Bold, 크기: 360pt, Color: #deff00**를 적용합니다. ❷ 작업 영역을 클릭하여 '번'을 입력하고, 〈Move Tool(V)〉로 드래그하여 중앙으로 옮깁니다.

LESSON 13 번쩍 속도감이 느껴지는 타이포그래피

03
❶ Ctrl+T를 눌러 자유 변형을 실행하고 ❷ 우클릭 후 [Skew](기울이기)를 선택합니다. ❸ 오른쪽 위의 조절점을 오른쪽으로 드래그하여 -15도 기울인 후 Enter를 눌러 마칩니다.

04
❶ 〈Move Tool(V)〉✥을 선택한 후 Alt+Shift+드래그하여 '번'을 복제 배치하고, ❷ 복제된 '번'을 더블 클릭하여 '쩍'으로 변경한 후 Ctrl+Enter를 누릅니다. ❸ [Layers] 패널에서 두 개의 텍스트 레이어를 다중 선택한 후 그림과 같이 대략 중앙으로 옮깁니다.

05
❶ [Layers] 패널에서 [번] 레이어를 선택하고 ❷ [Add layer mask] 아이콘을 클릭하여 ❸ 레이어 마스크를 추가합니다.

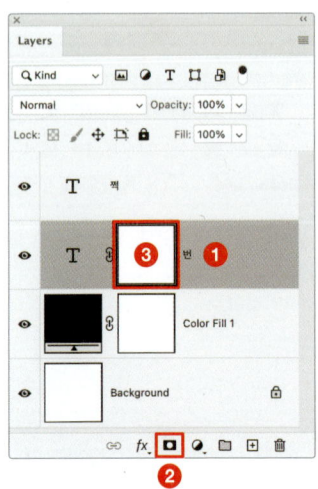

06 ❶ 툴바에서 〈Gradient Tool(G)〉■을 선택하고 ❷ 전경색은 검은색을 적용합니다. ❸ 옵션 바에서 그레이디언트 모양을 클릭한 후 ❹ [Forearound to Transparent]를 선택합니다. ❺ '번'의 오른쪽 바깥에서 안으로 드래그하면 오른쪽 끝이 흐리게 처리됩니다.

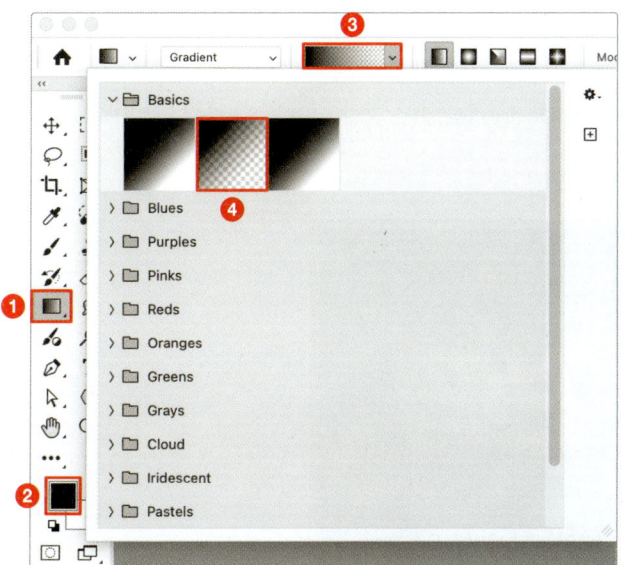

07 위의 과정을 참고하여 ❶ [쩍] 레이어에도 레이어 마스크를 추가한 후 오른쪽을 흐리게 처리합니다. ❷ 〈Move Tool(V)〉✥로 '번'과 '쩍'을 각각 옮겨서 살짝 더 겹치게 배치하면 속도감이 더해집니다.

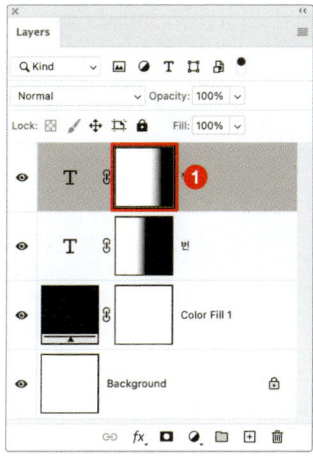

빛나는 타이포그래피

사선과 흐림 처리만으로 단조로울 수 있는 타이포그래피에 빛이 번쩍이는 듯한 효과를 추가하여 생동감과 입체감을 표현해 보겠습니다.

01 ❶ [빛망울_01.jpg] 예제 파일을 가져온 후 그대로 Enter 를 눌러 배치합니다. ❷ [Layers] 패널에서 **Blending Mode: Linear Dodge (Add)**로 혼합합니다. ❸ 가져온 이미지의 검은색 바탕이 사라지고 밝은 빛만 남습니다.

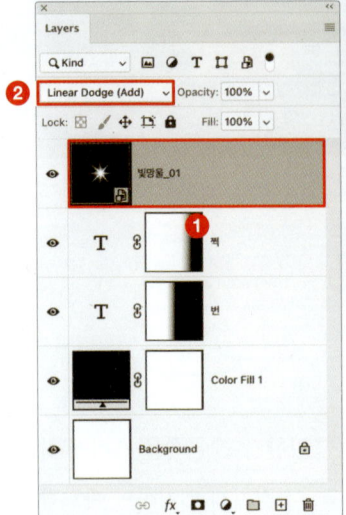

02 Ctrl + T 를 눌러 자유 변형을 실행한 후 그림과 같이 크기와 위치를 조절하고 Enter 를 눌러 적용합니다.

03 ❶ 메뉴 바에서 [Image-Adjustments-Hue/Saturation]를 선택하여 Hue/Saturation 창을 엽니다. ❷ Colorize: 체크, Hue: +200, Saturation: 60을 적용하고 ❸ [OK]를 클릭하면 ❹ 빛이 푸른빛으로 바뀝니다.

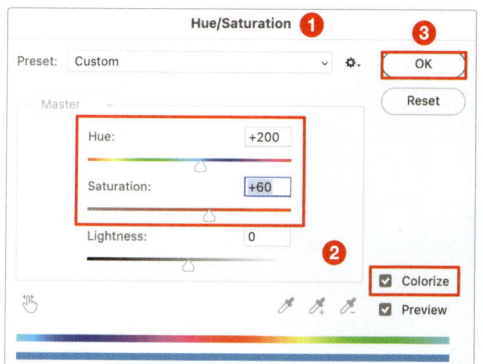

한 걸음 더 — Hue/Saturation(색상/채도)

Hue/Saturation 기능을 이용하면 이미지의 색상, 채도, 밝기를 보정할 수 있습니다.

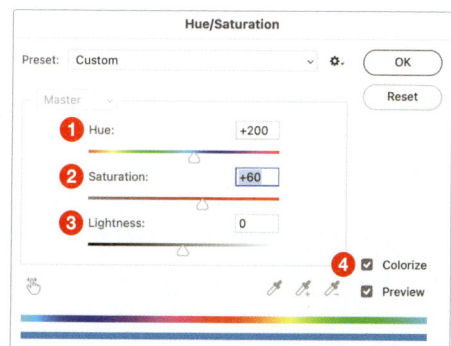

❶ **Hue(색조)**: 색상의 종류를 변경합니다.
❷ **Saturation(채도)**: 색상의 강도를 조정합니다.
❸ **Lightness(명도)**: 색상의 밝기를 조정합니다.
❹ **Colorize(색상화)**: 이 옵션을 선택하면 이미지 전체에 단일 색조를 적용할 수 있습니다. 색조, 채도, 밝기를 조절하여 단색 효과를 만듭니다.

04 가로로 길게 퍼지는 빛을 추가하겠습니다. ❶ [빛망울_02.jpg] 예제 파일을 가져온 후 그대로 Enter 를 눌러 배치합니다. ❷ [Layers] 패널에서 **Blending Mode: Linear Dodge (Add)** 를 적용합니다.

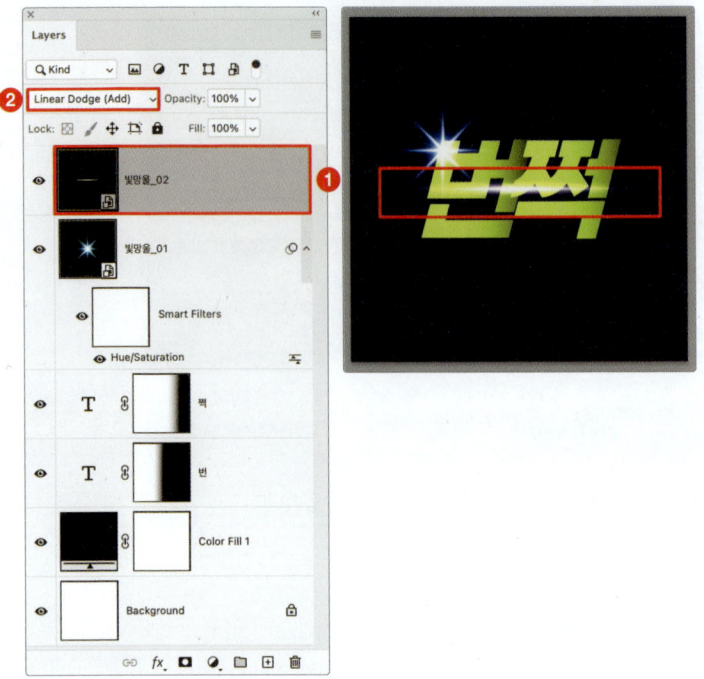

05 ❶ [Layers] 패널에서 [빛망울_01] 레이어에 있는 [Smart Filters]를 Alt + 드래그하여 [빛망울_02] 레이어에도 복제 적용합니다. ❷ 추가한 빛도 같은 색으로 변경됩니다.

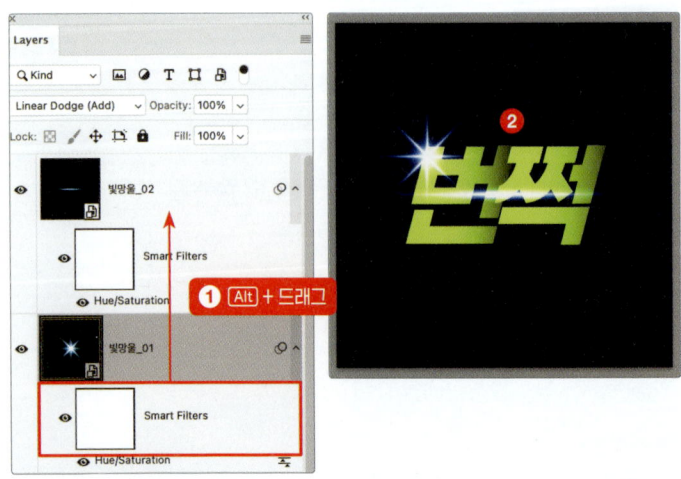

06

① [빛망울_02] 레이어를 선택하고 Ctrl+T를 누른 후 위쪽 변에 있는 조절점을 Alt+Shift+아래쪽으로 드래그하여 폭을 줄입니다. ② 계속하여 오른쪽 변에 있는 조절점을 Alt+Shift+오른쪽으로 드래그하여 너비를 길게 늘린 후 ③ 그림과 같이 배치합니다.

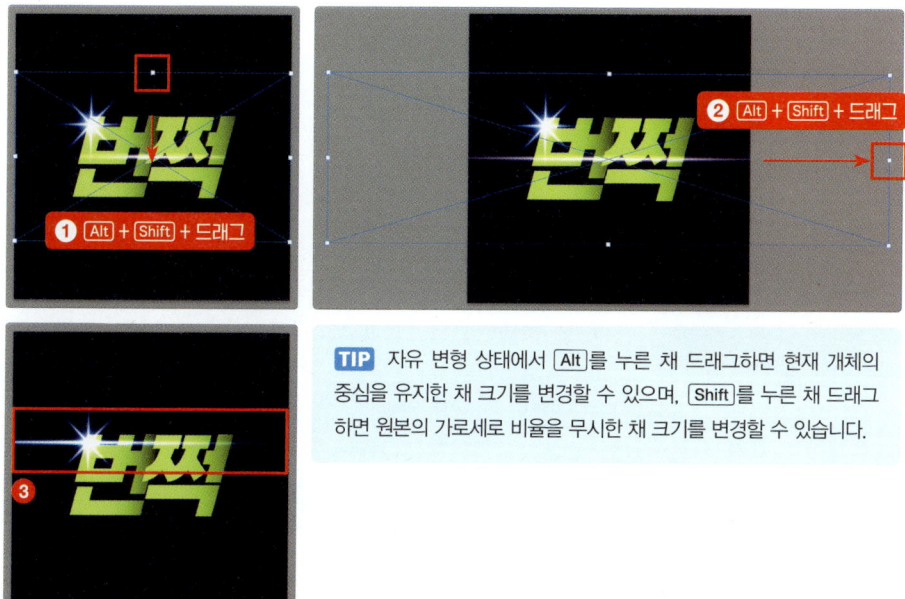

TIP 자유 변형 상태에서 Alt를 누른 채 드래그하면 현재 개체의 중심을 유지한 채 크기를 변경할 수 있으며, Shift를 누른 채 드래그하면 원본의 가로세로 비율을 무시한 채 크기를 변경할 수 있습니다.

07

① [쩍] 레이어를 선택한 후 Ctrl+J를 눌러 복제합니다. ② 복제된 레이어의 [레이어 마스크]를 선택하고 Delete를 누릅니다. ③ 안내 창이 나타나면 [Delete]를 클릭해 레이어 마스크를 삭제합니다.

08

❶ 〈Move Tool(V)〉로 복제된 [쩍 copy] 레이어를 임의의 위치로 옮기고 ❷ [Character] 패널에서 **크기: 50pt, 자간: -50, Color: White**로 변경합니다. ❸ 복제한 '쩍'을 더블 클릭하여 적당한 내용으로 변경하고 Ctrl+Enter를 누르면 속도감이 느껴지는 타이포그래피 디자인이 완성됩니다.

응용해 보기

실습에서 이미지로 표현한 빛 효과는 포토샵의 브러시 하나만으로 만들 수 있습니다. 실습에서 불러온 빛 이미지를 직접 만들어 보세요.

01 ❶ 새 작업을 시작한 후 [Solid Color] 칠 레이어를 추가하여 검은색 배경을 만듭니다. ❷ 새로운 레이어를 추가한 후 ❸ 〈Brush Tool(B)〉을 선택하고 브러시 모양을 [Soft Round]로 선택합니다. ❹ 전경색을 흰색으로 적용하고 브러시 크기를 조절한 후 작업 화면을 클릭합니다.

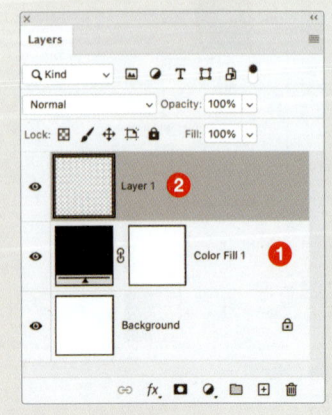 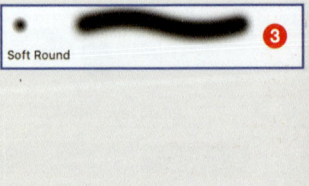 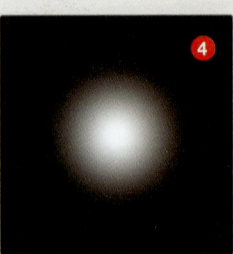

02 ❶ 브러시로 점을 찍은 레이어를 2개 더 복제합니다. ❷ 맨 위의 레이어를 남기고, 나머지 2개의 레이어에서 각각 Ctrl + T 를 눌러 다음과 같이 매우 얇게, 조금 덜 얇게 형태를 변형합니다.

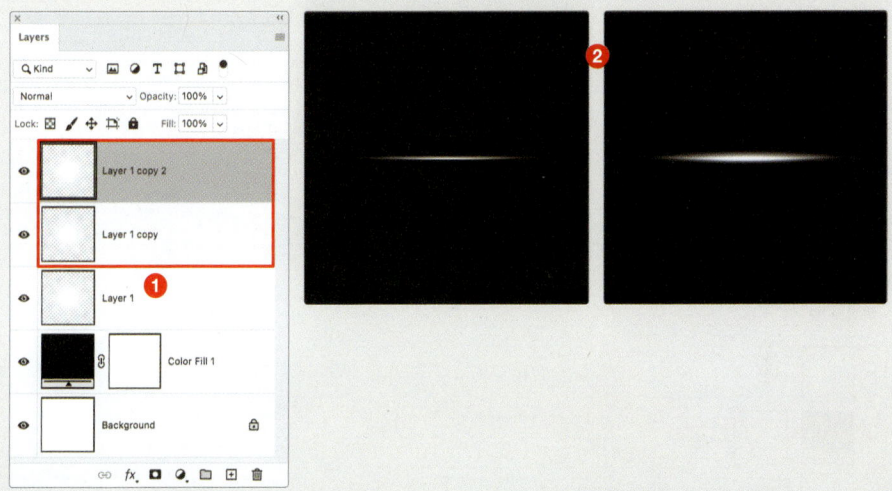

03 ❶ [Layers] 패널에서 점 모양의 레이어를 잠시 숨기고 ❷ 얇게 변형한 2개의 레이어를 선택한 후 Ctrl + E 를 눌러 병합합니다. ❸ 병합한 레이어를 선택한 후 Ctrl + T 를 눌러 45도 회전시킵니다.

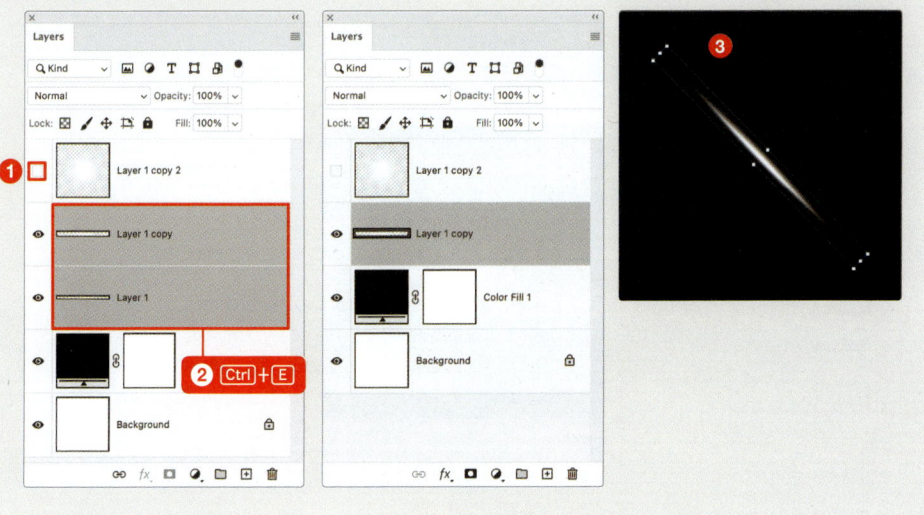

04 Ctrl + Alt + Shift + T 를 여러 번 누르면 45도씩 회전하며 레이어가 복제되어 별 형태가 완성됩니다.

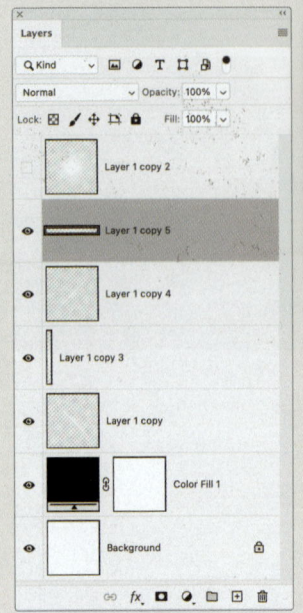 

TIP Ctrl + Alt + Shift + T 는 가장 최근의 자유 변형(Free Transform) 작업을 동일하게 반복 실행할 수 있는 단축키입니다.

05 숨김 처리한 레이어를 다시 켜고, 크기를 살짝 줄이면 빛 망울 모양이 완성됩니다.

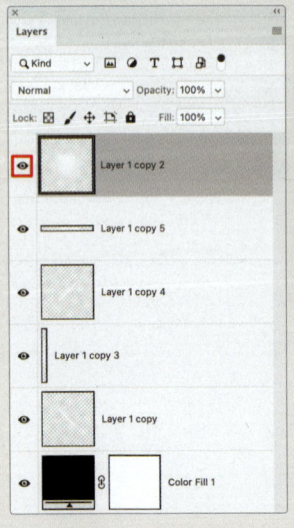 

06 ❶ Ctrl + Alt + Shift + E 를 누르면 모든 레이어가 하나로 합쳐진 상태의 레이어가 추가됩니다. 이어서 ❷ 수평으로 된 빛 레이어와 검은색 칠 레이어만 선택한 후 Ctrl + E 를 눌러 병합하면 ❸ 실습에서 사용한 두 개의 빛 망울 이미지가 완성됩니다.

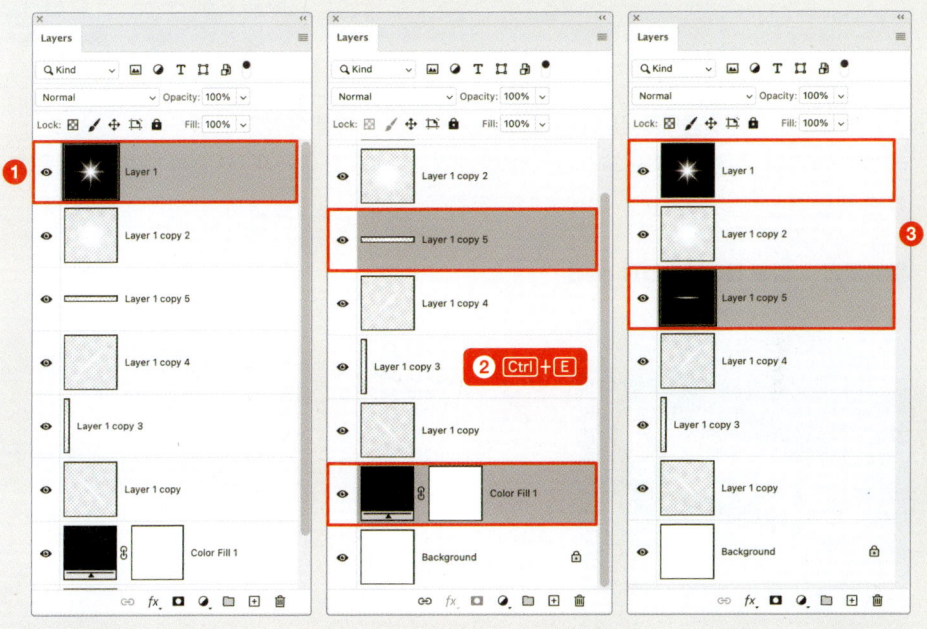

TIP Ctrl + Alt + Shift + E 는 화면에 보이는 모든 레이어를 복제한 후 하나로 병합하는 단축키입니다.

LESSON 14

레이어 스타일로 만드는 입체 타이포그래피

레이어 스타일만 잘 활용해도 입체감이 돋보이는 타이포그래피를 완성할 수 있습니다. 무엇보다 레이어 스타일로 완성한 타이포그래피는 내용을 변경해도 동일한 효과가 유지되어 다양하게 활용할 수 있습니다.

완성 결과 | 입체 타이포그래피.psd

자유 변형으로 왜곡하여 타이포그래피 기초 만들기

타이포그래피의 핵심은 글꼴 선택이라고 할 수 있습니다. 콘셉트에 어울리는 글꼴을 선택하고, 간단하게 변형하여 타이포그래피의 기본 구조를 설계합니다.

01 Ctrl + N 을 눌러 [Web] 탭에서 **Width: 1080px, Height: 1080px, Artboards: 해제**로 새 작업을 시작합니다. ① [Layers] 패널에서 [Create new fill or adjustment layer] 아이콘을 클릭한 후 ② [Solid Color]를 선택합니다. ③ Color Picker 창이 열리면 **Color: #86cbff**을 적용해 배경을 만듭니다.

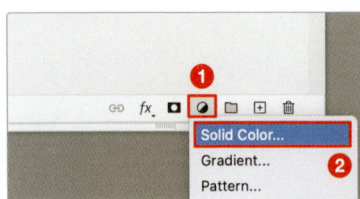 

02

❶ 툴바에서 〈Horizontal Type Tool(T)〉 T을 선택하고 [Character] 패널에서 **글꼴: 창원단감아삭, 크기: 250pt, Color: #fef7eb**를 적용합니다. ❷ 작업 영역을 클릭한 후 문구를 입력하고 〈Move Tool(V)〉 로 드래그하여 중앙으로 옮깁니다.

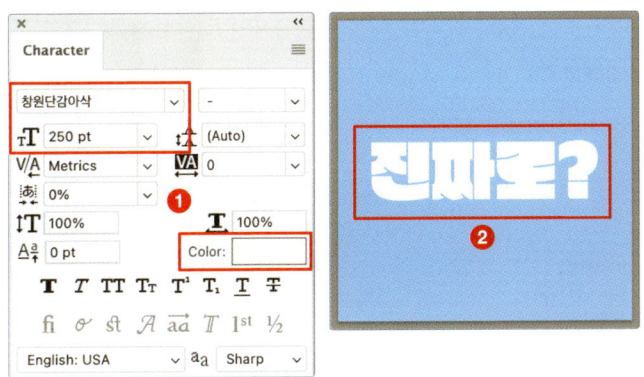

03

❶ Ctrl+T를 눌러 자유 변형을 실행한 후 ❷ 옵션 바에서 회전과 ❸ 수평 기울기에 각각 [-15도]를 적용합니다. ❹ Enter를 눌러 자유 변형을 마칩니다.

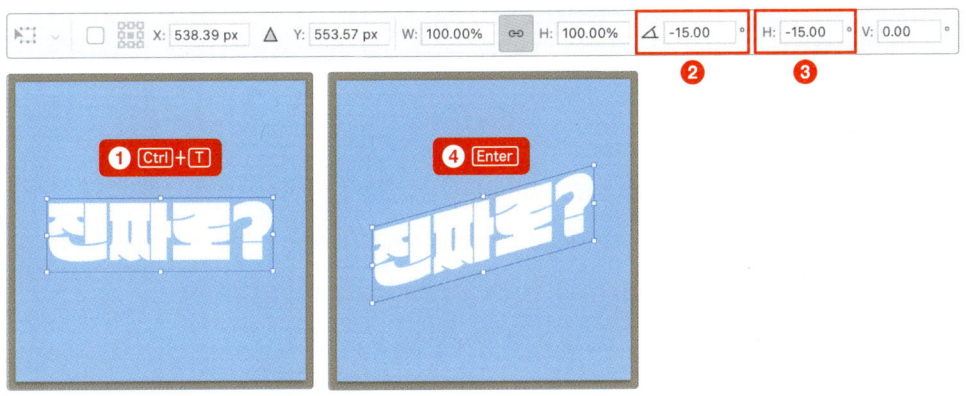

> **TIP** 고딕체와 같은 직선 계열의 글꼴에 회전과 수평 기울기를 같은 값으로 적용하면 안정적으로 왜곡할 수 있습니다.

레이어 스타일로 입체감 표현하기

그림자 효과를 반복해서 적용하면 텍스트에 깊이감과 두께감을 더해 입체적으로 표현할 수 있습니다.

01 ① [Layers] 패널에서 텍스트 레이어의 이름 옆을 더블 클릭하여 Layer Style 창을 엽니다. ② [Drop Shadow]를 선택하고 ③ Blend Mode: Normal, Color: #74c3ff, Opacity: 100%, Angle: 125도, Distance: 0px, Spread: 100%, Size: 7px을 적용하면 테두리처럼 보이는 그림자 효과가 적용됩니다.

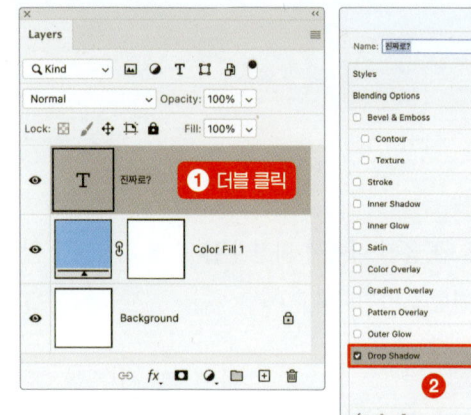
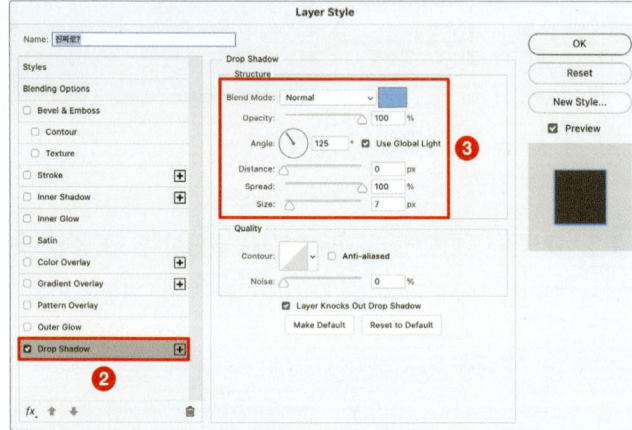

02 그림자를 추가하기 위해 ① [Drop Shadow]에 있는 [+] 아이콘을 클릭한 후 ② 추가된 [Drop Shadow]를 선택합니다. ③ Blend Mode: Normal, Color: #2337b4, Opacity: 100%, Angle: 125도, Distance: 20px, Spread: 100%, Size: 17px을 적용합니다.

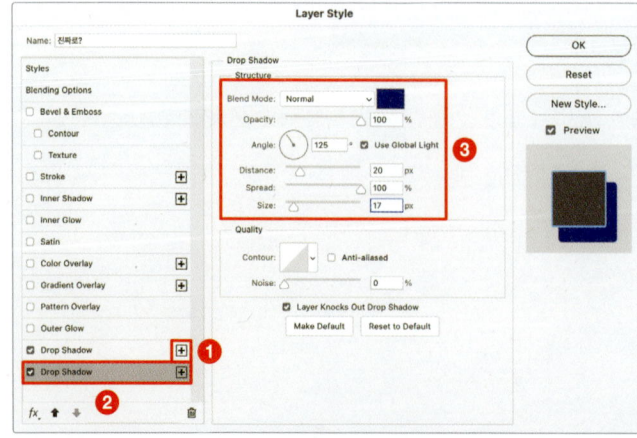

TIP 같은 종류의 레이어 스타일에 반복 적용하려면 해당 레이어 스타일에 있는 [+] 아이콘을 클릭합니다.

03 ① [Drop Shadow]의 [+] 아이콘을 다시 클릭하고 ② 추가된 [Drop Shadow]를 선택합니다. ③ Blend Mode: Normal, Color: #000c55, Opacity: 100%, Angle: 125도, Distance: 30px, Spread: 100%, Size: 17px을 적용합니다.

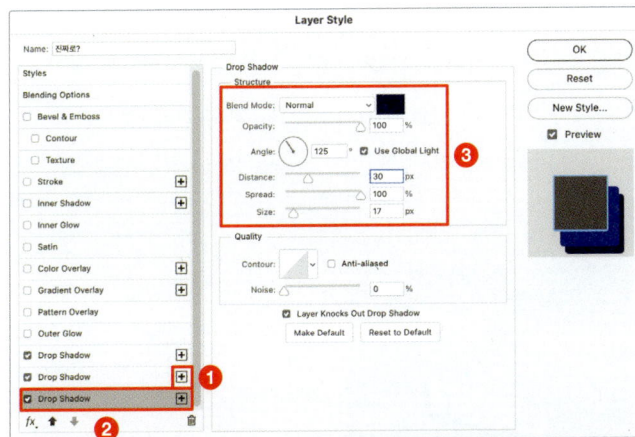

04 텍스트 안쪽으로 그림자를 추가하기 위해 ① [Inner Shadow]를 선택하고 ② Blend Mode: Normal, Color: #74c3ff, Opacity: 50%, Angle: 125도, Distance: 10px, Choke: 0%, Size: 5px을 적용한 후 ③ [OK]를 클릭해 스타일 적용을 마치면 완성입니다.

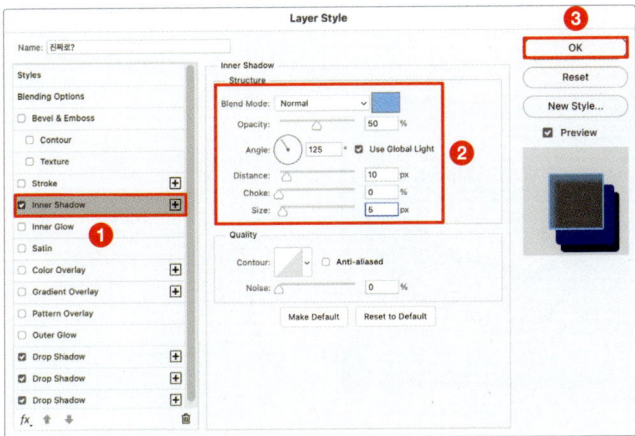

> **TIP** 완성한 타이포그래피를 더블 클릭하여 내용을 변경해 보세요. 적용한 스타일이 그대로 유지되므로 다른 디자인에서도 내용만 변경해서 사용할 수 있습니다.

응용해 보기

레이어 스타일은 텍스트뿐만 아니라 모든 포토샵 레이어에 적용할 수 있습니다. 브러시 기능으로 자유로운 형태를 그린 후 레이어 스타일을 복제해서 활용해 보세요.

01 ❶ Ctrl+T를 눌러 완성한 타이포그래피를 적당한 크기로 줄입니다. ❷ 새 레이어를 추가한 후 텍스트 레이어 아래에 배치하고 〈Brush Tool(B)〉을 이용해 텍스트를 감싸는 듯한 모양을 그립니다. 여기서는 브러시 모양은 [Hard Round], 전경색은 [#58b7ff]으로 그렸습니다.

02 [Layers] 패널에서 텍스트 레이어에 적용된 [Effects] 레이어 스타일을 Alt+드래그하여 브러시로 칠한 레이어로 복제하면 같은 스타일이 적용된 타이포그래피와 배경이 완성됩니다.

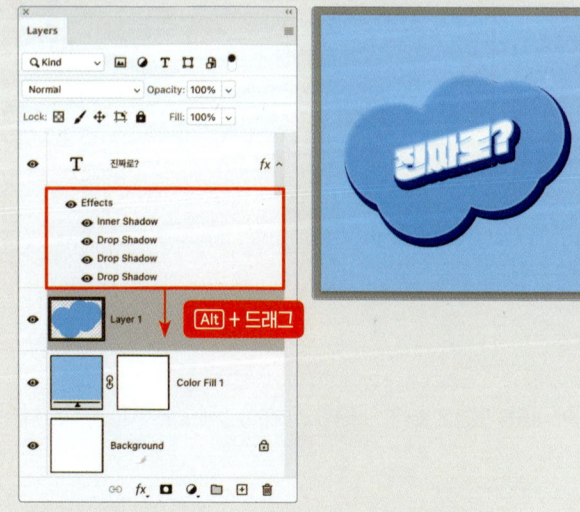

LESSON 15 | 네온 효과로 꾸민 사진

어두운 배경에서 빛나는 네온 효과는 독특한 시각적 매력을 제공합니다. 사진을 어둡게 만들고 레이어 스타일을 이용한 네온 효과로 디지털 드로잉을 해보겠습니다.

완성 결과 | 네온 효과.psd

◀◀ LUT로 보정한 후 네온 효과 설정하기

네온 효과 느낌으로 드로잉을 하기 전 사용할 색상별 네온 효과를 미리 설정해 둡니다.

01 ❶ Ctrl+O를 눌러 [new balance.jpg] 예제 파일을 엽니다. ❷ [Layers] 패널에서 [Create new fill or adjustment layer] 아이콘을 클릭한 후 ❸ [Color Lookup]을 선택하여 조정 레이어를 추가합니다.

 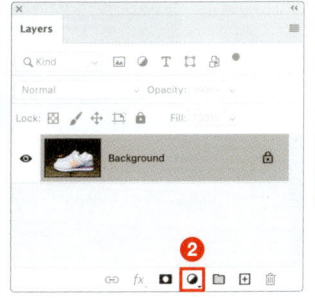 

02 네온 같은 빛 효과는 이미지가 어두울수록 표현이 극대화됩니다. ❶ [Properties] 패널에서 **3DLUT File: Moonlight.3DL**을 적용해 ❷ 밤에 촬영한 사진처럼 어둡게 보정합니다.

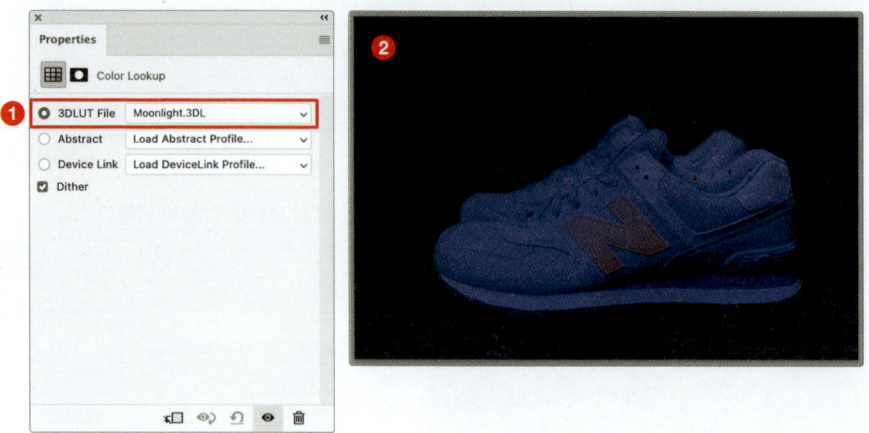

03 ❶ [Layers] 패널에서 [Create a new layer] 아이콘을 클릭하여 새 레이어를 추가합니다. ❷ 툴바에서 〈Brush Tool(B)〉을 선택하고 옵션 바에서 브러시 모양은 **Hard Round**, 크기는 **15px**을 적용합니다. ❸ 임의의 색으로 작업 영역에 숫자 '1'을 그립니다.

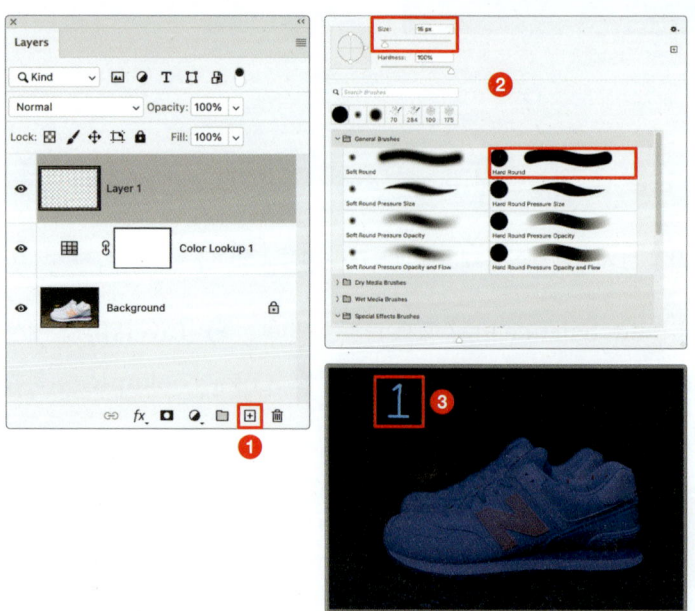

> **TIP** 브러시 모양 목록을 보면 단면은 같으나 결과가 다른 형태가 있습니다. 이는 아이패드 등에서 펜슬을 이용할 때 필압에 따라 두께, 투명도, 흐름 등이 다르게 표현되는 것입니다. 하지만, 마우스로 드로잉할 때는 압력이 일정하므로 단면이 같으면 결과도 동일합니다.

04 ❶ [Layer 1] 레이어의 이름 옆을 더블 클릭하여 Layer Style 창을 엽니다. ❷ [Inner Glow]를 선택하고 ❸ **Blend Mode: Normal, Opacity: 100%, Noise: 0%, Color: White, Choke: 0%, Size: 8px**을 적용하고, ❹ 'Quality' 영역에서 **Contour: 반원, Range: 48%, Jitter: 0%**를 적용해 내부에 밝은 흰색 광원을 추가합니다.

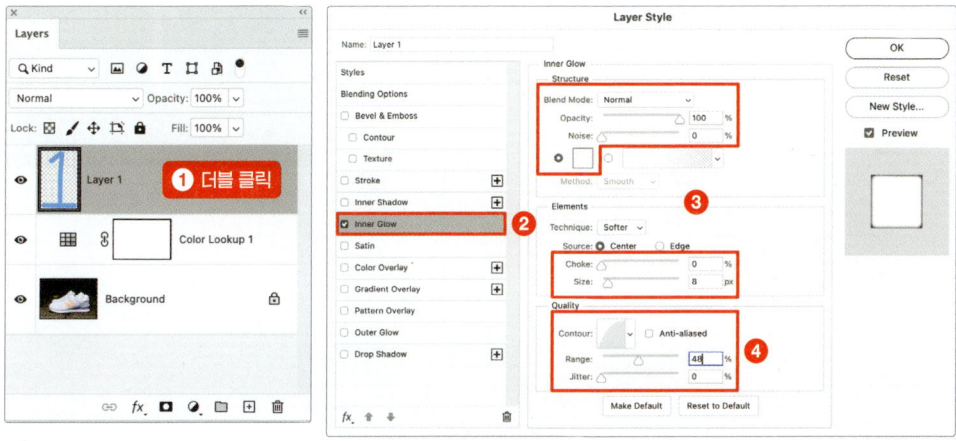

> **TIP** [Contour] 윤곽선 옵션은 선택한 레이어 스타일의 흐림 처리 또는 강조 영역의 모양을 조정하는 기능입니다. [∨] 아이콘을 클릭하여 다음과 같은 그래프 중에서 선택할 수 있습니다.

05 ❶ [Color Overlay]를 선택하고 ❷ **Blend Mode: Normal, Color: # ffd800, Opacity: 100%**를 적용해 ❸ 네온 효과의 색을 노란색으로 설정합니다.

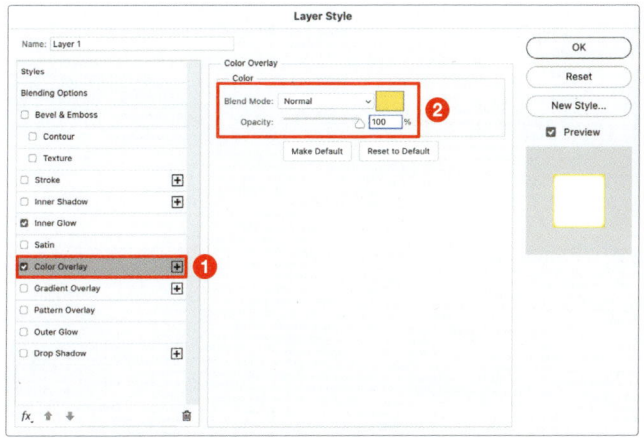

LESSON 15 네온 효과로 꾸민 사진 **211**

06 ❶ [Outer Glow]를 선택하고 ❷ Blend Mode: Linear Dodge (Add), Opacity: 50%, Noise: 0%, Color: #ffd800, Spread: 0%, Size: 20px을 적용해 ❸ 네온과 같은 계열의 색으로 외부 광원을 표현합니다.

07 마지막으로 ❶ [Drop Shadow]를 선택하고 ❷ Blend Mode: Normal, Color: #ffd800, Opacity: 45%, Angle: 30도, Distance: 3px, Spread: 0%, Size: 100px을 적용해 빛이 퍼지는 효과를 표현합니다. ❸ [OK]를 클릭하면 노란색 네온 완성입니다.

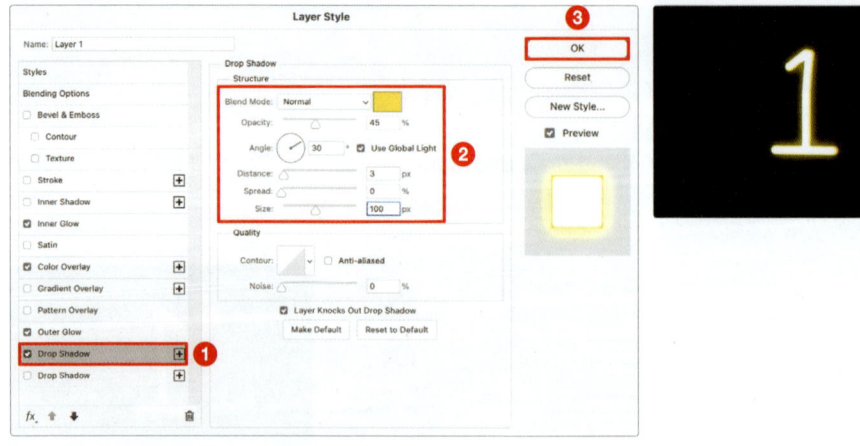

색상을 변경하여 여러 종류의 네온 만들기

하나의 네온 효과를 완성했으니 이제 복제하여 색상만 변경하면 다양한 네온을 만들 수 있습니다.

01 ❶ Ctrl + J 를 눌러 1이 그려진 레이어를 복제합니다. ❷ 툴바에서 〈Eraser Tool(E)〉 을 선택한 후 ❸ 작업 영역에서 복제된 '1'을 드래그해서 지우고, ❹ 〈Brush Tool(B)〉 을 선택하여 1 오른쪽으로 '2'를 그립니다.

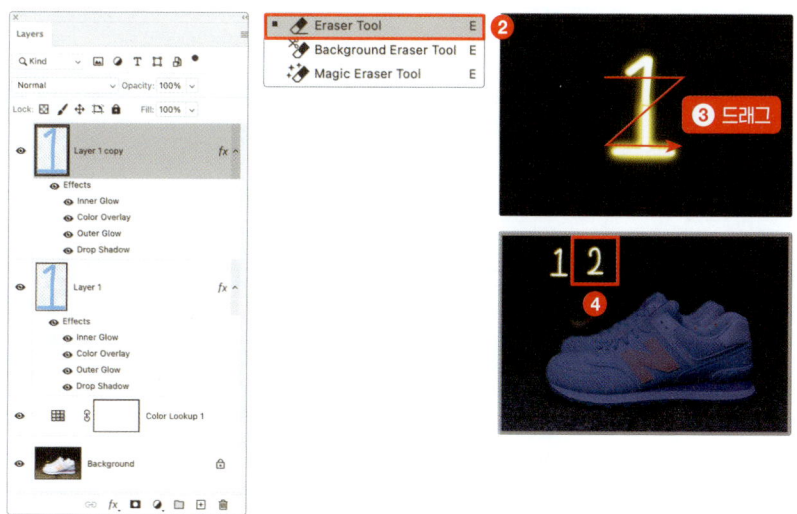

02 ❶ 2가 그려진 [Layer 1 copy] 레이어에서 [Color Overlay] 스타일을 더블 클릭하여 Layer Style 창을 열고 ❷ **Color: #ff0000**로 변경합니다.

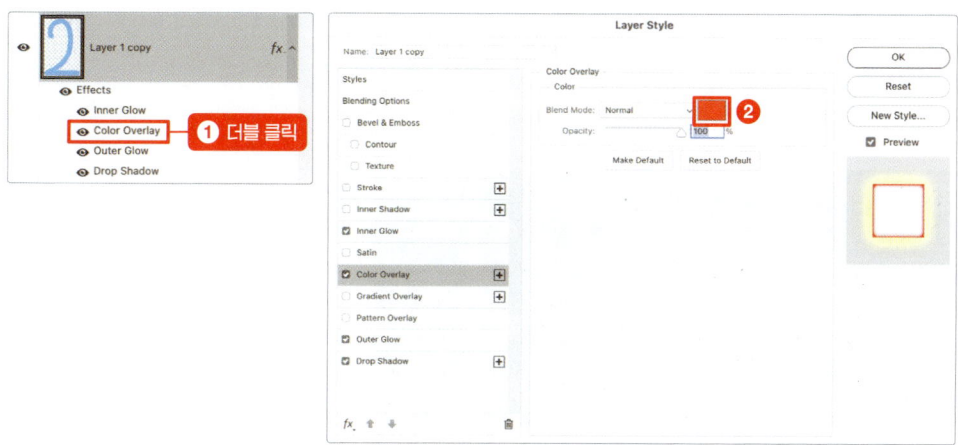

LESSON 15 네온 효과로 꾸민 사진 **213**

03 ❶ [Outer Glow]를 선택하고 ❷ Color: **#ff0000**으로 변경한 후 ❸ [Drop Shadow]에서도 ❹ Color: **#ff0000**으로 변경합니다. ❺ [OK]를 클릭하여 빨간색 네온을 완성합니다.

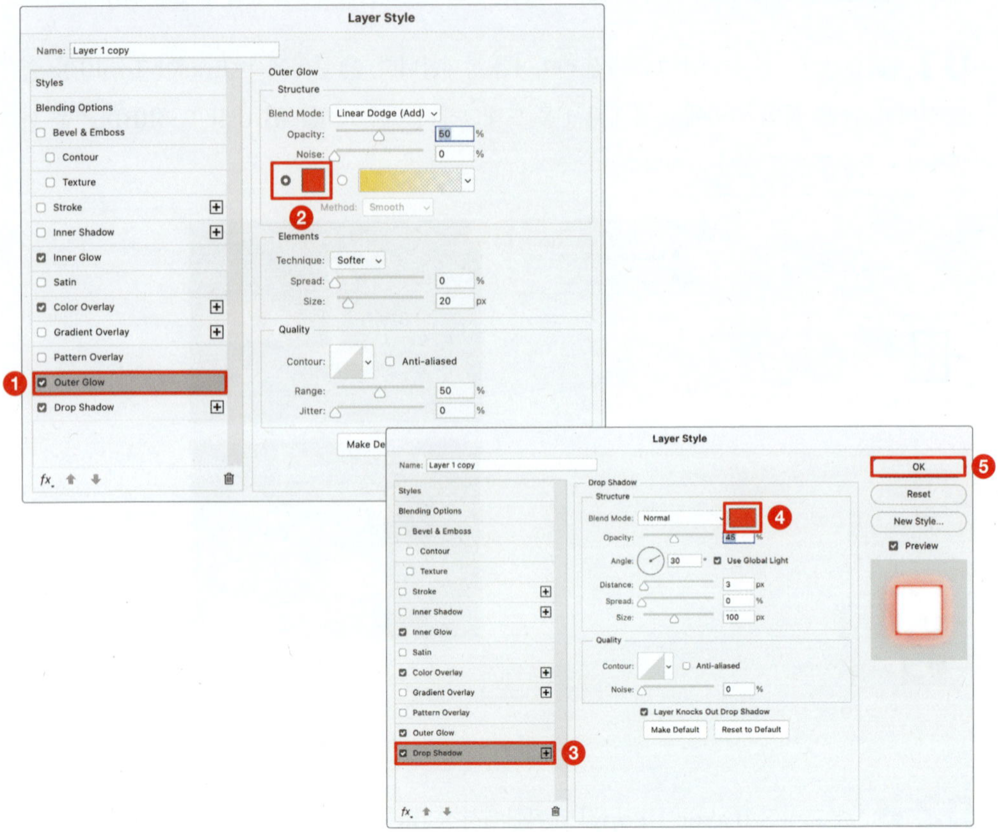

04 계속해서 [2] 레이어를 복제한 후 '2'를 지우고 '3'을 입력합니다. 이어서 Layer Style 창을 열고 [Color Overlay], [Outer Glow], [Drop Shadow]의 색상을 **#0042ff**로 변경하면 파란색 네온까지 완성됩니다.

05 ① [Layers] 패널에서 숫자가 그려진 레이어의 이름을 각각 더블 클릭하여 '노랑', '빨강', '파랑'으로 변경합니다. ② 이어서 각 레이어에서 fx 오른쪽의 아이콘을 클릭해 레이어 스타일 목록을 닫습니다.

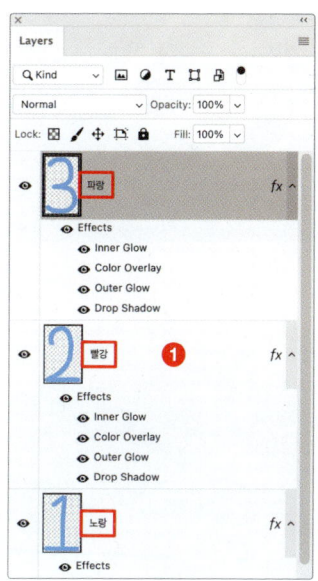 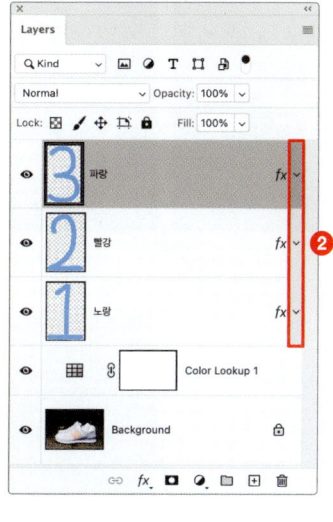

◀◀ 브러시로 네온 사인 드로잉하기

준비가 끝났으니 이제 완성한 네온 효과를 사용하면 됩니다. 브러시 도구를 이용해 이미지를 따라 그리면서 디지털 드로잉의 표현 방법을 배워보겠습니다.

01 ① [노랑] 레이어를 선택합니다. ② 〈Brush Tool (B)〉을 선택한 후 로고의 시작점을 클릭하고, ③ Shift 를 누른 채 반대쪽 끝을 클릭하여 직선을 그립니다. 전경색과 무관하게 노란색으로 표현됩니다. 브러시 설정은 숫자를 입력할 때와 동일합니다.

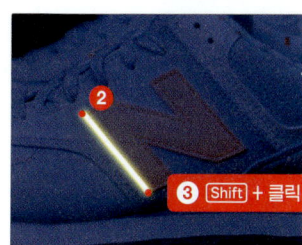 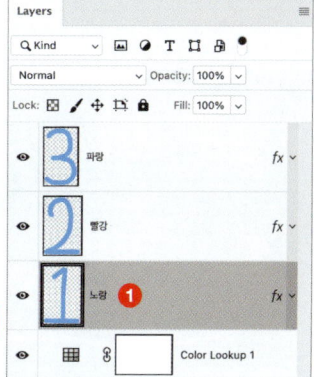

TIP Ctrl + 0 을 눌러 작업 영역을 화면 크기에 맞춰 확대하면 좀 더 쉽게 드로잉할 수 있습니다.

LESSON 15 네온 효과로 꾸민 사진 **215**

02 계속하여 **Shift**를 누른 채 다음 지점을 클릭하면서 로고의 외형을 따라 그립니다.

03 이제 구분을 위해 임의로 그린 '1'은 필요 없으므로, 〈Eraser Tool(E)〉로 '1'을 드래그해서 지웁니다.

04 이번에는 [빨강] 레이어를 선택합니다. ❶ 〈Brush Tool(B)〉의 옵션 바에서 **Smoothing: 50%**를 적용합니다. ❷ 신발 아래쪽에서 드래그하여 빨간 네온을 표현하고, ❸ 숫자 '2'를 지웁니다.

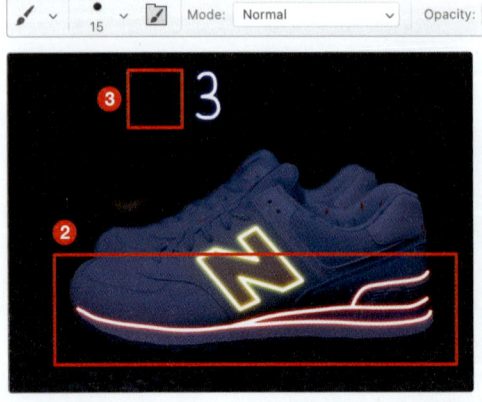

TIP [Smoothing] 옵션은 디지털 드로잉에서 손의 흔들림을 보정해 선을 매끄럽게 그릴 수 있는 기능입니다. 숫자가 높을수록 브러시는 천천히 반응하지만 더 매끄럽게 그릴 수 있습니다. 즉, 0%일 때는 기능이 비활성 상태이며, 최대 100%일 때는 브러시가 매우 부드럽고 천천히 반응합니다.

05 다음으로 ❶ [파랑] 레이어를 선택하고 ❷ 〈Brush Tool(B)〉 로 나머지 신발의 경계 부분을 따라 드로잉합니다. 실수가 발생하면 Ctrl + Z 를 눌러 직전 드로잉을 취소하거나 〈Eraser Tool(E)〉 로 지우면서 작업합니다.

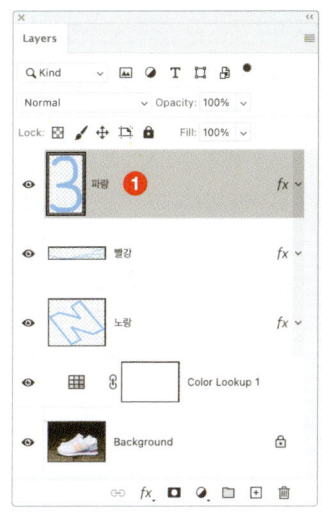
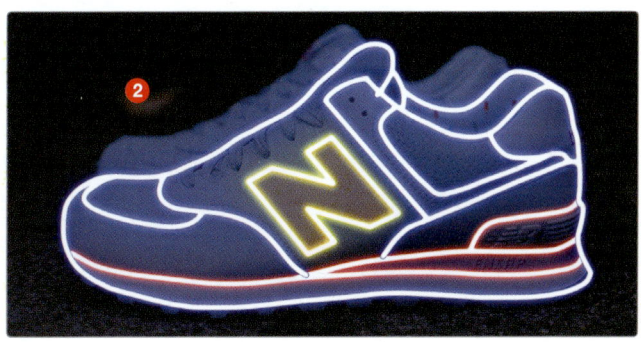

06 디지털 드로잉을 하다 보면 획이 삐져나오는 경우가 많습니다. ❶ 화면을 최대한 확대한 후 〈Eraser Tool(E)〉 을 이용하여 삐져나온 부분을 지웁니다. ❷ 마지막으로 '3'을 지우면 완성입니다.

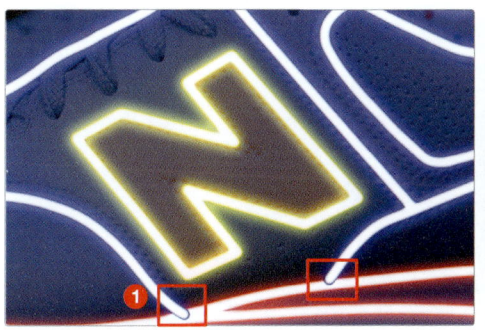
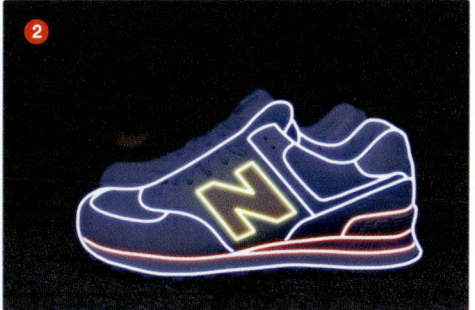

◆ LESSON

16 | 빈티지한 느낌의 포스터 디자인

임곗값을 조절하여 이미지를 흑백으로 단순화하고, 레이어 스타일로 원하는 색을 오버레이하는 것만으로 간단하게 빈티지 느낌을 연출할 수 있습니다. 여기에 어울리는 문구를 입력하고, 텍스처를 추가하여 포스터를 완성합니다.

완성 결과 | **빈티지 포스터.psd**

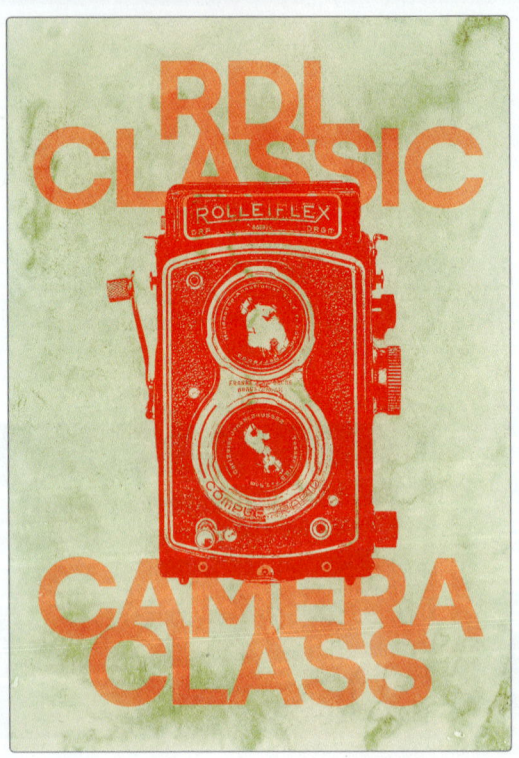

이것만은 반드시!

- **Threshold(임곗값)**: 픽셀의 밝기를 기준으로 이미지를 흑백으로 단순화합니다.
- **Color Range(색상 범위)**: 이미지에서 특정 색상, 밝기, 또는 피부 톤 등 사용자가 지정한 범위를 빠르게 선택할 수 있는 기능입니다.

임곗값으로 단순화한 후 빈티지 효과 표현하기

이미지를 단순화하고 특정 색상 범위를 선택해 독특한 빈티지 효과를 만들어 보겠습니다.

01 Ctrl+N을 눌러 [Web] 탭에서 Width: 1080px, Height: 1527px, Artboards: 해제로 새 작업을 시작합니다. ❶ [Layers] 패널에서 [Create new fill or adjustment layer] 아이콘을 클릭한 후 ❷ [Solid Color]를 선택합니다. ❸ Color Picker 창이 열리면 Color: #8bc4b3을 적용해 배경을 만듭니다.

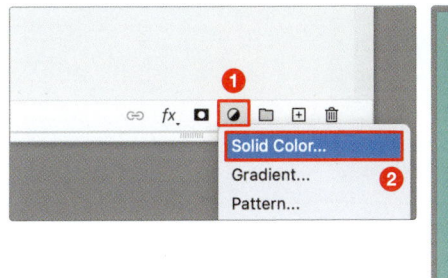

02 ❶ [camera.jpg] 예제 파일을 가져온 후 조절점을 Alt+드래그하여 카메라를 크게 배치하고 Enter를 눌러 적용합니다. ❷ 메뉴 바에서 [Select-Subject]를 선택하여 피사체를 선택 후 Ctrl+J를 눌러 ❸ 선택 영역만 복제합니다.

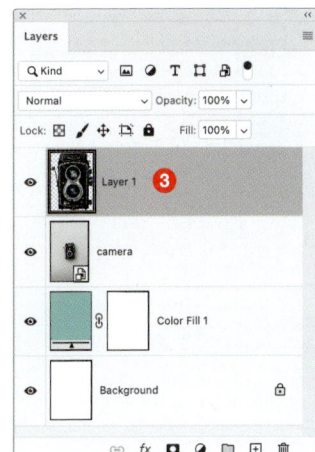

LESSON 16 빈티지한 느낌의 포스터 디자인 **219**

03 ❶ [Layers] 패널에서 [camera] 레이어를 선택하고 Delete 를 눌러 삭제하면 ❷ 배경에 카메라 이미지만 남습니다.

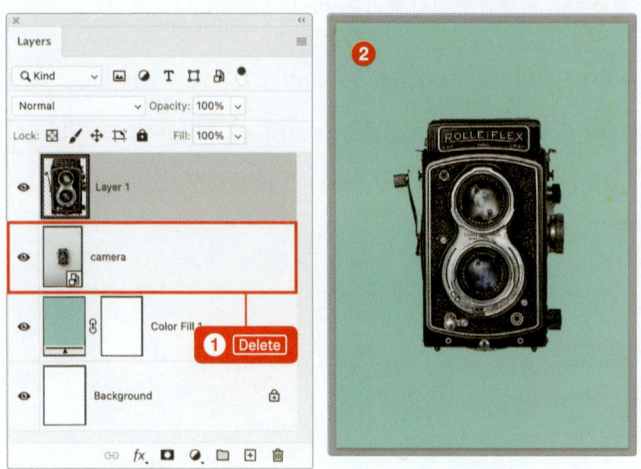

04 ❶ 카메라만 남은 [Layer 1] 레이어를 선택합니다. ❷ 메뉴 바에서 [Filter – Adjustments – Threshold]를 선택하여 Threshold 창이 열리면 **Threshold Level: 100**을 적용하고 ❸ [OK]를 클릭합니다. ❹ 카메라가 흑백으로 단순화됩니다.

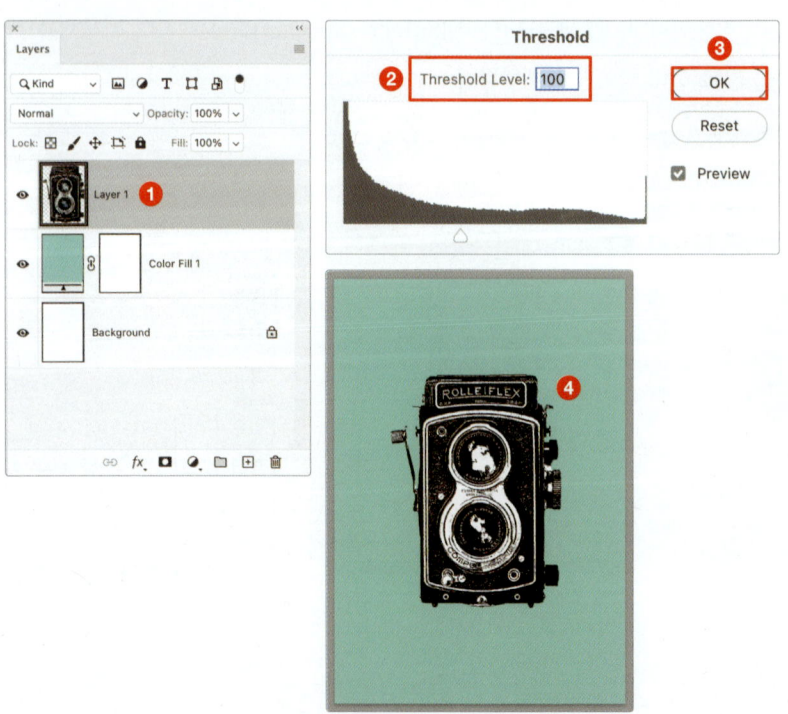

🔍 한 걸음 더 Threshold(임계값)

Threshold 기능은 이미지를 보정하는 기능 중 하나로, 픽셀의 밝기를 기준으로 이미지를 흑백으로 단순화합니다. 사용자가 설정한 [Threshold Level] 옵션값을 기준으로 그보다 밝은 픽셀은 흰색, 어두운 픽셀은 검은색으로 변환됩니다.

아래와 같이 임곗값(Threshold Level)이 낮을수록 밝은 부분이 흰색으로 유지되고 어두운 부분만 검은색으로 변환되며, 임곗값이 높을수록 더 많은 픽셀이 검은색으로 변환됩니다.

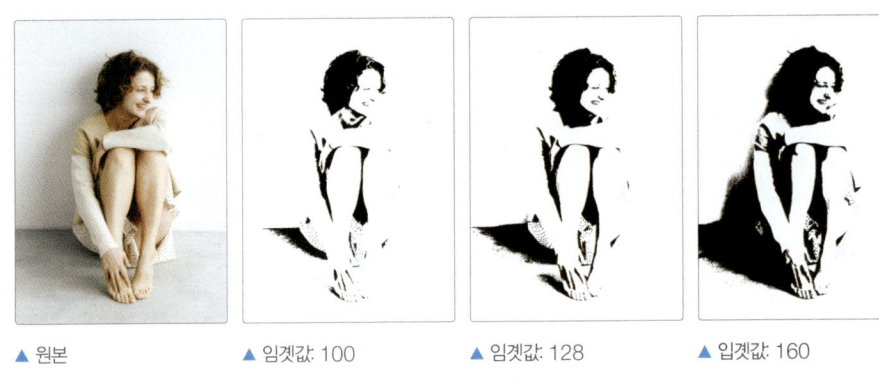

▲ 원본   ▲ 임곗값: 100   ▲ 임곗값: 128   ▲ 입곗값: 160

05 ❶ 메뉴 바에서 [Select-Color Range]를 선택하여 Color Range 창을 엽니다. ❷ 커서를 작업 영역으로 옮겨서 스포이트가 활성화되면 카메라의 흰색 부분을 클릭하고 ❸ [OK]를 클릭합니다. 클릭한 지점과 같은 흰색이 선택 영역으로 지정됩니다.

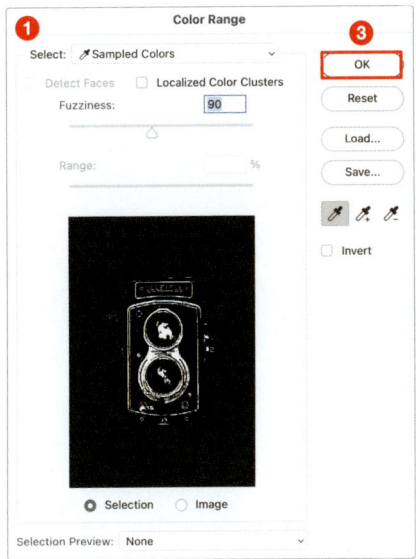

06 ❶ `Delete`를 눌러 선택 영역을 삭제하여 이미지에서 검은색만 남기고 ❷ `Ctrl`+`D`를 눌러 선택 영역을 해제합니다.

> **TIP** Color Range 기능은 이미지에서 특정 색상, 밝기, 또는 피부 톤 등 사용자가 지정한 범위를 빠르게 선택할 수 있는 기능입니다. 복잡한 이미지에서 원하는 색상을 정교하게 선택할 수 있습니다.

07 ❶ [Layers] 패널에서 카메라 이미지 레이어의 이름 옆을 더블 클릭하여 Layer Style 창을 엽니다. ❷ [Color Overlay]를 선택하고 ❸ Color: # d91111을 적용한 후 ❹ [OK]를 클릭합니다. ❺ 빈티지 느낌의 붉은색으로 카메라 이미지가 완성되었습니다.

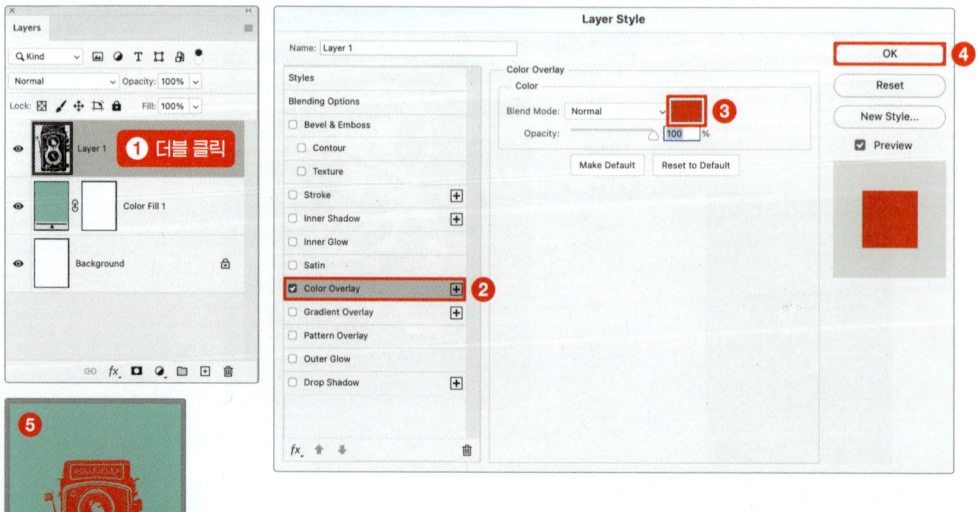

텍스트를 입력하여 포스터 완성하기

빈티지 콘셉트에 어울리는 문구를 입력한 후 이미지와 조화롭게 배치하여 포스터를 완성합니다.

01 ❶ 툴바에서 〈Horizontal Type Tool(T)〉 T을 선택하고 [Character] 패널에서 **글꼴: G마켓 산스/Bold, 크기: 200pt, 행간: 140pt, 자간: -50, Color: #fa5446**, ❷ [Paragraph] 패널에서 [가운데 정렬]을 적용합니다.

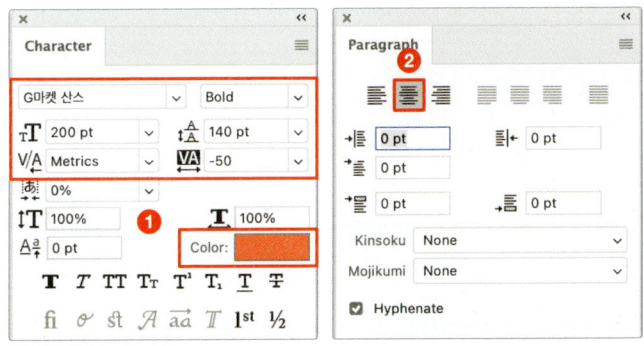

02 ❶ 작업 영역을 클릭하여 포스터 문구를 2줄로 입력하고, 〈Move Tool(V)〉 ✣로 드래그하여 이미지와 살짝 겹치도록 조절합니다. ❷ Alt + Shift + 드래그하여 아래쪽으로 복제하고, ❸ 복제된 문구를 더블 클릭하여 내용을 변경한 후 Ctrl + Enter를 눌러 입력을 마칩니다.

> **TIP** 실습에서는 Shift를 추가로 누른 채 드래그하여 수직으로 복제 배치되었습니다. 수직이 아니라면 복제된 문구를 클릭한 채 상하좌우로 조금씩 드래그해 보세요. 스마트 가이드가 활성화되어 다른 요소와 쉽게 정렬할 수 있습니다.

03 ❶ [old paper.jpg] 예제 파일을 가져옵니다. ❷ 조절점 바깥쪽에서 드래그하여 90도 회전한 후 Alt +드래그하여 작업 영역 가득 채웁니다.

04 ❶ [Layers] 패널에서 Blending Mode: Hard Light를 적용하면 ❷ 오래된 종이 느낌이 더해져 빈티지 효과가 더욱 강조됩니다.

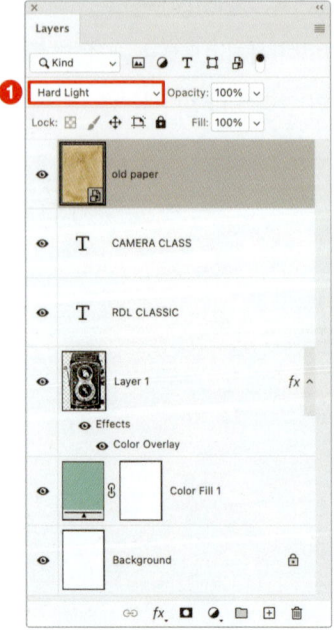

05 ❶ [Layers] 패널에서 카메라 이미지 레이어를 드래그하여 맨 위로 옮깁니다. ❷ 카메라 이미지가 블렌딩 모드에서 제외되어 제 모습으로 표현되면 포스터 디자인 완성입니다.

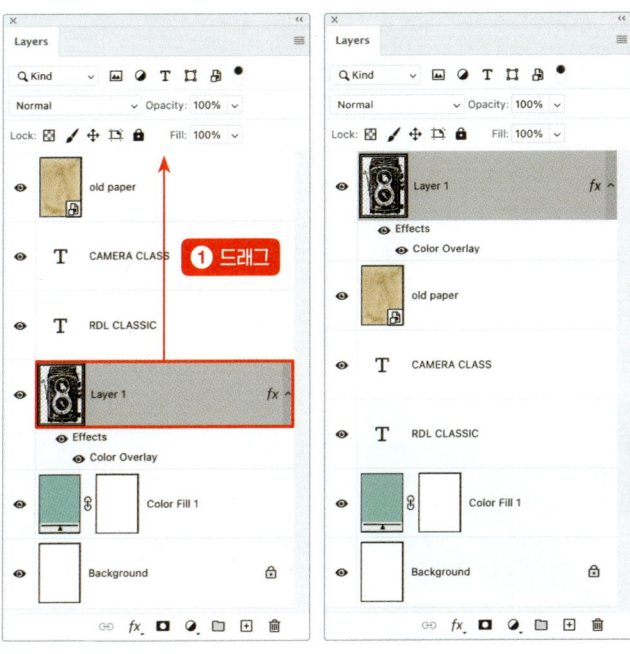

> **TIP** 선택한 레이어를 한 칸 위아래로 옮길 때는 Ctrl과 [,]를 누르고, 맨 위나 맨 아래로 옮길 때는 추가로 Shift를 누릅니다. 예를 들어 맨 위로 옮길 때는 Ctrl+Shift+]를 누릅니다.

○ LESSON

17 | 글래스모피즘 효과로 완성한 감각적인 배경

글래스모피즘이란 유리의 질감과 같은 특징을 활용한 디자인으로, 반투명한 유리에 비치는 듯한 효과라고 이해하면 쉽습니다. 다양한 필터와 레이어 마스크 기능을 이용해 감각적인 배경을 완성해 보겠습니다.

완성 결과 | 글래스모피즘.psd

이것만은 반드시!

- **Gaussian Blur(가우시안 흐림)**: 이미지의 픽셀을 부드럽게 만드는 기능으로, 가장 많이 사용하는 블러 효과입니다.
- **Filter Gallery(필터 갤러리)**: 여러 필터 효과를 하나의 창에서 적용하고 확인할 수 있습니다. 독창적인 텍스처, 왜곡, 회화 효과 등 다양한 필터가 포함되어 있습니다.
- **Add Noise(노이즈 추가)**: 사진에 무작위 픽셀을 추가하여 노이즈 질감을 추가합니다.

유리에 비친 듯한 글래스모피즘 효과 표현하기

글래스모피즘(Glassmorphism)은 투명한 유리판의 시각적 질감을 표현하는 디자인으로 감각적인 분위기를 연출할 수 있습니다. 단계별로 필터를 적용해 글래스모피즘 효과를 연출해 보겠습니다.

01 ❶ Ctrl + O를 눌러 [bw man.jpg] 예제 파일을 열고 Ctrl + J를 눌러 복제합니다. ❷ 복제된 레이어에서 우클릭한 후 [Convert to Smart Object]를 선택해 스마트 오브젝트로 변환합니다.

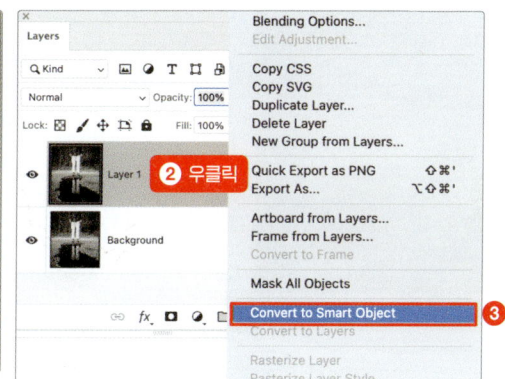

> **TIP** 스마트 오브젝트 레이어는 원본을 유지하면서 변형, 필터 적용, 편집 등을 실행할 수 있습니다.

02 ❶ 메뉴 바에서 [Filter – Blur – Gaussian Blur]를 선택하여 Gaussian Blur 창을 열고 ❷ Radius: 20Pixels을 적용한 후 ❸ [OK]를 클릭합니다. ❹ 이미지가 흐리게 표현됩니다.

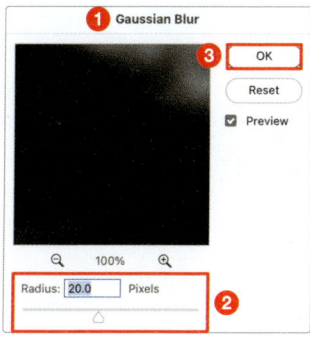

> **TIP** Gaussian Blur(가우시안 흐림)는 이미지의 픽셀을 부드럽게 만드는 필터로 배경 흐림, 초점 강조 등을 위해 사용합니다. 값이 클수록 많이 흐려집니다.

03 ① 메뉴 바에서 [Filter-Filter Gallery]를 선택하여 Filter Gallery 창을 엽니다.
② [Distort 〉 Glass] 필터를 선택한 후 ③ **Distortion: 20, Smoothness: 6, Texture: Tiny Lens, Scaling: 120%**를 적용하고 ④ [OK]를 클릭합니다. 이미지가 유리처럼 표현됩니다.

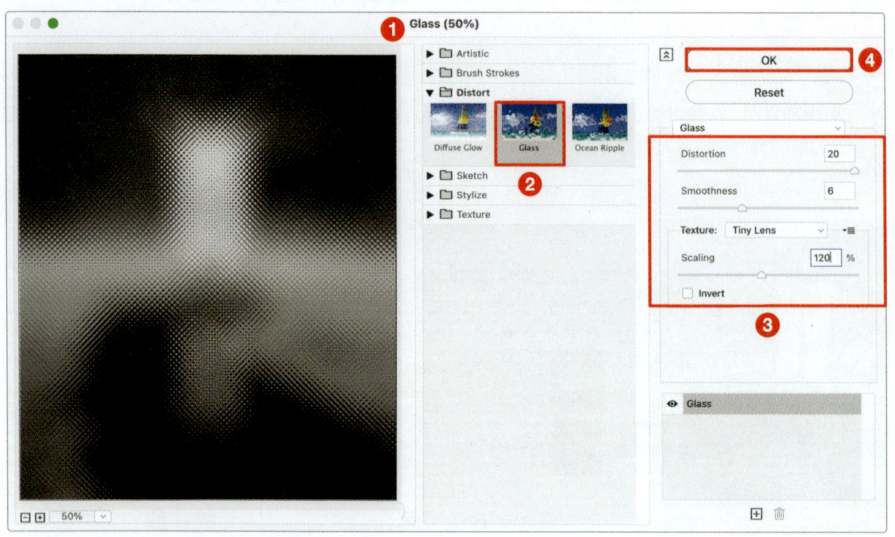

TIP Glass 필터의 [Scaling](스케일링) 옵션으로 텍스처의 크기를 조절할 수 있습니다.

04 ① 메뉴 바에서 [Filter-Noise-Add Noise]를 선택하여 Add Noise 창을 엽니다.
② **Amount: 10%, Gaussian 선택**을 적용한 후 ③ [OK]를 클릭합니다. ④ 이미지에 의도적으로 노이즈를 추가하여 감성적인 느낌을 더했습니다.

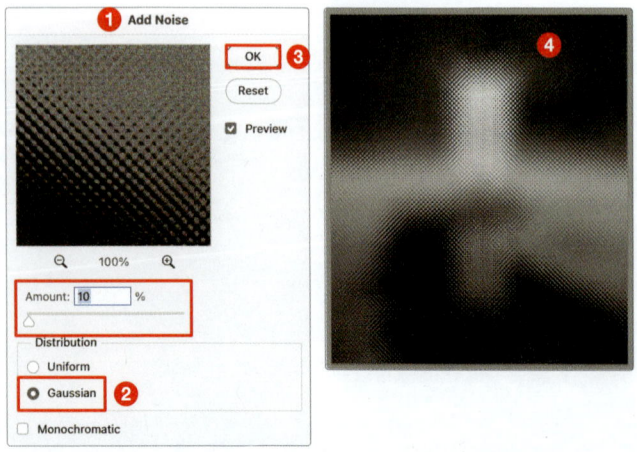

🔍 한 걸음 더 Add Noise(노이즈 추가)

사진에 무작위 픽셀을 추가하여 질감을 더하거나(노이즈), 필름 그레인 효과 또는 빈티지한 느낌을 줄 때 사용됩니다.

- **Amount(양)**: 노이즈의 강도를 설정합니다.
- **Distribution(분포)**: [Uniform]을 선택하면 픽셀의 밝기가 일정하게 분포되어 매끄럽고 균일한 느낌의 노이즈를 생성할 수 있습니다. [Gaussian]을 선택하면 픽셀의 밝기가 정규 분포를 따릅니다. 자연스럽고 부드러운 노이즈를 생성할 때 선택합니다.
- **Monochromatic(단일 색상)**: 체크하면 노이즈가 흑백(단색)으로 추가되고, 해제하면 색상이 있는 노이즈가 추가됩니다.

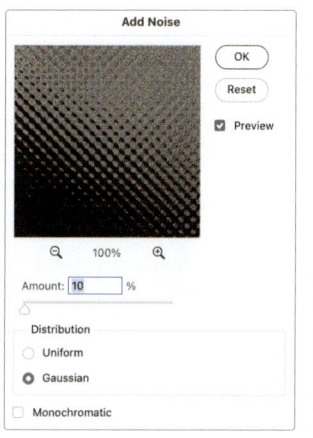

레이어 마스크 적용하여 배경 완성하기

레이어 마스크를 활용하면 특정 영역에만 효과를 적용하거나 원하는 부분만 보이도록 할 수 있습니다. 레이어 마스크로 전체 배경 중 일부에만 글래스모피즘 효과를 표현하여 감각적인 배경을 완성합니다.

01 툴바에서 〈Rectangular Marquee Tool(M)〉을 선택한 후 적당한 크기로 드래그하여 사각형 모양 선택 영역을 지정합니다.

02 ① [Layers] 패널에서 [Add layer mask] 아이콘을 클릭하면 ② 선택 영역은 흰색 나머지는 검은색으로 처리된 레이어 마스크가 추가됩니다. ③ 선택 영역에만 유리 질감이 표현되고, 나머지 영역은 [Background] 레이어에 있는 원본 이미지가 표시됩니다.

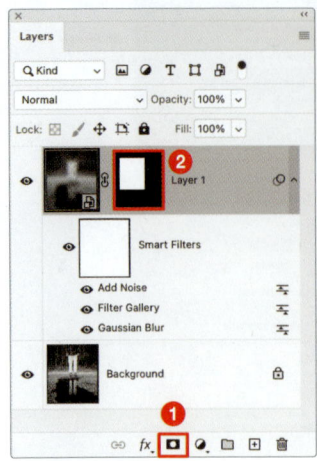 

TIP 유리 질감의 경계가 흐리게 보인다면 옵션 바에서 [Feather: 0px]이 맞는지 확인해 보세요.

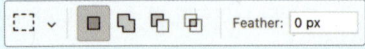

03 ① [Layers] 패널에서 레이어 섬네일과 레이어 마스크 사이에 있는 [링크] 아이콘을 클릭해 링크를 해제하고 ② [레이어 마스크]를 선택합니다.

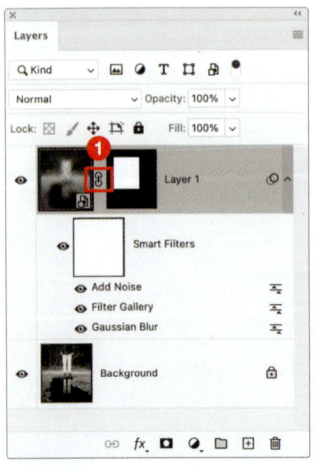 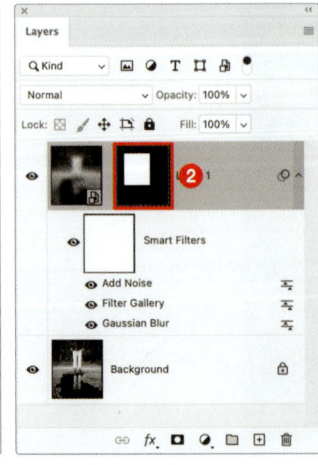

TIP 레이어 마스크가 추가되어 있다면 섬네일과 레이어 마스크 중 어떤 것을 선택 중인지에 따라 이미지에 효과를 적용할지 레이어 마스크의 영역 설정을 변경할지가 결정되므로 반드시 확인해야 합니다.

04 링크 해제한 레이어 마스크 선택 상태에서 Ctrl+T를 눌러 자유 변형을 실행합니다. 그런 다음 유리 재질 영역의 크기를 적절하게 변경하고, 드래그하여 중앙에 배치한 후 Enter를 눌러 적용합니다.

TIP 레이어와 레이어 마스크 사이에 있는 링크가 설정되어 있으면 다음과 같이 레이어 이미지와 레이어 마스크가 함께 움직입니다. 그러므로 위와 같이 레이어 마스크 영역만 옮길 때는 반드시 링크를 해제해야 합니다.

05 글래스모피즘 효과에 그림자를 추가하여 깊이감을 더하기 위해 ❶ [Layer 1] 이름 옆을 더블 클릭하여 Layer Style 창을 엽니다. ❷ [Drop Shadow]를 선택하고 ❸ **Blend Mode: Multiply, Color: Black, Opacity: 20%, Angle: 0도, Distance: 0px, Spread: 15%, Size: 100px**을 적용한 후 ❹ [OK]를 클릭합니다.

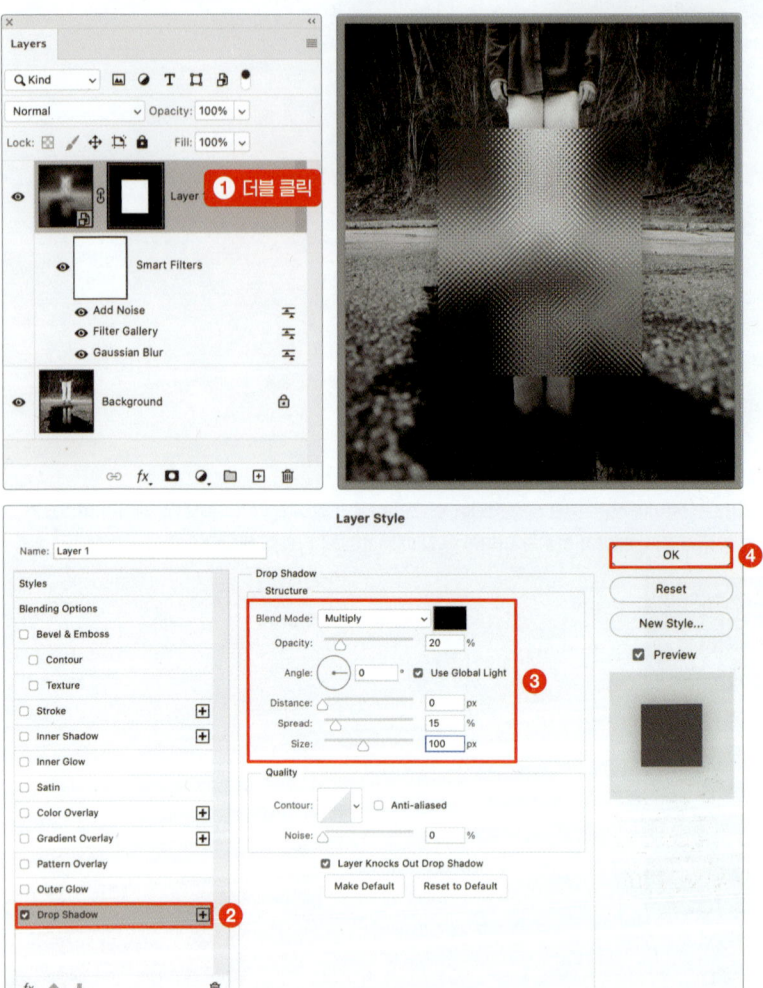

감각적으로 텍스트 배치하기

텍스트는 디자인의 완성도를 높이는 중요한 요소입니다. 유리 질감 위에 텍스트를 배치한 후 블렌딩 모드를 활용하여 같은 질감으로 표현하는 등, 전체 디자인에 어울리는 감각적인 텍스트를 완성합니다.

01 ① 툴바에서 〈Horizontal Type Tool(T)〉 T을 선택한 후 [Character] 패널에서 **글꼴: G마켓 산스/Bold, 크기: 80pt, 자간: -50, Color: White**를, ② [Paragraph] 패널에서 [오른쪽 정렬]을 적용합니다.

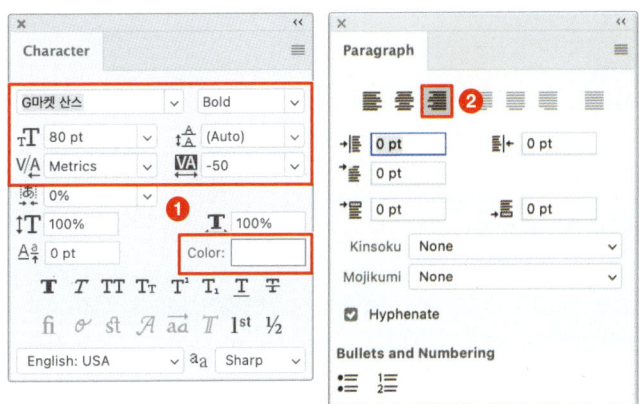

02 ① 작업 영역을 클릭하여 배경에 어울리는 문구를 입력하고 〈Move Tool(V)〉로 드래그하여 유리 질감 위에 배치합니다. ② [Layers] 패널에서 **Blending Mode: Overlay**를 적용해 ③ 유리 질감 느낌으로 문구를 표현합니다.

 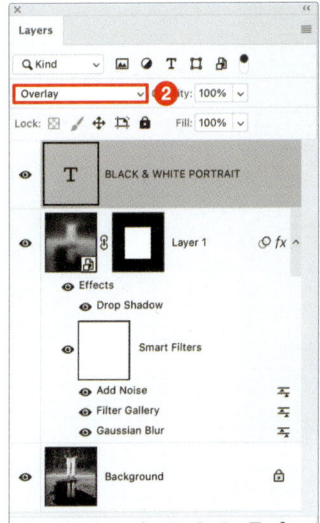 

LESSON 17 글래스모피즘 효과로 완성한 감각적인 배경 **233**

03 [Layers] 패널의 빈 공간을 클릭하여 모든 레이어의 선택을 해제합니다. ❶ 〈Horizontal Type Tool(T)〉 T 을 선택하고 [Character] 패널에서 **글꼴: G마켓 산스/Bold, 크기: 30pt, 자간: 0, Color: White**를, ❷ [Paragraph] 패널에서 [**양측 정렬 후 왼쪽**]을 적용합니다.

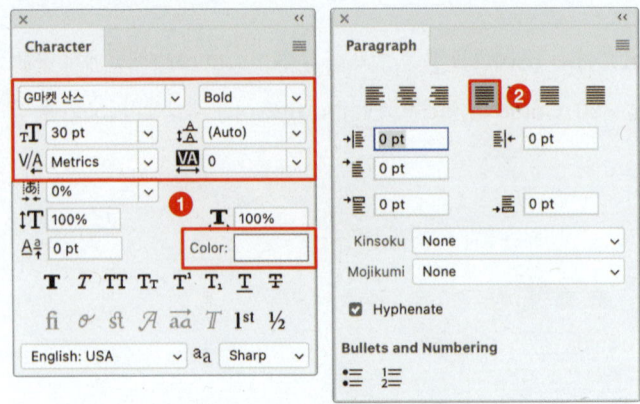

> **TIP** 텍스트 레이어가 선택 중일 때 글꼴이나 크기 등을 변경하면 입력된 텍스트의 설정이 변경됩니다. 그러므로 새로운 텍스트를 입력하기 전 레이어 선택을 해제해야 합니다. 위의 방법 이외에도 선택 중인 레이어를 Ctrl +클릭하거나 〈Move Tool(V)〉 선택 상태에서 작업 영역 바깥쪽 회색 영역을 Ctrl +클릭해도 됩니다.

04 다음과 같이 메인 텍스트 아래쪽에서 드래그하여 텍스트 박스를 추가한 후 Lorem Ipsum이 채워지면 Ctrl + Enter 를 누릅니다. 이어서 〈Move Tool(V)〉 로 드래그하여 중앙에 배치합니다.

05 마지막으로 채도가 높은 포인트 색상으로 문구를 입력합니다. 모든 레이어 선택을 해제한 후 ❶ [Character] 패널에서 **글꼴: Thesignature, 크기: 350pt, 자간: -50, Color: #ff0000**을 적용하고 ❷ 포인트 문구를 입력합니다. ⟨Move Tool(V)⟩ 로 적절하게 배치하면 감각적인 배경 디자인이 완성됩니다.

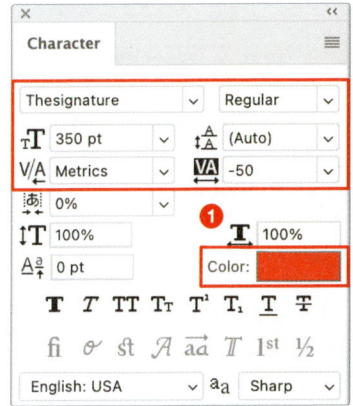

> **TIP** 흑백 사진과 같은 무채색은 기본적으로 중립적이고 차분한 느낌입니다. 여기에 채도가 높은 빨간색 등을 사용하면 강렬한 대비로 시선을 집중시킬 수 있습니다. 또한, 실습의 고딕과 필기체처럼 서로 다른 성격을 가진 글꼴을 사용하는 것 역시 대비를 통한 시각적 메시지를 더 돋보기에 만들 수 있습니다. 이때 중요한 건 과하지 않게 디자인 요소 중 일부만 대비를 적용하는 것입니다.

응용해 보기

레이어 마스크를 이용하면 글래스모피즘 효과 영역의 크기나 위치를 얼마든지 조절할 수 있습니다. 심지어 다른 형태로 대체할 수도 있죠.

01 ① D를 눌러 전경색과 배경색을 기본값(검은색/흰색)으로 변경합니다. ② 글래스모피즘 효과가 적용된 [Layer 1] 레이어의 레이어 마스크를 선택한 후 Ctrl + Delete 를 눌러 검은색으로 채우면 ③ 효과 영역이 모두 사라집니다.

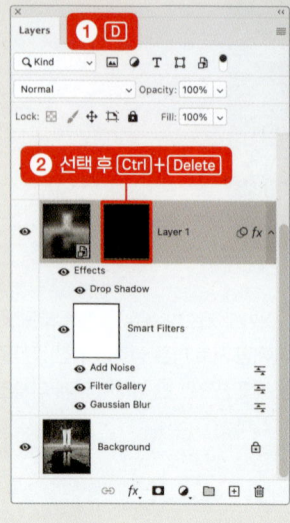

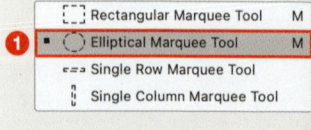

TIP Alt + Delete 는 전경색 채우기, Ctrl + Delete 는 배경색 채우기입니다. D를 누르면 전경색은 검은색, 배경색은 흰색의 기본값으로 설정되나 레이어 마스크를 선택하면 전경색이 흰색, 배경색이 검은색으로 바뀝니다.

02 ① 툴바에서 〈Elliptical Marquee Tool(M)〉을 선택하고 ② Shift + 드래그하여 정원을 선택 영역으로 지정하고 Alt + Delete 를 눌러 흰색으로 채우면 해당 영역에 유리 질감이 표현됩니다. ③ Ctrl + D를 눌러 선택 영역을 해제합니다.

03 〈Rectangular Marquee Tool(M)〉 []을 선택하고 그림과 같이 원형과 겹치도록 드래그하여 사각형 선택 영역을 지정하고 Alt + Delete 를 눌러 흰색을 채운 다음 Ctrl + D 를 눌러 선택 영역을 해제합니다.

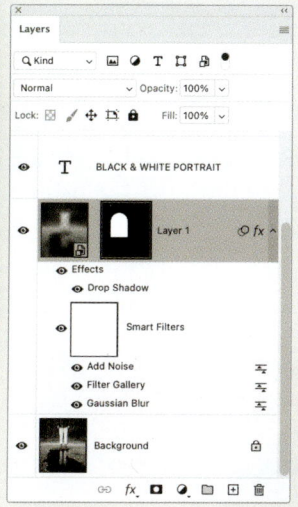

04 섬네일과 레이어 마스크의 연결이 해제된 것을 확인한 후 유리 질감 영역의 위치와 크기를 변경하면 또 다른 느낌의 글래스모피즘 배경이 완성됩니다.

LESSON 18 | 듀오톤 효과로 완성한 레트로 표지

듀오톤 효과는 두 가지 색상을 활용해 빈티지한 분위기를 연출할 수 있는 기법입니다. 이미지에 듀오톤 효과를 적용하고 레트로한 요소를 더해 독특하고 개성 있는 레트로 표지 디자인을 완성해 보겠습니다.

완성 결과 | 레트로 커버.psd

이것만은 반드시!

- **Gradient Map(그레이디언트 맵)**: 두 가지 이상의 색상을 사용하여 이미지를 혼합할 수 있습니다.

듀오톤 적용을 위한 이미지 보정하기

듀오톤 효과를 적용하기 위한 사전 작업으로 가져온 이미지의 배경을 제거하고 흑백 이미지로 보정합니다.

01 Ctrl+N을 눌러 [Web] 탭에서 **Width: 1080px, Height: 1527px, Artboards: 해제**로 새 작업을 시작합니다. ❶ [Layers] 패널에서 [Create new fill or adjustment layer] 아이콘을 클릭한 후 ❷ [Solid Color]를 선택합니다. ❸ Color Picker 창이 열리면 **Color: #eeeeee**을 적용해 배경을 만듭니다.

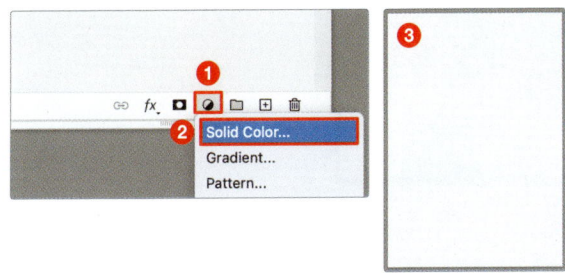

02 ❶ Ctrl+O를 눌러 [flower.jpg] 예제 파일을 열고, 메뉴 바에서 [Select-Subject]를 선택하여 피사체(인물)를 선택합니다. ❷ 머리카락 경계를 자연스럽게 선택하기 위해 메뉴 바에서 [Select-Select and Mask]를 선택한 후 옵션 바에서 [Refine Hair] 버튼을 클릭하고 [OK]를 클릭합니다.

TIP [Select and Mask] 메뉴를 선택하면 화면 오른쪽에 [Properties] 패널이 열리고, 옵션 바에는 머리카락 등을 섬세하게 선택해 주는 [Refine Hair] 버튼이 있습니다. [OK] 버튼을 클릭하여 Select and Mask 기능을 마치면 변경한 선택 영역이 반영되어 있습니다. Select and Mask 기능은 000쪽에서 자세히 설명합니다.

03
① Ctrl + J 를 눌러 선택 영역을 새 레이어로 복제한 후 Ctrl + C 를 눌러 복제된 레이어를 복사합니다. ② 이전 작업 창으로 돌아와 Ctrl + V 를 눌러 복사한 인물을 붙여 넣습니다.

04
① 붙여 넣은 레이어에서 우클릭 후 ② [Convert to Smart Object]를 선택하여 스마트 오브젝트로 변환하고 ③ Ctrl + T 를 눌러 그림과 같이 크기와 위치를 조절합니다.

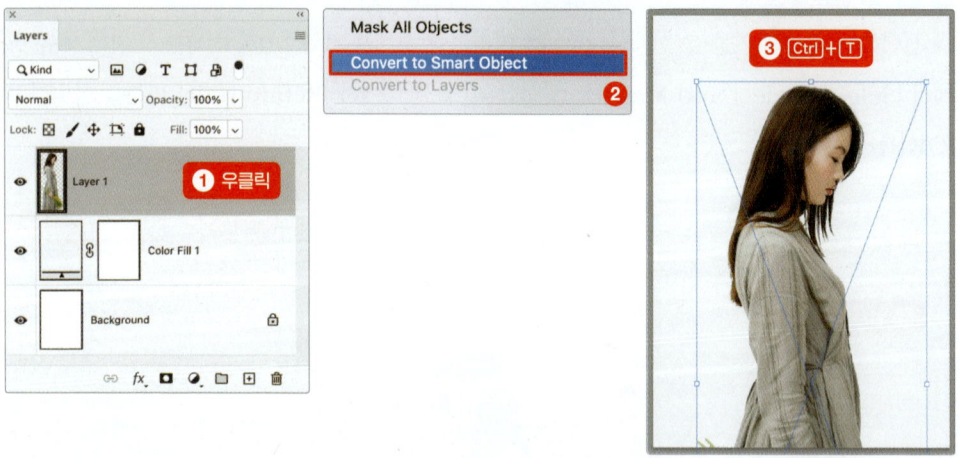

TIP 이미지의 크기를 자주 조절해야 하는 상황에서는 원본 해상도가 훼손되지 않도록 스마트 오브젝트 레이어로 변환하는 것이 좋습니다.

05 듀오톤 효과를 적용하려면 우선 흑백 이미지로 보정해야 합니다. ❶ [Layers] 패널에서 [Create new fill or adjustment layer] 아이콘을 클릭한 후 ❷ [Black & White]를 선택하여 조정 레이어를 추가하면 ❸ 바로 흑백 이미지가 됩니다.

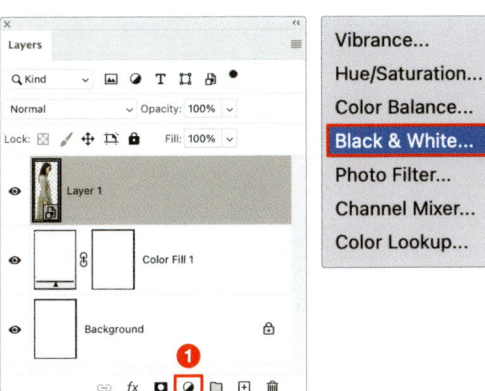

06 ❶ [Properties] 패널에서 **Reds: 95**를 적용해 피부를 좀 더 밝게 보정하고, 배경을 제외한 이미지만 흑백으로 보정하기 위해 ❷ Ctrl + Alt + G 를 눌러 클리핑 마스크를 적용합니다.

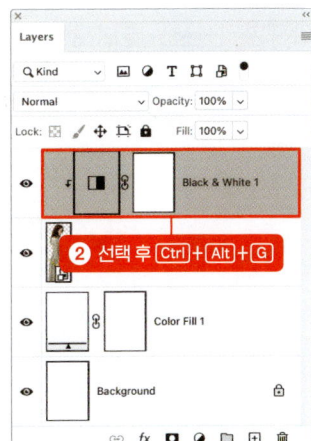

> **TIP** 조정 레이어는 아래에 있는 모든 레이어에 영향을 미치지만, 위와 같이 클리핑 마스크를 적용하면 클리핑 마스크된 레이어에만 영향을 미칩니다.

07 듀오톤 효과를 더 극적으로 표현하기 위해 흑백 이미지의 대비를 강조해 보겠습니다.
❶ [Layers] 패널에서 [Create new fill or adjustment layer] 아이콘을 클릭한 후 [Curves]를 선택합니다. ❷ [Properties] 패널에서 선의 4등분 위치를 각각 클릭하여 고정점 3개를 추가합니다.

08 ❶ 밝은 영역 고정점은 살짝 위(더 밝게), ❷ 어두운 영역 고정점은 살짝 아래(더 어둡게)로 드래그하여 대비를 강조하는 S 곡선을 만듭니다. ❸ 이미지에만 조정 레이어 효과를 적용하기 위해 Ctrl + Alt + G를 눌러 클리핑 마스크를 적용합니다.

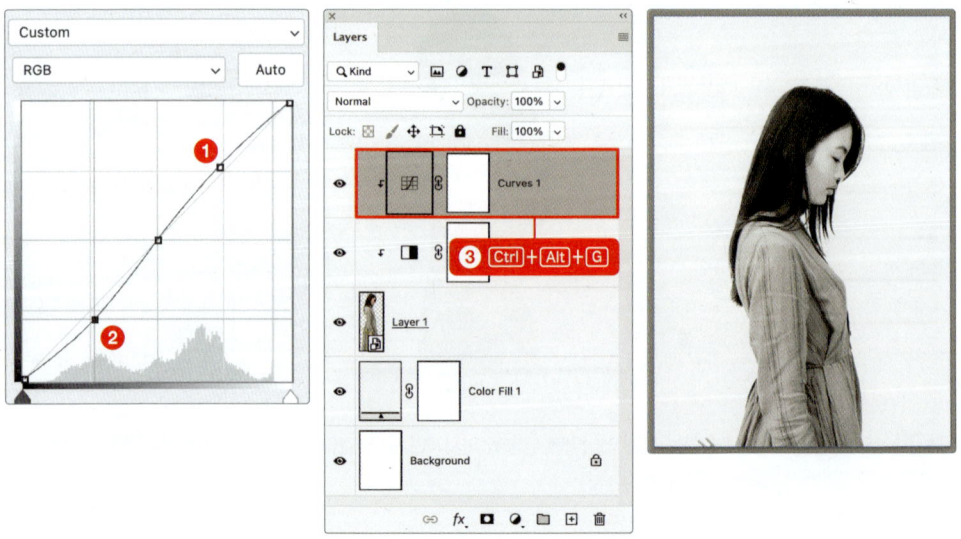

◂◂ 그레이디언트 맵으로 듀오톤 적용하기

그레이디언트 맵은 두 가지 색상이 자연스럽게 혼합된 듀오톤 효과를 적용할 수 있는 기능으로 색상 선택에 따라 레트로한 매력을 살리거나 독특한 분위기를 연출할 수 있습니다.

01 ❶ [Layers] 패널에서 [Create new fill or adjustment layer] 아이콘을 클릭한 후 ❷ [Gradient Map]을 선택하여 조정 레이어를 추가하고, ❸ [Properties] 패널에서 그레이디언트 설정을 클릭합니다.

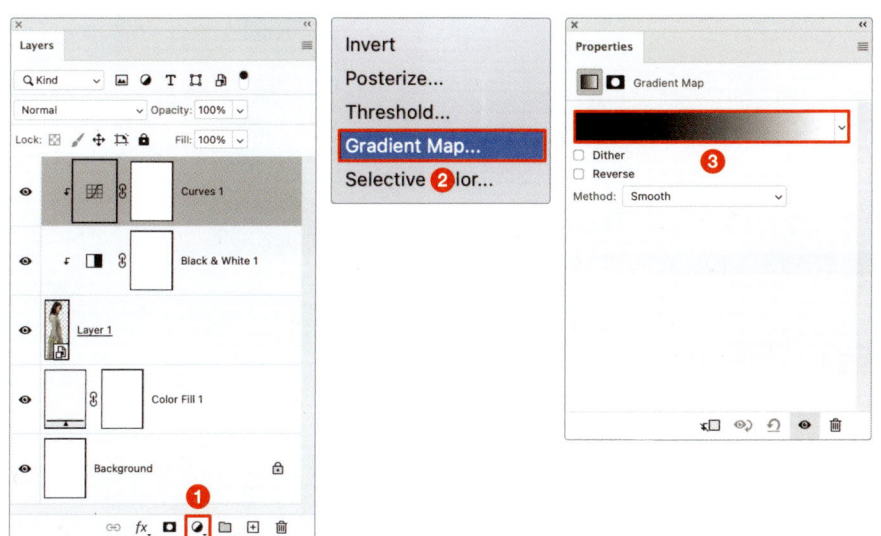

02 Gradient Editor 창이 열리면 ❶ 첫 번째 색 고정점을 더블 클릭하여 **Color: #001594** 를, ❷ 두 번째 색 고정점을 더블 클릭하여 **Color: #ff8282**를 적용하고 ❸ [OK]를 클릭합니다. ❹ 파란색과 분홍색 계열의 튜오톤 이미지가 완성됩니다.

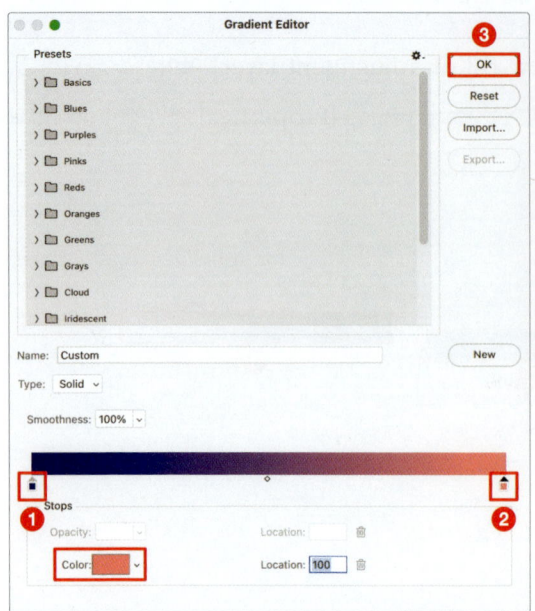

🔍 한 걸음 더 — 듀오톤 효과(Duotone Effect)

듀오톤 효과는 두 가지 색상을 사용하여 이미지를 표현하는 기법으로, 사진이나 그래픽에 독특한 분위기를 연출할 때 사용됩니다. 듀오톤 효과의 색 조합이 고민된다면 Gradient Editor 창에 기본으로 제공되는 그레이디언트 색 조합을 활용해 볼 수 있습니다. 원하는 색 조합을 선택해서 결과를 확인한 후 필요에 따라 색을 변경하면서 다양한 조합으로 독특한 분위기를 연출해 보세요.

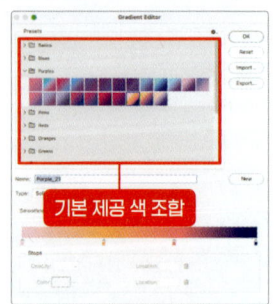

기본 제공 색 조합

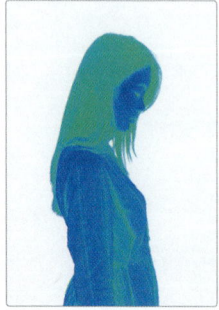

03 Gradient Map 조정 레이어의 효과도 인물에만 적용되도록 Ctrl+Alt+G를 눌러 클리핑 마스크를 적용합니다. 인물 사진인 [Layer 1] 레이어에 3개의 조정 레이어가 클리핑 마스크로 적용되어 있습니다.

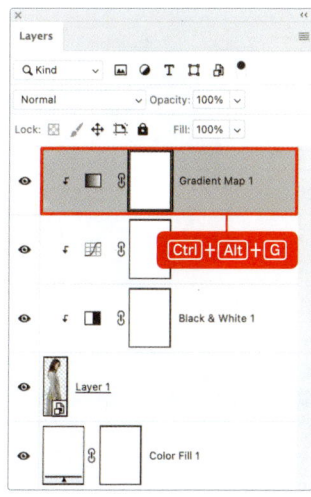

레트로 표지 디자인 완성하기

색상 조합, 독특한 글꼴, 시선을 끄는 레이아웃, 질감 표현 등 다양한 디자인적 요소를 활용해 레트로 느낌의 표지를 완성해 보겠습니다. 작은 디테일이 독창적인 레트로 표지의 밑거름이 됩니다.

01 ❶ 툴바에서 〈Horizontal Type Tool(T)〉 T 을 선택하고 [Character] 패널에서 **글꼴: 비트로 코어, 크기: 200pt, Color: #ff0563**을 적용합니다. ❷ 작업 영역을 클릭하여 제목을 입력하고, 〈Move Tool(V)〉로 위쪽 중앙에서 머리와 살짝 겹치게 배치합니다.

02 ① [Layers] 패널에서 텍스트 레이어를 [Layer 1] 아래로 옮기면 ② 머리 아래로 제목이 살짝 가려집니다.

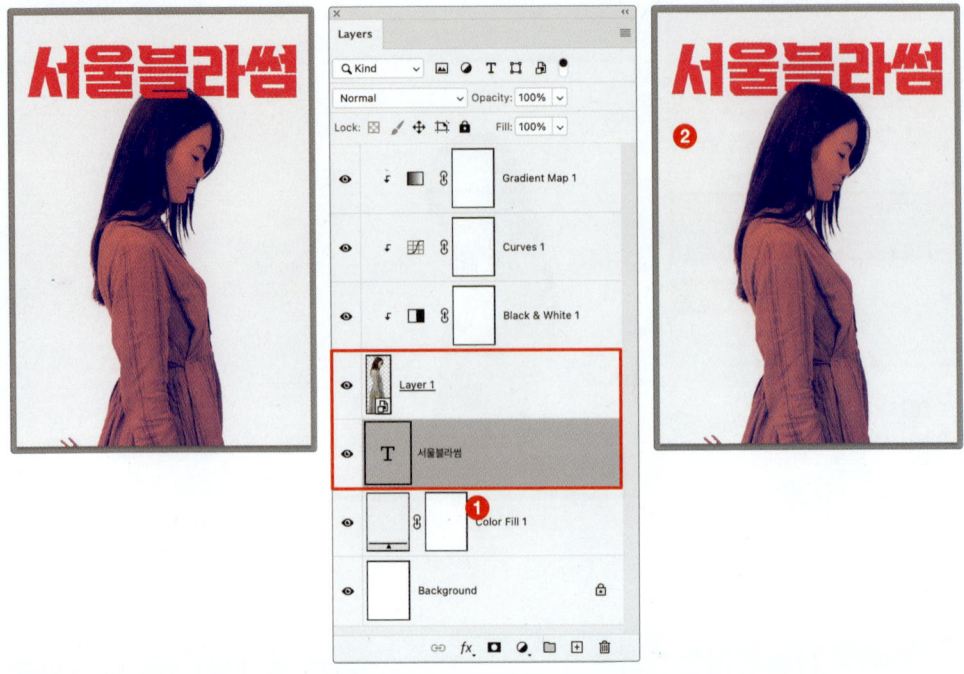

03 ① Ctrl+O를 눌러 [text.psd] 예제 파일을 열고 [Layers] 패널을 보면 여러 문구와 디자인 요소가 그룹으로 묶여 있습니다. ② [Group 1]을 선택한 후 Ctrl+C를 눌러 그룹을 복사합니다.

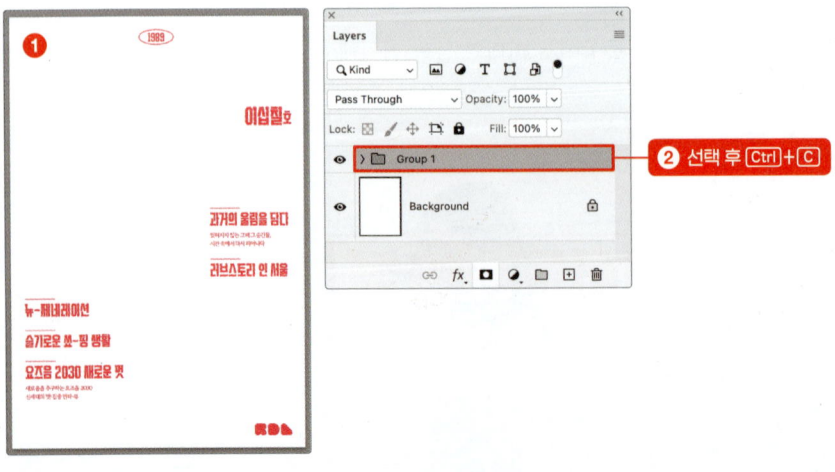

🔍 한 걸음 더   글꼴 유실 안내

예제 파일을 열었을 때 텍스트 레이어에 느낌표가 표시되어 있다면 예제 파일에 사용된 글꼴이 유실되었다는 의미입니다. 즉, 현재 컴퓨터에 '비트로 코어' 글꼴이 설치되어 있지 않다는 의미입니다. 다만, 해당 텍스트를 편집하지 않는 한 원래 형태는 유지됩니다. 이러한 글꼴 유실 문제를 해결하려면 다음 두 가지 방법 중 한 가지를 선택합니다.

- 유실된 글꼴 설치하기
- [Character] 패널에서 다른 글꼴로 변경하기

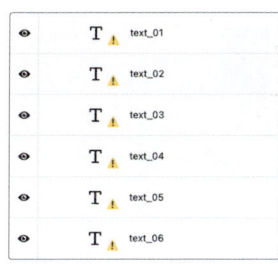

04 표지 작업 창으로 돌아와 [Gradient Map 1] 조정 레이어를 선택한 후 Ctrl + Shift + V 를 눌러 같은 위치에 붙여 넣습니다.

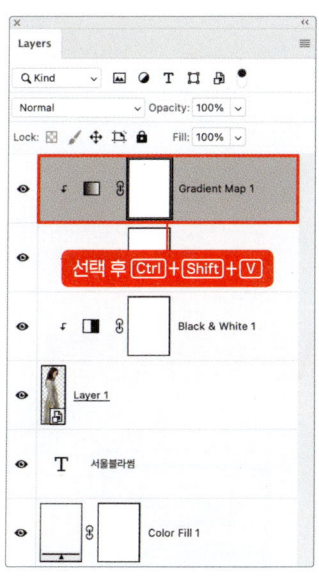

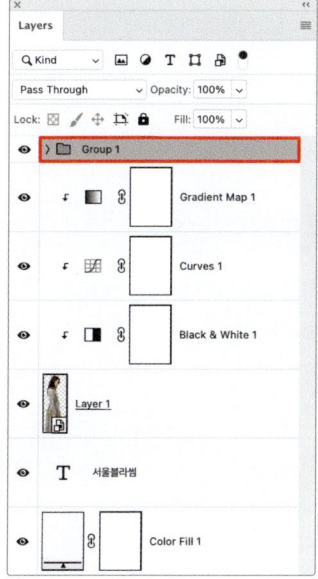

> **TIP** Ctrl + V 를 이용하면 복사한 내용이 작업 영역 중간에 붙여 넣어지나, Ctrl + Shift + V 를 이용하면 좌표 정보가 유지되어 원본과 같은 위치에 붙여 넣어집니다.

LESSON 18 듀오톤 효과로 완성한 레트로 표지 **247**

05 마지막으로 질감을 추가하기 ❶ 메뉴 바에서 [File-Place Embedded]를 선택한 후 [noise.jpg] 예제 파일을 가져와 배치합니다. ❷ Blending Mode: Screen을 적용하면 ❸ 노이즈 질감이 추가된 레트로 표지가 완성됩니다.

 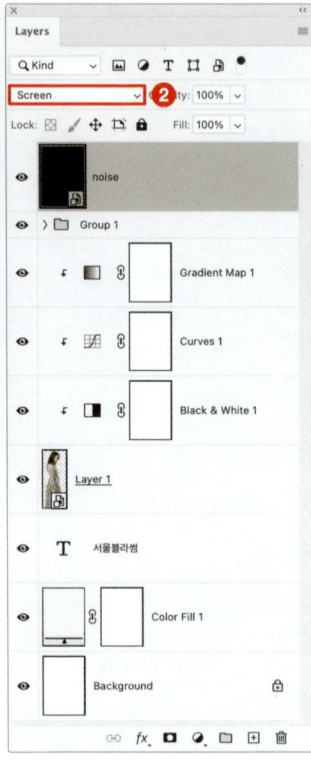 

한 걸음 더 | 레트로 분위기를 연출하는 3요소

오래된 사진 사용: 지금은 잘 사용하지 않는 오래된 제품이나 오래된 사진처럼 보이는 이미지를 사용합니다.

텍스트 왜곡: 텍스트 왜곡은 레트로 분위기에서 독특함을 부각시킬 수 있습니다.

옛날식 한글 발음 표기: 과거의 영어 발음을 그대로 표기하면 레트로한 감성을 더욱 살릴 수 있습니다.

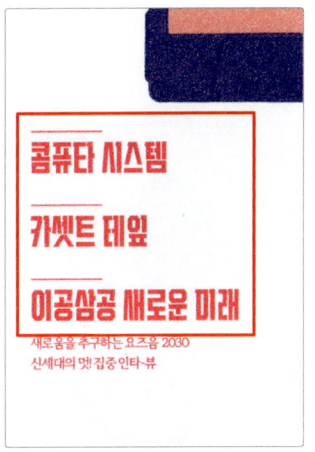

LESSON 19 | 커스텀 브러시로 그린 캐릭터

나만의 커스텀 브러시를 제작한 후 캐릭터의 라인을 그리고, 채색하는 방법까지 단계별로 알아보겠습니다.

완성 결과 | 캐릭터.psd

이것만은 반드시!

- **Paint Bucket Tool(페인트 버킷 도구)**: 클릭 한 번으로 면으로 된 영역에 색을 채울 수 있습니다.

나만의 커스텀 브러시 만들기

독창적인 캐릭터를 만들고 싶다면 나만의 커스텀 브러시부터 만들어 보세요. 기본 브러시를 변형해 울퉁불퉁하게 그려지는 커스텀 브러시를 만들어 보겠습니다.

01 ❶ Ctrl+O를 눌러 [sketch.psd] 예제 파일을 엽니다. ❷ Ctrl+Alt+Shift+N을 눌러 새 레이어를 추가하고, ❸ 툴바에서 〈Brush Tool(B)〉을 선택합니다.

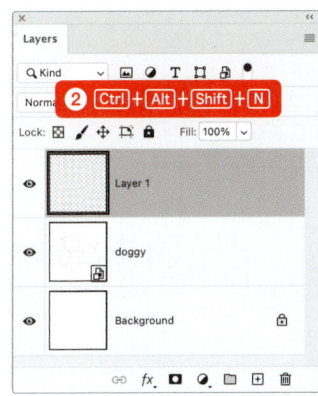
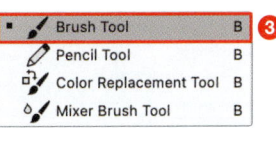

02 ❶ 옵션 바에서 Size: 40px, Hard Round를 적용하고, ❷ 브러시 속성을 변경하기 위해 [Brush Settings] 아이콘을 클릭합니다. ❸ [Brush Settings] 패널이 열리면 Spacing: 40%를 적용합니다. ❹ 매끈한 곡선이 울퉁불퉁해집니다.

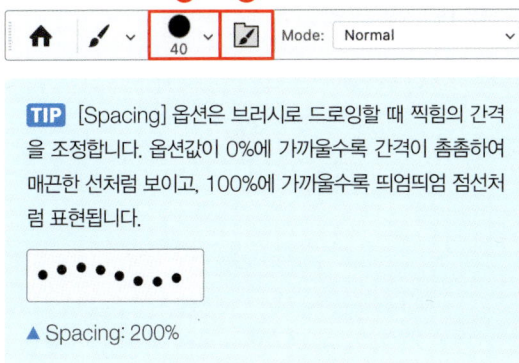

> **TIP** [Spacing] 옵션은 브러시로 드로잉할 때 찍힘의 간격을 조정합니다. 옵션값이 0%에 가까울수록 간격이 촘촘하여 매끈한 선처럼 보이고, 100%에 가까울수록 띄엄띄엄 점선처럼 표현됩니다.
>
> ▲ Spacing: 200%

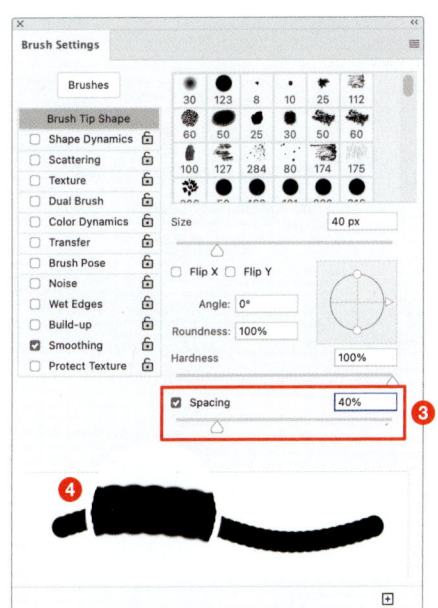

LESSON 19 커스텀 브러시로 그린 캐릭터 **251**

03 계속해서 ❶ [Shape Dynamics]을 선택하고 ❷ **Size Jitter: 35%**를 적용합니다. ❸ 불규칙적으로 울퉁불퉁한 브러시가 됩니다. ❹ 설정을 변경한 커스텀 브러시를 저장하기 위해 [+] 아이콘을 클릭한 후 ❺ 브러시 이름을 입력하고 ❻ [OK]를 클릭합니다.

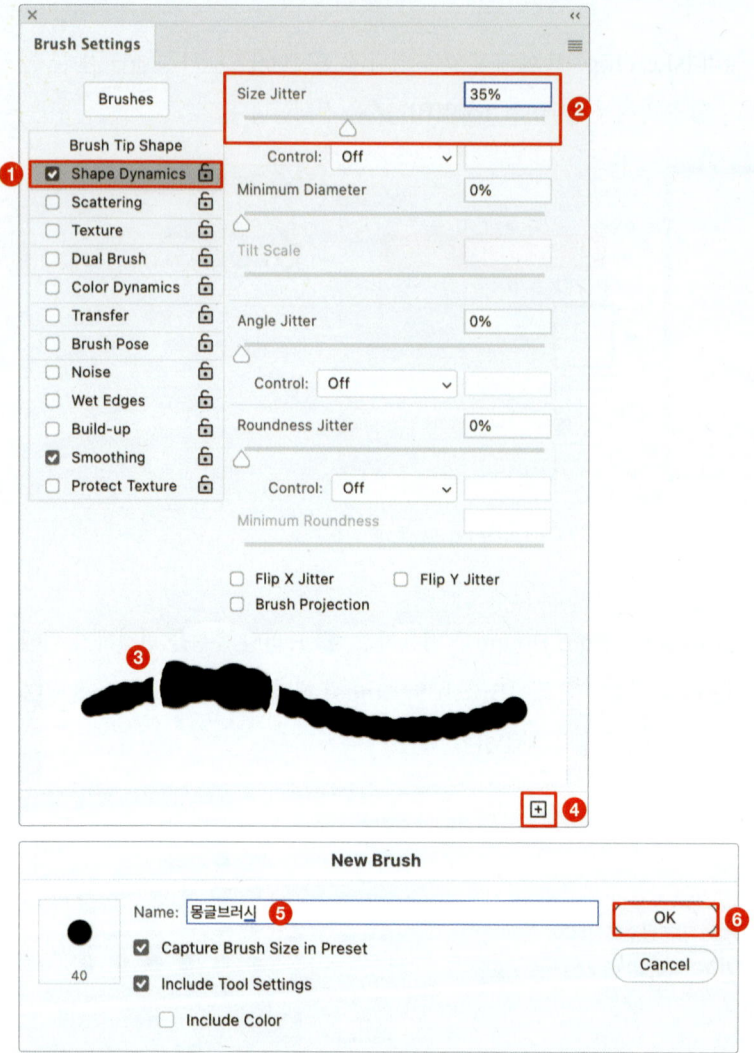

> **TIP** [Size Jitter]는 브러시의 찍힘 정도를 조절하는 옵션으로, 0%에 가까울수록 변화가 없고, 100%에 가까울수록 찍힘이 불규칙적으로 표현됩니다.

04

❶ 〈Brush Tool(B)〉 ✏️ 이 선택된 상태로 작업 영역에서 우클릭하면 빠르게 브러시를 선택할 수 있습니다. ❷ 저장된 커스텀 브러시를 선택하고 ❸ 자유롭게 드로잉해 보세요.

🔍 한 걸음 더 — 커스텀 브러시 내보내기

다양한 모양의 커스텀 브러시를 만들어 저장했다면 다른 컴퓨터에서도 활용할 수 있게 파일로 저장할 수 있습니다. 메뉴 바에서 [Window-Brushes]를 선택하여 ❶ [Brushes] 패널을 열고 저장할 커스텀 브러시를 선택합니다. ❷ 패널 오른쪽 위에 있는 [옵션] 아이콘을 클릭한 후 ❸ [Export Selected Brushes]를 선택하면 ❹ .abr 형식으로 저장할 수 있습니다.

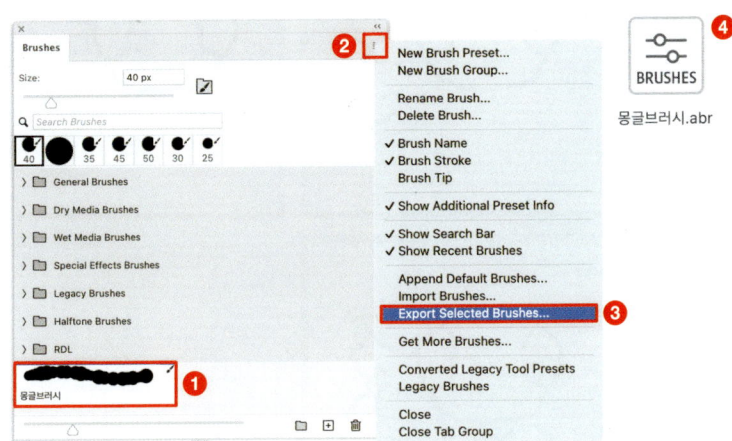

저장한 브러시 파일을 불러올 때는 [Brushes] 패널에서 [옵션] 아이콘을 클릭한 후 [Import Brushes]를 선택하면 됩니다.

LESSON 19 커스텀 브러시로 그린 캐릭터 **253**

◀◀ 밑그림을 따라 캐릭터 드로잉하기

완성된 커스텀 브러시를 사용해 본격적으로 캐릭터를 그려 보겠습니다.

01 ❶ 우선 전경색을 검은색으로 적용하고, ❷ 손떨림 보정을 위해 옵션 바에서 **Smoothing: 40%**를 적용한 후 ❸ ⟨Brush Tool(B)⟩로 머리부터 따라 그립니다.

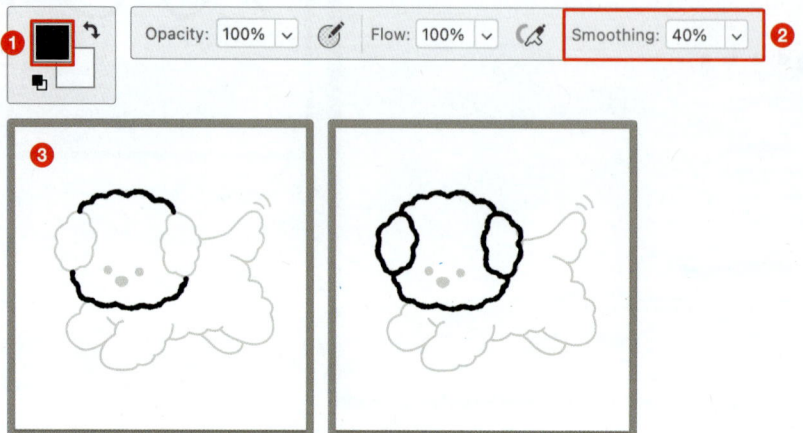

02 계속해서 꼬리, 몸통, 다리를 하나씩 따라 그립니다.

03 화면을 확대한 후 [ ]를 눌러 브러시의 크기를 조금 줄인 후 ❶ 눈과 ❷ 코까지 완성합니다. ❸ 밑그림인 [doggy] 레이어의 눈 아이콘을 끄면 ❹ 몽글몽글한 느낌의 강아지 드로잉 완성입니다.

채색하여 강아지 그림 완성하기

스케치를 완성했다면 이제 채색만 하면 됩니다. 〈Paint Bucket Tool(G)〉을 이용하여 빠르게 채색할 수 있습니다.

01 ❶ [Layers] 패널에서 [Create new fill or adjustment layer] 아이콘을 클릭한 후 ❷ [Solid Color]를 선택하여 조정 레이어를 추가하고 **Color: #ffc000**을 적용합니다. ❸ 추가된 조정 레이어를 드로잉 레이어(Layer 1) 아래로 옮기면 ❹ 노란색 배경이 완성됩니다.

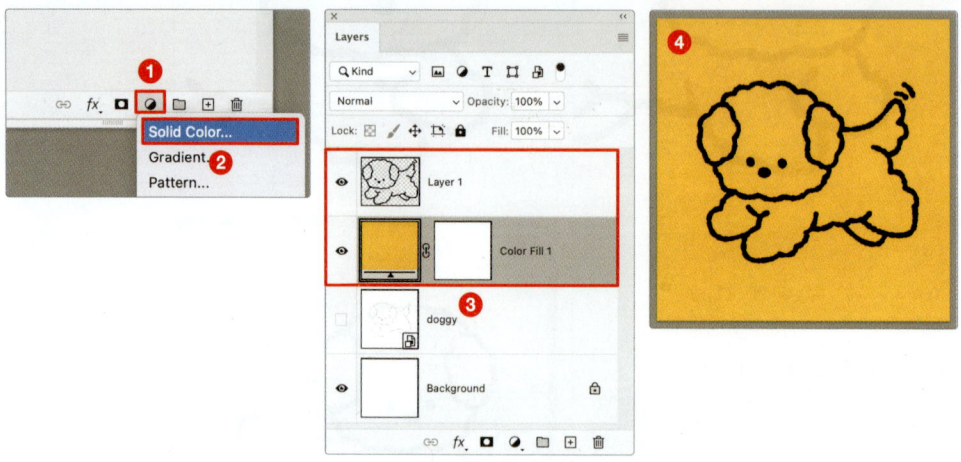

02 별도의 레이어에 채색하기 위해 ❶ Ctrl + Alt + Shift + N 을 눌러 새 레이어를 추가하고 [Layer 1] 레이어 아래에 배치합니다. ❷ 툴바에서 〈Paint Bucket Tool(G)〉을 선택하고 ❸ 모든 레이어의 색상을 감지하도록 옵션 바에서 [All Layers]에 체크합니다.

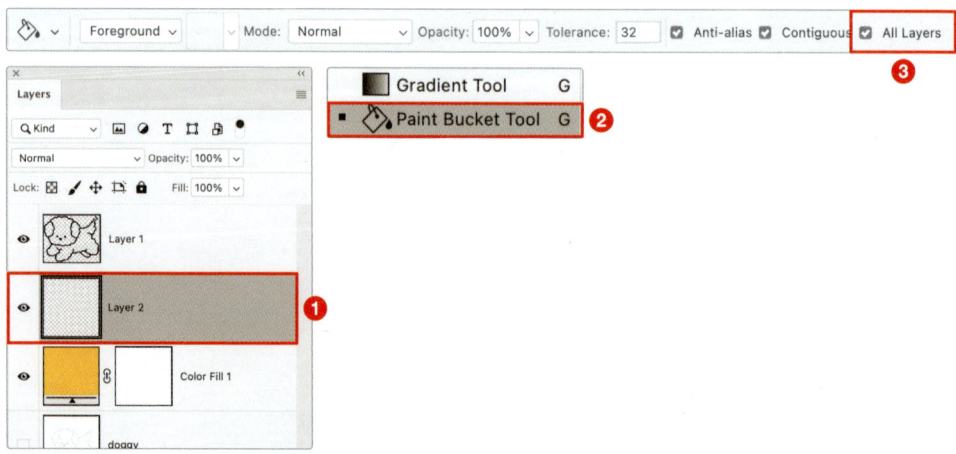

🔍 한 걸음 더   페인트 통 도구의 주요 옵션

《Paint Bucket Tool(G)》을 선택한 후 옵션 바를 보면 다음과 같은 옵션들을 설정할 수 있습니다.

`Tolerance: 32  ☑ Anti-alias  ☑ Contiguous  ☑ All Layers`

- **Tolerance(허용치):** 새로운 색으로 채울 영역으로 얼마나 넓은 범위를 포함할지 결정합니다. 값이 0에서 32 정도로 낮을수록 선택한 색상과 거의 동일한 색상만 채워지고, 64에서 255 정도로 높을수록 선택한 색상과 유사한 색상 범위까지 채워집니다.
- **Anti-alias(안티 앨리어스):** 체크하면 픽셀의 거친 가장자리를 없애서 경계가 매끄럽고 자연스러워집니다.
- **Contiguous(인접):** 체크하면 인접한 동일 색상에만 색이 채워지며, 해제 시 이미지 전체에서 색상이 채워집니다.
- **All Layers(모든 레이어):** 색상을 감지하는 기준을 현재 레이어만 사용할지, 모든 레이어를 기준으로 사용할지 정할 수 있습니다. 체크하면 모든 레이어를 기반으로 색상을 감지하고, 해제 시 선택 중인 레이어에서만 감지됩니다.

03
❶ 귀 안쪽을 클릭해서 검은색(전경색)을 채웁니다. 채색한 부분을 확대하면 픽셀 단위의 경계선이 보일 수 있습니다. 이럴 때는 한 번 더 클릭해 색을 채웁니다. ❷ 반대쪽 귀도 클릭해 검은색을 채웁니다.

04
❶ 전경색을 흰색으로 변경한 후 ❷ 머리, ❸ 몸, ❹ 다리 부분을 각각 클릭해 채색합니다. 몽글몽글 털이 매력적인 강아지 캐릭터 완성입니다.

LESSON 20 | 클라이언트를 사로잡는 목업

목업(Mockup)은 디자인 작업물이 실제 제작되었을 때 모습을 예측할 수 있도록 만든 가상의 제품 디자인입니다. 스마트 오브젝트 레이어에 다양한 스타일을 적용하여 실제 제품 사진 같은 명함 목업을 만들어 보겠습니다.

완성 결과 | 명함 목업.psd

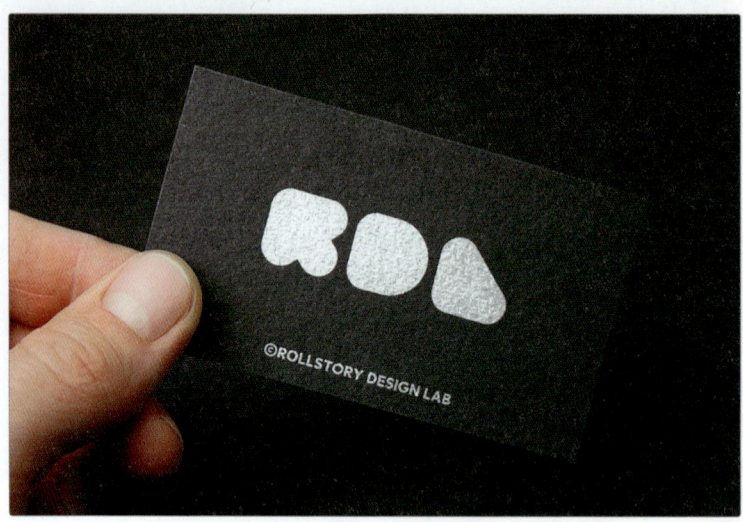

디자인 영역 만들기

목업의 시작은 실제 사진에서 디자인한 작업물이 배치될 영역을 스마트 오브젝트 레이어로 만드는 것입니다.

01 Ctrl+O를 눌러 [card.jpg] 예제 파일을 엽니다.

02 디자인 적용 영역을 지정하기 위해 ① 툴바에서 〈Rectangle Tool(U)〉을 선택하고 옵션 바에서 **Fill: 빨강, Stroke: 색 없음**을 적용합니다. ② 작업 영역을 클릭하여 Create Rectangle 창이 열리면 **Width: 1350px, Height: 900px**을 적용하고 ③ [OK]를 클릭하여 사각형을 추가합니다. ④ 〈Move Tool(V)〉로 명함과 겹치게 옮깁니다.

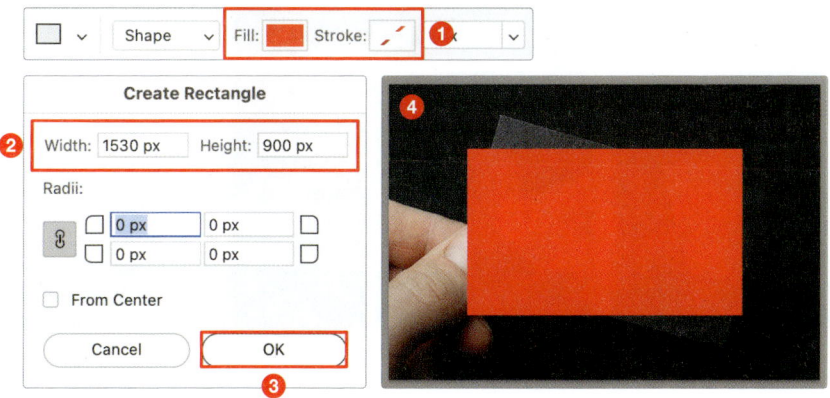

03 ① [Layers] 패널에서 [Rectangle 1] 레이어를 우클릭한 후 ② [Convert to Smart Object]를 선택하여 스마트 오브젝트로 변환합니다. ③ 뒤쪽 사진이 보이도록 Opacity: 50%로 불투명도를 조절합니다.

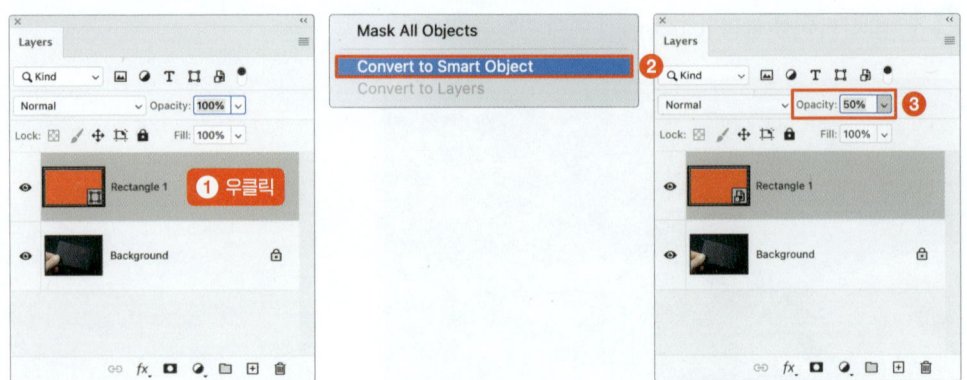

04 Ctrl+T를 눌러 자유 변형을 실행하고 Ctrl을 누른 채 각 모퉁이의 조절점을 드래그하여 사각형과 명함의 모양을 일치시킨 후 Enter를 눌러 자유 변형을 마칩니다.

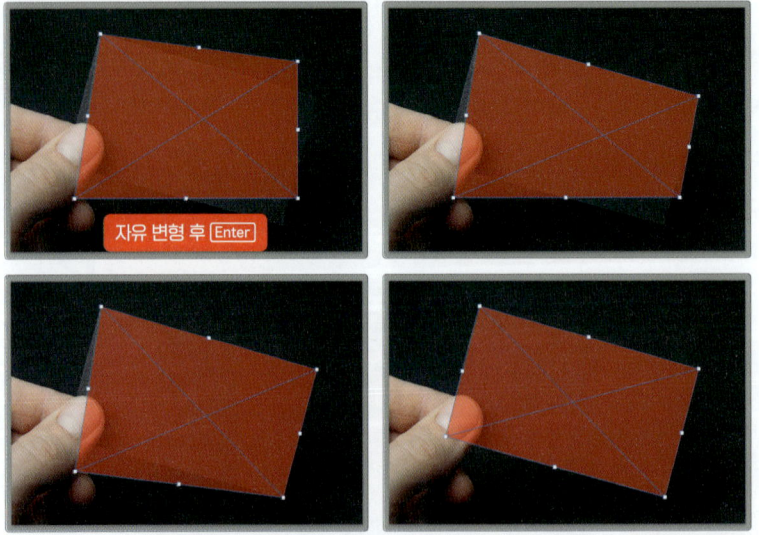

> **TIP** 자유 변형(Free Transform) 상태에서 Ctrl을 누른 채 조절점을 드래그하면 처음의 모양이나 비율을 무시한 채 자유롭게 왜곡할 수 있습니다.

05 손가락이 명함의 일부를 가리고 있습니다. 그러므로 손가락 부분을 마스크 처리해야 합니다. ① [Rectangle 1] 레이어의 섬네일을 Ctrl + 클릭하여 선택 영역으로 지정하고 ② [Add layer mask] 아이콘을 클릭하여 ③ 레이어 마스크를 추가합니다.

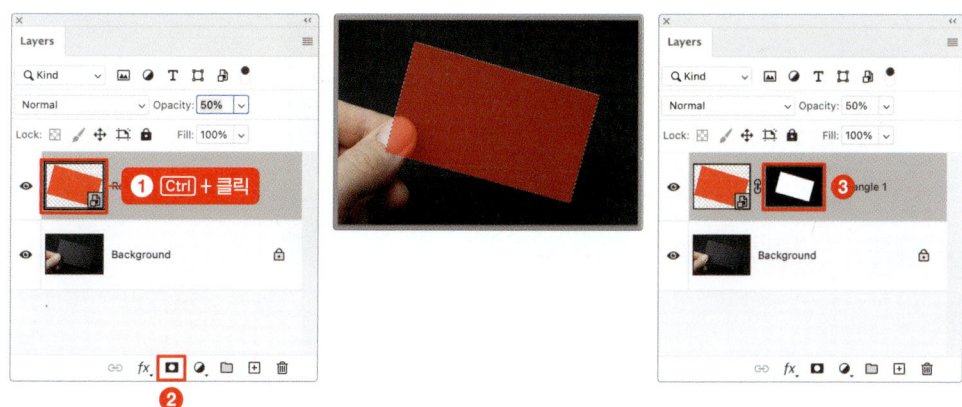

06 손가락 부분을 선택 영역으로 지정하기 위해 ① [Background] 레이어를 선택합니다. ② 툴바에서 〈Object Selection Tool(W)〉을 선택한 후 ③ 마우스 커서를 손가락으로 옮기면 붉은색으로 활성화되고, 이 상태에서 클릭하면 선택 영역으로 지정됩니다.

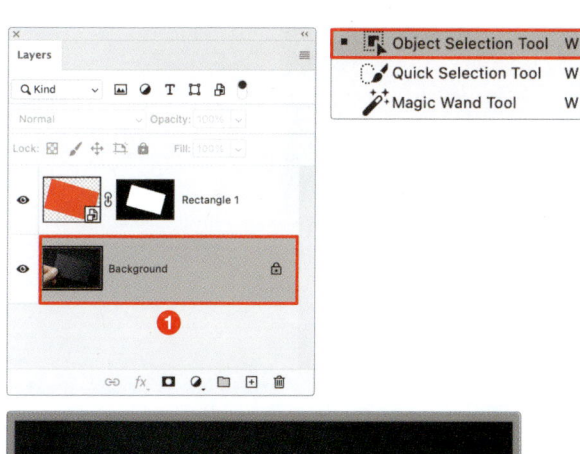

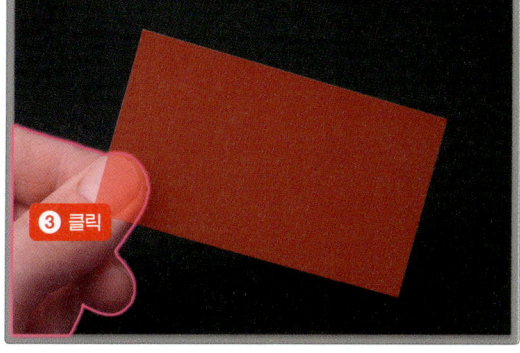

LESSON 20 클라이언트를 사로잡는 목업 **261**

07 ① [Rectangle 1] 레이어의 레이어 마스크를 선택한 후 Ctrl + Delete 를 눌러 손가락 부분을 검은색으로 채웁니다. ② 빨간 사각형에서 손가락 부분이 가려진 것을 확인한 후 Ctrl + D 를 눌러 선택 영역을 해제합니다.

08 ① [Layers] 패널에서 Opacity: 100%를 적용해 투명도 설정을 되돌립니다. ② 디자인 적용 영역이 완성되었습니다.

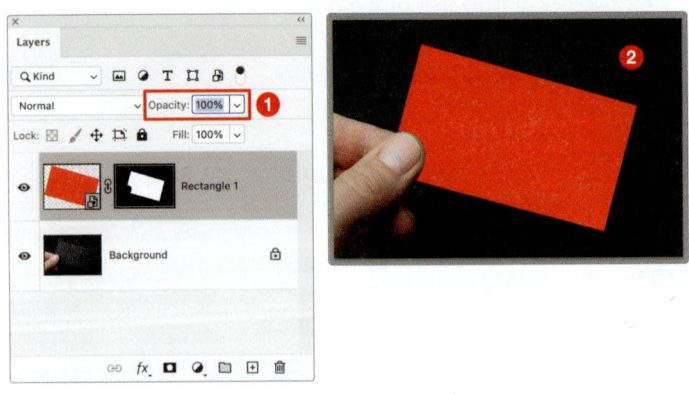

TIP 〈Move Tool(V)〉이 선택된 상태에서 숫자키를 눌러 레이어의 불투명도를 빠르게 변경할 수 있습니다.

◀◀ 실제 제품과 유사한 질감 표현하기

디자인이 적용될 영역을 만들었다면 이제 실제 제품(명함)을 제작하여 사진을 찍었을 때처럼 질감을 표현해야 합니다.

01 ① [Rectangle 1]의 레이어 섬네일을 더블 클릭하여 ② 해당 레이어의 원본 작업 창으로 이동합니다.

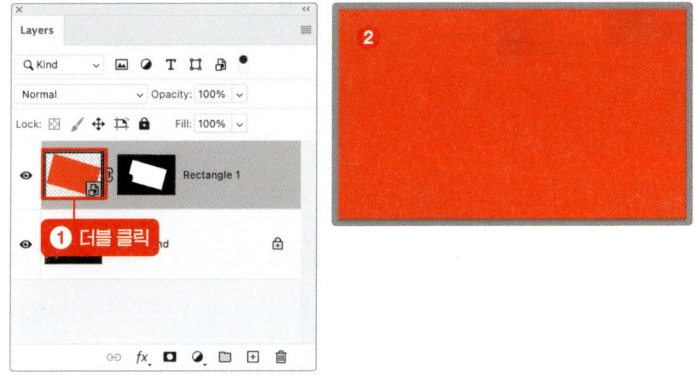

> **TIP** 스마트 오브젝트 레이어는 원본을 유지한 채 자유롭게 변형할 수 있습니다. 즉, 원본은 어딘가에 보관되어 있다는 의미입니다. 위 실습처럼 스마트 오브젝트 레이어의 섬네일을 더블 클릭하면 원본을 확인할 수 있으며, 여기서 수정한 내용은 작업 중이던 문서에도 반영됩니다.

02 사각형 원본인 ① Rectanle 1.psb 작업 창에서 [RDL_logo.png] 예제 파일을 가져와 그림과 같이 배치한 후 Enter 를 눌러 적용하고, ② [Layers] 패널에서 [Rectangle 1] 레이어의 눈 아이콘을 끄면 배경이 투명해집니다.

 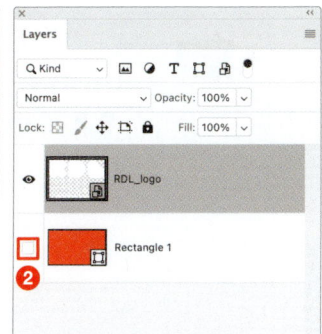 

LESSON 20 클라이언트를 사로잡는 목업 **263**

03 원본 작업 창에서 Ctrl+S를 눌러 저장한 후 목업 작업 창으로 돌아오면 다음과 같이 목업 작업에서 진행한 왜곡이 원본에서 변경한 디자인에도 반영된 것을 확인할 수 있습니다.

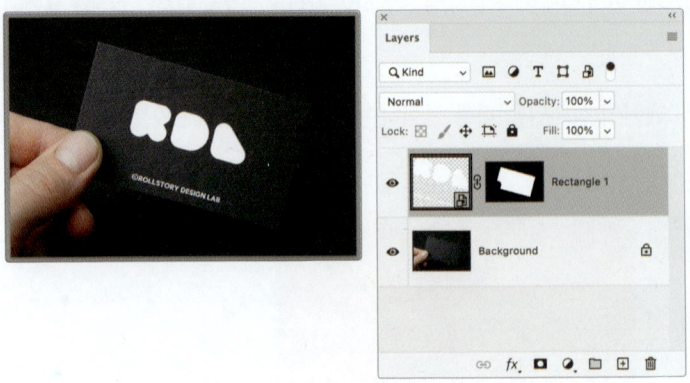

04 질감을 추가하기 위해 ① Ctrl+O를 눌러 [Business Card Mockup.psd] 예제 파일을 엽니다. 질감 스타일이 적용된 다른 명함 목업 파일입니다. ② [Layers] 패널에서 [Logo Here] 레이어를 선택하고 Ctrl+C를 눌러 복사합니다.

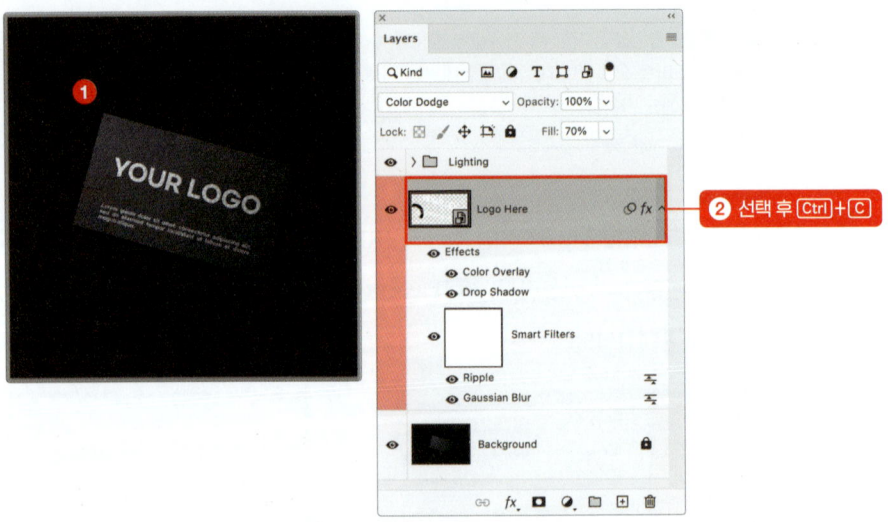

05 작업 중이던 목업 창으로 돌아와 ❶ Ctrl + V 를 눌러 레이어를 붙여 넣습니다. ❷ [Effects]를 선택한 후 Alt 를 누른 채 [Rectangle 1] 레이어로 드래그하면 ❸ 레이어 스타일이 복제 배치되고 ❹ 로고에 질감이 적용됩니다.

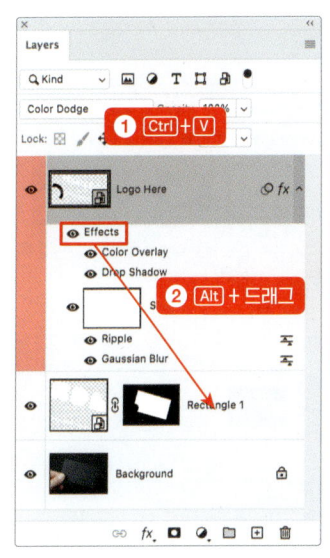
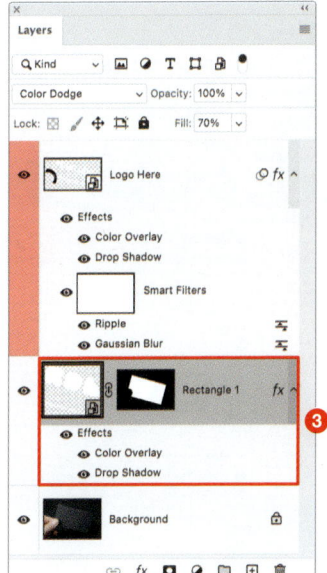

> **TIP** 레이어 스타일(Effects)을 복제하면 적용된 스타일과 함께 레이어에 적용된 블렌딩 모드(Blending Mode)와 채우기 설정(Fill) 값도 가져와집니다.
>
>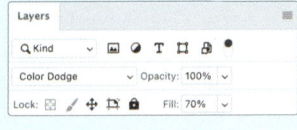

LESSON 20 클라이언트를 사로잡는 목업 **265**

06

❶ [Smart Filters]도 Alt 를 누른 채 [Rectangle 1] 레이어로 드래그하여 적용된 필터도 복제 배치합니다. ❷ [Logo Here] 레이어를 선택하고 Delete 를 눌러 지우면 실제 명함 사진 같은 목업이 완성됩니다.

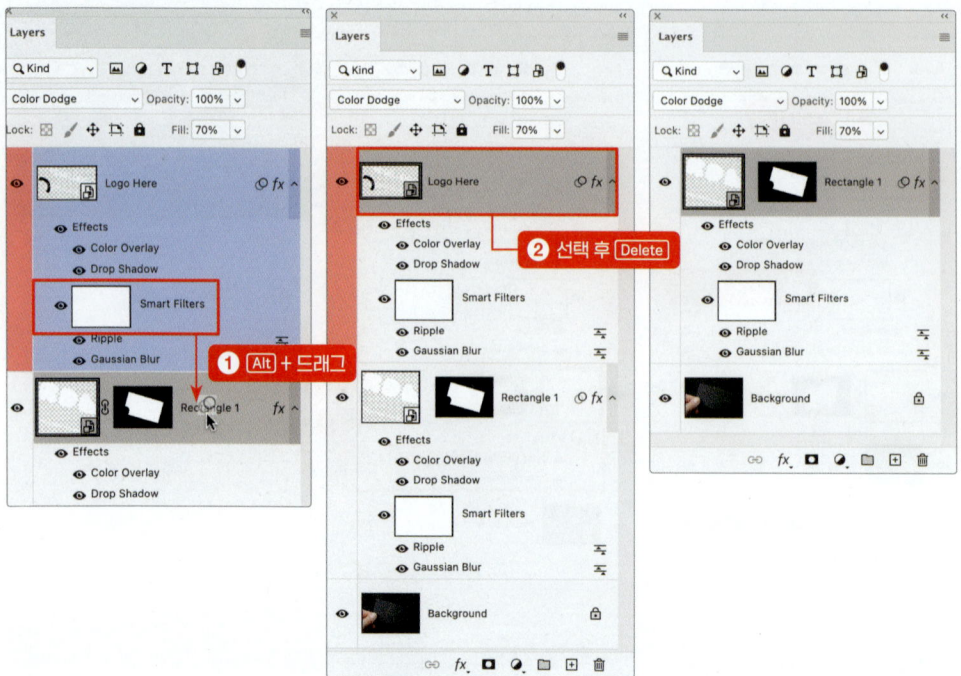

TIP 직접 질감 표현이 어렵다면 실습처럼 다른 사용자가 완성한 목업을 구한 후 적용된 스타일이나 필터를 복제해서 사용하는 것도 좋은 방법입니다.

◀◀ 목업 파일로 저장하기

대부분 목업 파일은 디자인이 적용될 스마트 오브젝트 레이어에 'Design Here' 또는 'Logo Here' 등의 이름을 사용하고, 빨간색으로 라벨 처리합니다. 완성한 목업을 다른 사용자도 쉽게 사용할 수 있도록 기본 표식을 적용한 후 저장합니다.

01 스마트 오브젝트 레이어인 ❶ [Rectangle 1] 레이어 이름을 더블 클릭하여 [Design Here]로 레이어 이름을 변경하고, ❷ 레이어를 눈 아이콘을 우클릭한 후 ❸ [Red]를 선택하여 라벨 처리하면 최종 완성입니다.

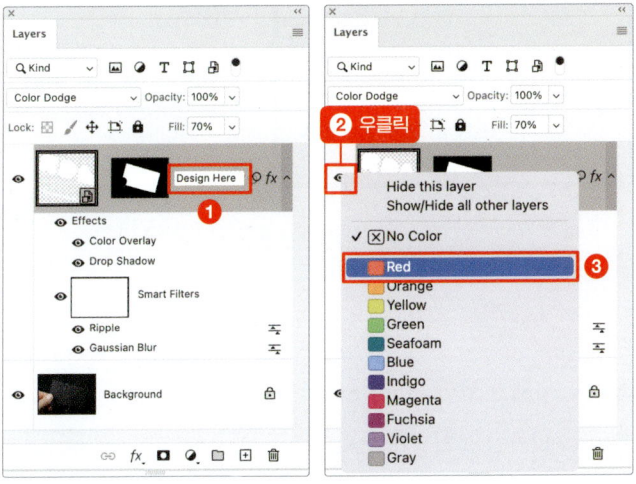

TIP 색상 라벨(Label)을 적용하여 레이어별 용도 등을 구분할 수 있습니다. 눈 아이콘에서 우클릭하거나 레이어에서 우클릭한 후 [Color]를 선택해서 변경할 수 있습니다.

02 Ctrl + Shift + S 를 눌러 Save As 창이 열리면 포토샵 원본 포맷인 PSD로 목업 작업을 저장합니다.

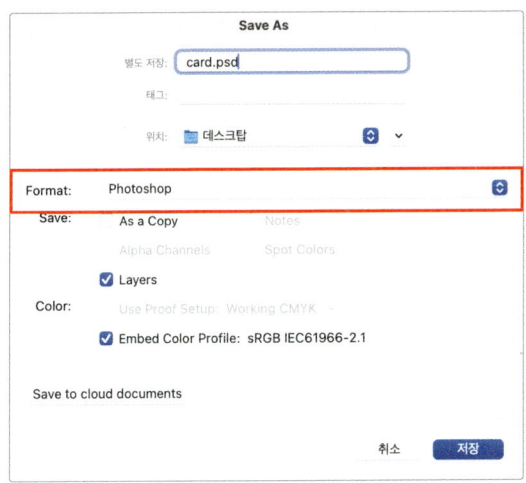

LESSON 20 클라이언트를 사로잡는 목업 **267**

완성한 목업 사용해 보기

목업은 완성한 후 1회 사용으로 끝내는 것이 아닙니다. 스마트 오브젝트 레이어에서 디자인만 변경해서 무한대로 사용할 수 있습니다.

01 목업을 활용하기 위해 ❶ [Design Here] 레이어의 섬네일을 더블 클릭하여 원본 창으로 이동합니다. ❷ 포토샵에서 만든 텍스트나 도형 또는 외부에서 만든 이미지 등 자유롭게 원본 작업 영역을 꾸미고 Ctrl+S를 눌러 저장한 후 Ctrl+W를 눌러 원본 창을 닫습니다.

02 목업 작업 창으로 돌아오면 원본 창에서 꾸민 디자인이 목업의 명함 위에 반영된 것을 확인할 수 있습니다. 같은 방법으로 다양한 디자인을 적용해 보세요.

한 걸음 더 — 포토샵 목업 제작의 기본 3단계

실습에서 만든 목업을 이용하면 다음과 같이 다양한 명함 디자인을 완성할 수 있습니다. 이러한 목업(Mockup)을 제작하는 기본 과정은 실제 사진을 기반으로 사실감 있게 디자인을 표현하는 과정이며, 스마트 오브젝트(Smart Object)와 레이어 스타일 등을 활용해 현실감을 표현합니다.

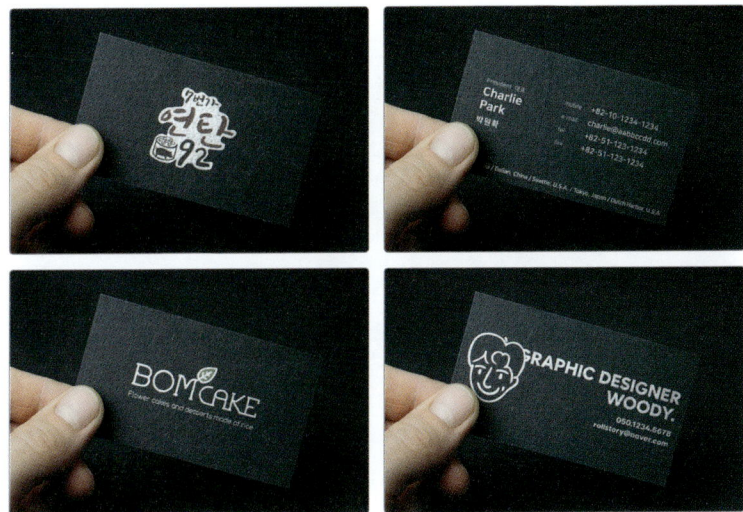

복습 차원에서 목업 제작의 3단계를 다시 한번 살펴보겠습니다.

1. **사진 준비하기**: 명함, 포스터, 제품 등 실제로 촬영한 사진 또는 현실감 있는 이미지를 준비합니다.
2. **디자인 영역 만들기**: 디자인이 적용될 기본 영역을 구분한 후 스마트 오브젝트 레이어로 만듭니다. 그런 다음 실제 사진처럼 영역을 왜곡하고 구도를 맞춥니다.
3. **질감 적용하기**: 레이어 스타일이나 필터 등을 사용해 목업 디자인과 어울리는 질감을 적용합니다. 'Photoshop Mockup' 등으로 검색하면 수많은 유/무료 목업을 쉽게 구할 수 있습니다. 마음에 드는 질감을 찾았다면 스타일을 복사해 활용해 보세요.

응용해 보기

예제의 원본 명함은 검은색 배경입니다. 간단하게 명함의 배경색을 바꿀 수 있습니다.

01 ① [Create new fill or adjustment layer] 아이콘을 클릭한 후 [Solid Color]를 선택한 다음 ② Color: #39941e을 적용합니다.

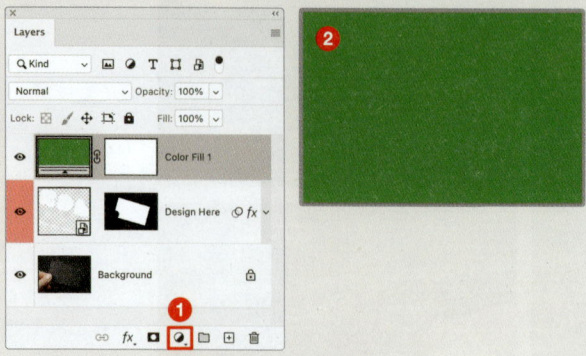

02 ① [Alt]를 누른 채 [Design Here] 레이어의 레이어 마스크를 [Color Fill 1] 조정 레이어의 레이어 마스크로 드래그해서 복제합니다. ② 레이어 마스크를 교체할지 묻는 창이 열리면 [Yes]를 클릭합니다. ③ 그림과 같이 조정 레이어가 디자인 영역에만 반영됩니다.

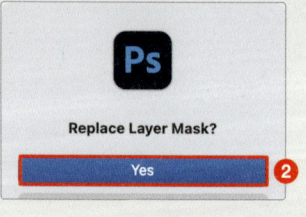

03 ❶ [Color Fill 1] 조정 레이어를 드래그하여 [Design Here] 레이어 아래로 옮기고 ❷ Blending Mode: Color Dodge를 적용하면 ❸ 명함의 배경색 변경이 완료됩니다. 이후로는 조정 레이어의 섬네일을 더블 클릭하여 손쉽게 다른 색으로 변경할 수 있습니다.

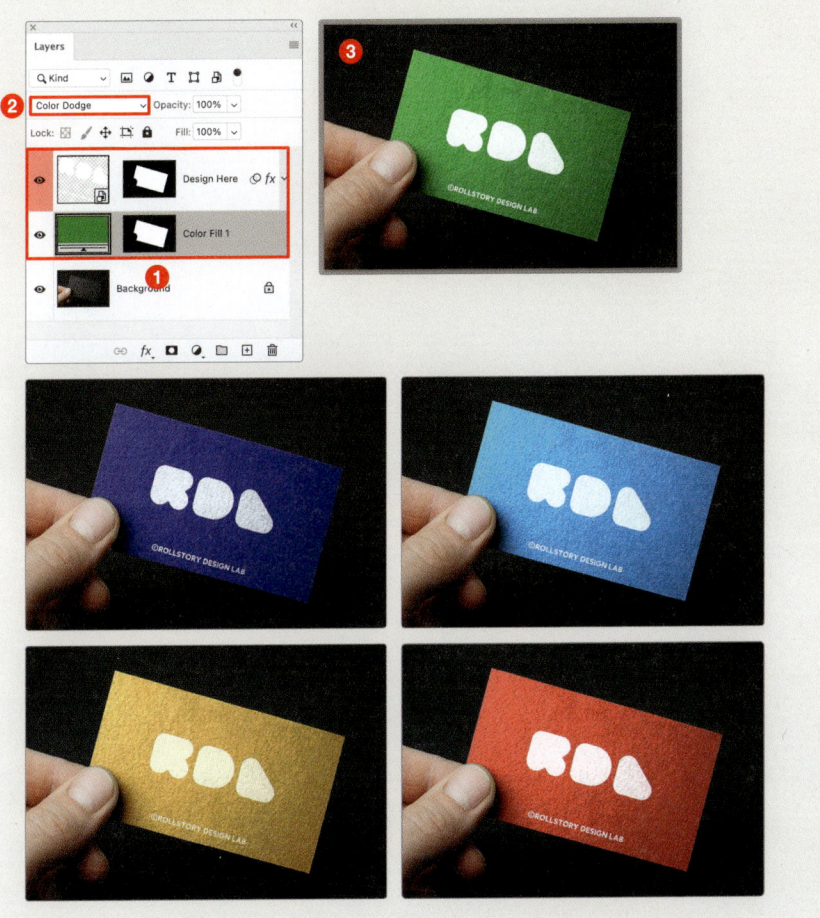

일러스트레이터는 도형과 선을 그리는 벡터 작업 도구를 넘어, 다양한 그래픽 작업의 중심이 되는 필수 도구가 되었습니다. 이번 챕터에서는 20가지 일러스트레이터 실습을 하나씩 따라 해 보면서 기본 기능부터 꼭 알아야 할 핵심 도구와 효율적인 작업 방식, 디자인 감각을 살릴 수 있는 실전 노하우까지 배울 수 있습니다. 모든 실습이 끝난 후에는 여러분의 독창적인 디자인을 완성해 보세요!

CHAPTER

03

벡터 디자인의 정석 일러스트레이터

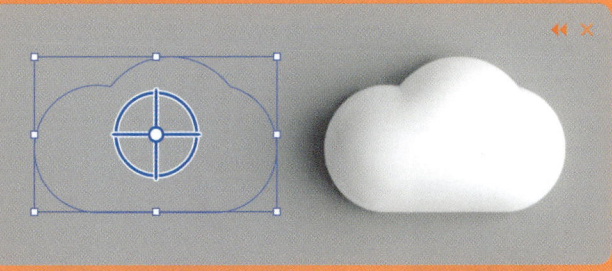

◇ LESSON

01 | 사각형과 라이브 코너로 완성한 여우 캐릭터

간단한 사각형도 라이브 코너 기능을 활용하면 다양한 형태로 변형할 수 있습니다. 라이브 코너의 조작 방식을 익히며 사각형을 활용한 귀여운 여우 캐릭터를 만들어 보겠습니다.

완성 결과 | 여우 캐릭터.ai

이것만은 반드시!

- **라이브 코너**: 도형의 모퉁이를 실시간으로 둥글게, 오목하게, 또는 모따기 형태로 조절할 수 있는 기능입니다. 도형을 그리면 모퉁이에 표시되는 라이브 코너 위젯을 이용하여 변형할 수 있습니다.

▲ 사각형에 표시된 라이브 코너 위젯   ▲ Round, Inverted Round, Chamfer

- **Fill & Stroke**: 도형의 안쪽(칠, Fill)과 외곽선(선, Stroke)을 설정하는 일러스트레이터의 기본 스타일링 기능입니다.

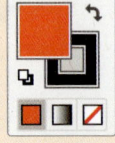

◀ Fill과 Stroke가 적용된 도형과 툴바의 설정

◀◀ 사각형으로 배경 만들기

포토샵에서는 새 레이어를 추가하거나 조정 레이어를 사용하여 배경에 색을 채울 수 있습니다. 하지만, 일러스트레이터에서는 별도의 배경 개념이 없으므로, 사각형 도형을 활용하여 간단하게 배경을 만들 수 있습니다.

01 ① Ctrl + N을 눌러 New Document 창을 엽니다. ② 분류에서 [Print] 탭을 누른 후 ③ 세부 정보에서 Width: 100mm, Height: 100mm로 적용하고 ④ [Create] 버튼을 클릭해 새 작업을 시작합니다.

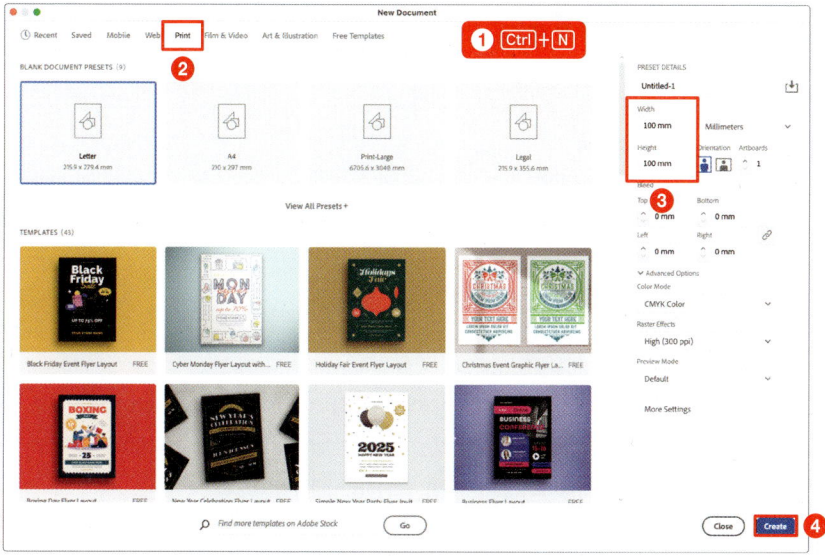

> **TIP** [Print] 탭에 있는 프리셋을 활용하면 인쇄에 최적화된 [Color Mode: CMYK Color, Raster Effects: High(300ppi)]가 기본값으로 설정되어 있습니다.

02 캐릭터의 배경을 만들기 위해 ① 툴바 아래쪽에 있는 색상 아이콘을 더블 클릭하거나 F6을 눌러 [Color] 패널을 열고, ② Fill: C75/M0/Y75/K0, Stroke: None(색상 없음)을 적용합니다.

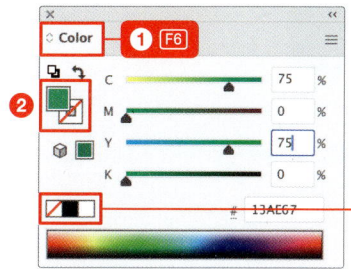

왼쪽부터 순서대로 None, 검은색, 흰색을 적용할 때 사용합니다.

🔍 한 걸음 더   Fill과 Stroke 색상 지정하기

일러스트레이터 개체의 색상을 지정할 때는 내부 색상인 Fill(칠)과 경계선의 색상인 Stroke(선)로 나뉩니다.

▲ [Fill: 주황, Stroke: 검정]이 적용된 사각형 개체

이러한 색상은 툴바의 색상 아이콘을 더블 클릭하거나 단축키 F6 을 눌러 [Color] 패널을 열고 지정합니다. [Color] 패널이나 툴바에서 면으로 된 사각형이 Fill, 테두리 형태의 사각형이 Stroke를 의미하므로, 적용하고 싶은 위치의 아이콘을 클릭해서 선택한 후 색상을 지정하면 됩니다.

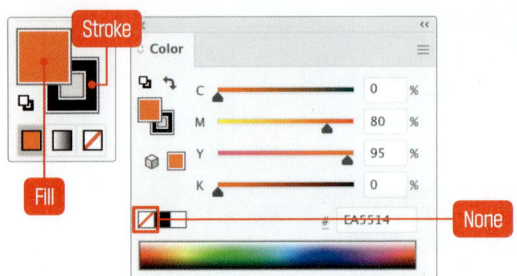

▲ 툴바의 색상 아이콘과 [Color] 패널

이때 정확한 수치를 알고 있다면 CMYK값이나 오른쪽 아래에 있는 입력란에 #EASS14와 같이 16진수로 된 색상 코드를 입력하고, 그렇지 않다면 가장 아래쪽에 있는 스펙트럼에서 원하는 색을 클릭합니다. Fill 또는 Stroke를 투명하게 설정하고 싶다면 [None(/)] 아이콘을 클릭하면 됩니다.

---

03 ❶ 툴바에서 〈Rectangle Tool(M)〉▢을 선택한 후 ❷ 작업 영역을 클릭하여 Rectangle 창이 열리면 **Width: 100mm, Height: 100mm**를 적용하고 ❸ [**OK**]를 클릭합니다. ❹ 클릭한 지점을 기준으로 가로세로 100mm의 사각형이 그려집니다.

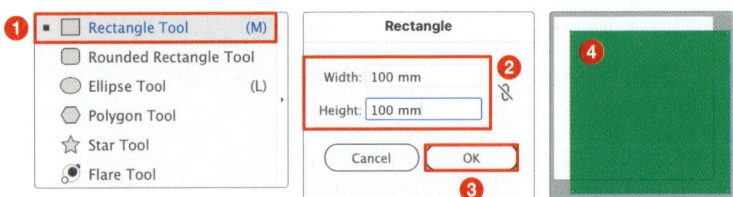

> **TIP** 〈Rectangle Tool(M)〉과 같은 도형 도구를 선택한 후 작업 영역에서 원하는 크기로 드래그하여 도형 개체를 추가할 수 있으며, 정확한 크기로 도형을 추가하고 싶다면 위와 같은 방법을 이용합니다.

04 툴바에서 〈Selection Tool(V)〉▶을 선택한 후 사각형을 드래그하여 작업 영역 중앙으로 옮기고, Ctrl+2를 눌러 도형 개체(사각형)를 잠금 처리합니다.

TIP 수정이 끝난 개체는 의도치 않은 편집을 방지하기 위해 잠금(Lock) 처리하는 것이 좋습니다. 일괄 잠금 해제 (Unlock)는 Ctrl+Alt+2를 누르고, 특정 개체만 잠금 해제할 때는 개체 위에서 마우스 우클릭 후 [Unlock] 메뉴를 이용합니다.

◀◀ 사각형과 라이브 코너로 얼굴 완성하기

모퉁이를 자유롭게 조절할 수 있는 라이브 코너를 이용하면 사각형을 다양한 형태로 변경할 수 있습니다. 세모, 원, 타원 등을 만들 수 있는 기본 도구도 있지만, 여기서는 라이브 코너 기능을 익히기 위해 오직 〈Rectangle Tool(M)〉만을 이용해 여우 캐릭터를 완성해 보겠습니다.

01 ❶ [Color] 패널(F6)에서 Fill: C0/M80/Y95/K0, Stroke: None을 적용하고 ❷ 툴바에서 〈Rectangle Tool(M)〉□을 선택한 후 작업 영역을 클릭합니다. ❸ Rectangle 창이 열리면 Width: 25mm, Height: 25mm를 적용하고 ❹ [OK]를 클릭하여 작은 사각형을 그립니다.

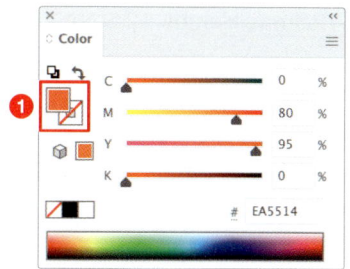 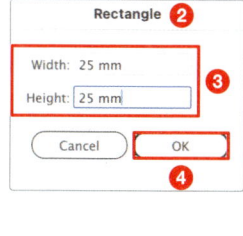 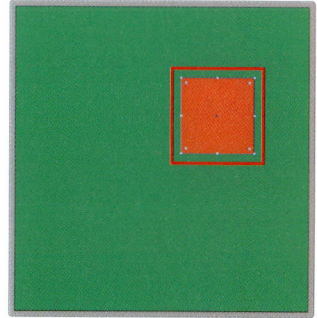

02 Ctrl + + 를 여러 번 눌러 작업 영역을 적당하게 확대합니다. 툴바에서 〈Selection Tool(V)〉 ▶을 선택한 후 Shift 누른 채 주황색 사각형에서 왼쪽 아래와 오른쪽 아래의 라이브 코너 위젯을 각각 클릭하여 다중 선택합니다.

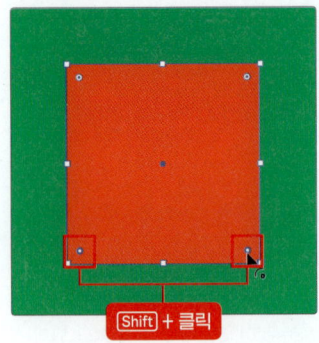

TIP 사각형 개체의 각 모퉁이 안쪽에는 2개의 원이 겹친 듯한 라이브 코너 위젯이 있으며, 클릭해서 선택하면 흰색 원 형태로 바뀝니다.

03 선택한 2개의 위젯 중 하나를 클릭한 채 개체 안쪽으로 끝까지 드래그하면 다음과 같이 사각형의 아래쪽이 반원 모양으로 바뀝니다.

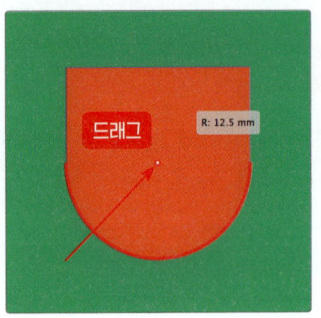

TIP 라이브 코너 위젯은 한 개만 선택해서 변형할 수도 있고, Shift 를 누른 채 여러 개의 위젯을 선택해서 한 번에 변형할 수도 있습니다. 라이브 코너 위젯이 보이지 않는다면 〈Selection Tool(V)〉 또는 〈Direct Selection Tool(A)〉로 해당 개체를 클릭해 보세요.

04 날렵한 여우의 입 모양을 표현하기 위해 ❶ 툴바에서 〈Rectangle Tool(M)〉 ▢을 선택한 후 작업 영역을 클릭하여 Rectangle 창을 엽니다. ❷ Width: 12.5mm, Height: 12.5mm를 적용한 후 ❸ [OK]를 클릭하고, ❹ [Color] 패널(F6)에서 Fill: White, Stroke: None을 적용하여 흰색 사각형을 추가합니다.

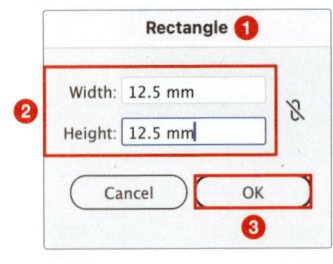 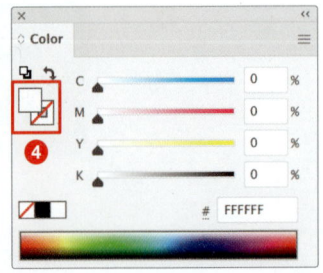

05
① 툴바에서 〈Selection Tool(V)〉 ▶을 선택한 후 흰색 사각형을 다음과 같이 반원의 절반과 정확하게 겹치도록 배치합니다. 개체를 드래그하다 보면 스마트 가이드가 표시되어 정확한 위치에 배치할 수 있습니다.

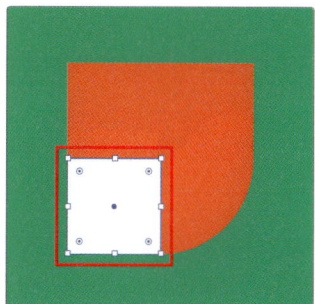

TIP Smart Guide(스마트 가이드)는 자주색으로 표시되어 정렬, 스냅(snap), 맞춤 작업을 직관적으로 도와주는 보조 기능입니다. 이동, 회전, 크기 조절 작업 중에 자동으로 표시되며, 단축키 Ctrl + U 를 눌러 활성화 또는 비활성화할 수 있습니다.

06
흰색 사각형의 형태를 변형하기 위해 ① Shift 를 누른 채 왼쪽 아래와 오른쪽 위에 있는 라이브 코너 위젯을 각각 클릭하여 다중 선택하고, ② 안쪽으로 드래그하여 나뭇잎 형태로 여우의 턱 부분을 표현합니다.

 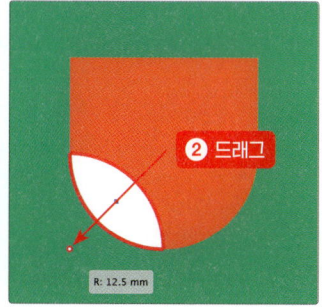

07
앞서의 과정을 반복하여 반대쪽 턱 부분까지 완성합니다. ① 흰색 사각형을 추가한 후 ② 왼쪽 위와 오른쪽 아래의 라이브 코너 위젯을 선택하고 드래그하면 됩니다.

 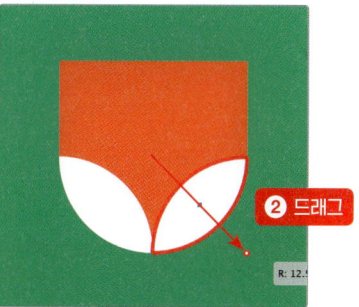

08 계속해서 ❶ ⟨Rectangle Tool(M)⟩▭을 선택한 후 작업 영역을 클릭하고, Rectangle 창이 열리면 **Width: 12.5mm, Height: 12.5mm**를 적용한 후 ❷ [OK]를 클릭합니다. ❸ ⟨Selection Tool(V)⟩▶을 선택한 후 추가한 사각형을 머리 위쪽으로 드래그하고, ❹ 오른쪽 위의 라이브 코너 위젯을 클릭하여 선택한 후 ❺ 안쪽으로 드래그하면 귀가 됩니다.

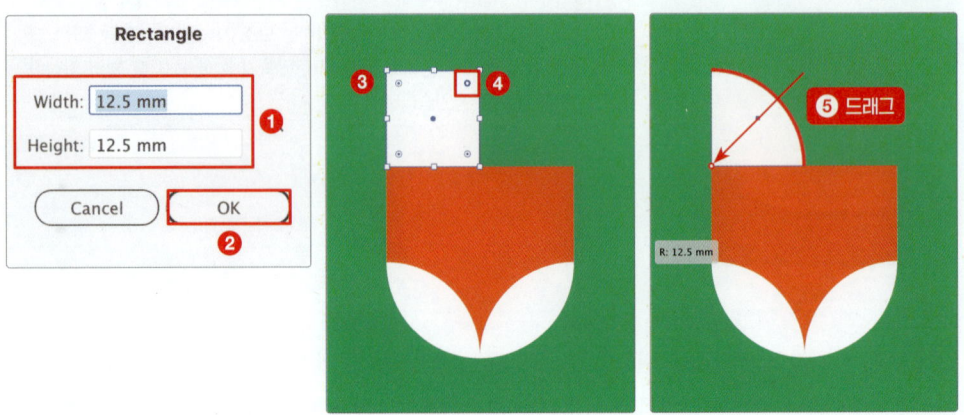

09 끝으로 작업 창 위에 있는 컨트롤 바에서 ❶ [Corner Type](모퉁이 유형) 아이콘을 클릭한 후 ❷ [Chamfer](모접기)를 선택합니다. ❸ 부채꼴이 삼각형으로 바뀌면서 뾰족한 귀 모양이 완성됩니다.

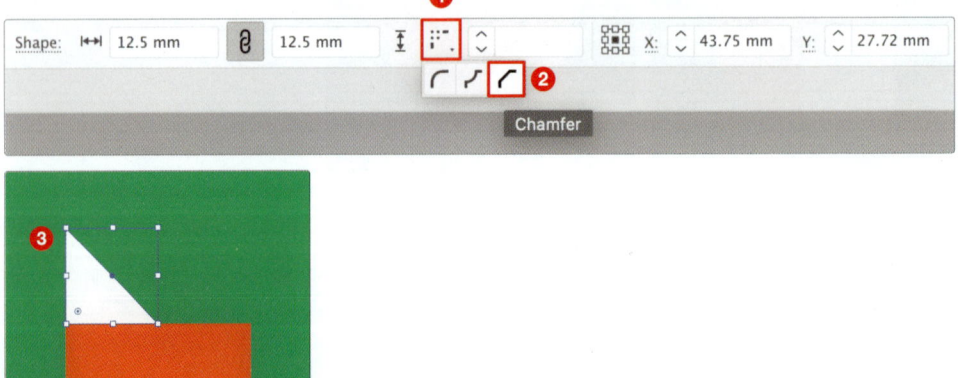

> **TIP** 작업 창 위에 컨트롤 바가 보이지 않는다면 메뉴 바에서 [Window-Control]을 선택하면 됩니다. 이 외에도 현재 화면에 보이지 않는 패널을 표시할 때는 [Winodw] 메뉴를 확인하면 됩니다.

10 앞의 과정을 참고하여 반대쪽 귀도 완성합니다. ① 사각형을 추가한 후 ② 왼쪽 위의 위젯을 안쪽으로 드래그하고, ③ 모퉁이 유형을 [Chamfer](모접기)로 변경하면 됩니다.

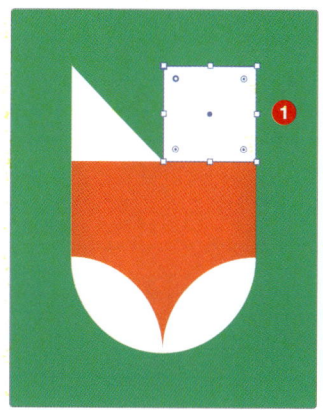 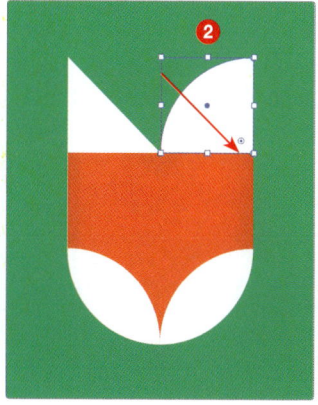 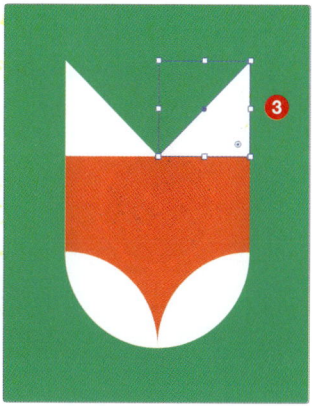

디테일 추가하여 캐릭터 완성도 높이기

지금까지의 결과만 봐도 충분히 여우를 떠올릴 수 있을 겁니다. 여기에 디테일을 조금만 추가하면 완성도를 훨씬 높일 수 있습니다. 원형으로 여우의 코와 눈을 표현해 보겠습니다. 이때 〈Ellipse Tool(L)〉(원형 도구)을 이용해도 되지만, 여기서는 사각형을 변형해서 사용하겠습니다.

01 ① 툴바에서 〈Rectangle Tool(M)〉 을 선택한 후 작업 영역에서 빈 공간을 클릭하고, Rectangle 창이 열리면 **Width: 3mm, Height: 3mm**를 적용한 후 ② [OK]를 클릭합니다. ③ [Color] 패널(F6)에서 **Fill: Black, Stroke: None**으로 적용하여 검은색 사각형을 만듭니다.

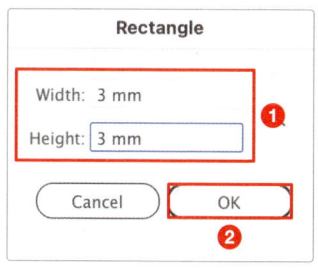 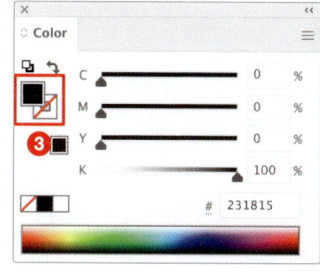 

TIP 팝업 창이나 패널에서 값을 입력한 후 Tab을 누르면 빠르게 다음 값 입력란으로 이동할 수 있습니다.

02 추가한 도형의 크기가 작으므로 Ctrl + + 를 여러 번 눌러 작업 영역을 확대한 후 작업합니다. ❶ 검은색 사각형에서 임의의 라이브 코너 위젯을 안쪽으로 드래그하여 정원으로 변형합니다.
❷ 〈Selection Tool(V)〉▶을 선택한 후 검은색 정원을 여우의 코 위치로 드래그하여 옮깁니다.

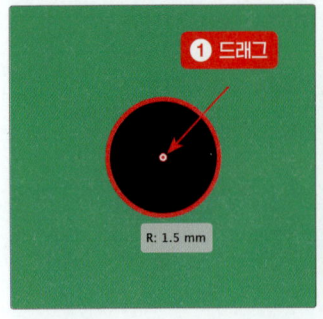

🔍 한 걸음 더   작업 영역 확대/축소하기

일러스트레이터에서는 작업 영역을 확대하거나 축소하는 일이 빈번하게 발생합니다. 그러므로 다음과 같은 확대/축소 방법을 기억한 후 상황에 맞는 방법을 사용하면 됩니다.

- 점진적으로 확대/축소: Ctrl + + / Ctrl + - 또는 Alt + 마우스 스크롤
- 특정 영역을 기준으로 확대/축소: Ctrl + Spacebar + 드래그 / Ctrl + Alt + Spacebar + 드래그
- 화면 크기에 맞추기: Ctrl + 0
- 원본 크기(100%)로 보기: Ctrl + 1

03 ❶ Ctrl + C 를 눌러 검은색 원을 복사하고 Ctrl + V 를 2번 눌러 2개를 붙여 넣습니다.
❷ 〈Selection Tool(V)〉▶을 선택한 후 복사된 2개의 원을 각각 눈 위치로 옮깁니다.

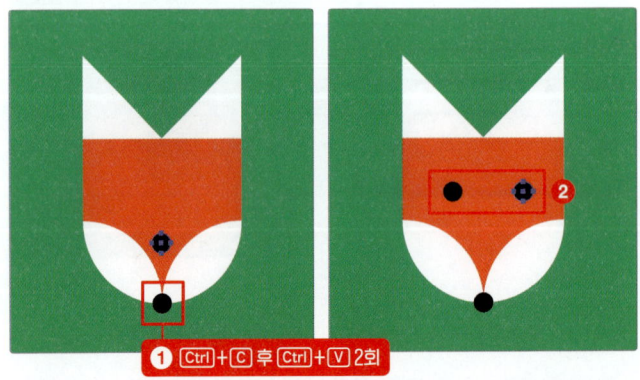

TIP 〈Selection Tool(V)〉이 선택된 상태에서 특정 개체를 Alt + 드래그하면 해당 개체를 빠르게 복제할 수 있습니다. Alt + 드래그하는 도중에 Shift 를 추가로 누르면 수직/수평/대각선 방향으로 복제할 수 있습니다.

04 눈 위치에 배치한 2개의 검은색 원을 Shift 를 누른 채 각각 클릭해서 다중 선택하고, 드래그하여 중앙에 배치하면 여우 캐릭터 완성입니다. 드래그하는 중에 스마트 가이드가 표시되어 손쉽게 정렬할 수 있습니다.

05 끝으로 ❶ 〈Selection Tool(V)〉▶ 이 선택된 상태에서 범위를 드래그하여 캐릭터의 모든 개체를 선택합니다. ❷ 모든 개체가 선택된 상태에서 작업 영역 중앙으로 드래그합니다. 스마트 가이드로 'center'가 표시되어 정중앙을 파악할 수 있습니다.

🔍 한 걸음 더 Scale Corners(모퉁이 비율 조정)

개체의 크기를 조절할 때 모퉁이의 둥근 정도(R값, Round Corner)와 같은 코너 스타일의 비율을 유지할지 여부를 설정할 수 있습니다. 아무런 개체를 선택하지 않은 상태에서 [Properties] 패널을 보면 다음과 같은 [Scale Corners] 옵션이 있습니다.

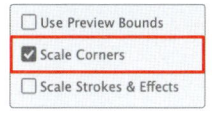

- **Scale Corners 비활성:** 크기를 조절하면 둥근 모퉁이의 곡률(R값)도 함께 커지거나 작아집니다.
- **Scale Corners 활성:** 크기를 조절해도 둥근 모퉁이의 비율이 그대로 유지됩니다.

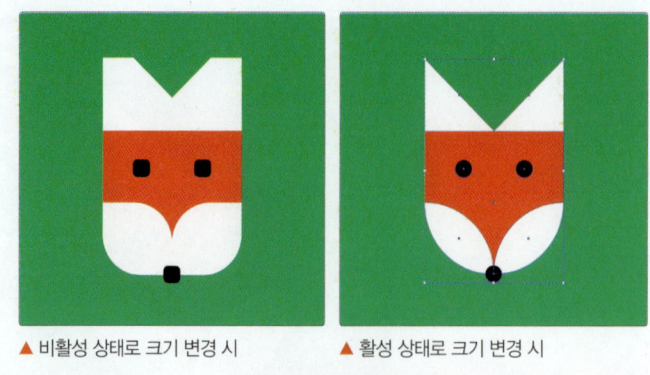

▲ 비활성 상태로 크기 변경 시   ▲ 활성 상태로 크기 변경 시

응용해 보기

여우의 전체 모습을 떠올려 보세요. 풍성한 꼬리털이 떠오르지 않나요? 여우의 특징을 고려하여 앞서 만든 얼굴에 몸통, 꼬리까지 추가해 보겠습니다.

01 ❶ 〈Rectangle Tool(M)〉□로 가로세로 20mm의 주황색 정사각형을 추가합니다. ❷ 얼굴 왼쪽에서 코의 중앙과 사각형의 아랫변이 정렬되도록 배치하고, ❸ 사각형의 왼쪽 위 라운드 코너를 이용해 둥글게 변형합니다.

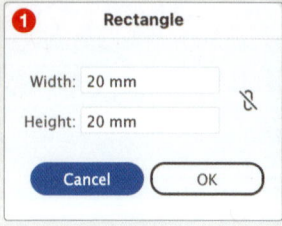  

TIP 작업 영역에 있는 개체를 선택한 후 새 도형을 추가하면 직전에 선택했던 개체의 스타일(색상, 선, 굵기 등)이 그대로 적용됩니다.

02 ❶ 가로세로 20mm인 주황색 정사각형을 추가하고, 그림과 같이 배치합니다.
❷ 〈Selection Tool(V)〉▶로 오른쪽 변의 중앙에 있는 조절점을 코의 중앙까지 드래그하여 직사각형을 만들고, ❸ 왼쪽 아래의 라운드 코너를 이용해 둥글게 변형합니다.

03 ❶ 처음 추가한 몸통 개체를 Alt +드래그하여 복제하고, ❷ 조절점 바깥쪽에서 Shift를 누른 채 드래그하여 시계 방향으로 90도 회전합니다. ❸ 툴바에서 [Fill: 흰색]을 적용한 후 그림과 같이 배치하여 꼬리를 표현합니다.

04 화면을 확대해 보면 코가 꼬리에 가려져 있습니다. 코(검은색 원)를 선택한 후 맨 앞으로 정돈하는 단축키인 Ctrl + Shift +] 를 누릅니다.

05 ❶ 범위를 드래그하여 모든 개체를 선택하고, Shift를 누른 채 눈과 코 개체를 각각 클릭하여 선택에서 제외합니다. ❷ [Color] 패널(F6)에서 **Stroke: 검정**을 적용하고 ❸ [Stroek] 패널(Ctrl+F10)에서 **Weight: 3pt, Corner: Round Join**을 적용하면 완성입니다.

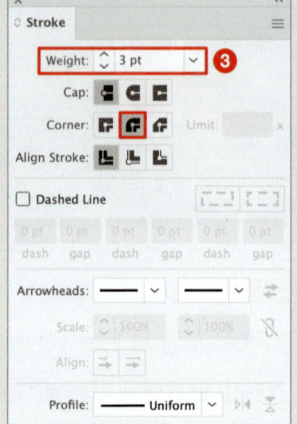

LESSON 02 | 페인트 브러시와 오프셋 패스로 완성한 꽃 일러스트

도형과 일러스트레이터의 몇 가지 필수 기능을 사용해 의인화한 꽃의 머리 부분과 얼굴 표정, 줄기, 나뭇잎까지 단계별로 귀여운 꽃 일러스트를 완성해 보겠습니다.

완성 결과 | 꽃 일러스트.ai

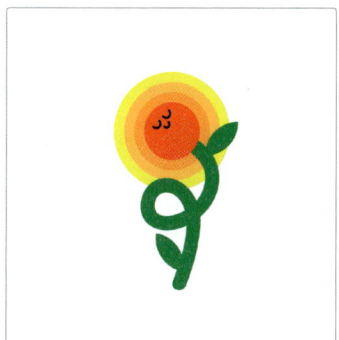 

이것만은 반드시!

- **Offset Path(오프셋 패스):** 기존 경로의 안쪽 또는 바깥쪽에 새로운 경로를 생성하는 기능으로, 일정한 간격으로 개체의 크기를 변경할 수 있습니다.

▲ 비율에 맞춰 크기 변경(좌)과 Offset Path로 크기 변경(우)

- **Paintbrush Tool(페인트 브러시 도구):** 자유롭게 드래그하여 Stroke 상태의 패스를 그리는 도구입니다.
- **Scissors Tool(가위 도구):** 경로의 특정 위치를 자르거나 분할하는 도구입니다.

◀◀ 원형과 Offset Path로 꽃의 얼굴 표현하기

개체의 크기를 일정한 간격으로 조정할 수 있는 Offset Path를 활용해 다채로운 색상의 얼굴을 표현해 보겠습니다.

01 ❶ Ctrl+N을 눌러 New Document 창을 엽니다. ❷ 분류에서 [Print] 탭을 누른 후 ❸ 세부 정보에서 Width: 100mm, Height: 100mm로 적용하고 ❹ [Create] 버튼을 클릭해 새 작업을 시작합니다.

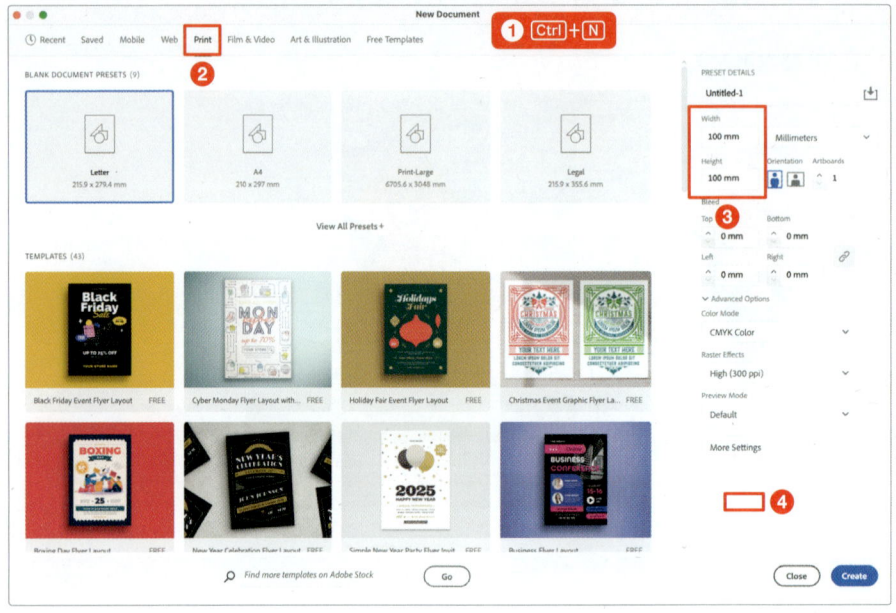

02 ❶ 툴바에서 〈Ellipse Tool(L)〉을 선택하고 ❷ [Color] 패널(F6)에서 Fill: C0/M80/Y95/K, Stroke: None을 적용합니다. ❸ 작업 영역을 클릭해 Ellipse 창이 열리면 Width/Height: 17mm를 적용하고 ❹ [OK]를 클릭하여 주황색 원을 추가합니다.

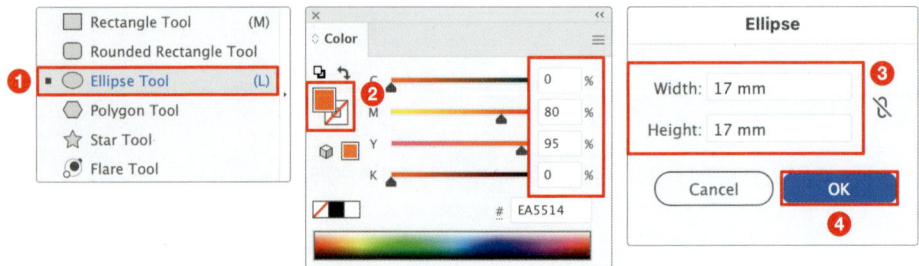

03 꽃의 머리 부분이 빛나는 것처럼 표현해 보겠습니다. ❶ 메뉴 바에서 [Object-Path-Offset Path]를 선택하여 Offset Path 창이 열리면 **Offset: 3mm**를 적용하고 ❷ [OK]를 클릭합니다. ❸ 기존 원보다 3mm 커진 원이 추가됩니다.

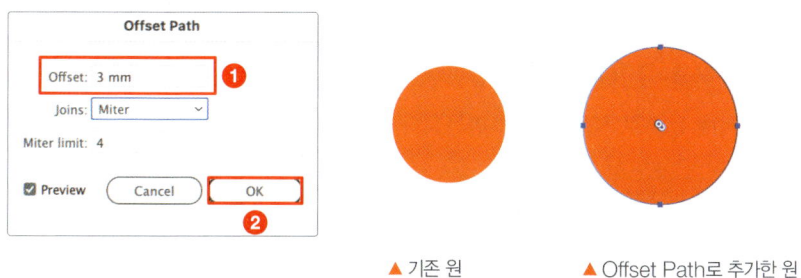

▲ 기존 원   ▲ Offset Path로 추가한 원

> **TIP** 위와 같이 Offset Path 기능을 이용하면 원본(기존 패스) 개체에서 일정한 간격으로 크기를 변경한 개체를 추가할 수 있습니다. 이때 [Offset] 옵션에 양수(+)를 입력하면 바깥쪽(크게)으로, 음수(-)를 입력하면 안쪽(작게)으로 새로운 개체가 생성됩니다.

04 ❶ [Swatches] 패널에서 현재 색보다 살짝 옅은 주황색을 선택합니다. ❷ Offset Path로 추가한 개체는 원본 개체의 뒤쪽에 배치되므로, 색을 변경했더니 다음과 같이 원본 원과 추가한 원이 구분되어 표시됩니다.

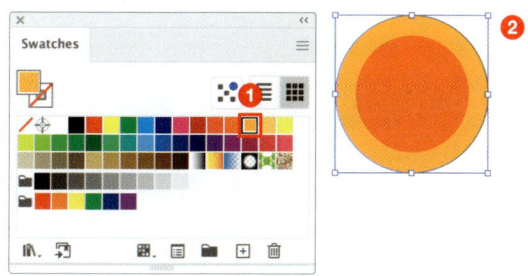

05 메뉴 바에서 [Object-Path-Offset Path]를 선택하여 3mm씩 확장된 원을 추가하고, [Swatches] 패널에서 좀 더 밝은 색으로 변경하는 과정을 두 번 더 반복하여 다음과 같이 총 4개의 원이 겹친 모양을 완성합니다.

 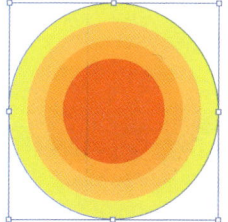

> **TIP** Offset Path 창에서 [Offset] 옵션값을 입력하고 Tab 을 누르면 미리보기 결과를 확인할 수 있습니다.

◀◀ 원형을 잘라 얼굴 표정 표현하기

원을 추가한 후 자르기, 붙이기, 선(Stroke) 스타일 변경 등의 방법으로 얼굴 표정을 만듭니다.

01 ❶ 〈Ellipse Tool(L)〉◯로 작업 영역을 클릭하여 Ellipse 창이 열리면 **Width / Height: 2.5mm**를 적용하고 ❷ [OK]를 클릭합니다. ❸ [Color] 패널(F6)에서 **Fill: None, Stroke: Black**을 적용하여 눈으로 사용할 원을 만듭니다.

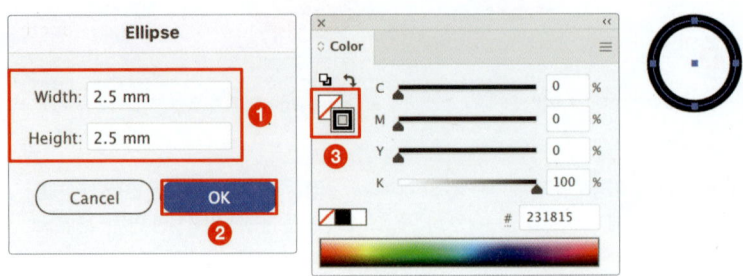

02 Ctrl+ + 를 눌러 화면을 확대합니다. ❶ 눈으로 사용할 원을 절반으로 자르기 위해 〈Scissors Tool(C)〉✂을 선택하고, ❷ 그림과 같이 원의 수평을 가로지르는 두 개의 앵커 포인트를 각각 클릭하여 수평으로 자릅니다.

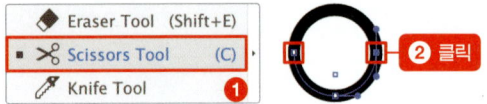

03 ❶ 〈Selection Tool(V)〉▶을 선택한 후 자른 원의 위쪽 개체를 클릭해서 선택하고 ❷ Delete 를 눌러 삭제하면 반원만 남습니다.

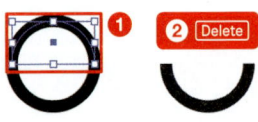

> **TIP** 〈Scissors Tool〉은 일명 가위 도구로 불리며, Path(경로)의 특정 지점을 클릭하여 가위로 자르듯 개체를 분할할 수 있습니다.

04

❶ 남은 반원을 선택하고 ❷ [Stroke] 패널(Ctrl+F10)에서 **Weight: 2pt, Cap: Round Cap**을 적용합니다. ❸ 곡선형으로 변한 반원을 Alt+드래그하면서 Shift를 추가로 눌러 수평으로 오른쪽에 복제하면 눈이 완성됩니다.

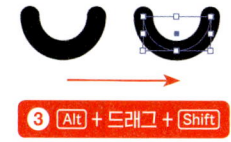

🔍 한 걸음 더   [Stroke] 패널 살펴보기

선(Stroke)이 적용된 개체는 [Stroke] 패널에서 세부 옵션을 조절하여 형태를 변경할 수 있습니다. 오른쪽과 달리 모든 옵션이 보이지 않는다면 패널의 이름 탭을 더블 클릭해서 옵션을 확장/축소하면 됩니다.

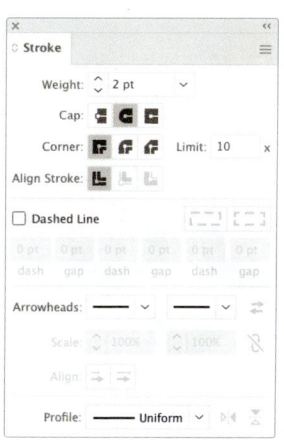

- **Weight**: 획의 두께를 변경하는 옵션으로 값이 클수록 획이 두꺼워집니다.

- **Cap**: 직선이나 곡선처럼 끝이 있는 개체를 열린 패스라고 하며, 열린 패스의 단면을 변경할 수 있습니다. 왼쪽부터 순서대로 Butt Cap(접한 단면), Round Cap(둥근 단면), Projecting Cap(돌출 단면)입니다. 돌출 단면을 선택하면 같은 크기로 그린 개체라도 길이가 더 길어집니다.

- **Corner**: 모퉁이(코너)가 있는 개체라면 모퉁이의 스타일을 변경할 수 있습니다. 왼쪽부터 순서대로 Miter Join(각진 연결), Round Join(둥근 연결), Bevel Join(경사 연결)입니다. 모퉁이 스타일 중 [Miter Join]을 선택하면 [Limit] 옵션을 이용하여 각이 너무 뾰족해지는 것을 제한할 수 있습니다.

- **Align Stroke**: Path와 선의 정렬 방식으로, 왼쪽부터 순서대로 Center, Inside, Outside입니다. [Center]를 선택하면 선과 Path과 중앙 정렬되며, [Inside]는 선이 Path 안쪽으로, [Outside]는 선이 Path 바깥쪽으로 정렬됩니다.

- **Dashed Line**: 선을 점선 스타일로 표현할 수 있습니다. [Dash]에는 점선의 길이를, [Gap]에는 점선과 점선의 간격을 입력합니다. 각 [Dash]와 [Gap]에 서로 다른 값을 입력하여 독특한 점선 스타일을 만들 수도 있습니다.

- **Arrowheads:** Path의 시작점과 끝점에 화살표를 추가하는 옵션입니다. 사용할 화살표 모양을 선택한 후 Scale(크기)과 Align(화살표 머리의 정렬 방식)을 변경할 수 있습니다.
- **Profile:** 획의 굵기 형태를 선택합니다. 기본값으로 굵기가 일정한 [Uniform]이 적용되어 있으며, 시작과 끝의 두께가 다르게 설정된 다양한 옵션값 중 선택할 수 있습니다.

05 ❶ Alt +드래그하여 눈과 눈 사이로 반원 한 개를 복제하고, ❷ Alt + Shift 를 누른 채 모퉁이의 조절점을 안쪽으로 드래그하여 크기를 살짝 줄이면 입이 됩니다.

TIP 개체의 조절점을 드래그할 때 Alt 를 누르면 기준점(중앙)을 유지한 채 크기를 변경할 수 있고, Shift 를 누르면 본래의 비율을 유지한 채 크기를 변경할 수 있습니다.

06 ❶ 범위를 드래그하여 표정을 모두 선택한 후 ❷ 모퉁이 바깥쪽에서 Shift +드래그하여 45도 회전합니다. ❸ 회전한 표정 개체를 앞서 만든 꽃 안쪽으로 옮겨 머리를 완성합니다.

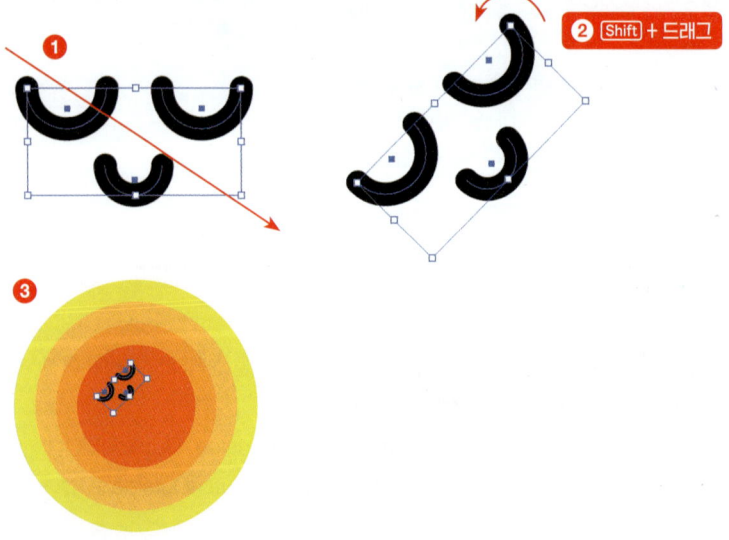

자유 드로잉으로 줄기 그리기

이제 간단하게 줄기만 표현하면 됩니다. 〈Paintbrush Tool(B)〉을 활용해 자유로운 선을 그리고, 꽃잎을 배치하여 완성해 보겠습니다.

01 툴바에서 ❶ 〈Paintbrush Tool(B)〉을 더블 클릭합니다. ❷ Paintbrush Tool Options 창이 열리면 [Fidelity](정확도) 옵션을 Smooth 방향으로 한 칸 옮깁니다.

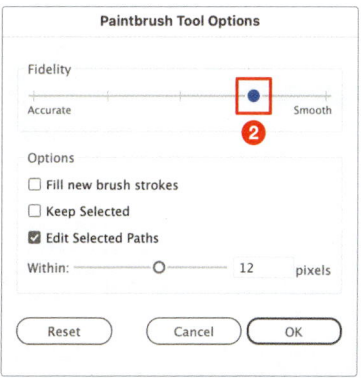

> **TIP** 〈Paintbrush Tool(B)〉, 일명 페인트 브러시 도구는 자유롭게 드로잉하여 Path를 그리는 도구입니다.

🔍 한 걸음 더   Paintbrush Tool Options 창 살펴보기

툴바에서 각 도구 아이콘을 더블 클릭하면 해당 도구의 옵션 창이 열립니다. 여기서는 〈Paintbrush Tool(B)〉의 상세 옵션을 살펴보겠습니다.

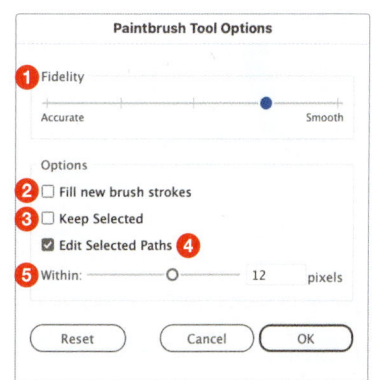

- ❶ **Fidelity:** 브러시의 정확도를 조절합니다. 왼쪽으로 옮길수록 드로잉한 그대로 선이 그려지며, 오른쪽으로 옮길수록 좀 더 부드럽게 자동으로 조정됩니다.
- ❷ **Fill new brush strokes:** 체크 시 브러시로 그린 Path에 따라 면이 지정된 색으로 채워집니다.
- ❸ **Keep Selected:** 체크 시 브러시로 그린 Path가 선택 상태로 유지합니다. Path를 그린 후 바로 수정하거나 속성을 변경한다면 체크해서 사용하는 것이 좋습니다.
- ❹ **Edit Selected Paths:** 체크 시 임의의 Path를 선택한 상태로 주변에서 드로잉하면 기존 Path가 수정되는 설정으로, 기존 경로를 매끄럽게 다듬거나 변형할 때 유용합니다.
- ❺ **Within:** [Edit Selected Paths] 체크 시 활성화되며, 얼마나 가까운 거리(픽셀 기준)에서 드로잉해야 기존 Path가 수정될지를 결정할 수 있습니다. 예를 들어 [12pixels]로 적용하면 선택 중인 Path의 12픽셀 이내에서 드로잉해야 기존 Path가 수정됩니다.

02 ❶ [또는]를 눌러 브러시 크기를 적당히 조절한 후 돼지 꼬리 모양의 줄기를 드로잉합니다. ❷ [Color] 패널(F6)에서 Fill: None, Stroke: C85/M10/Y100/K10을 적용하면 ❸ 초록색 줄기가 완성됩니다.

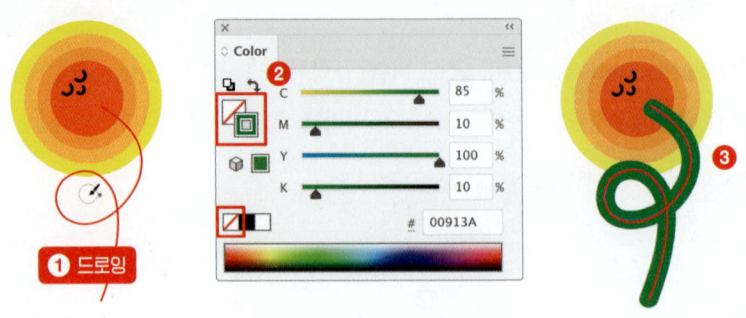

03 〈Selection Tool(V)〉 ▶로 줄기 개체를 선택하고, 그림과 같이 가장 안쪽 원 바로 다음 순서로 정돈되도록 뒤로 보내기 단축키인 Ctrl + [를 여러 번 누릅니다.

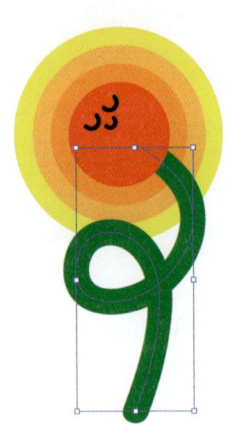

TIP 개체를 선택한 후 Ctrl + [또는]를 누르면 한 단계 뒤/앞으로 정돈되며, Ctrl + Shift + [또는]를 누르면 맨 뒤/맨 앞으로 정돈됩니다.

04 마지막으로 잎을 추가합니다. ❶ 툴바에서 〈Rectangle Tool(M)〉 ▢을 선택한 후 작업 영역을 클릭하여 Width / Height: 10mm를 입력하고 ❷ [OK]를 클릭합니다. ❸ 선만 적용된 정사각형이 추가되면 ❹ Shift + X 를 눌러 Stroke와 Fill의 색상을 교체합니다.

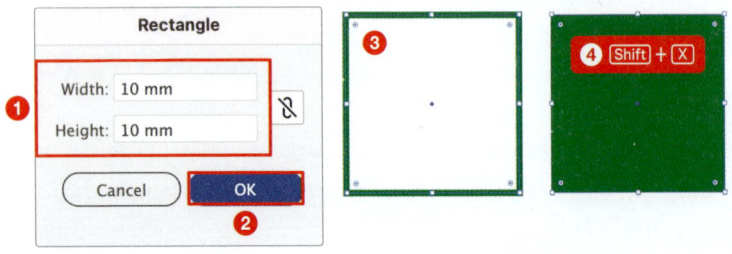

🔍 한 걸음 더 | 툴바에서 색상 조정하기

툴바 가장 아래쪽에는 [Fill]과 [Stroke] 아이콘이 있어 각각 클릭한 후 칠와 선의 색을 변경할 수 있습니다. 이 외에도 주변에 다양한 아이콘이 배치되어 있어 빠르게 색상을 조정할 수 있도록 돕습니다.

X를 누르면 [Fill]과 [Stroke] 옵션의 선택 상태를 전환할 수 있습니다.
❶ Fill: 더블 클릭하여 개체의 칠 색상을 변경합니다.
❷ Stroke: 더블 클릭하여 개체의 선 색상을 변경합니다.
❸ Swap Fill and Stroke(Shift+X): Fill과 Stroke 색상을 서로 교체합니다.
❹ Default Fill and Stroke(D): Fill은 흰색 Stroke는 검은색으로 초기화합니다.
❺ Color(<): 선택한 영역에 색상을 적용합니다.
❻ Gradient(그라디언트)(>): 선택한 영역에 그레이디언트를 적용합니다.
❼ None(/): 선택한 영역의 색상을 제거합니다.

05 ❶ 〈Selection Tool(V)〉 ▶을 선택하고 Shift를 누른 채 사각형에서 왼쪽 위와 오른쪽 아래의 라이브 코너 위젯을 각각 클릭해서 다중 선택합니다. ❷ 선택 중인 위젯을 안쪽으로 드래그하여 모양을 변형하고, ❸ 줄기 옆으로 드래그하여 배치합니다.

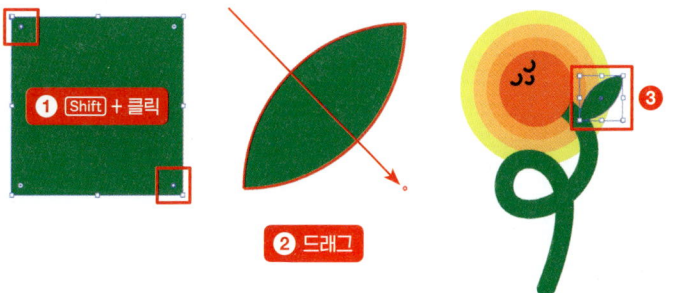

06 ❶ Alt +드래그하여 나뭇잎을 복제 배치한 후 ❷ 조절점 바깥쪽에서 드래그하여 적절하게 회전하면 완성입니다.

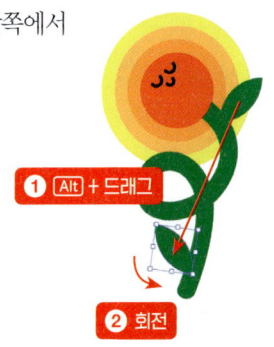

▼≡ 응용해 보기

도형을 이용해 꽃 일러스트에 어울리는 배경을 만들어 보겠습니다.

01 ❶ 〈Rectangle Tool(M)〉▫을 이용하여 작업 영역과 같은 크기(Width/Height: 100mm)의 정사각형을 만들고, **Fill: C30/M0/Y0/K0, Stroke: None**으로 색상을 변경합니다. ❷ 작업 영역에 맞춰 배치한 후 Ctrl + Shift + [ ] 를 눌러 맨 뒤로 정돈하고, Ctrl + 2 를 눌러 사각형 개체를 잠급니다. 사각형 배경 만들기 및 잠금 처리는 000쪽에서 자세히 설명합니다.

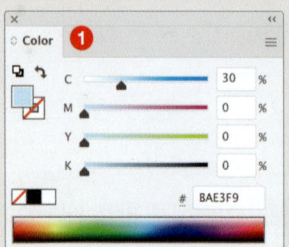

02 ❶ 〈Rectangle Tool(M)〉▫을 선택한 후 작업 영역 아래쪽에서 드래그하여 적당한 높이로 직사각형을 추가하고, ❷ **Fill: C90/M0/Y100/K0, Stroke: None**으로 색상을 적용합니다.

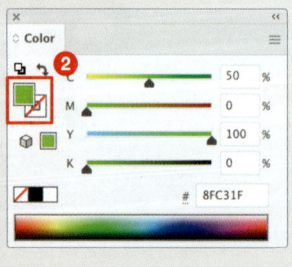

03 ① 툴바에서 〈Anchor Point Tool〉 을 선택하고, ② 초록색 직사각형의 위쪽 변 중간 지점을 클릭한 채 위로 드래그하면 볼록하게 변형됩니다. ③ `Ctrl`+`Shift`+`[`를 눌러 맨 뒤로 정돈한 후 `Ctrl`+`[`를 눌러 한 단계 앞으로 정돈하면 예쁜 배경의 일러스트 완성입니다.

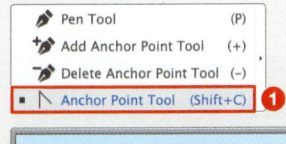

TIP 〈Anchor Point Tool(`Shift`+`C`)〉은 위와 같이 직선을 곡선으로 변형하는 도구입니다.

LESSON 03 도형과 패스파인더로 완성한 풍경 일러스트

패스파인더는 도형을 결합, 분리, 자르는 기능입니다. 도형을 패스파인더 기능으로 변형하여 구름, 나무, 집 등 다양한 요소를 표현하고, 색상과 음영을 추가해 생동감 있는 풍경 일러스트를 완성해 보겠습니다.

완성 결과 | 배경 일러스트.ai

이것만은 반드시!

- **Pathfinder(패스파인더)**: 두 개 이상의 도형을 결합, 분리, 자르는 등 모양을 변형할 수 있는 기능입니다.

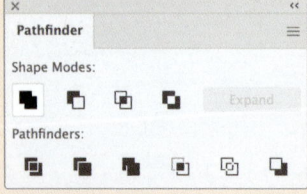

▲ [Pathfinder] 패널

- **Reflect Tool(반사 도구)**: 선택한 개체를 대칭으로 복제하거나 옮길 수 있는 도구입니다.

패스파인더로 여러 도형 합치기

패스파인더의 Unite 기능은 여러 도형을 하나로 결합할 때 사용합니다. 예제 파일을 열고, 미리 추가해 놓은 여러 도형을 합쳐 풍경 요소를 완성해 보겠습니다.

01 [Open] 메뉴의 단축키인 Ctrl+O를 눌러 [배경 일러스트.ai] 예제 파일을 엽니다. 다음과 같이 2개의 작업 영역이 있으며, 왼쪽에는 배경이, 오른쪽에는 여러 도형으로 조합한 도면이 배치되어 있습니다.

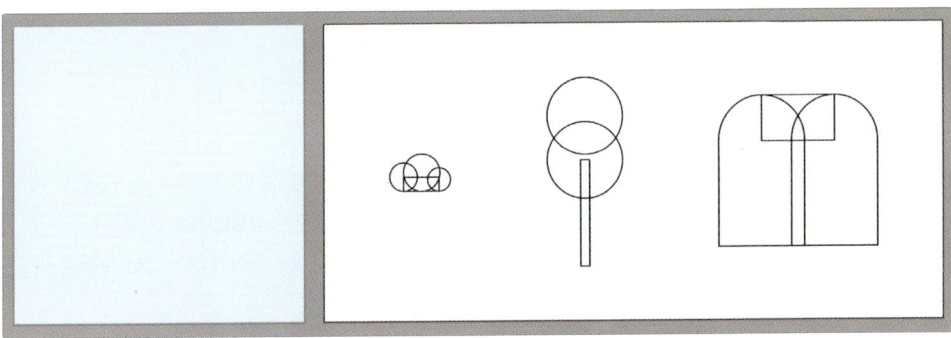

TIP 책에서 작업 영역이라고 표현하는 흰색 영역의 본래 명칭은 아트보드(Artboard)로, 인쇄나 디지털 출력에 사용될 영역입니다. 일러스트레이터에서 새 작업을 시작한 다음 툴바에서 〈Artboard Tool〉을 선택하면 기존 아트보드의 크기나 위치를 변형할 수 있고, 회색 영역에서 드래그하여 새로운 아트보드를 추가할 수도 있습니다.

02 ❶ 툴바에서 〈Selection Tool(V)〉▶을 선택한 후 범위를 드래그하여 다음과 같이 첫 번째 도면의 도형을 모두 선택합니다. ❷ [Pathfinder] 패널(Shift+Ctrl+F9)에서 [Unite] 아이콘을 클릭하여 ❸ 도형을 하나로 합칩니다.

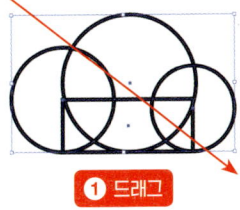 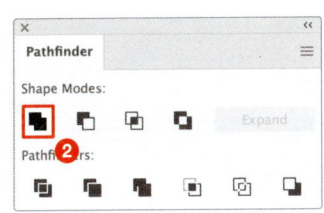 

LESSON 03 도형과 패스파인더로 완성한 풍경 일러스트

한 걸음 더 [Pathfinder] 패널 살펴보기

[Pathfinder] 패널(Shift+Ctrl+F9)은 두 개 이상의 도형을 결합, 분리, 자르기 등의 방법으로 모양을 변형할 때 사용하며, 다음과 같이 Shape Modes(모양 모드)와 Pathfinders(패스파인더)로 구분되어 있습니다. 또한, 패스파인더 기능으로 나눠진 개체는 그룹으로 묶여지므로, 나눠진 각 개체를 선택하려면 Shift+Ctrl+G를 눌러 그룹을 해제해야 합니다. 참고로 그룹으로 묶을 때는 Ctrl+G를 누릅니다.

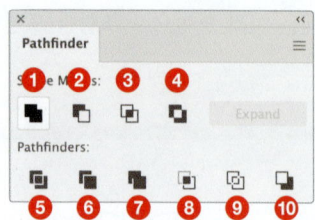

❶ **Unite(합치기)**: 선택한 모든 도형을 하나로 결합합니다.
❷ **Minus Front(앞면 오브젝트 제외)**: 뒤쪽 도형에서 앞쪽 도형과 겹친 부분을 뺍니다.
❸ **Intersect(교차 영역)**: 선택한 도형에서 겹친 부분만 남기고 나머지 부분은 삭제합니다.
❹ **Exclude(교차 영역 제외)**: [Intersect]와 반대로 겹치는 부분만 남깁니다. 도형의 비어 있는 부분을 만들거나 독특한 패턴을 생성할 때 유용합니다.
❺ **Divide(나누기)**: 겹치는 부분을 기준으로 도형을 나눕니다. 각 영역은 독립적인 도형이 됩니다.
❻ **Trim(동색 오브젝트 분리)**: 뒤쪽 개체의 겹쳐진 부분이 제거된 채 나눠집니다.
❼ **Merge(병합)**: 채우기 색이 같으면서 겹친 도형은 합쳐지고, 색이 다른 도형은 나눠집니다. 도형을 단순화하거나 중복된 부분을 제거할 때 유용합니다.
❽ **Crop(자르기)**: 겹친 영역과 앞쪽 도형의 Path만 남습니다.
❾ **Outline(윤곽선)**: 겹친 부분이 모두 분리된 상태의 Path만 남습니다. 윤곽선 형태를 활용한 디자인 작업에 유용합니다.
❿ **Minus Back(이면 오브젝트 제외)**: 앞쪽 도형에서 뒤쪽 도형과 겹친 부분을 제거합니다.

03 ❶ 합쳐진 구름 개체를 그림과 같이 왼쪽 작업 영역으로 드래그해서 옮기고, ❷ [Color] 패널(F6)에서 **Fill: White, Stroke: None**을 적용하여 흰색 구름을 완성합니다.

04 ❶ Alt +드래그하여 구름을 하나 복제 배치합니다. ❷ 툴바에서 〈Reflect Tool(O)〉▷◁
을 선택한 후 더블 클릭하여 ❸ Reflect 창이 열리면 [Vertical]을 선택하고 ❹ [OK]를 클릭합
니다. ❺ 구름이 좌우가 반전되었습니다.

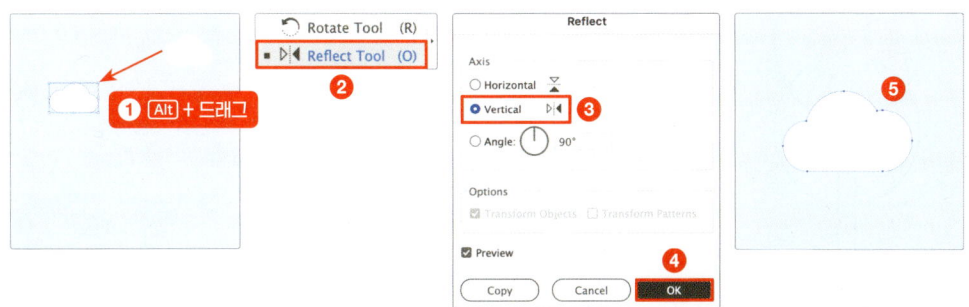

TIP Reflect 창에서 [OK]를 클릭하면 선택 중인 개체가 반전되며, [Copy] 버튼을 클릭하면 개체가 대칭으로 복
제됩니다.

◀◀ 패스파인더로 나누고 합쳐서 나무 일러스트 완성하기 ≡

패스파인더의 Divide 기능은 도형을 나누고, 필요한 부분만 남겨 새로운 형태를 만들 때 효과적입니다.
Divide 기능으로 나눠서 새롭게 조합한 형태는 다시 Unite 기능을 이용해 합칠 수 있습니다.

01 ❶ 두 번째 도면인 나무 도면에서 범위를 드래그하여 2개의 원만 선택합니다. ❷ Alt +드
래그+ Shift 로 왼쪽 수평 위치에 복제한 후 ❸ 복제된 두 원의 [Stroke] 색상을 임의의 다른 색
으로 변경합니다.

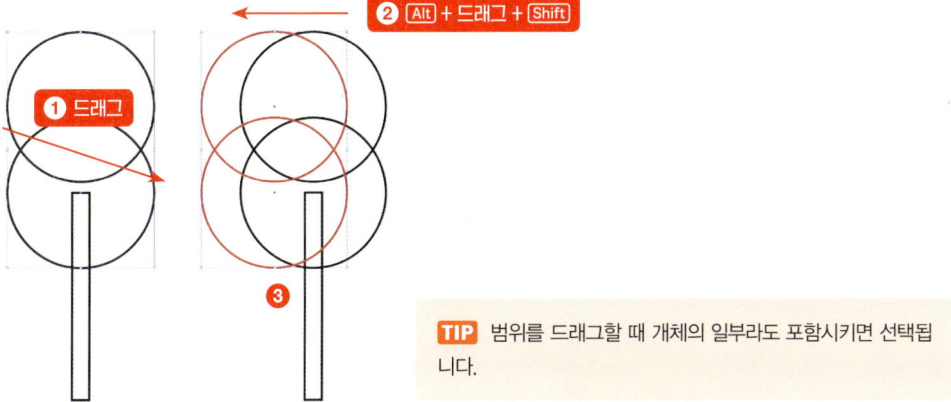

TIP 범위를 드래그할 때 개체의 일부라도 포함시키면 선택됩
니다.

02 ① 범위를 드래그하여 기둥을 제외한 4개의 원만 선택하고 ② [Pathfinder] 패널([Shift]+[Ctrl]+[F9])에서 [Divide] 아이콘을 클릭해 겹친 모든 구간을 나눕니다.

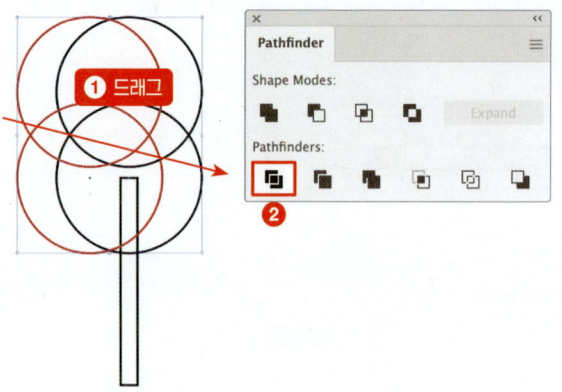

03 패스파인더 기능으로 나눈 후에는 그룹으로 묶여 있으므로, ① [Ctrl]+[Shift]+[G]를 눌러 그룹을 해제합니다. ② 범위를 드래그하여 빨간색 개체를 모두 선택한 후 ③ [Delete]를 눌러 지웁니다.

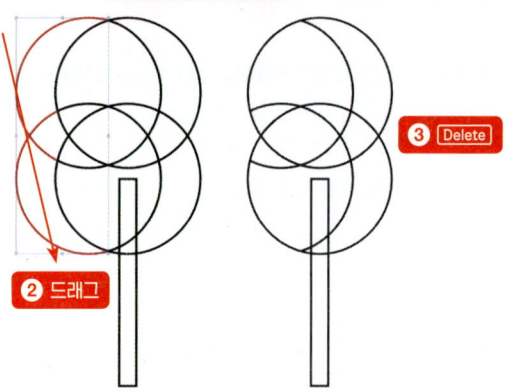

TIP 여러 개체를 선택한 후 [Ctrl]+[G]를 누르면 그룹으로 묶을 수 있고, [Ctrl]+[Shift]+[G]를 누르면 그룹을 해제할 수 있습니다.

04 ① 범위를 드래그하여 그림과 같이 나눠진 왼쪽의 개체를 모두 선택한 후 ② [Pathfinder] 패널([Shift]+[Ctrl]+[F9])에서 [Unite] 아이콘을 클릭해 하나로 합칩니다.

05 계속해서 ① 남은 오른쪽의 나눠진 개체를 모두 선택한 후 ② [Unite] 아이콘을 클릭해 합치면 나무의 기본 형태가 완성됩니다.

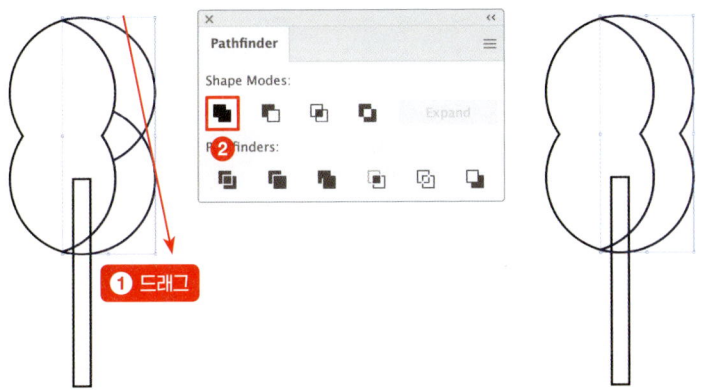

06 ① 나뭇잎의 왼쪽을 선택하고 [Color] 패널([F6])에서 Fill: C80/M20/Y50/K0, Stroke: None을 적용합니다. ② 나뭇잎의 오른쪽과 기둥을 선택하고 [Color] 패널([F6])에서 Fill: C80/M20/Y50/K100, Stroke: None을 적용하면 음영이 표현된 나무 한 그루가 완성입니다.

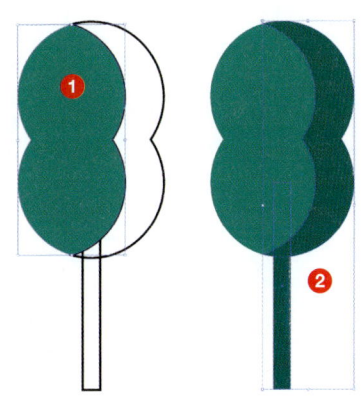

LESSON 03 도형과 패스파인더로 완성한 풍경 일러스트 **303**

07 ❶ 범위를 드래그하여 나무 전체를 선택한 후 Ctrl+G를 눌러 그룹으로 묶습니다. ❷ 완성한 나무를 왼쪽 작업 영역으로 드래그하여 배치하고, ❸ Alt+드래그하여 오른쪽으로 복제 배치합니다.

TIP 완성한 결과를 이미지 파일로 내보내기하면 작업 영역 바깥쪽(회색 영역)에 배치된 개체는 표시되지 않습니다. 내보내기 결과를 미리 확인하고 싶다면 메뉴 바에서 [View-Trim View]를 선택해 보세요. 작업 영역 바깥쪽에 있는 모든 개체, 안내선, 그리드 등 실제 출력되지 않는 요소들이 가려집니다.

◀◀ 풍경 일러스트 최종 완성하기

이제 남은 집 도면까지 완성하여 최종 풍경 일러스트를 완성해 보겠습니다.

01 ❶ 범위를 드래그하여 마지막 도면의 개체를 모두 선택한 후 ❷ [Pathfinder] 패널(Shift+Ctrl+F9)에서 [Divide] 아이콘을 클릭해 겹쳐진 모든 개체를 나눕니다.

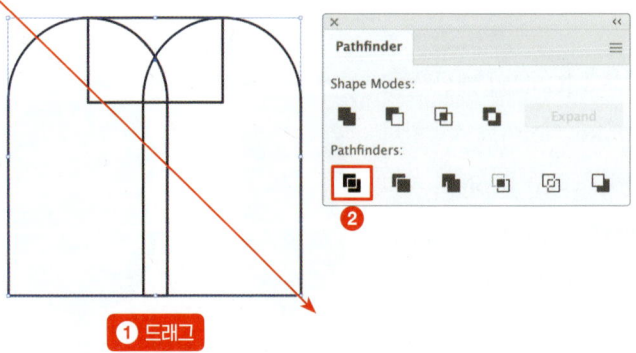

02

① Ctrl + Shift + G 를 눌러 그룹을 해제합니다. ② 범위를 드래그하여 왼쪽 아치 형태의 개체만 모두 선택한 후 ③ [Pathfinder] 패널(Shift + Ctrl + F9)에서 [Unite] 아이콘을 클릭해 하나로 합칩니다.

03

① 범위를 드래그하여 오른쪽에 남은 개체도 모두 선택한 후 ② [Unite] 아이콘을 클릭해 하나로 합칩니다.

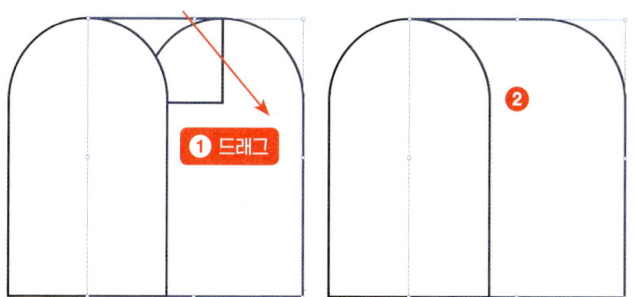

04

① 왼쪽 아치형 개체를 선택한 후 [Color] 패널(F6)에서 **Fill: C3/M30/Y25/K0, Stroke: None**을 적용하고, ② 오른쪽 개체를 선택한 후 **Fill: C5/M60/Y60/K, Stroke: None**을 적용합니다.

05 문을 표현하기 위해 ① 왼쪽 개체를 선택하고 Ctrl + C (복사) 후 Ctrl + F (앞쪽에 붙여넣기)를 누릅니다. ② Alt + Shift 를 누른 채 조절점을 드래그하여 크기를 줄이고, ③ [Color] 패널(F6)에서 **Fill: C100/M90/Y0/K0, Stroke: None**을 적용한 후 ④ 밑변에 맞춰 옮깁니다.

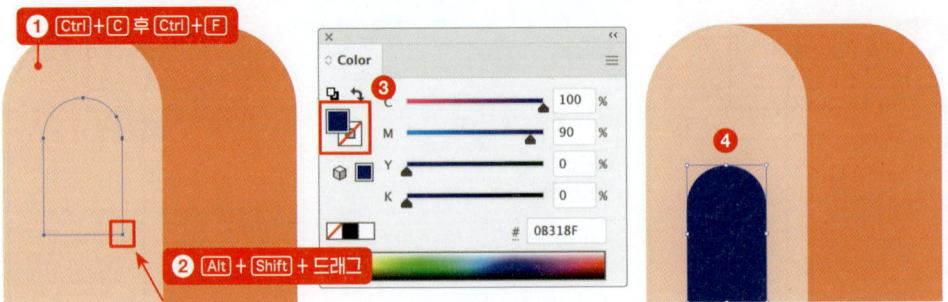

TIP Ctrl + C 를 눌러 복사한 후 Ctrl + F 를 누르면 같은 위치에서 앞쪽, Ctrl + B 를 누르면 같은 위치에서 뒤쪽으로 붙여 넣을 수 있습니다.

06 ① 집 개체를 모두 선택한 후 Ctrl + G 를 눌러 그룹으로 묶고, ② 그림과 같이 배치하면 풍경 일러스트 완성입니다.

🔍 한 걸음 더   디자인 결과 내보내기

완성한 디자인 결과를 이미지 파일로 내보낼 때는 메뉴 바에서 [File-Export-Export for Screens]를 선택합니다. Export For Screens 창이 열리면 다음과 같은 옵션을 설정한 후 [Export Artboard] 버튼을 클릭합니다.

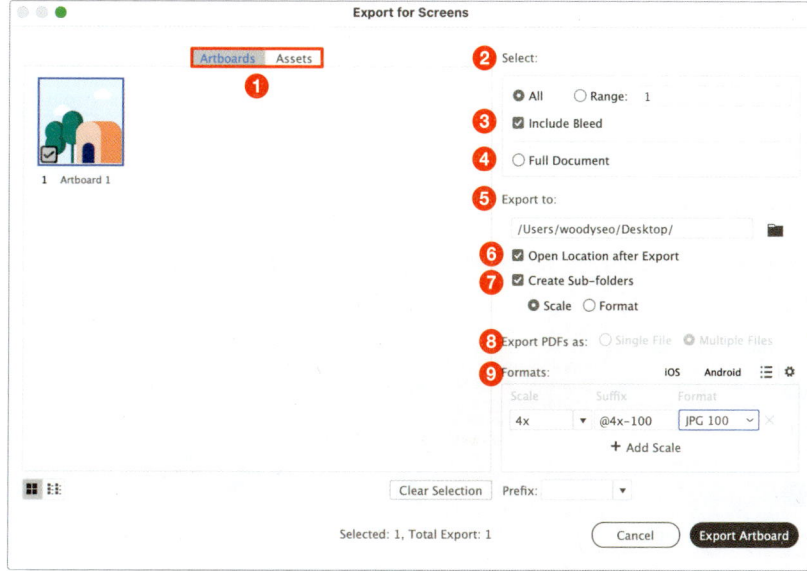

❶ **Artboards/Assets 탭:** [Artboard] 탭에서는 특정 작업 영역을 선택하여 내보내고, [Assets] 탭에서는 개별 개체나 에셋을 내보낼 수 있습니다.

❷ **Select:** 무엇을 내보낼지 선택합니다. 예를 들어 [Artboards] 탭에서 [All]을 선택하면 현재 파일에 있는 모든 작업 영역을 내보내고, [Range]를 선택하면 내보낼 작업 영역의 번호를 입력할 수 있습니다.

❸ **Include Bleed:** 체크하면 설정한 여백(Bleed)을 포함한 채 내보냅니다. 출력용 파일을 만든다면 체크한 후 내보냅니다.

❹ **Full Document:** 작업 영역이 아닌 현재 파일 전체를 내보냅니다.

❺ **Export to:** 내보낸 파일의 저장 위치를 지정합니다.

❻ **Open Location after Export:** 체크하면 내보내기 후 저장 폴더가 자동으로 열립니다.

❼ **Create Sub-folders:** 파일 형식 또는 해상도별로 하위 폴더를 생성합니다.

❽ **Export PDFs as:** PDF 파일로 내보낼 때의 옵션으로, [Format] 옵션을 [PDF]로 설정하면 활성화됩니다. [Single File]을 선택하면 모든 작업 영역을 하나의 PDF로 저장하고, [Multiple Files]을 선택하면 작업 영역별로 PDF 파일을 생성합니다.

❾ **Formats:** [Scale]에서 해상도를, [Suffix]에서 '@2x', '@3x'와 같이 파일 이름에 추가할 접미사를, [Format]에서 저장될 파일 형식을 결정합니다. 참고로 해상도는 1x(100%)가 기본 해상도이며 2x, 3x 등의 고해상도로 설정한 후 내보낼 수 있습니다.

◇ LESSON

04 | 회전과 변형 반복으로 완성한 시계 일러스트

회전 도구와 변형 반복 기능을 활용하면 시계와 같이 규칙적이고 정교한 디자인을 손쉽게 완성할 수 있습니다. 시계의 눈금부터 시침과 분침까지 추가해 시계 일러스트를 완성해 보겠습니다.

완성 결과 | **완성_시계.ai**

이것만은 반드시!

- **Transform Again(변형 반복):** 마지막에 수행한 변형 작업을 반복하는 기능입니다.

▲ 이동 변형 반복

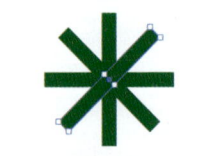
▲ 회전 변형 반복

- **Rotate Tool(회전 도구):** 특정 회전축을 기준으로 개체를 회전시키는 도구입니다.

◀◀ 기본 도형으로 시계 배경 만들기

지난 실습에서 여러 번 사용했던 〈Rectangle Tool(M)〉과 〈Ellipse Tool(L)〉로 시계의 배경을 만듭니다. 완성한 배경은 이후 시계 일러스트 작업 중 변형되거나 방해되지 않도록 잠금 처리합니다.

01 ❶ Ctrl + N 을 눌러 New Document 창을 열고 ❷ [Print] 탭에서 ❸ Width / Height: 100mm로 적용한 후 ❹ [Create] 버튼을 클릭해 새 작업을 시작합니다.

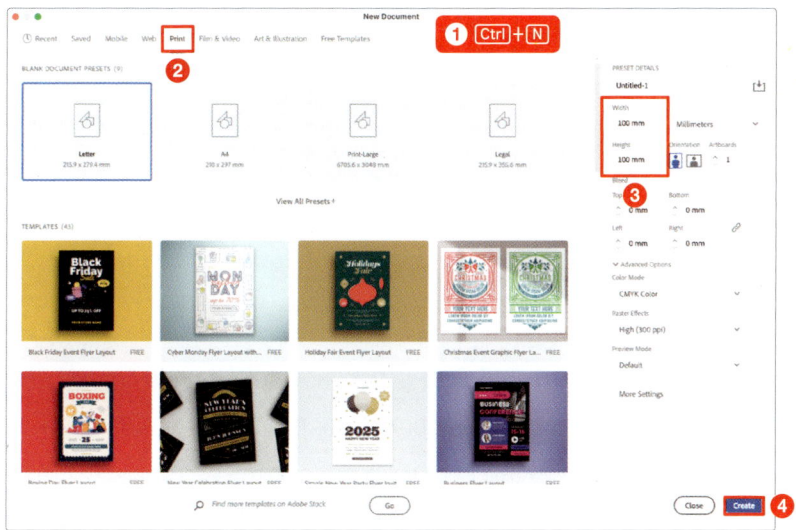

02 ❶ [Color] 패널(F6)에서 Fill: C0/M100/Y100/K0, Stroke: None을 적용합니다. ❷ 툴바에서 〈Rectangle Tool(M)〉을 선택한 후 작업 영역과 같은 크기(가로세로 100mm) 로 정사각형을 추가 및 배치하고, Ctrl + 2 를 눌러 잠급니다. 좀 더 자세한 과정은 000쪽을 참고 합니다.

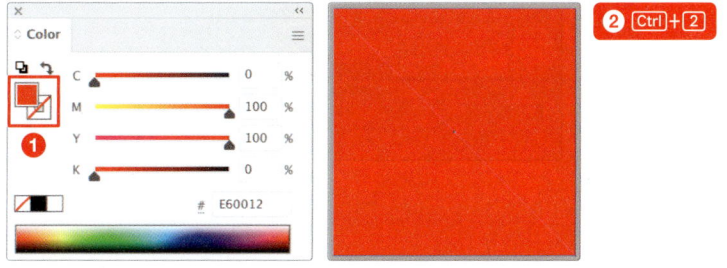

> **TIP** 〈Rectangle Tool(M)〉과 같은 도형 도구로 작업 영역을 드래그하거나 클릭하면 도형 개체를 추가할 수 있습니다. 정확한 크기로 개체를 추가하고 싶다면 작업 영역을 클릭해 열리는 팝업 창을 이용하는 것이 좋습니다.

03 ❶ 툴바에서 〈Ellipse Tool(L)〉◯을 선택하고 작업 영역을 클릭하여 **Width/Height: 70mm**로 적용한 후 ❷ **[OK]**를 클릭하여 원을 추가합니다. ❸ **[Color]** 패널(F6)에서 **Fill: White, Stroke: None**을 적용한 후 〈Selection Tool(V)〉▶로 드래그하여 작업 영역 정중앙에 배치하고, Ctrl+2를 눌러 잠급니다.

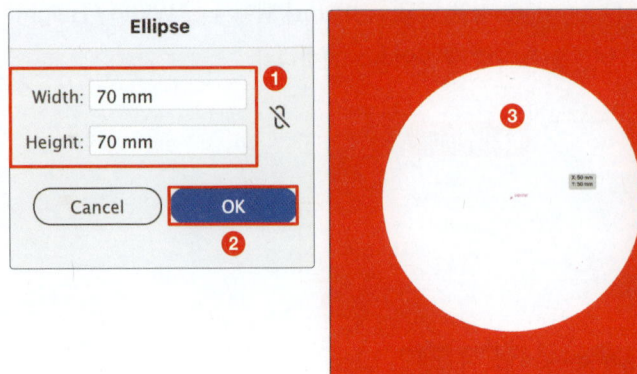

04 위와 같은 방법으로, ❶ 〈Ellipse Tool(L)〉◯을 이용해 **Width / Height: 5mm**의 원을 추가하고, ❷ **[Color]** 패널(F6)에서 **Fill: C100/M100/Y0/K0, Stroke: None**으로 적용한 후 〈Selection Tool(V)〉▶로 작업 영역 정중앙에 배치합니다.

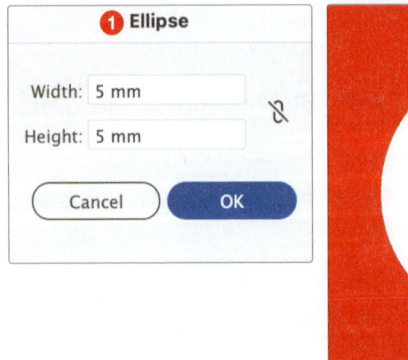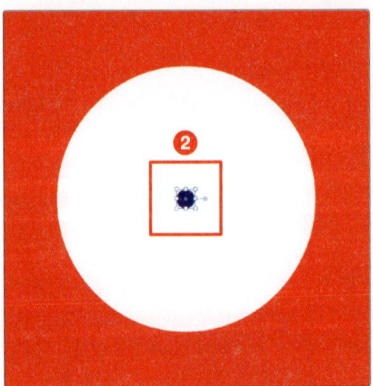

◀◀ 변형 반복으로 시계 눈금 만들기

시계의 눈금은 중점을 중심으로 일정한 간격으로 회전합니다. 회전 도구와 변형 반복 기능을 사용해 일정한 각도로 회전 배치되는 시계 눈금을 만들어 보겠습니다.

01 시계의 중심축에 해당하는 ❶ 파란색 원을 [Alt]+드래그+[Shift]하여 위쪽에 수직으로 복제 배치합니다. ❷ [Properties] 패널에서 **W: 7mm, H: 7mm**로 변경하여 크기를 살짝 키웁니다.

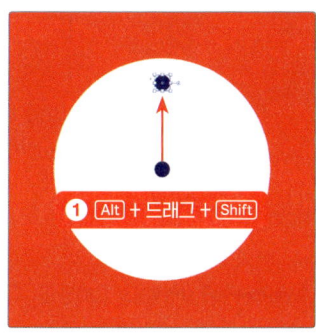 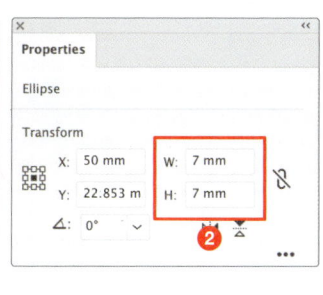 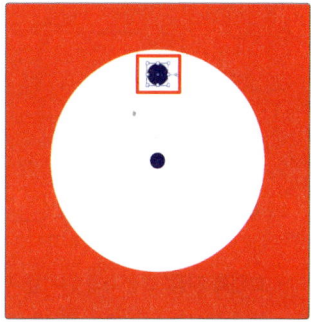

> **TIP** [Properties] 패널을 찾기 어렵다면 메뉴 바에서 [Window–Properties]를 선택해 보세요.

02 ❶ 툴바에서 〈Rotate Tool(R)〉을 선택한 후 ❷ [Alt]를 누른 채 시계의 중심축을 클릭합니다. ❸ Rotate 창이 열리면 **Angle: 360/12**를 입력하고 [Tab]을 누릅니다. ❹ 눈금이 중심축을 기준으로 30도(360/12) 회전됩니다.

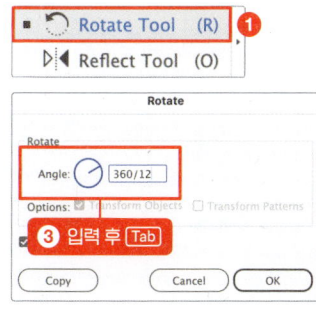  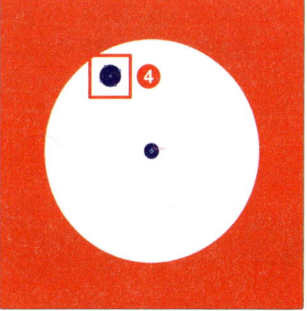

> **TIP** [Angle]과 같은 옵션값을 입력할 때 사칙연산(+, -, *, /) 기호를 활용하여 원하는 값을 구할 수 있습니다. 시계의 눈금은 총 12개고, 원은 360도이므로 360을 12로 나눈 값만큼 회전하기 위해 '360/12'를 입력하였습니다.

🔍 한 걸음 더   회전 도구 제대로 사용하기

개체를 회전하고 싶다면 〈Rotate Tool(R)〉, 일명 회전 도구를 사용합니다.

- **기본:** 가장 기본적인 사용 방법은 회전할 개체를 선택한 상태로 툴바에서 〈Rotate Tool(R)〉을 선택하고, 작업 영역에서 드래그하는 것입니다. 회전의 기준이 될 회전축(중심축)은 기본적으로 개체의 중앙에 있으므로, 정확하게 클릭한 채 드래그하여 위치를 변경할 수 있습니다.
- **아이콘 더블 클릭:** 회전축의 위치를 개체의 중앙에 유지한 채 정확한 각도로 회전하고 싶다면 〈Rotate Tool(R)〉을 더블 클릭합니다. Rotate 창이 열리면 [Angle] 옵션을 변경하고 [OK]를 클릭합니다.

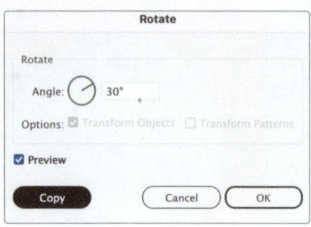

- **회전축 지정:** 회전축의 위치를 지정한 후 정확한 각도로 회전하고 싶다면 실습에서처럼 〈Rotate Tool(R)〉을 선택하고, Alt 를 누른 채 원하는 회전축의 위치를 클릭하면 됩니다. 이어서 Rotate 창이 열리면 원하는 각도를 입력하고 [OK]를 클릭합니다.

▲ 중심축 지정하여 회전하기

> **TIP** Rotate 창에서 [OK]를 클릭하면 선택 중인 개체가 지정한 각도로 회전되며, [Copy] 버튼을 클릭하면 지정한 각도로 복제 배치됩니다.

03 여기서는 회전이 아닌, 일정한 각도로 복제 배치해야 합니다. 그러므로 ❶ Rotate 창에서 [Copy] 버튼을 클릭합니다. ❷ 이어서 30도 회전 복제를 반복하기 위해 Ctrl + D 를 10번 눌러 총 12개의 눈금을 완성합니다.

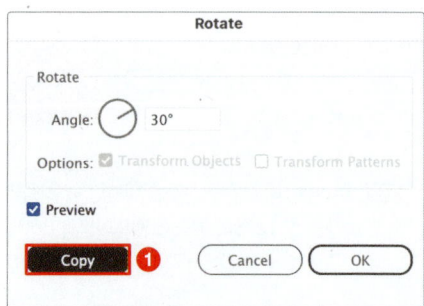

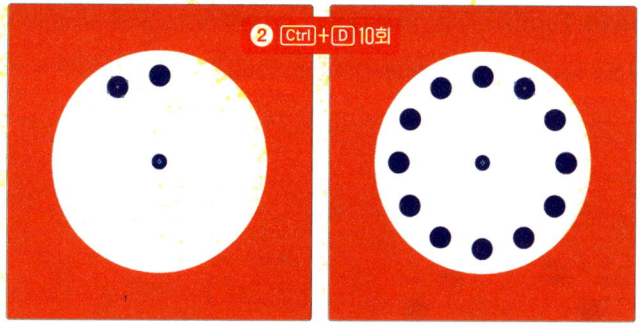

> **TIP** Ctrl+D는 [Object-Transform-Transform Again](변형 반복) 메뉴의 단축키입니다. 마지막에 수행한 변형 작업을 반복하는 기능으로 개체의 이동, 회전, 크기 조절, 기울이기 등 직전에 실행한 작업을 반복해서 실행할 때 사용합니다. 자주 사용하는 단축키이므로 외워 두는 것이 좋습니다.

시침과 분침 추가하여 시계 일러스트 완성하기

12, 3, 6, 9 위치의 눈금 색상을 변경해 구분하고, 시침과 분침을 추가해 시계 일러스트를 완성합니다.

01 ❶ 〈Selection Tool(V)〉 을 선택한 후 12시 위치의 눈금을 클릭해서 선택합니다. ❷ 이어서 Shift 를 누른 채 3시, 6시, 9시의 눈금을 각각 클릭하여 다중 선택합니다. ❸ 툴바에서 〈Eyedropper Tool(I)〉 을 선택하고 ❹ 작업 영역에서 빨간색을 클릭하면 ❺ 해당 색이 선택한 개체에 적용됩니다.

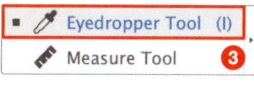
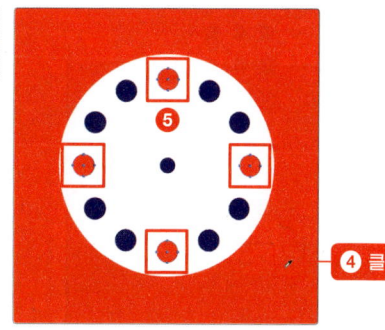

> **TIP** 〈Eyedropper Tool(I)〉은 스포이트 도구라고도 하며, 클릭한 위치의 색상, 문자 속성, 스타일 등을 추출해서 선택 중인 다른 개체에 적용할 수 있습니다.

02
① 툴바에서 〈Line Segment Tool(/)〉 ✐을 선택합니다. ② Shift 를 누른 채 시계의 중심에서 위쪽으로 드래그하여 직선을 그리고, ③ Fill: None, Stroke: C100/M100/Y0/K0로 적용합니다.

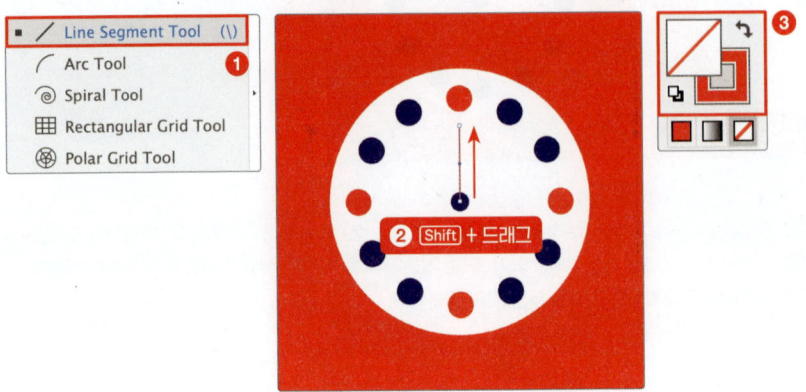

TIP 툴바에 〈Line Segment Tool(/)〉이 보이지 않는다면 메뉴 바에서 [Window-Toolbars-Advanced]를 선택합니다.

03
[Stroke] 패널(Ctrl + F10)에서 Weight: 8pt를 적용해 획을 두껍게 표현하면 시침 완성입니다.

04 ❶ 〈Line Segment Tool(/)〉 이 선택 중인 상태에서 그림과 같이 좀 더 긴 직선을 추가하고, ❷ [Stroke] 패널(Ctrl+F10)에서 **Weight: 5pt**로 변경하면 분침도 완성입니다.

05 ❶ 〈Selection Tool(V)〉 로 시침을 선택합니다. ❷ 〈Rotate Tool(R)〉 을 선택한 후 시계의 중심을 클릭해서 시침의 중심에 있던 회전축을 옮기고, ❸ 반대쪽 고정점을 드래그하여 회전합니다.

06 〈Selection Tool(V)〉 로 시계 중앙에 작은 원(중심축)을 선택한 후 Ctrl+Shift+]를 눌러 맨 앞으로 정돈하면 시계 일러스트 완성입니다.

> **TIP** 다른 도구를 사용하는 중에 일시적으로 특정 개체를 선택해야 한다면 Ctrl을 눌러 보세요. 일시적으로 〈Selection Tool(V)〉 선택 상태가 되며, 손을 떼면 다시 사용 중이던 도구가 선택됩니다.

응용해 보기

펜 도구를 활용해 시계줄을 추가해 보겠습니다.

펜 도구 사용 방법 익히기

⟨Pen Tool(P)⟩ 은 곡선과 직선을 자유롭게 그릴 수 있는 도구로, 일러스트레이터에서 가장 강력한 도구라고 할 수 있습니다. 시계줄을 표현하기에 앞서 간단하게 ⟨Pen Tool(P)⟩ 사용 방법을 알아보겠습니다.

- **직선 그리기:** 시작점과 끝점을 각각 클릭하면 직선으로 연결됩니다. 마지막으로 클릭한 지점이 계속해서 연결 상태이므로 직선 그리기를 끝내려면 ESC 나 Enter 를 누릅니다.

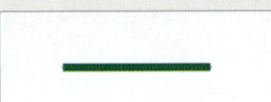

- **곡선 그리기:** 첫 번째 지점을 클릭한 채 드래그하면 핸들이 생기며, 이어서 두 번째 지점을 클릭하면 곡선이 됩니다. 반대로 첫 번째 지점을 클릭하고 이어서 두 번째 지점을 클릭한 채 드래그해도 됩니다.

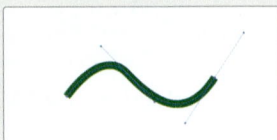

- **닫힌 도형 그리기:** 위의 직선이나 곡선처럼 끝점 혹은 시작점이 있으면 열린 도형이라고 합니다. 반면 각 지점을 클릭하여 원하는 형태를 만든 후 마지막으로 처음 클릭한 지점을 클릭하면 닫힌 도형이 됩니다.

▲ 닫힌 도형

위와 같이 ⟨Pen Tool(P)⟩ 을 이용하면 원하는 거의 모든 형태를 그릴 수 있으나 그만큼 꾸준한 연습이 필요합니다. 좀 더 자세한 설명은 다음 영상을 참고하기 바랍니다.

https://youtu.be/3JQYhVEUIOg?si=VNLNzfdowRXqg6ed

시계줄 완성하기

01 ❶ Ctrl+A를 눌러 기존의 모든 개체를 선택하고 Ctrl+2를 눌러 잠급니다.
❷[Color] 패널(F6)에서 Fill: C100/M100/Y0/K0, Stroke: None을 적용하고, 툴바에서 〈Pen Tool(P)〉 을 선택한 후 그림과 같이 4개의 지점을 클릭하고, 마지막으로 처음 클릭한 지점을 다시 클릭하여 마름모를 만듭니다.

02 〈Pen Tool(P)〉 이 선택된 상태에서 Alt를 누른 채 마름모의 왼쪽 변 중간을 클릭하고 안쪽으로 드래그합니다. 〈Pen Tool(P)〉 선택 상태에서 Alt를 누르고 있는 동안은 〈Anchor Point Tool〉이 활성화되어 Path를 변형할 수 있습니다.

03 〈Selection Tool(V)〉▶로 마름모 개체를 선택합니다. ❶ 툴바에서 〈Reflect Tool(O)〉▷◁을 선택하고 ❷ Alt 를 누른 채 마름모의 오른쪽 변을 클릭하면 마름모가 세로 방향으로 반전되면서 Reflect 창이 열립니다. ❸ 기본 설정 그대로 [Copy] 버튼을 클릭하여 세로 방향으로 반전 복제합니다.

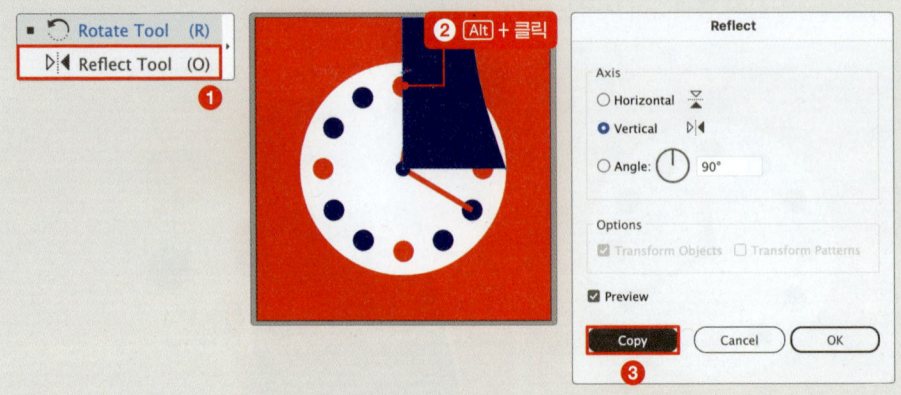

TIP 〈Reflect Tool(O)〉은 일명 반사 도구로 선택한 개체를 가로, 세로로 반전하거나 반전 복제할 수 있습니다. 기본적인 사용 방법은 〈Rotate Tool(R)〉과 동일하므로 000쪽을 참고합니다.

04 시계줄의 한쪽 형태가 만들어졌습니다. ❶ 2개의 마름모 개체를 모두 선택한 후 ❷ [Pathfinder] 패널(Shift + Ctrl + F9)에서 [Unite] 아이콘을 클릭해 하나로 합칩니다.

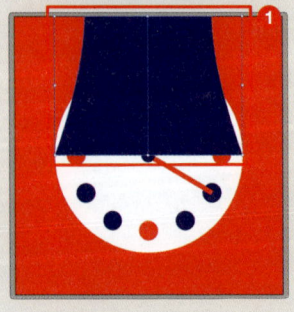 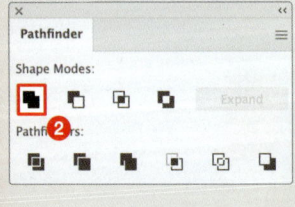

05 계속해서 ❶ 〈Reflect Tool(O)〉 을 선택하고 Alt 를 누른 채 시계의 중심점을 클릭합니다. ❷ Reflect 창이 열리면 [Horizontal](가로)을 선택한 후 ❸ [Copy] 버튼을 클릭하여 가로 방향으로 반전 복제합니다.

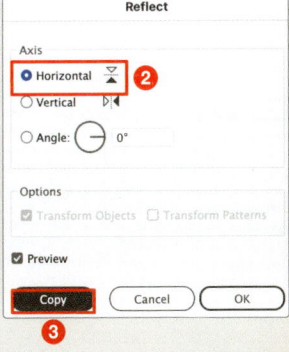
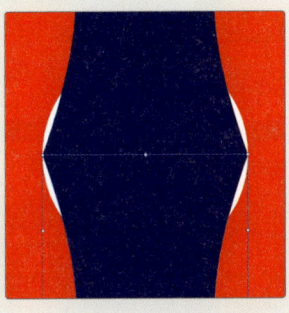

06 〈Selection Tool(V)〉 로 모든 시계줄 개체를 선택한 후 Ctrl + Shift + [를 눌러 맨 뒤로 보낸 후 Ctrl + [를 눌러 한 단계 앞으로 보내 다음과 같이 정돈합니다.

07 마지막으로 〈Rectangle Tool(M)〉 로 시계 옆으로 작은 사각형을 그리고 라이브 코너 위젯을 이용하여 용두를 표현하면 완성입니다.

> **TIP** 시간을 조절하는 다이얼을 용두라고 합니다. 용두와 같이 작은 크기의 개체를 디자인할 때는 Ctrl + + 를 여러 번 눌러 화면을 확대한 후 작업하세요.

LESSON 05 | 물방울 브러시로 한국적인 로고 만들기

물방울 브러시와 다양한 기능을 활용하여 한국적인 감성을 담은 기와와 낙관을 포함한 로고를 만들어 보겠습니다.

완성 결과 | **우디정.ai**

이것만은 반드시!

- **Blob Brush Tool(물방울 브러시):** 자유롭게 드로잉하여 벡터 형태의 채워진 도형을 만듭니다. 일반 브러시와 달리, 선(Stroke)이 아닌 칠(Fill) 속성을 가진 도형을 생성하고 겹치는 부분을 하나의 도형으로 병합할 수 있습니다.
- **Create Outlines(윤곽선 만들기):** 텍스트를 벡터 형태의 개체로 변환하는 기능입니다.

▲ Create Outlines 전후 비교

◀◀ 물방울 브러시로 기와 지붕 표현하기

물방울 브러시는 자연스럽게 채워진 도형을 그릴 수 있는 도구입니다. 이를 활용해 한국적인 기와 지붕을 표현해 보겠습니다. 예제 파일을 따라 그려 보세요.

01 Ctrl+O를 눌러 [우디정.ai] 예제 파일을 엽니다. ① 작업 영역에는 지붕 형태의 개체가 보이고, ② [Layers] 패널(F7)을 보면 [Layer 2] 레이어(지붕 개체)가 잠겨 있고, [Layer 1] 레이어가 선택 중입니다.

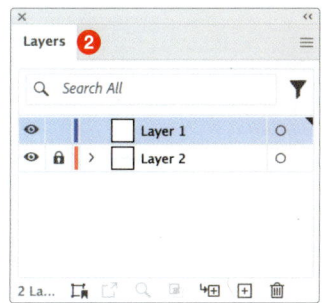

> **TIP** [Layers] 패널(F7)에서 자물쇠 아이콘을 클릭하면 잠금을 해제할 수 있으며, 잠긴 레이어에서는 개체를 추가하거나 편집할 수 없습니다. 그러므로 이후 드로잉은 [Layer 1] 레이어를 선택하고 진행합니다.

02 칠(Fill) 상태로 기와 지붕을 따라 그리기 위해 ① 툴바에서 ⟨Blob Brush Tool⟩을 선택한 후 더블 클릭합니다. ② Blob Brush Tool Options 창이 열리면 그림과 같은 기본 설정을 확인하고 ③ [OK]를 클릭합니다.

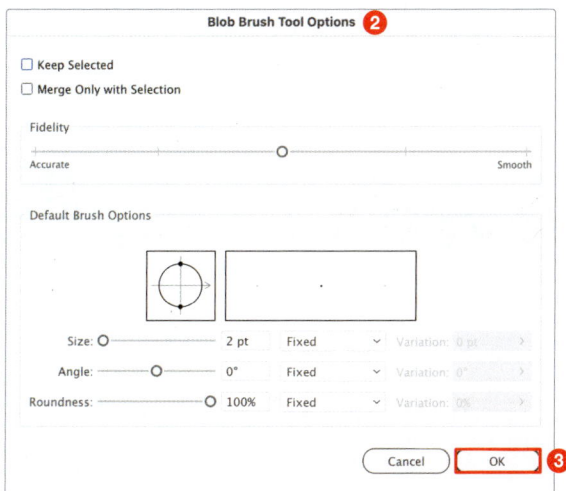

LESSON 05 물방울 브러시로 한국적인 로고 만들기 **321**

> 🔍 **한 걸음 더** **Blob Brush Tool Options 창 살펴보기**
>
> - **Keep Selected(선택 유지):** 브러시로 드로잉을 완료한 후 선택 상태를 유지할지 결정합니다. 체크 시 선택이 유지됩니다.
> - **Merge Only with Selection(선택 항목만 병합):** 물방울 브러시는 기존 드로잉한 개체와 겹칠 때 하나의 개체로 병합할 수 있습니다. [Merge Only with Selection] 옵션에 체크하면 선택 중인 개체에서만 병합됩니다.
> - **Fidelity(정확도):** 브러시로 드로잉한 결과의 매끄러움과 정확도를 설정합니다. [Accurate]에 가까울수록 드로잉한 원본에 가까운 형태가 유지되고, [Smooth]에 가까울수록 드로잉이 자동으로 단순화되면서 부드럽게 변형됩니다.
>
>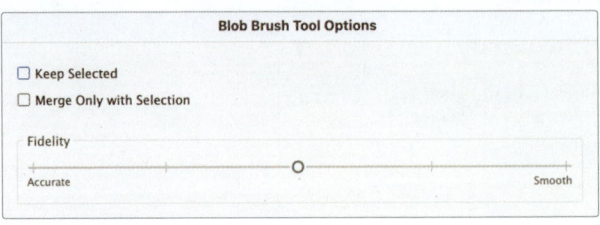

03 작업 화면을 적당하게 확대하고 기와 지붕의 테두리를 따라 그립니다. 물방울 브러시는 중간에 끊더라도 일부를 겹쳐서 다시 드로잉하면 이어지므로 천천히 따라 그립니다. 안쪽은 채우지 않아도 됩니다.

> **TIP** 브러시의 크기는 ⓘ와 ⓘ를 눌러 조절할 수 있습니다.

04 안쪽에 면을 채우기 위해 ❶ 툴바에서 〈Direct Selection Tool(A)〉 (직접 선택 도구)을 선택하고 ❷ 그림과 같이 테두리의 안쪽에 있는 임의의 패스 구간을 클릭해서 선택하고, Delete 를 두 번 눌러 삭제하면 면으로 채워집니다.

TIP 물방울 브러시는 칠 형태로 개체를 생성합니다. 그러므로 위에서 완성한 기와는 아래에서 왼쪽 도형과 같이 테두리가 면이고 안쪽이 비어 있습니다. 이 상태에서 안쪽에 있는 패스의 앵커 포인트 중 하나를 선택하고 Delete 를 누르면 해당 앵커 포인트가 삭제되며, 한 번 더 Delete 를 누르면 연결된 전체 패스가 삭제되어 결과적으로 뚫려 있던 공간이 채워집니다.

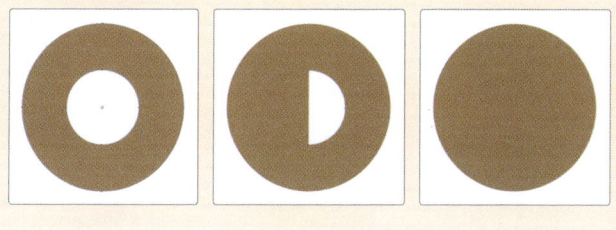

05 ❶ [Layers] 패널(F7)에서 [Layer 2] 레이어(참고 이미지)의 눈 아이콘을 클릭해서 숨깁니다. ❷ 〈Selection Tool(V)〉 로 직접 그린 기와 개체를 선택하고 ❸ 툴바에서 〈Eraser Tool〉을 선택합니다.

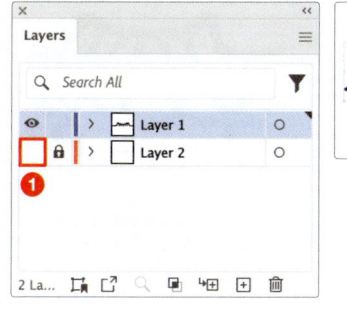  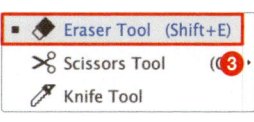

LESSON 05 물방울 브러시로 한국적인 로고 만들기 **323**

06 `[` 또는 `]`를 눌러 브러시 크기를 적당히 조절한 후 뾰족하게 표현하고 싶은 구간이나 어색한 부분 등을 드래그하여 지웁니다. 더 채우고 싶은 구간이 있다면 〈Blob Brush Tool〉로 겹치게 드로잉하면 됩니다.

◀◀ 문자 입력하여 로고 완성하기

한국적인 기와 지붕 개체에 전통적인 느낌의 글꼴로 문자를 입력하면 완성도 높은 로고가 됩니다. 끝으로, 낙관까지 추가하여 독창적이고 한국적인 디자인을 완성합니다.

01 ❶ 툴바에서 〈Type Tool(T)〉T을 선택하고 ❷ [Character] 패널(`Ctrl`+`T`)에서 **글꼴: 월인석보/Regular, 크기: 60pt**로 적용합니다. ❸ 작업 영역을 클릭하여 '우디정'을 입력한 후 `Ctrl`+`Enter`를 눌러 입력을 마치고, 〈Selection Tool(V)〉▶로 드래그하여 그림과 같이 배치합니다.

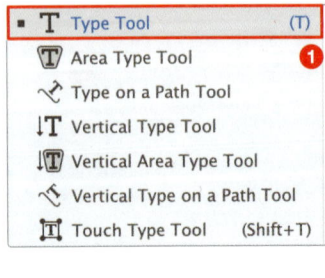 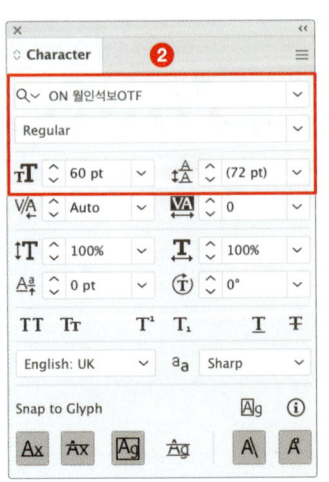 

02 ❶ 문자가 선택된 상태로 [Color] 패널(F6)에서 Fill: C55/M60/Y65/K40, Stroke: None을 적용하고, ❷ 기와 지붕을 선택한 후 Fill: C40/M45/Y50/K5, Stroke: None을 적용해 토속적인 느낌으로 색상을 변경합니다.

03 낙관을 표현하기 위해 ❶ 〈Rectangle Tool(M)〉을 선택한 후 로고 옆에서 드래그하여 적당한 크기의 사각형을 추가합니다. ❷ [Color] 패널(F6)에서 Fill: C15/M100/Y90/K, Stroke: None을 적용해 붉은색으로 변경합니다.

 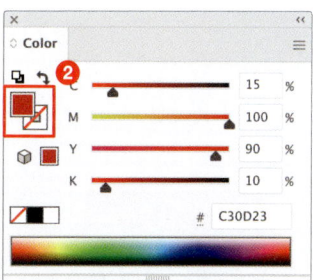

04 낙관을 자연스럽게 표현하기 위해 〈Blob Brush Tool〉을 선택한 후 낙관으로 사용할 사각형의 테두리를 따라 울퉁불퉁하게 드래그합니다. 직사각형의 낙관이 좀 더 자연스러운 모양이 됩니다.

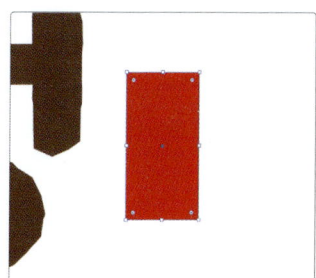 

05 ❶ 〈Type Tool(T)〉 T 을 선택하고 [Character] 패널(Ctrl + T)에서 **글꼴: KBIZ한마음 고딕 M, 크기: 10pt, 행간: 9pt**를 적용합니다. ❷ 작업 영역을 클릭하여 임의의 2글자를 2줄로 입력하고 Ctrl + Enter 를 눌러 입력을 마친 후 〈Selection Tool(V)〉 ▶ 로 드래그하여 낙관과 겹치게 배치합니다. ❸ 낙관에 어울리도록 문자를 흰색으로 변경합니다.

06 마지막으로 ❶ Ctrl + A 를 눌러 모든 개체를 선택하고 ❷ 메뉴 바에서 [Type – Create Outlines](Ctrl + Shift + O)을 선택하여 윤곽선 만들기를 실행하면 최종 완성입니다.

TIP 현업에서 흔히 '문자 깨트리기'라고 표현하는 윤곽선 만들기는 문자를 벡터 형태의 일반 개체로 변환하는 기능입니다. 글꼴 데이터에 의존하지 않고, 개별 패스와 앵커 포인트로 이루어진 벡터 그래픽으로 변환되므로, 디자인 중에 사용한 글꼴이 없는 PC에서도 원래의 모양을 유지할 수 있습니다. 단, 윤곽선 만들기로 변환한 문자는 다시 원래의 문자 개체로 되돌릴 수 없습니다. 그러므로 반드시 원본을 복사해 두는 것이 좋습니다.

LESSON 06 | 패턴 제작하여 캐릭터 채색하기

꽃 모양 패턴을 제작한 후 등록해 놓으면 필요에 따라 원하는 개체에 해당 패턴을 채울 수 있습니다. 패턴 제작 및 등록, 사용 방법을 순서대로 살펴보겠습니다.

완성 결과 | **패턴 만들기.ai**

이것만은 반드시!

- **Pattern(패턴):** 하나의 패턴 요소를 완성한 후 반복 배열하여 패턴을 만들 수 있습니다.

 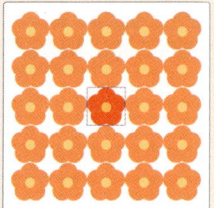

- **Scale Tool(크기 조정 도구):** 개체나 패턴의 크기를 확대하거나 축소할 수 있는 도구입니다.

꽃 모양 패턴 요소 디자인하기

패턴은 기본 요소로 구성된 타일이 반복적으로 배열되어 디자인을 완성하는 기능입니다. 간단한 도형을 활용해 꽃 모양 패턴 요소를 만들어 보겠습니다.

01 Ctrl+O를 눌러 [패턴 만들기.ai] 예제 파일을 엽니다. 다음과 같이 2개의 작업 영역(아트보드)이 배치되어 있습니다.

02 ❶ [Color] 패널(F6)에서 Fill: C0/M35/Y85/K0, Stroke: None을 적용합니다. ❷ 툴바에서 〈Ellipse Tool(L)〉을 선택하고 비어 있는 작업 영역에서 클릭하여 Ellipse 창이 열리면 Width/Height: 5mm를 적용하고 ❸ [OK]를 클릭합니다. ❹ 노란색 정원이 추가됩니다.

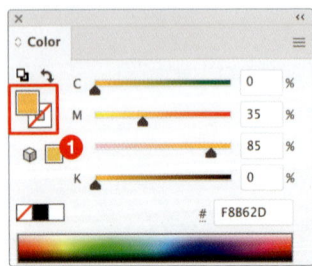 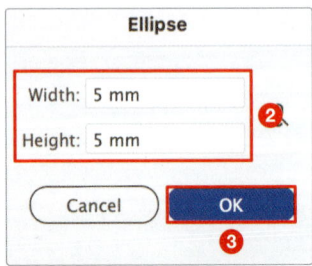 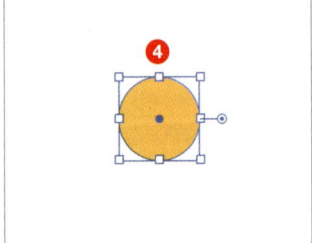

> **TIP** 임의의 개체가 선택 중일 때 색상을 변경하면 해당 개체의 색이 변경됩니다. 그러므로 이후 추가할 개체의 색을 지정하고 싶다면 〈Selection Tool(V)〉로 빈 영역을 클릭하여 모든 선택을 해제한 후 색을 변경하거나, 개체를 먼저 추가한 후 색을 적용합니다.

03 다시 한번 ① 빈 영역을 클릭하여 Ellipse 창이 열리면 Width/Height: 10mm를 적용하고
② [OK]를 클릭합니다. ③ [Color] 패널(F6)에서 Fill: C0/M80/Y95/K0, Stroke: None을 적
용하여 ④ 주황색 정원을 만듭니다.

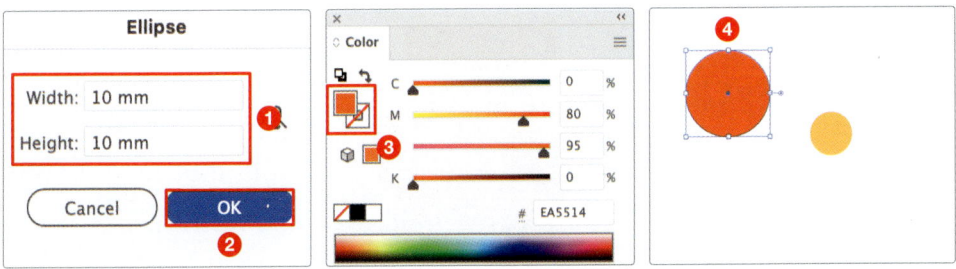

04 ① 〈Selection Tool(V)〉▶로 드래그하여 그림과 같이 배치하고, ② Ctrl + [를 눌러
한 단계 아래로 정돈합니다.

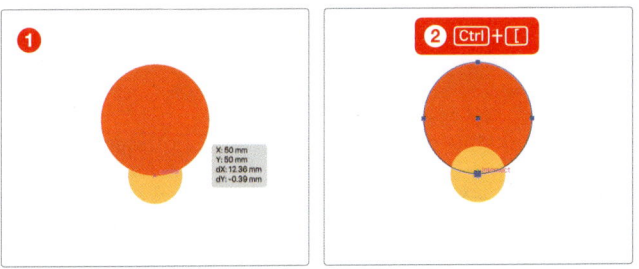

05 ① 툴바에서 〈Rotate Tool(R)〉⟲을 선택하고, Alt 를 누른 채 노란색 원의 중심을 클릭
합니다. ② Rotate 창이 열리면 Angle: 360/5를 적용하고 ③ [Copy] 버튼을 클릭합니다.

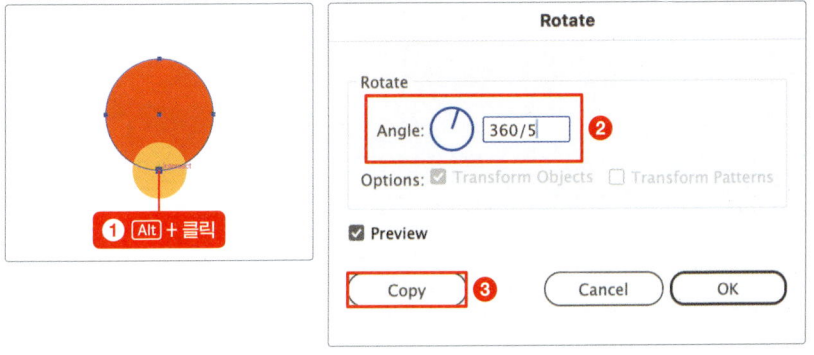

LESSON 06 패턴 제작하여 캐릭터 채색하기 **329**

06 ❶ 주황색 원이 72도(360/5) 회전한 위치로 복제됩니다. ❷ Ctrl+D를 3번 눌러 회전 복제를 3번 더 반복 실행하면 꽃 모양 패턴 요소가 완성됩니다. 회전 도구 및 변형 반복의 자세한 사용 방법은 000쪽을 참고하세요.

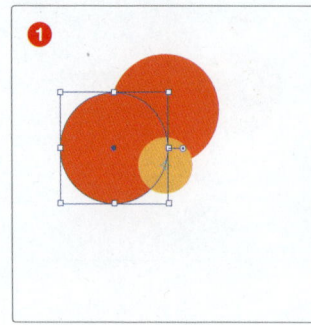 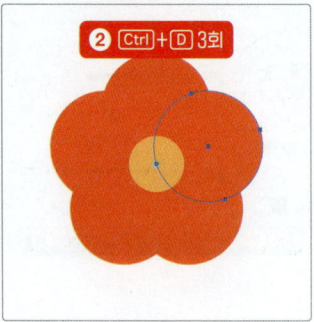

패턴으로 등록하기

완성한 요소를 패턴으로 등록해 보겠습니다.

01 ❶ 〈Selection Tool(V)〉을 선택한 후 범위를 드래그하여 패턴 요소의 개체를 모두 선택합니다. ❷ 메뉴 바에서 [Object-Pattern-Make]를 선택하면 패턴 만들기가 실행되어 그림과 같이 선택한 요소가 패턴으로 표시되며 동시에 Pattern Options 창이 열립니다.

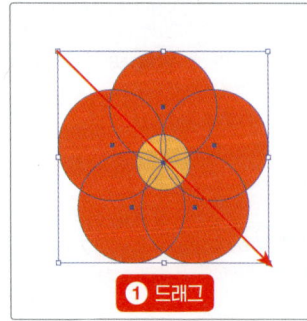 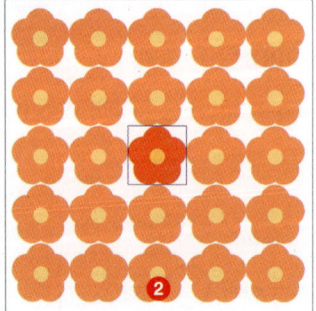

02

❶ Pattern Options 창에서 **Tile Type: Brick by Row, Width: 25mm, Height: 25mm**를 적용한 후 ❷ 작업 영역 위쪽에서 [Done] 버튼을 클릭해 패턴으로 등록합니다. 등록한 패턴은 [Swatches] 패널에 추가됩니다.

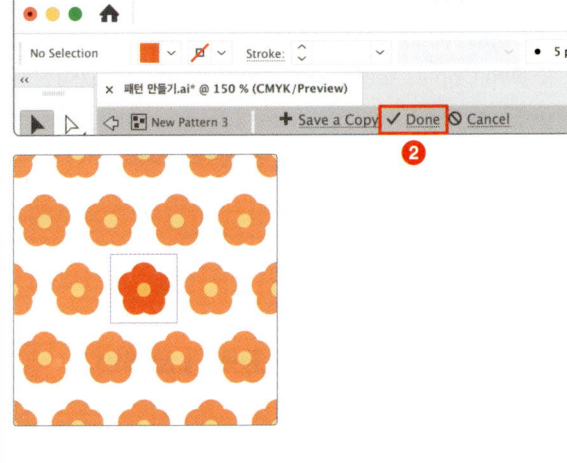

🔍 한 걸음 더 Pattern Options 창 살펴보기

요소를 선택한 후 메뉴 바에서 [Object-Pattern-Make]를 선택하면 다음과 같은 Pattern Options 창이 열립니다.

❶ **Name(이름)**: 새로 만들 패턴의 이름을 지정합니다.

❷ **Tile Type(타일 유형)**: 패턴의 배열 방식을 설정합니다.

❸ **Brick Offset(벽돌 오프셋)**: 타일 유형으로 [Brick by Row] 또는 [Brick by Column]을 선택하면 활성화되며, 패턴의 각 요소가 어긋나는 정도를 설정할 수 있습니다. 기본값은 [1/2]입니다.

❹ **Width(폭) & Height(높이)**: 패턴 타일의 크기를 설정하며, 단위는 px(픽셀), mm(밀리미터), pt(포인트) 등으로 변경해서 입력할 수 있습니다. 오른쪽에 있는 연결 아이콘을 클릭하여 폭과 높이 비율을 유지할지 결정할 수 있습니다.

❺ **Size Tile to Art(아트에 타일 크기 조정)**: 이 옵션에 체크하면 적용할 개체의 크기에 따라 패턴 타일 크기가 자동으로 조정됩니다.

LESSON 06 패턴 제작하여 캐릭터 채색하기 **331**

❻ **Move Tile with Art(아트와 함께 타일 이동)**: 체크하면 타일과 함께 패턴 내부 개체를 이동할 수 있습니다. 체크 해제 시 패턴의 타일은 고정되고, 내부 아트만 움직입니다.

❼ **H Spacing(가로 간격) & V Spacing(세로 간격)**: [Size Tile to Art]에 체크 시 활성화되며, 패턴 타일과 타일 사이의 가로세로 간격을 설정합니다. 기본값은 0으로 타일이 서로 붙어 있습니다.

❽ **Overlap(겹침 설정)**: 타일이 겹칠 때 어떤 타일이 위로 정돈될지 설정합니다.

❾ **Copies(사본)**: 화면에 표시되는 패턴 미리보기의 타일 개수를 설정합니다.

❿ **Dim Copies to(반복 패턴 불투명도)**: 패턴 미리보기에 표시된 타일의 불투명도를 조정합니다.

⓫ **Show Tile Edge(타일 가장자리 표시)**: 체크하면 패턴 타일의 경계가 표시됩니다.

⓬ **Show Swatch Bounds(견본 테두리 표시)**: 체크하면 [Swatches] 패널에 표시될 섬네일 범위를 확인할 수 있습니다.

등록한 패턴 사용하여 캐릭터 채색하기

[Swatches] 패널에서 등록한 패턴을 찾아 준비된 캐릭터의 옷을 패턴으로 채워 보겠습니다.

01 ❶ 〈Selection Tool(V)〉 로 오른쪽 작업 영역에 있는 캐릭터에서 옷을 클릭해 선택한 후 ❷ [Swatches] 패널에서 앞서 등록한 패턴을 찾아 선택합니다.

> **TIP** 패턴은 Fill과 Stroke 모든 영역에 적용할 수 있습니다. 그러므로 적용하고 싶은 영역을 클릭해서 활성화한 후 패턴을 선택합니다.
>
>

02 적용된 패턴의 크기가 캐릭터 크기에 비해 커 보입니다. 패턴이 적용된 개체(옷)가 선택된 상태로 ❶ 툴바에서 〈Scale Tool(S)〉을 더블 클릭합니다. ❷ Scale 창이 열리면 [Transform Object] 옵션의 체크를 해제하고 [Transform Patterns] 옵션에만 체크한 상태에서 ❸ Uniform: 25%를 적용하고 ❹ [OK]를 클릭합니다.

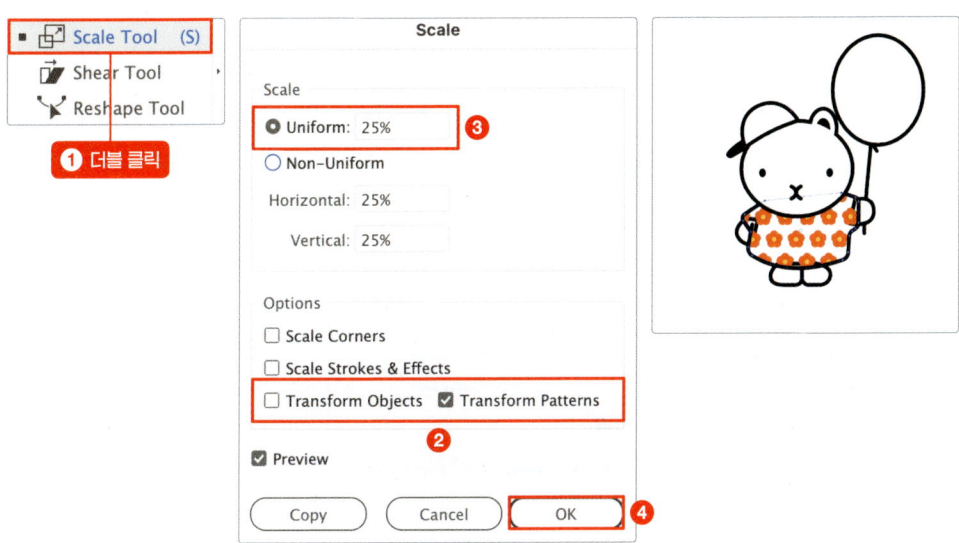

TIP [Uniform] 옵션값을 입력한 후 Tab 을 누르면 변경된 결과를 미리 확인할 수 있습니다. 그러므로 결과를 미리 확인한 후 마음에 들면 그때 [OK]를 클릭해도 됩니다.

한 걸음 더 　크기 조절 도구와 Scale 창

개체나 패턴의 크기를 조절하려면 〈Scale Tool(S)〉을 선택한 후 작업 영역에서 드래그합니다. 보다 정확한 수치로 조절하려면 툴바에서 〈Scale Tool(S)〉을 더블 클릭해 Scale 창을 열고 원하는 옵션을 적용하면 됩니다.

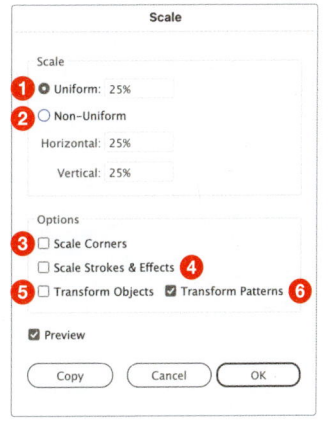

❶ **Uniform(균일)**: 원본 개체의 가로세로 비율을 유지한 채 크기를 변경합니다. 예를 들어 25%를 입력하면 원본 개체의 25% 크기로 축소됩니다.

❷ **Non-Uniform(비균일)**: Horizontal(가로)와 Vertical(세로) 방향의 비율을 각각 조절할 수 있습니다.

❸ **Scale Corners(모퉁이 크기 조절)**: 체크 시 개체의 크기를 조절할 때 모퉁이의 둥근 정도도 함께 조절됩니다.

❹ **Scale Strokes & Effects(선, 효과 크기 조절)**: 체크 시 개체의 크기를 조절할 때 개체에 적용된 선 두께 및 효과(그림자, 왜곡 등)의 크기도 함께 조절됩니다.

❺ **Transform Objects(개체 변형):** 개체 자체를 변형할지 여부를 결정하는 옵션으로, 체크 해제 시 개체 크기는 변하지 않고, 패턴만 조정됩니다.

❻ **Transform Patterns(패턴 변형):** 체크 시 패턴의 크기와 배치가 함께 조절되며, 해제 시 패턴 크기는 그대로 유지됩니다.

03 옷의 배경색을 적용하기 위해 옷이 선택된 상태에서 ❶ Ctrl + C 를 눌러 복사하고 Ctrl + B 를 눌러 제자리에서 뒤로 붙여 넣습니다. ❷ [Color] 패널(F6)에서 **Fill: C75/M0/Y75/K0** 을 적용하면 초록색으로 배경이 적용됩니다.

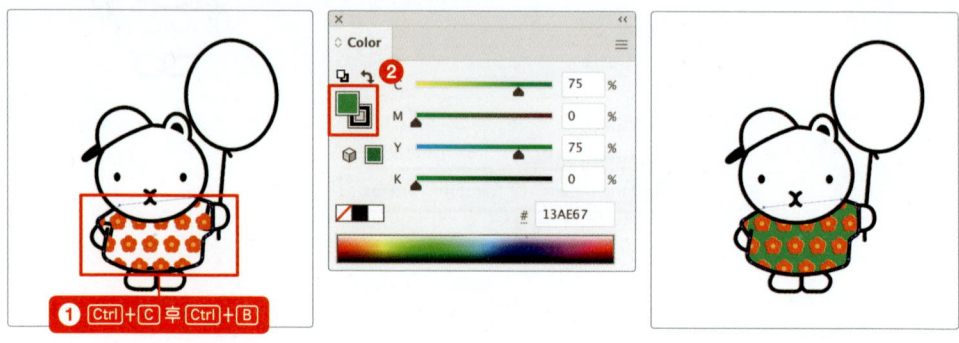

TIP 패턴 요소의 배경이 투명하다면 위와 같이 패턴이 적용된 개체를 복사해서 뒤로 붙여 넣은 후 배경색을 적용할 수 있습니다. 이렇게 하면 처음부터 패턴에 배경색을 적용하는 것보다 다양한 배경색을 손쉽게 표현할 수 있습니다.

04 앞서와 같은 방법으로 풍선에도 패턴을 적용합니다. 단, 패턴의 크기는 옷과 달리 **Uniform: 20%**로 적용합니다. 이어서 풍선을 복사해서 뒤로 붙여 넣고 **Fill: C5/M0/Y90/K0**을 적용해 노란색 배경을 만들면 완성입니다.

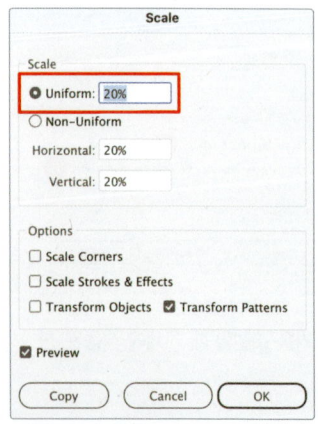  

🔍 한 걸음 더   등록한 패턴 수정하기

[Swatches] 패널에 등록한 패턴도 필요에 따라 다시 변경할 수 있습니다.

01 [Swatches] 패널에서 수정할 패턴을 더블 클릭합니다.

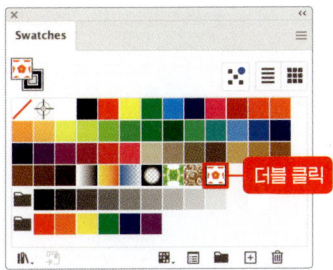

02 패턴을 등록할 때와 같이 Pattern Options 창이 열리고 패턴 편집 모드가 활성화되면 원하는 형태로 패턴을 수정합니다.

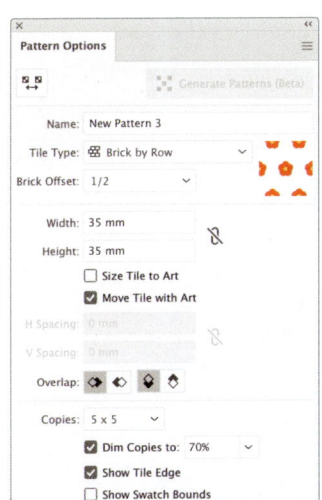

03 위쪽에서 [Done] 버튼을 클릭하면 기존 패턴이 새로운 패턴으로 변경되고, [Save a Copy] 버튼을 클릭하면 기존 패턴은 유지한 채 수정한 패턴이 새로운 패턴으로 저장됩니다.

◇ LESSON

07 | 블렌드 도구와 클리핑 마스크로 완성한 우표 디자인

일러스트레이터의 블렌드 도구를 활용해 우표 모양 도형을 만들고 클리핑 마스크로 이미지를 도형 안에 삽입하여 우표를 디자인해 보겠습니다.

완성 결과 | **우표 디자인.ai**

이것만은 반드시!

- **Blend Tool(블렌드 도구):** 두 개 이상의 개체 사이를 부드럽게 연결하고 색상, 모양, 크기, 투명도 등의 속성을 점진적으로 전환합니다.

▲ 색상, 모양, 크기, 투명도 블렌드 적용 사례

- **Clipping Mask(클리핑 마스크):** 마스크 개체의 모양을 기준으로 다른 개체의 일부만 표시할 수 있습니다.

‹‹ 블렌드 도구로 우표의 톨 모양 만들기

서로 다른 개체를 자연스럽게 연결해 주는 블렌드 도구를 활용해 우표의 상징적인 테두리 모양을 표현해 보겠습니다.

01 Ctrl+O를 눌러 [우표 디자인.ai] 예제 파일을 엽니다. 다음과 같이 작업 영역에 주황색 배경이 배치되어 있고, 좌우에 우표 디자인에 사용할 요소와 일러스트가 포함되어 있습니다.

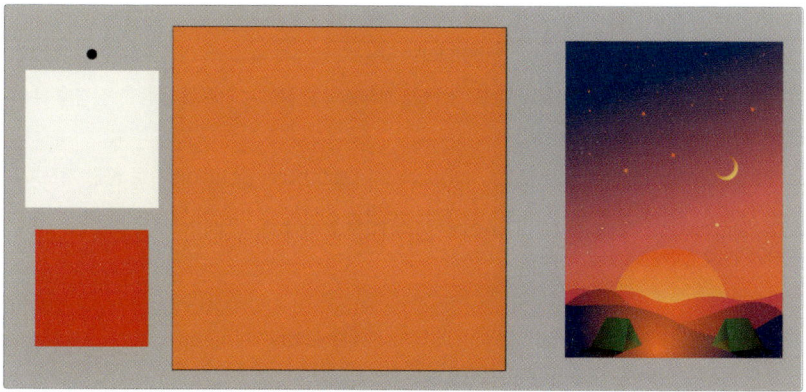

02 ❶ 〈Selection Tool(V)〉▶로 베이지색 사각형을 선택합니다. ❷ [Align] 패널(Shift +F7)을 열고 [Align to Artboard] 아이콘을 클릭하여 정렬 기준을 작업 영역(아트보드)으로 지정합니다. 이어서 ❸ [Horizontal Align Center]와 ❹ [Vertical Align Center] 아이콘을 클릭하여 ❺ 사각형을 작업 영역 정중앙에 배치합니다.

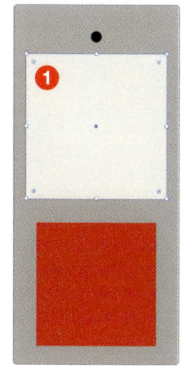 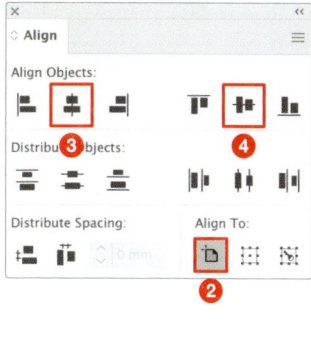 

LESSON 07 블렌드 도구와 클리핑 마스크로 완성한 우표 디자인

🔍 한 걸음 더 [Align] 패널 살펴보기

❶ Horizontal Align Left(가로 왼쪽 정렬)
❷ Horizontal Align Center(가로 가운데 정렬)
❸ Horizontal Align Right(가로 오른쪽 정렬)
❹ Vertical Align Top(세로 위 정렬)
❺ Vertical Align Center(세로 가운데 정렬)
❻ Vertical Align Bottom(세로 아래 정렬)
❼ Vertical Distribute Center(세로 가운데 분포): 선택한 개체들의 중심점이 세로로 균등한 간격을 유지하면서 정렬됩니다.
❽ Horizontal Distribute Center(가로 가운데 분포): 선택한 개체들의 중심점이 가로로 균등한 간격을 유지하면서 정렬됩니다.
❾ Vertical Distribute Spacing(세로 공간 분포) / Horizontal Distribute Spacing(가로 공간 분포): 선택한 개체들의 사이 간격을 지정할 수 있습니다. 정렬할 개체들을 선택한 후 기준이 될 개체를 한 번 더 클릭해서 선택하면 간격 입력란이 활성화됩니다.
❿ Align To(정렬 대상)
  Align to Artboard(아트보드에 정렬): 작업 영역을 기준으로 개체를 정렬합니다.
  Align to Selection(선택 항목에 정렬): 선택한 개체들끼리 정렬합니다.
  Align to Key Object(주요 오브젝트에 정렬): 여러 개체를 선택한 후 한 번 더 클릭해서 선택한 개체를 기준으로 정렬합니다.

03
❶ 제공된 요소 중 검은색 원을 그림과 같이 사각형 왼쪽 위로 겹치게 배치한 후 ❷ Alt + 드래그 + Shift 로 오른쪽에 수평으로 복제 배치합니다. ❸ 두 개의 원을 모두 선택하고 드래그하여 중앙에 배치합니다. 스마트 가이드가 표시되어 중앙을 확인할 수 있습니다.

04 ① 〈Selection Tool(V)〉 선택 상태에서 모든 개체의 선택을 해제하기 위해 작업 영역 빈 곳을 클릭합니다. ② 툴바에서 〈Blend Tool(W)〉을 선택하고 ③ 왼쪽 원을 클릭한 후 ④ 오른쪽 원을 클릭합니다. ⑤ 개체 사이가 원으로 가득 채워지면서 서로 연결됩니다.

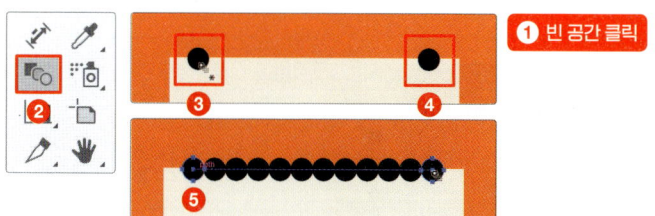

> **TIP** 〈Blend Tool(W)〉을 선택한 후 두 개 이상의 개체를 순서대로 클릭하면 색상, 모양, 크기, 투명도 등 속성을 점진적으로 전환하여 사이를 부드럽게 연결해 줍니다.

05 블렌드로 추가된 사이의 개체 수를 변경하기 위해 ① 툴바에서 〈Blend Tool(W)〉을 더블 클릭합니다. ② Blend Options 창이 열리면 **Spacing: Specified Steps, 5**를 적용하고 ③ [OK]를 클릭합니다.

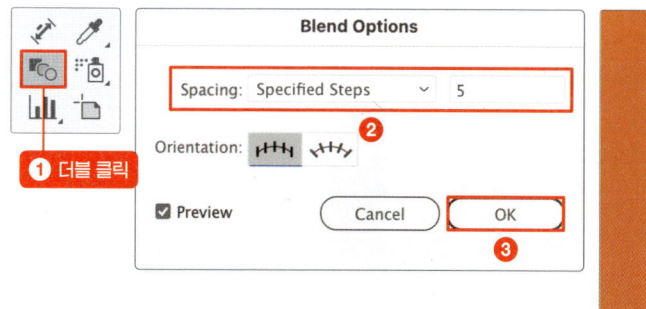

> **TIP** [Spacing] 옵션에서는 블렌딩 방법으로 색상, 단계(개수), 거리 중에서 선택할 수 있습니다. 여기서는 [Specified Steps, 5]로 변경했으므로, 사이의 개체 수가 5개로 변경됩니다.

06 ① 〈Selection Tool(V)〉 ▶을 선택한 후 Alt +드래그+ Shift 로 블렌딩한 개체를 아래쪽에 수직으로 복제 배치합니다. ② 위아래에 있는 블렌딩 개체를 모두 선택하고 Ctrl + C 후 Ctrl + F 를 눌러 제자리에서 앞으로 붙여 넣습니다. ③ 그런 다음 조절점 바깥쪽에서 Shift +드래그하여 90도로 회전합니다.

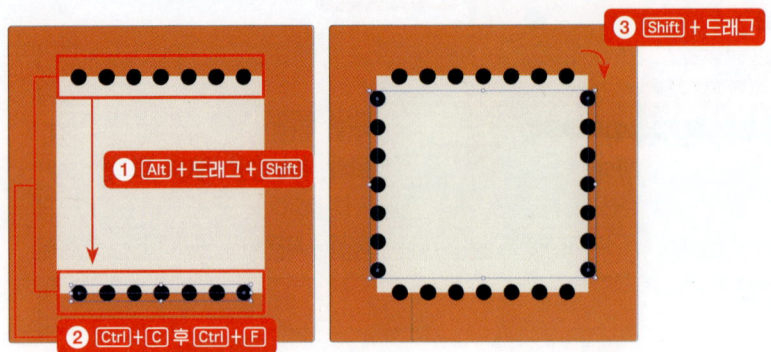

07 ① Ctrl + Y 를 눌러 윤곽선 모드로 실행해 보면 블렌드로 생성된 원에는 패스가 없습니다. 다시 Ctrl + Y 를 눌러 윤곽선 모드를 종료합니다. ② 4개의 블렌딩 개체를 모두 선택한 후 메뉴 바에서 [Object-Expand]를 선택합니다.

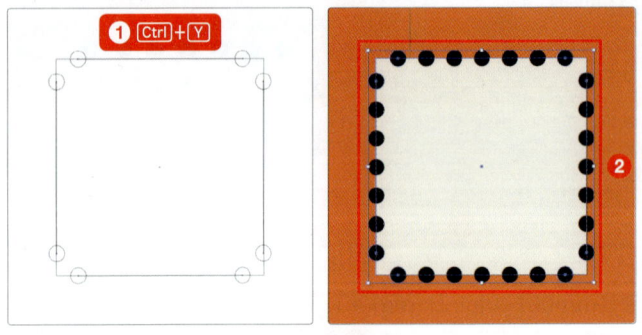

TIP Outline Mode(윤곽선 모드)는 칠(Fill)이나 선(Stroke)의 색상 등은 보이지 않고 오로지 개체의 패스만 확인할 수 있는 모드입니다.

08 ① Expand 창이 열리면 그대로 [OK]를 클릭합니다. ② Ctrl+Y를 눌러 아웃라인 모드를 재실행하면 모든 개체가 독립적인 패스로 변환된 것을 확인할 수 있습니다. 다시 Ctrl+Y를 눌러 아웃라인 모드를 마칩니다.

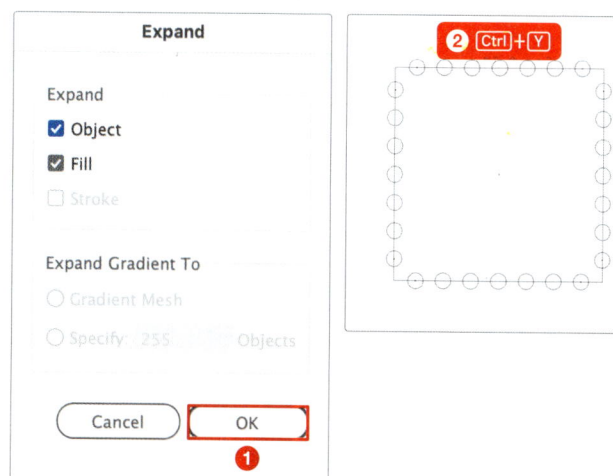

> **TIP** [Expand](확장) 메뉴는 블렌드 도구 등의 효과로 생성된 개체를 독립적인 패스로 변환하는 기능입니다. Expand를 실행하면 각 개체를 개별적으로 편집할 수는 있으나, 원래의 동적 효과를 수정할 수는 없습니다.

09 ① 범위를 드래그하여 작업 영역의 모든 개체를 선택하고 ② [Pathfinder] 패널(Shift+Ctrl+F9)에서 [Minus Front] 아이콘을 클릭하면 ③ 다음과 같은 우표의 틀이 완성됩니다.

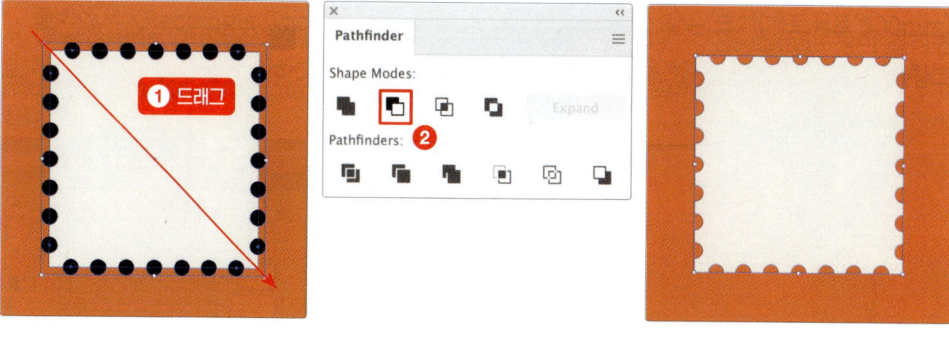

> **TIP** 주황색 배경 개체는 잠금 처리되어 있으므로 작업 영역에서 범위를 드래그해도 선택되지 않습니다.

클리핑 마스크를 활용하여 우표 디자인하기

일정 범위에서만 예제 파일에 제공된 일러스트가 보이도록 클리핑 마스크 기능을 이용합니다. 이어서 문자를 입력하고, 그림자를 추가하여 입체감을 더합니다.

01 ① 제공 요소 중 빨간색 사각형을 선택한 후 [Align] 패널(Shift+F7)에서 [Horizontal Align Center]와 ② [Vertical Align Center] 아이콘을 클릭해 작업 영역 정중앙에 배치합니다. ③ Ctrl+Shift+] 를 눌러 맨 앞으로 정돈합니다.

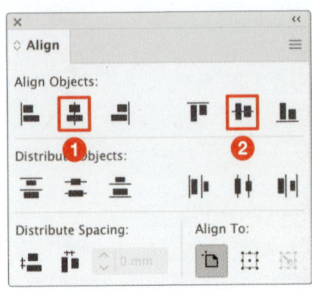

02 ① 범위를 드래그하여 제공된 일러스트를 모두 선택하고 Ctrl+G 를 눌러 그룹으로 묶습니다. ② 일러스트를 대략 작업 영역 중간에 배치하고, ③ Shift 를 누른 채 빨간색 도형을 클릭해 추가로 선택합니다. ④ Ctrl+7 을 누르면 빨간색 도형 안으로 클리핑 마스크가 적용되어 일러스트가 표시됩니다.

TIP Clipping Mask(클리핑 마스크)는 마스크 역할 개체의 모양을 기준으로 나머지 개체의 일부만 표시하는 기능입니다. 2개 이상의 개체를 서로 겹치게 배치한 후 Ctrl + 7 을 눌러 실행합니다. 가장 앞쪽에 정돈된 개체가 마스크 역할이며, 뒤쪽 개체들이 마스크 영역에 표시됩니다. 클리핑 마스크를 해제하려면 Ctrl + Alt + 7 을 누릅니다.

▲ 겹쳐진 2개의 개체와 클리핑 마스크 적용 후 변화

03 마스크에 표시되는 내용을 변경하기 위해 〈Selection Tool(V)〉▶로 클리핑 마스크가 적용된 개체를 더블 클릭합니다. 마스크 편집 모드가 실행되면 일러스트 개체를 선택한 후 크기를 변경하거나 드래그하여 위치를 조절하고, ESC 를 눌러 편집을 마칩니다.

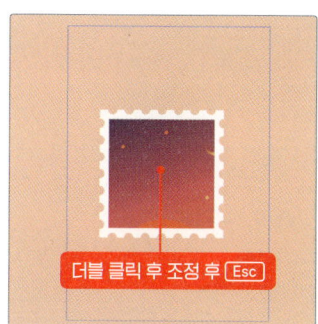

TIP 그룹 개체나 클리핑 마스크가 적용된 개체를 더블 클릭하면 내부 개체를 개별적으로 편집할 수 있습니다. 이 상태에서는 나머지 개체들이 흐릿하게 표현되며, 작업 화면 위쪽에는 다음과 같은 탐색 경로가 표시됩니다.

04 ❶ [Character] 패널(Ctrl + T)에서 **글꼴: G마켓 산스/Bold, 크기: 14pt, 행간: 14pt**를 적용합니다. ❷ 툴바에서 〈Type Tool(T)〉T을 선택하고, 빈 영역을 클릭하여 원하는 문자를 2줄로 입력하고 Ctrl + Enter 를 눌러 입력을 마칩니다.

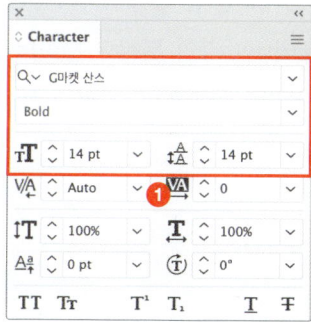 

LESSON 07 블렌드 도구와 클리핑 마스크로 완성한 우표 디자인

05 ❶ [Paragraph] 패널([Ctrl]+[Alt]+[T])에서 [Align Center] 아이콘을 클릭해 문자를 중앙 정렬하고, ❷ [Color] 패널([F6])에서 Fill: White, Stroke: None을 적용한 후 ❸ 그림과 같이 배치합니다.

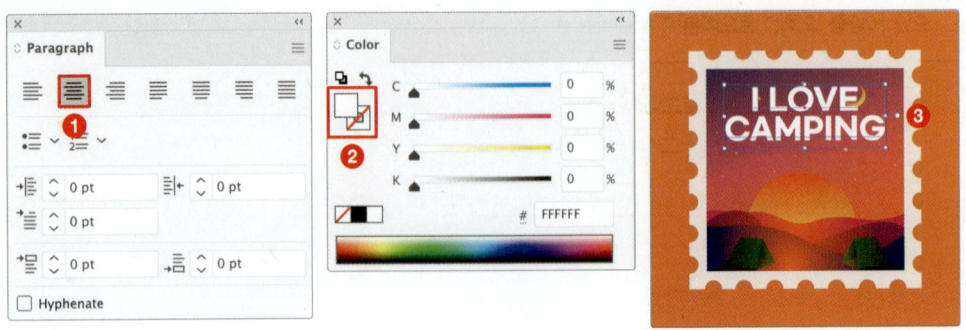

06 ❶ [Transparency] 패널([Ctrl]+[Shift]+[F10])에서 Blending Mode: Overlay를 적용하면 ❷ 그림과 같이 문자가 배경과 어울리게 혼합됩니다.

> **TIP** 일러스트레이터 블렌딩 모드는 [Transparency] 패널([Shift]+[Ctrl]+[F10])에서 선택할 수 있습니다. 블렌딩 모드의 개념은 포토샵과 동일하며 자세한 내용은 000쪽을 참고하세요.

07 ❶ 〈Selection Tool(V)〉▶로 베이지색 우표 틀을 선택합니다. ❷ 메뉴 바에서 [Effect-Stylize-Drop Shadow]를 선택하여 Drop Shadow 창이 열리면 Mode: Multiply, Opacity: 30%, X Offset / Y Offset / Blur: 0.5mm를 적용하고 ❸ [OK]를 클릭합니다. ❹ 자연스러운 그림자가 표현됩니다.

 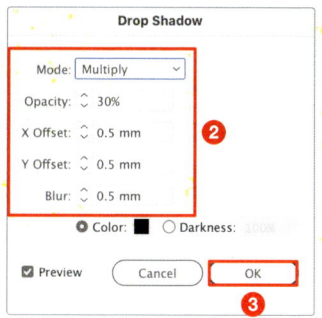 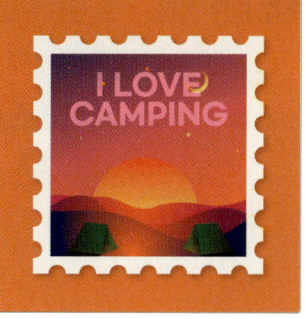

TIP [Effect] 메뉴에서 적용한 다양한 효과는 [Appearance] 패널(Shift + F6)에 레이어 형태로 표시되며, 효과 이름을 클릭하여 적용된 설정을 변경할 수 있습니다.

▼≡ 응용해 보기

앞서 클리핑 마스크에 사용한 사각형을 변형하면 좀 더 독창적인 우표를 완성할 수 있습니다.

01 클리핑 마스크 개체를 더블클릭하여 편집 모드를 활성화한 후 마스크 역할을 하는 사각형(테두리 부분)을 클릭해서 선택합니다.

02 작업 창 위쪽의 ① 컨트롤 바에서 **Corner Radius: 3mm**, ② **Corner Type: Inverted Round**를 적용한 후 ESC 를 누릅니다. ③ 마스크 역할의 사각형의 모퉁이가 안쪽으로 둥글게 변경되면서 일러스트가 표시되는 영역도 변경됩니다.

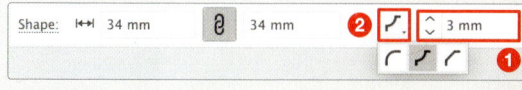

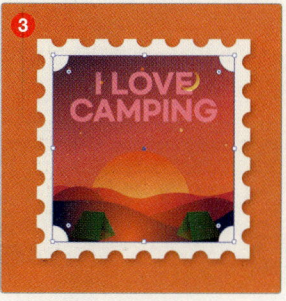

LESSON 07 블렌드 도구와 클리핑 마스크로 완성한 우표 디자인 **345**

LESSON 08 문자 왜곡하여 뉴레트로 포스터 디자인하기

뉴레트로는 과거의 감성을 현대적으로 재해석한 디자인 트렌드입니다. 이번 레슨에서는 뉴레트로 스타일의 포스터를 제작해 봅니다. 도형을 배치하고 문자를 왜곡하며, 분위기에 어울리는 색상을 조합하면 간단하지만 트렌디한 분위기의 포스터가 완성됩니다.

완성 결과 | **뉴레트로 포스터.ai**

이것만은 반드시!

- **Make with Warp(뒤틀기로 만들기)**: 텍스트나 개체에 왜곡(Warp) 효과를 적용하여 원하는 형태의 곡선 등으로 변형할 수 있습니다.

패스파인더를 활용하여 오목한 도형 만들기

오목한 도형은 문자와 레트로 느낌의 디자인을 강조하기에 적절한 형태입니다. 여러 도형을 조합하고 패스파인더 기능을 활용해 오목한 도형을 만들어 보겠습니다.

01 Ctrl+O를 눌러 [뉴레트로 포스터.ai] 예제 파일을 엽니다. 세로로 긴 작업 영역이 있고, 왼쪽 회색 영역에는 포스터 디자인에 활용할 요소가 배치되어 있습니다.

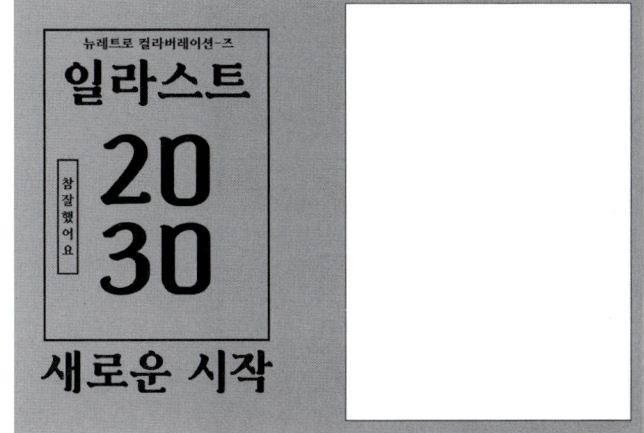

TIP 예제 파일을 열었을 때 Missing Fonts 창이 열린다면 예제 파일에서 사용된 글꼴이 현재 컴퓨터에 설치되어 있지 않다는 의미입니다. 컴퓨터에 설치되지 않은 글꼴은 자동으로 기본 글꼴(Default Font)로 대체되며, 이로 인해 원래 디자인 결과가 원래 의도와 다르게 보일 수 있습니다. 그러므로 Missing Fonts 창에 표시된 누락된 글꼴을 찾아 설치하거나 [Replace Fonts] 버튼을 클릭하여 누락된 글꼴과 유사한 글꼴로 변경합니다. 보통은 이런 경우를 방지하기 위해 디자인에 사용한 문자에 윤곽선 만들기를 적용합니다(000쪽 참고).

02 ① 왼쪽 디자인 요소 중 큰 사각형을 선택하고 ② [Align] 패널(Shift+F7)에서 [Horizontal Align Center] 아이콘을 클릭합니다. ③ 작업 영역(아트보드)에서 가로로 중앙 정렬됩니다.

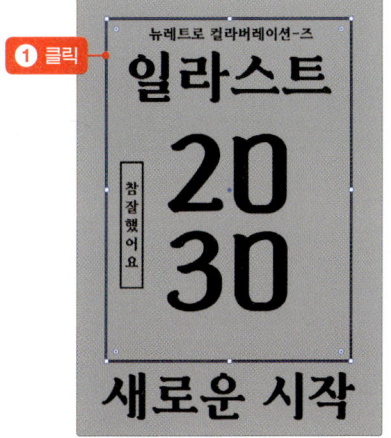
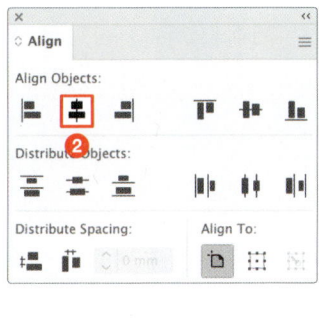

03 만들려는 형태를 떠올리며, 패스파인더 기능으로 빼낼 부분에 겹치도록 새로운 도형을 배치합니다. 여기서는 아래쪽을 오목하게 파내기 위해 〈Ellipse Tool(L)〉 ◯을 선택한 후 드래그하여 타원을 추가하고 그림과 같이 배치합니다.

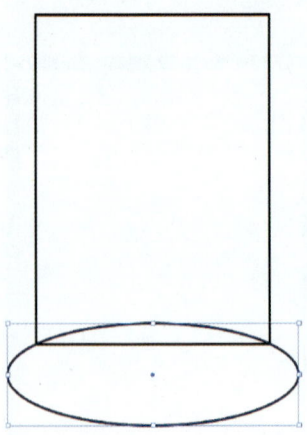

> **TIP** 일러스트레이터에서는 속성 상속(Property Inheritance)이라는 동작 원칙에 따라 마지막으로 선택한 개체의 스타일(채우기, 선, 투명도 등)이 새로 추가한 개체에도 동일하게 적용됩니다.

04 ① 〈Selection Tool(V)〉 ▶로 작업 영역에 있는 모든 개체를 선택하고 ② [Pathfinder] 패널([Ctrl]+[Shift]+[F9])에서 [Minus Front] 아이콘을 클릭합니다. ③ 아래쪽 개체에서 앞쪽 개체와 겹친 부분이 삭제됩니다.

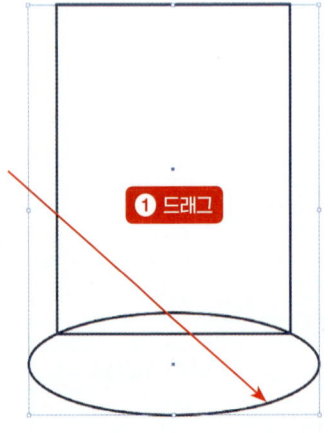
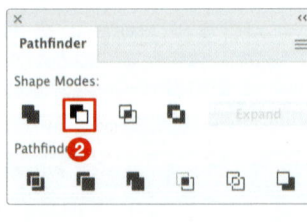
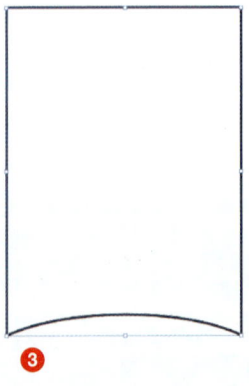

05 Ctrl 을 눌러 일시적으로 〈Direct Selection Tool(A)〉 ▷ 이 활성화되면 Shift 를 추가로 누른 채 위쪽 2개의 라이브 코너 위젯을 클릭한 후 안쪽으로 드래그하여 적당한 수준으로 모퉁이를 둥글게 변경합니다.

선택 후 드래그

TIP 패스파인더를 적용한 일부 도형은 〈Selection Tool(V)〉 선택 상태에서 Ctrl 을 누르고 있는 동안만 〈Direct Selection Tool(A)〉이 활성화됩니다. 그러므로 모퉁이를 둥글게 변경하는 내내 Ctrl 을 누른 채 유지해야 합니다.

06 모퉁이를 둥글게 변형한 도형을 ❶ Alt +드래그+ Shift 로 위쪽에 수직으로 복제 배치합니다. ❷ 범위를 드래그하여 2개의 도형을 선택하고 ❸ [Pathfinder] 패널(Ctrl + Shift + F9)에서 [Divide] 아이콘을 클릭해 분할합니다.

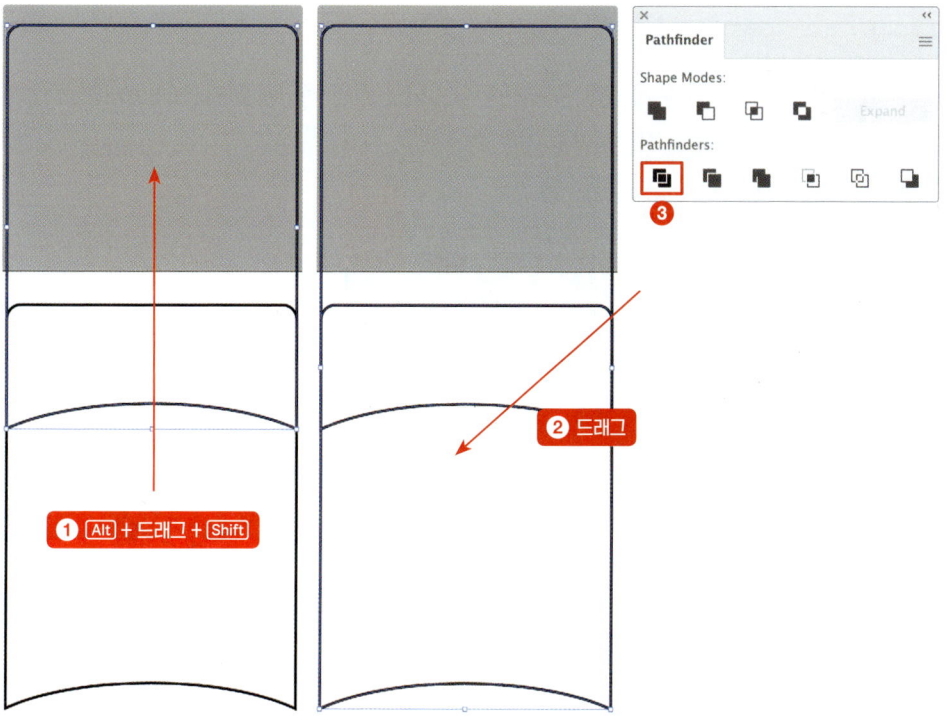

LESSON 08 문자 왜곡하여 뉴레트로 포스터 디자인하기

07 분할된 개체는 그룹으로 묶여 있으므로, ❶ Ctrl + Shift + G 를 눌러 그룹을 해제하고
❷ 작업 영역 위쪽으로 빠져나간 개체를 클릭해서 선택한 후 Delete 를 눌러 삭제합니다.

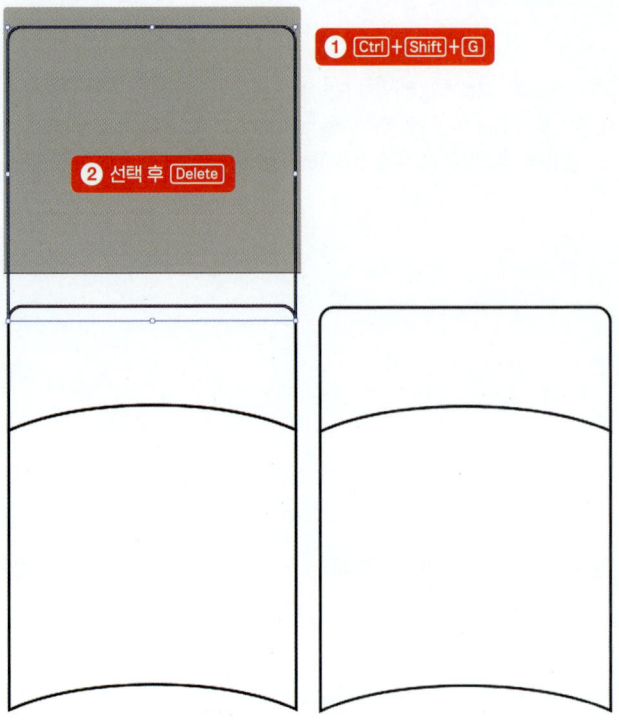

08 ❶ 남은 개체 중 위쪽 개체를 선택한 후 [Color] 패널(F6)에서 **Fill: C50/M75/Y100/K20, Stroke: C10/M20/Y45/K0**을 적용하고 ❷ 아래쪽 개체를 선택한 후 **Fill: C10/M20/Y45/K0, Stroke: C10/M20/Y45/K0**을 적용합니다.

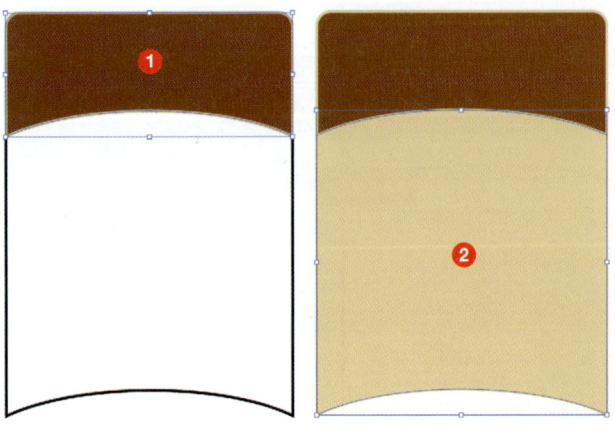

◀◀ 문자 입력 후 왜곡하기

문자를 입력하고, Make with Warp 기능을 이용해 레트로한 분위기에 어울리도록 왜곡하는 방법을 배워 보겠습니다.

01 문자 작업 중 도형이 방해되지 않도록 잠금 처리해 두는 것이 좋습니다. 도형을 모두 선택한 후 Ctrl + 2 를 눌러 잠급니다.

02 ❶ 작업 영역 밖에 있는 디자인 요소를 모두 선택한 후 ❷ 작업 영역으로 드래그하면서 Shift 를 눌러 수평으로 옮깁니다. ❸ Ctrl + Shift +] 를 눌러 맨 앞으로 정돈합니다.

> **TIP** 디자인 요소를 작업 영역으로 드래그한 후 미세한 위치를 조절할 때는 방향키를 이용합니다. → ← ↑ ↓ 를 누르면 해당 방향으로 1pt씩 이동하며, Shift 와 함께 누르면 10pt씩 이동합니다.

LESSON 08 문자 왜곡하여 뉴레트로 포스터 디자인하기

03 ❶ 가로로 입력된 문자를 모두 선택하고, [Color] 패널(F6)에서 Fill: C10/M20/Y45/K0을 적용합니다. ❷ 계속해서 세로로 입력된 문자와 숫자를 모두 선택한 후 Fill: C50/M75/Y100/K20을 적용하고, ❸ 작은 사각형을 선택한 후 Fill: None, Stroke: C50/M75/Y100/K20을 적용합니다.

TIP 현재 선택 중인 개체에 다른 개체의 색과 같은 색을 적용하고 싶다면 〈Eyedropper Tool(I)〉을 선택하고 추출하고 싶은 개체를 클릭합니다. 이때 클릭한 개체의 Fill과 Stroke가 모두 동일하게 적용됩니다. 만약 기존 스타일을 유지한 채 색상만 추출하고 싶다면 Shift를 누른 채 클릭합니다.

04 이제 문자를 왜곡하겠습니다. ❶ '일라스트'를 선택하고 ❷ 메뉴 바에서 [Object-Envelope Distort-Make with Warp]를 선택하여 Warp Options 창이 열리면 **Style: Arc Lower, Bend: -15%**를 적용하고 ❸ [OK]를 클릭합니다. ❹ 아래쪽 아치의 굴곡에 맞게 문자가 뒤틀립니다.

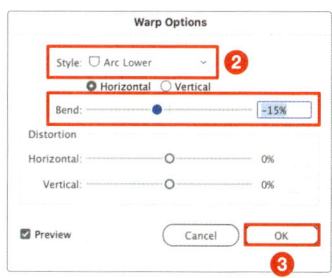
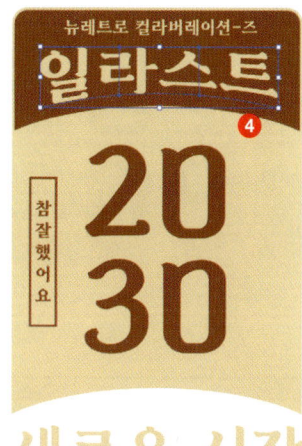

TIP [Object-Envelope Distort](둘러싸기 왜곡) 메뉴에는 개체를 왜곡할 수 있는 몇 가지 메뉴가 포함되어 있으며 그 중에서 [Make with Warp](뒤틀기로 만들기)는 문자나 개체를 원하는 형태로 변형할 수 있습니다.

05 문자를 왜곡했더니 크기가 다소 작아진 느낌입니다. 조절점을 Alt + Shift + 드래그하여 적당한 크기로 조절합니다.

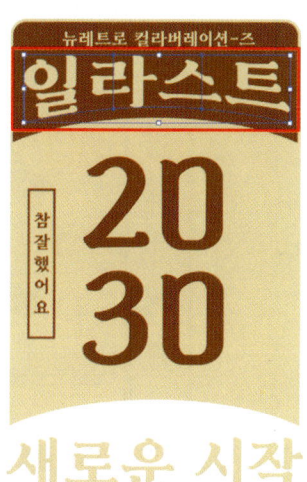

06 ❶ 이번에는 '새로운 시작'을 선택한 후 ❷ Warp Options 창을 열고 **Style: Arc Upper, Bend: 23%**를 적용한 후 ❸ [OK]를 클릭합니다. ❹ 위쪽 아치에 맞게 문자가 뒤틀립니다.

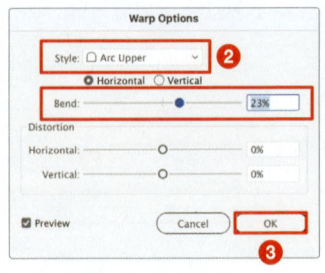

세부적인 수정을 거쳐 디자인 완성도 높이기

대략적인 디자인이 완성되었습니다. 하지만, 전체적인 디자인의 완성도는 세부적인 마무리 작업에 따라 좌우됩니다. 레트로한 분위기를 강조할 수 있는 이미지를 활용해 최종 포스터 디자인을 완성해 보겠습니다.

01 ❶ 사각형을 선택한 후 ❷ 컨트롤 바에서 **Corner Radius: 3mm**, ❸ **Corner Type: Inverted Round**를 적용합니다.

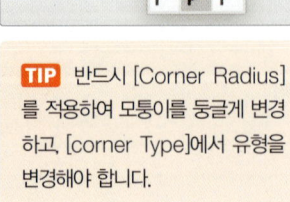
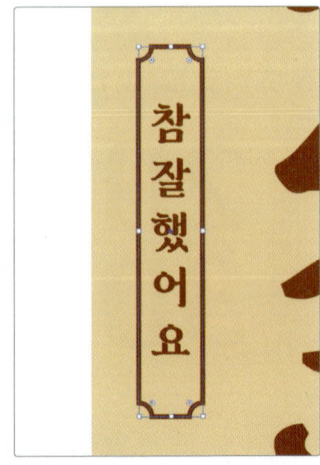

TIP 반드시 [Corner Radius]를 적용하여 모퉁이를 둥글게 변경하고, [corner Type]에서 유형을 변경해야 합니다.

02 ❶ '참잘했어요'와 사각형을 함께 선택하고 Alt + 드래그 + Shift 로 오른쪽에 수평 복제 배치합니다. ❷ 원본과 복제된 개체를 함께 선택한 후 스마트 가이드를 확인하면서 드래그하여 중앙 정렬합니다.

TIP 서로 떨어져 있는 2개 이상의 개체를 함께 선택하면 해당 개체들을 둘러싼 형태가 하나의 개체로 인식되어 손쉽게 중앙에 정렬할 수 있습니다.

03 ❶ 툴바에서 〈Type Tool(T)〉 T 을 선택한 후 복제된 '참잘했어요'를 클릭합니다. ❷ 문자 편집 상태가 되면 내용을 변경하고 Ctrl + Enter 를 눌러 입력을 마칩니다.

TIP 문자를 세로로 입력하고 싶다면 〈Type Tool(T)〉의 그룹 도구인 〈Vertical Type Tool〉(세로 쓰기 문자 도구)을 선택한 후 작업 영역을 클릭합니다 좀 더 편하게는 〈Type Tool(T)〉 선택 상태에서 작업 영역을 Shift + 클릭해도 됩니다.

04 ❶ 〈Rectangle Tool(M)〉□을 선택한 후 작업 영역 크기에 맞춰 드래그하여 사각형을 추가하고, [Color] 패널(F6)에서 **Fill: C50/M75/Y100/K20**을 적용합니다. ❷ Ctrl + Shift + [를 눌러 추가한 사각형을 맨 뒤로 정돈합니다.

05 레트로 분위기를 극대화하기 위해 이미지 파일을 활용하겠습니다. ❶ 메뉴 바에서 [File-Place]를 선택한 후 [vintage paper.jpg] 예제 파일을 찾아 선택하고 ❷ [Place] 버튼을 클릭합니다.

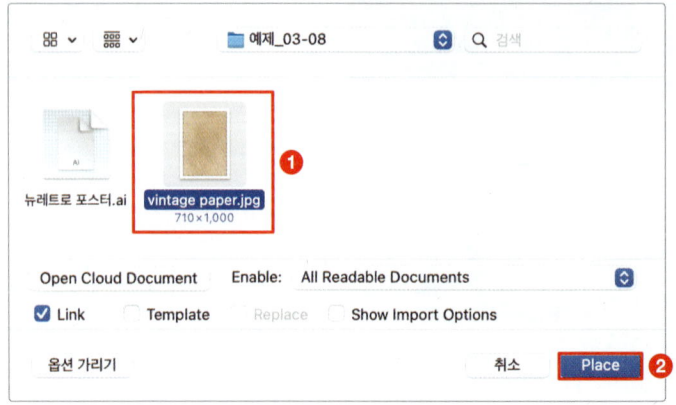

> **TIP** 메뉴 바에서 [File-Place]를 사용하면 현재 작업 창으로 이미지를 비롯한 다양한 파일을 가져올 수 있습니다. 가져올 파일을 선택한 후 [Place] 버튼을 클릭하면 마우스 커서에 파일의 미리보기가 표시되며, 이 상태에서 작업 영역을 클릭하면 원본 크기로 추가되며, 범위를 드래그하면 드래그한 크기에 맞춰 추가됩니다.

06 ① 마우스 커서에 미리보기가 표시되면 작업 영역을 클릭하여 원본 크기로 추가합니다.
② 〈Selection Tool(V)〉▶로 이미지를 선택한 후 작업 영역에 맞게 크기를 조절하고 겹치게 배치합니다.

07 ① [Transparency] 패널(Ctrl+Shift+F10)에서 **Blending Mode: Multiply**를 적용하면 ② 뉴레트로 포스터 디자인 완성입니다.

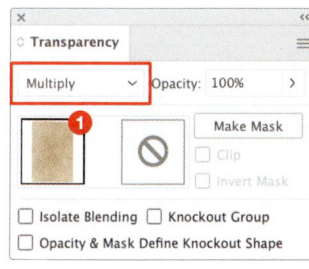

LESSON 09 | 아트 브러시로 등록하여 뱀 일러스트 완성하기

일러스트레이터의 아트 브러시를 활용하면 특정 개체를 패스에 따라 자유롭게 늘이거나 변형할 수 있습니다. 아트 브러시로 자연스럽게 늘어나는 뱀을 만들어 보겠습니다.

완성 결과 | 아트 브러시.ai

이것만은 반드시!

- **Art Brush(아트 브러시)**: 패스에 따라 벡터 개체를 늘이거나 변형할 수 있는 브러시입니다.

아트 브러시에 등록할 디자인 요소 만들기

아트 브러시를 사용하려면 먼저 아트 브러시에 적용할 디자인 요소를 준비해야 합니다. 뱀 모양으로 디자인 요소를 만들어 보겠습니다.

01 Ctrl+O를 눌러 [아트 브러시.ai] 예제 파일을 엽니다. 2개의 작업 영역에 각각 뱀의 머리 요소와 패스가 배치되어 있습니다.

02 ① 뱀 얼굴 요소를 선택하면 [Fill]과 [Stroke] 속성이 추출됩니다. ② 툴바에서 〈Rectangle Tool(M)〉□을 선택한 후 얼굴 왼쪽에서 드래그하여 비슷한 높이로 적당한 길이의 사각형을 추가합니다.

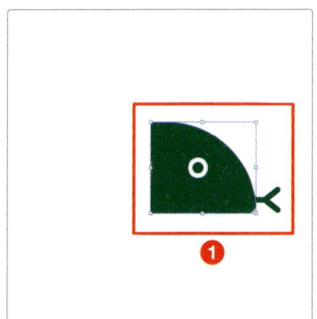 

TIP 일러스트레이터에서는 속성 상속(Property Inheritance)이라는 동작 원칙에 따라 마지막으로 선택한 개체의 스타일(칠, 선, 투명도 등)이 새로 추가한 개체에도 동일하게 적용됩니다.

03 ① Shift를 누른 채 추가한 사각형의 왼쪽 위와 왼쪽 아래의 라이브 코너 위젯을 클릭해서 다중 선택한 후 ② 안쪽으로 드래그하여 그림과 같이 왼쪽을 둥글게 변형합니다.

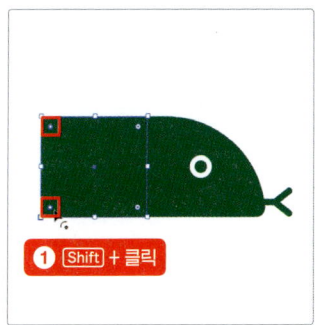 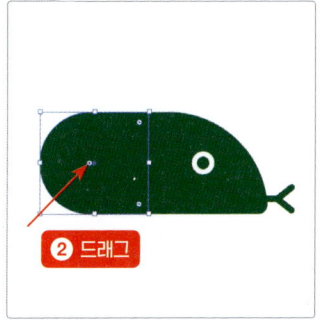

디자인 요소를 아트 브러시로 등록하기

아트 브러시로 등록할 디자인 요소가 준비되었습니다. 이제 준비한 요소를 아트 브러시로 등록한 후 패스에 따라 늘어나는 뱀을 표현해 보겠습니다.

01 앞서 만든 뱀 요소를 아트 브러시로 등록하겠습니다. ❶ 〈Selection Tool(V)〉▶로 모든 뱀 개체를 선택하고, ❷ [Brushes] 패널(F5)에서 [New Brush] 아이콘을 클릭합니다. ❸ New Brush 창이 열리면 [Art Brush]를 선택하고 ❹ [OK]를 클릭합니다.

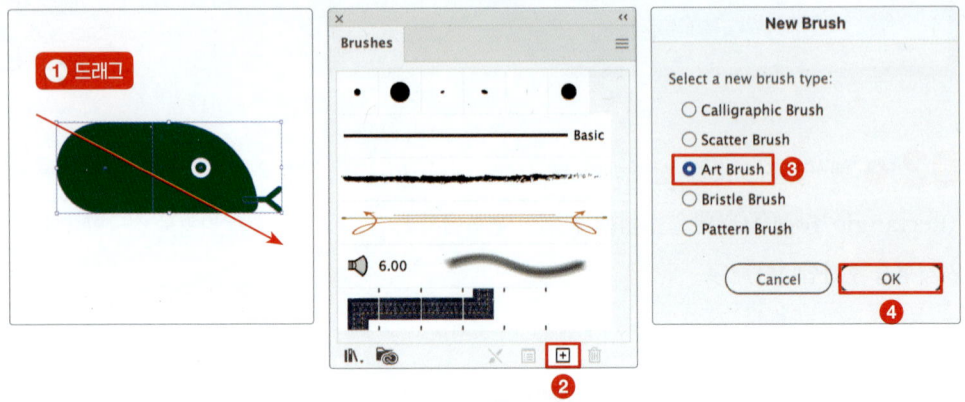

02 ❶ Art Brush Options 창이 열리면 세부 설정을 변경할 수 있지만 여기서는 기본값 그대로 [OK]를 클릭해 아트 브러시로 등록합니다. ❷ [Brushes] 패널(F5)에 뱀 모양 아트 브러시가 추가되었습니다.

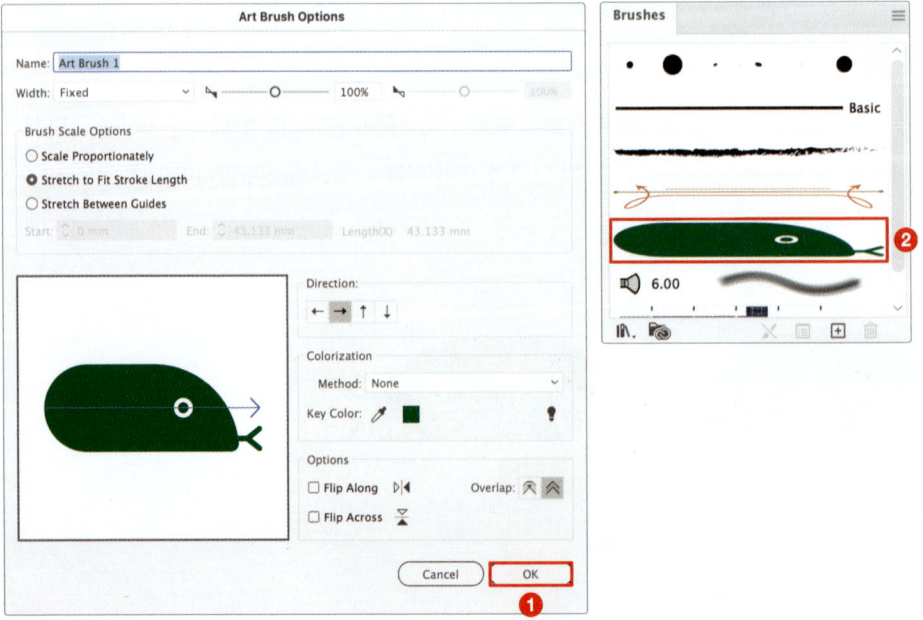

03 툴바에서 〈Paintbrush Tool(B)〉 을 선택하고 작업 영역에서 물결 형태로 패스를 그려 봅니다. 패스 모양에 따라 뱀이 그려지지만 머리 비율이 왜곡되어 어색해 보입니다.

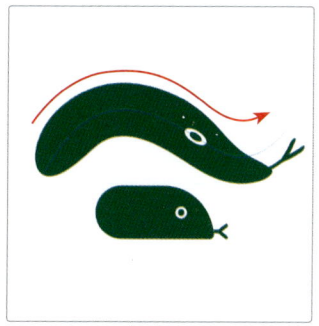

04 아트 브러시의 설정을 변경하기 위해 ① [Brushes] 패널(F5)에서 뱀 모양 아트 브러시를 더블 클릭합니다. ② Art Brush Options 창이 열리면 Brush Scale Options 항목에서 [Stretch Between Guides] 옵션을 선택하고 ③ 점선 가이드를 클릭한 채 드래그하여 뱀의 몸통 부분으로 조절한 후 ④ [OK]를 클릭합니다.

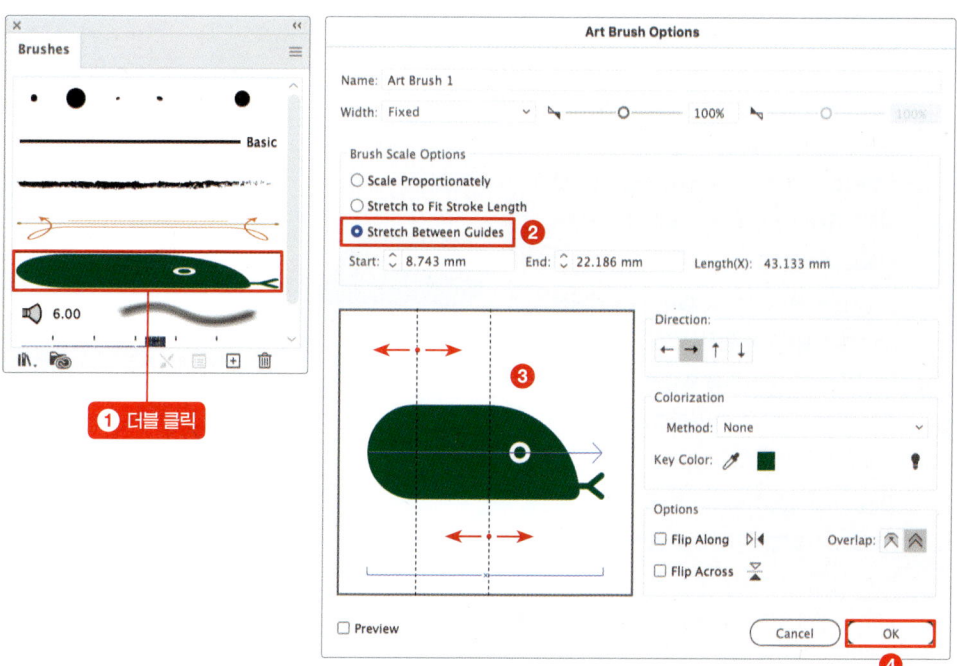

LESSON 09 아트 브러시로 등록하여 뱀 일러스트 완성하기 **361**

05 작업 영역에서 사용한 아트 브러시에 변경된 내용을 적용할지(Apply to Stroke), 기존 내용은 유지한 채 새로운 아트 브러시를 추가할지(Leave Stroke) 묻는 경고 창이 열립니다. 여기서는 ① [Leave Strokes] 버튼을 클릭해 ② 복사본을 추가합니다.

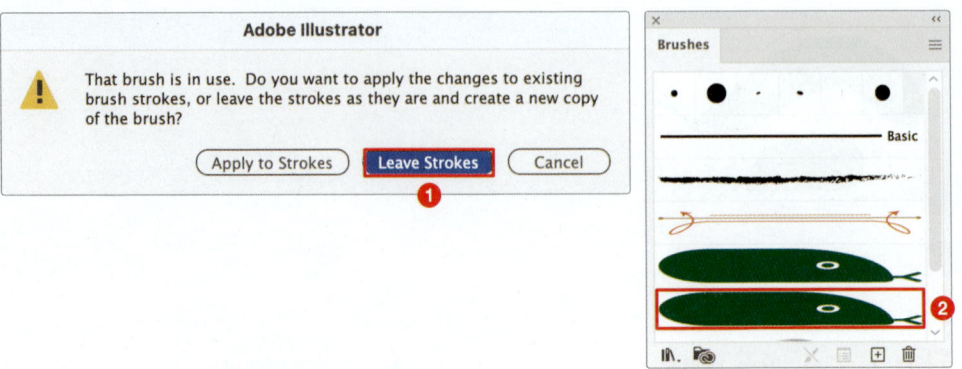

🔍 한 걸음 더 Art Brush Options 창 살펴보기

❶ **Name(이름)**: 등록할 브러시 이름을 설정합니다.

❷ **Width(폭)**: 브러시의 폭을 조정합니다.

❸ **Scale Proportionately(비례적으로 크기 조절)**: 브러시 전체를 비율에 따라 균일하게 늘리거나 줄입니다.

❹ **Stretch to Fit Stroke Length(선 길이에 맞게 늘이기)**: 선 길이에 따라 전체적으로 조절합니다.

❺ **Stretch Between Guides(안내선 사이에서 늘이기)**: 점선 사이만 조절됩니다. [Start]와 [End] 옵션값을 입력하거나 직접 점선을 클릭한 후 드래그하여 안내선 위치를 변경할 수 있습니다.

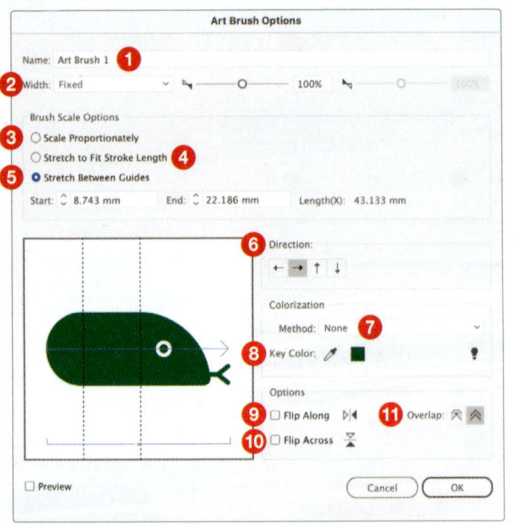

❻ **Direction(방향)**: 해당 브러시의 방향을 설정합니다.

❼ **Method(방법)**: 브러시의 색상을 적용하는 방식을 선택합니다.
  • **None(없음)**: 처음 등록한 요소의 색상이 유지됩니다.
  • **Tints(농도)**: [Stroke]에 적용된 색상이 적용됩니다.
  • **Tints and Shades(농도와 음영)**: [Stroke]에 적용된 색상에 따라 명암 차이를 포함해 적용됩니다.
  • **Hue Shift(색조 이동)**: [Stroke]에 적용된 색상에 따라 색조(명도와 채도)가 변경됩니다.

⑧ **Key Color(키 색상)**: 기본 요소에 적용된 특정 색상을 기준으로 색상화를 적용할 때 사용합니다.
⑨ **Flip Along(가로로 뒤집기)**: 브러시를 가로 방향으로 뒤집습니다.
⑩ **Flip Across(세로로 뒤집기)**: 브러시를 세로 방향으로 뒤집습니다.
⑪ **Overlap(겹침)**: 패스가 겹치는 부분(각지게 꺾인 부분 등)의 처리 방식을 결정합니다.

06 〈Paintbrush Tool(B)〉을 이용해 다시 드로잉하여 결과를 확인해 봅니다. 뱀의 꼬리와 머리 비율은 유지된 채 몸통만 늘어나는 것을 확인할 수 있습니다.

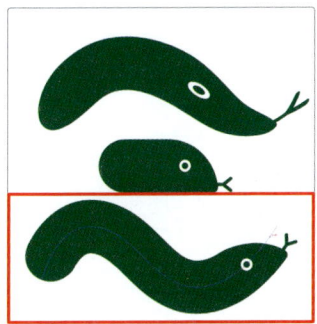

07 아트 브러시는 모든 패스에 적용할 수 있습니다. ❶ 〈Selection Tool(V)〉로 오른쪽 작업 영역에 있는 패스를 선택하고 ❷ [Brushes] 패널(F5)에서 두 번째 뱀 모양 아트 브러시를 선택합니다. ❸ 패스를 따라 아트 브러시가 적용됩니다.

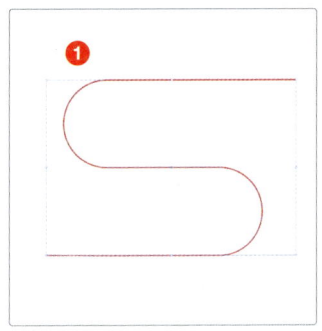
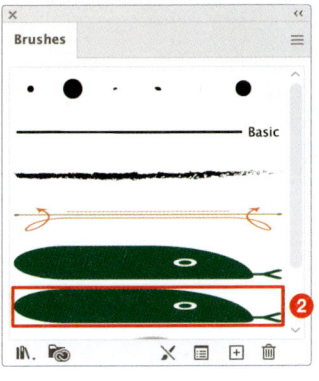

▼☰ 응용해 보기

색상화(Colorization) 설정을 활용하여 아트 브러시로 완성한 일러스트의 색을 손쉽게 변경할 수 있습니다.

01 ❶ [Brushes] 패널([F5])에서 두 번째 뱀 모양 브러시를 더블 클릭하여 Art Brush Options 창을 엽니다. ❷ [Stroke] 설정에 따라 색조가 적용되도록 **Method: Hue Shift**를 적용하고 ❸ [OK]를 클릭합니다.

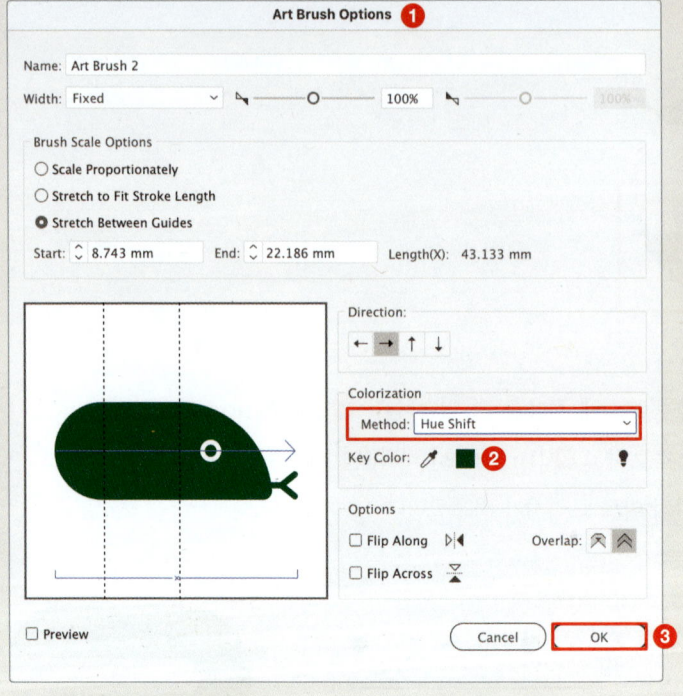

02 ❶ 경고 창이 열리면 [Apply to Strokes] 버튼을 클릭하여 현재 해당 아트 브러시가 적용된 개체에도 변경된 설정을 적용합니다. ❷ [Color] 패널([F6])에 적용된 [Stroke] 설정에 따라 ❸ 뱀의 색상이 변경됩니다.

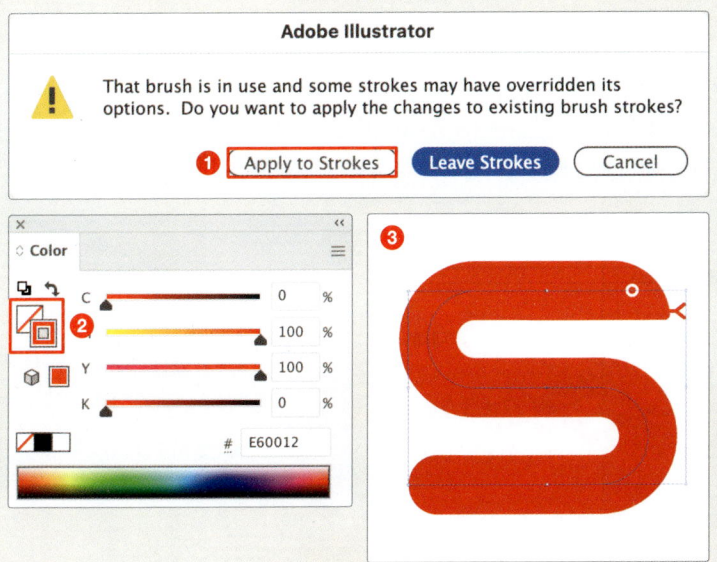

03 뱀 개체가 선택된 상태로 [Color] 패널([F6])에서 [Stroke] 색상을 자유롭게 변경해 보세요.

LESSON 10

패턴 브러시로 마스킹 테이프 만들기

패턴 브러시를 사용하면 패스에 따라 원하는 디자인 요소를 반복해서 배치할 수 있습니다. 패턴으로 사용할 디자인을 완성하여 패턴 브러시로 등록한 후 등록한 패턴 브러시를 사용해 마스킹 테이프를 표현해 보겠습니다.

완성 결과 | **패턴 브러시.ai**

이것만은 반드시!

- **패턴 브러시**: 패스를 따라 반복 가능한 디자인 요소를 배치합니다.

패턴으로 등록할 디자인 요소 완성하기

패턴 브러시로 등록한 후 반복해서 배치할 디자인 요소를 만듭니다.

01 Ctrl+O를 눌러 [패턴 브러시.ai] 예제 파일을 열면 다음과 같이 기본 디자인 요소가 배치되어 있습니다. 요소들을 활용해 패턴으로 등록할 최소 타일을 디자인합니다.

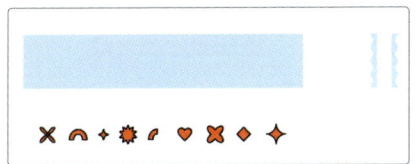

02 ❶ 우선 사각형을 선택한 후 Ctrl+2를 눌러 잠그고 ❷ [Character] 패널(Ctrl+T)에서 **글꼴: 창원단감아삭 , 크기: 15pt**를 적용합니다. ❸ ⟨Type Tool(T)⟩ T을 선택하고 작업 영역 빈 공간을 클릭하여 '네 알겠습니당'을 입력한 후 Ctrl+Enter를 눌러 입력을 마칩니다.

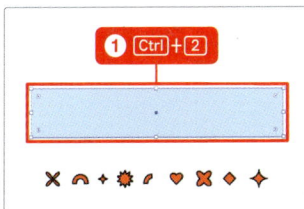
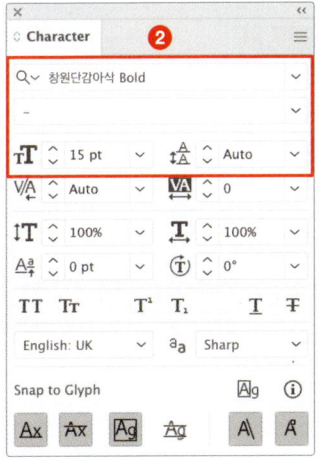
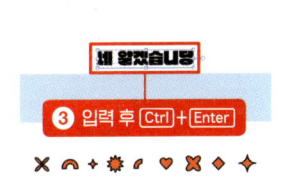

03 ❶ ⟨Selection Tool(V)⟩ ▶로 문자를 드래그하여 그림과 같이 옮기고, ❷ Alt+드래그 +Shift로 오른쪽에 수평으로 복제 배치합니다.

LESSON 10 패턴 브러시로 마스킹 테이프 만들기 **367**

04 ① Shift 를 누른 채 클릭하여 2개의 문자 개체를 모두 선택합니다. ② 툴바에서 〈Eyedropper Tool(I)〉 을 선택한 후 ③ 사각형 아래쪽 도형을 클릭하면 ④ 도형의 스타일이 추출되어 문자에 적용됩니다.

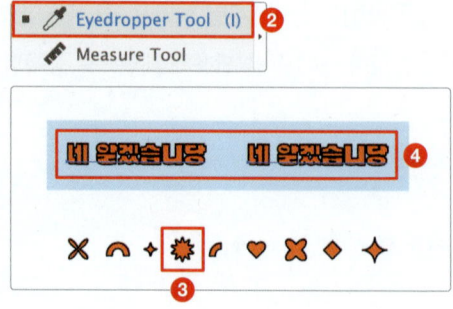

05 끝으로 아래쪽에 다양한 도형 개체를 복제한 후 사각형에 적절하게 배치하면 완성입니다. 이때, 도형 개체가 사각형 밖으로 삐져나오지 않도록 합니다.

완성한 디자인을 패턴 브러시로 등록하기

만들어둔 패턴 요소를 활용해 패턴 브러시로 등록해 보겠습니다.

01 ① Ctrl + Alt + 2 를 눌러 모든 잠금을 해제합니다. ② 범위를 드래그하여 사각형과 안쪽의 개체를 모두 선택하고, ③ 문자를 깨뜨리기 위해 Ctrl + Shift + O 를 눌러 Create Outlines 을 실행합니다.

> **TIP** 패턴 브러시에는 문자 개체를 직접 등록할 수 없습니다. 그러므로 문자를 패턴 브러시로 등록하기 위해서 윤곽선 만들기(Create Outlines)를 실행했습니다.

02 사각형과 안쪽 개체가 모두 선택된 상태로 ❶ [Brushes] 패널([F5])에서 [New Brush] 아이콘을 클릭합니다. ❷ New Brush 창이 열리면 [Pattern Brush]를 선택하고 ❸ [OK]를 클릭합니다.

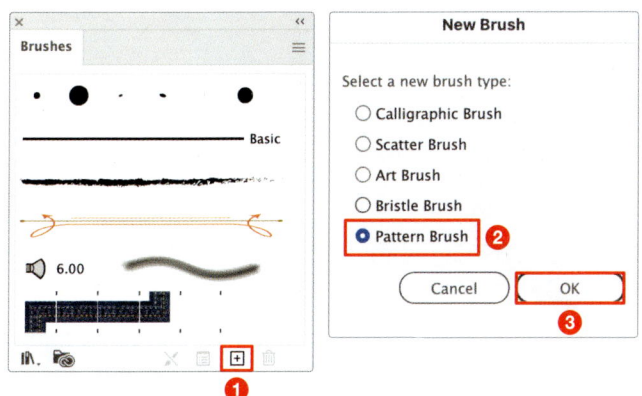

03 ❶ Pattern Brush Options 창이 열리면 그대로 [OK]를 클릭하여 패턴 브러시를 등록합니다. ❷ [Brushes] 패널([F5])에 새로운 패턴 브러시가 등록되었습니다.

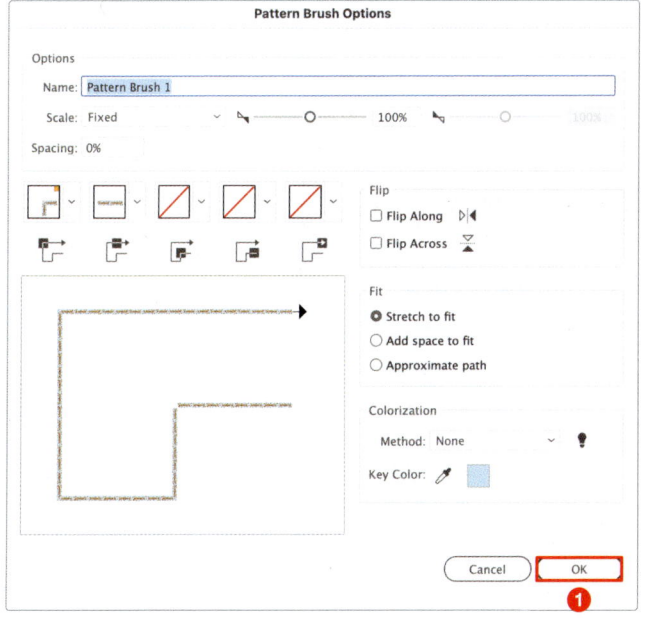
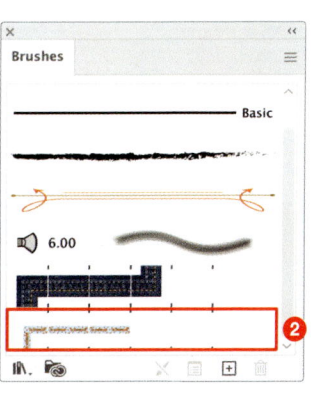

LESSON 10 패턴 브러시로 마스킹 테이프 만들기 **369**

04 〈Paintbrush Tool(B)〉 을 선택한 후 빈 영역에서 자유롭게 드로잉하면서 패스를 그려 보세요. 패스를 따라 등록한 패턴 브러시의 모양이 반복해서 나타납니다.

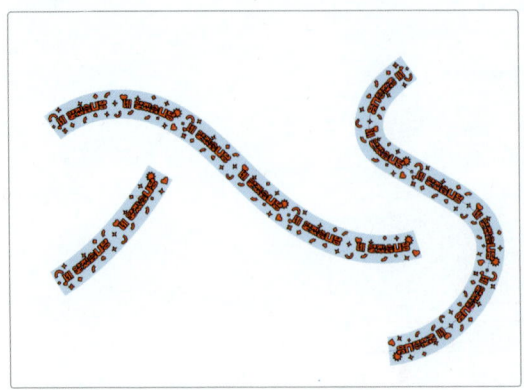

TIP 패턴 브러시는 패스에 따라 등록한 패턴이 반복됩니다. 따라서 처음 등록한 패턴의 길이보다 드로잉한 패스의 길이가 짧거나 애매하게 길면 패턴의 비율이 어색하게 표현됩니다. 이를 방지하려면 애초에 등록할 패턴 디자인을 짧게 만들거나, 해당 패턴 브러시를 사용할 때 패스의 길이가 패턴 길이의 배수가 되도록 조정해야 합니다.

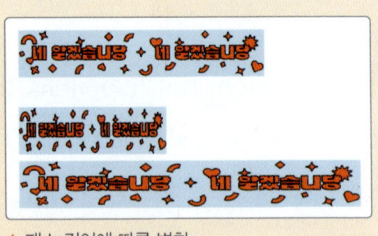

▲ 패스 길이에 따른 변화

◀◀ 패턴 브러시의 시작과 끝 타일 지정하기

패턴 브러시는 패스의 양쪽 끝부분에 원하는 모양을 설정할 수 있습니다. 앞서 만든 패턴 브러시의 양쪽 끝에 마스킹 테이프가 찢어진 듯한 모양을 추가해 완성도를 높여 보겠습니다.

01 제공한 요소 중 ❶ 왼쪽이 불규칙한 개체와 ❷ 오른쪽이 불규칙한 개체를 각각 ❸ [Swatches] 패널로 드래그하여 등록합니다.

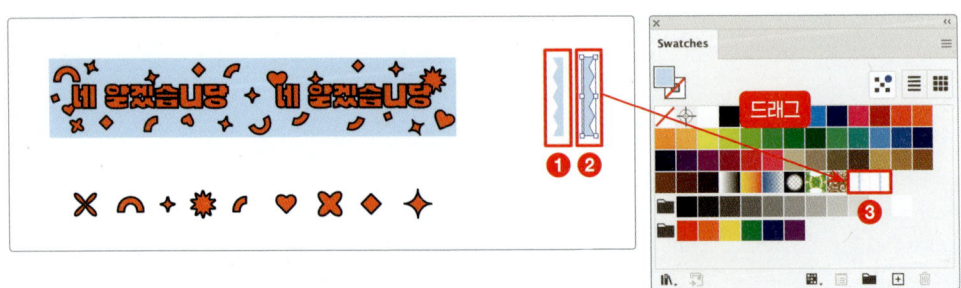

02 ❶ [Brushes] 패널(F5)에서 앞서 등록한 패턴 브러시를 더블 클릭해서 Pattern Brush Options 창을 엽니다. ❷ [Start Tile]을 클릭한 후 왼쪽이 불규칙한 개체를 ❸ [End Tile]을 클릭하여 오른쪽이 불규칙한 개체를 적용하고 ❹ [OK]를 클릭합니다.

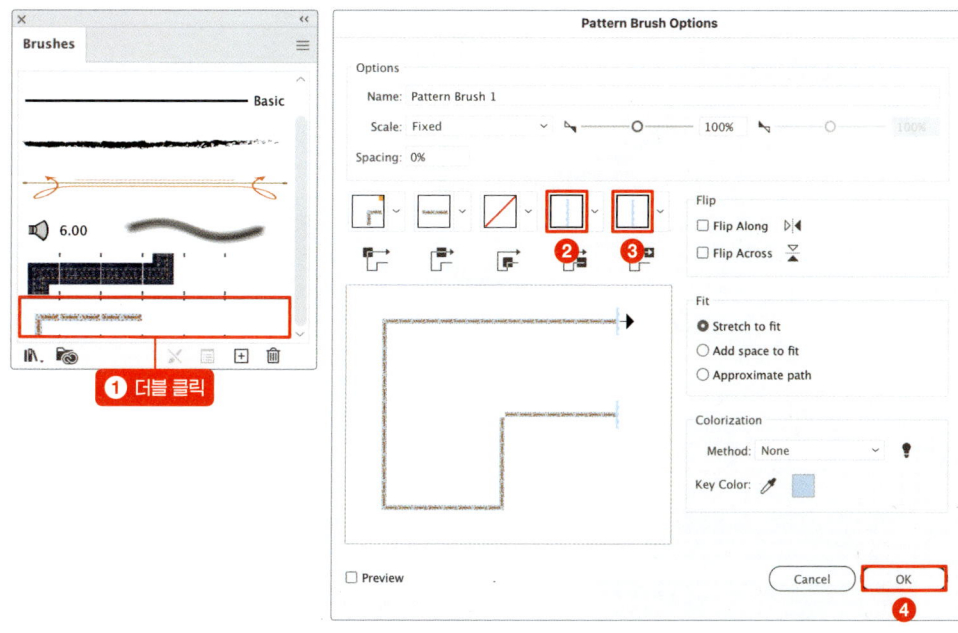

03 ❶ 경고 창이 열리면 [Leave Strokes] 버튼을 클릭합니다. ❷ 변경된 설정으로 새로운 패턴 브러시가 추가됩니다.

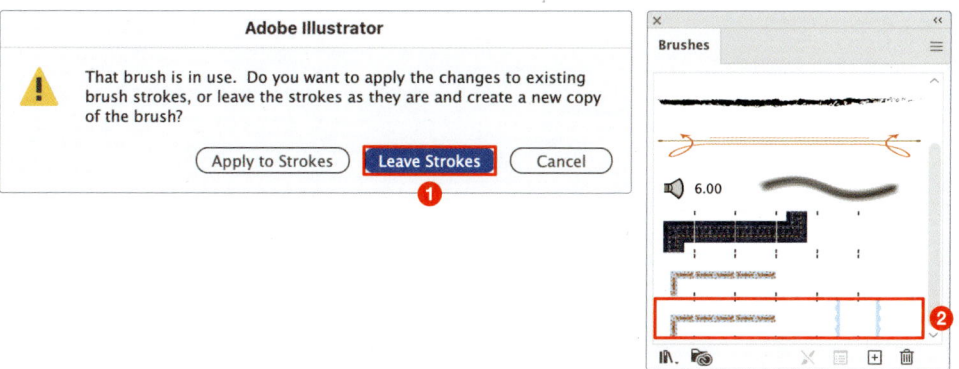

04 〈Paintbrush Tool(B)〉 을 선택한 후 자유롭게 드래그해서 패스를 그려 보면 마스킹 테이프의 양쪽 끝이 앞에서 적용한 타일 모양으로 표시되는 것을 확인할 수 있습니다.

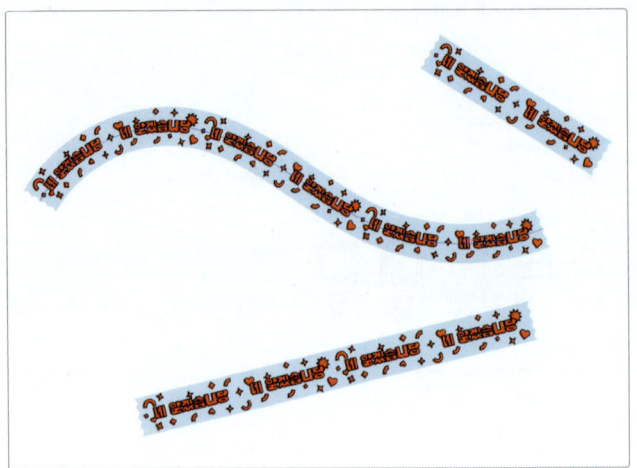

> **TIP** Pattern Brush Options 창에서 Colorization 옵션을 변경하면 [Stroke]에 적용한 색상에 따라 마스킹 테이프의 색상이 바뀌도록 설정할 수 있습니다. 설정 방법은 000쪽에서 설명한 아트 브러시 색상화와 동일합니다.

LESSON 11 | 도형 구성 도구로 그리드 로고 만들기

도형 구성 도구라 불리는 〈Shape Builder Tool〉은 패스파인더 기능과 유사하게 복잡한 패스와 도형을 직관적으로 결합하거나 나누어 새로운 형태로 구성할 때 사용합니다. 기본 사용 방법을 연습하면서 그리드 기반의 로고를 만들어 보겠습니다.

완성 결과 | 그리드 로고.ai

이것만은 반드시!

- **Shape Builder Tool(도형 구성 도구):** 여러 도형을 결합하거나 분리하여 새로운 형태를 빠르고 직관적으로 생성합니다.

도형 구성 도구 기본 사용 방법 익히기

그리드 로고를 제작하기 전에 도형 구성 도구의 기본 사용 방법과 원리를 파악해 두는 것이 좋습니다.

01 Ctrl+O를 눌러 [도형 구성 도구.ai] 예제 파일을 열면 연습용과 로고 제작용 개체가 배치되어 있습니다. 왼쪽 작업 영역을 클릭한 후 Ctrl+0을 눌러 화면 크기에 맞게 확대합니다.

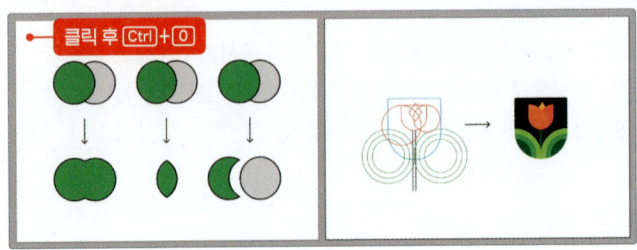

02 도형 구성 도구를 사용하려면 개체부터 선택해야 합니다. ❶ 〈Selection Tool(V)〉로 왼쪽 끝에 있는 2개의 원을 선택하고 ❷ 툴바에서 〈Shape Builder Tool〉을 선택합니다.

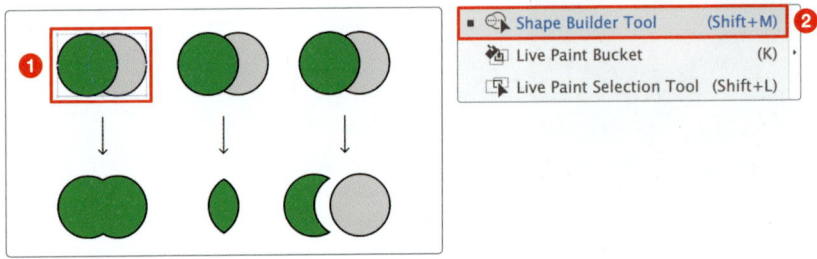

03 ❶ 〈Shape Builder Tool〉을 선택한 후 마우스 커서를 선택 중인 개체로 옮기면 경계에 따라 강조 영역이 표시됩니다. ❷ 선택 중인 2개의 개체를 가로질러서 드래그하면 ❸ 다음과 같이 하나로 병합(Unite)됩니다.

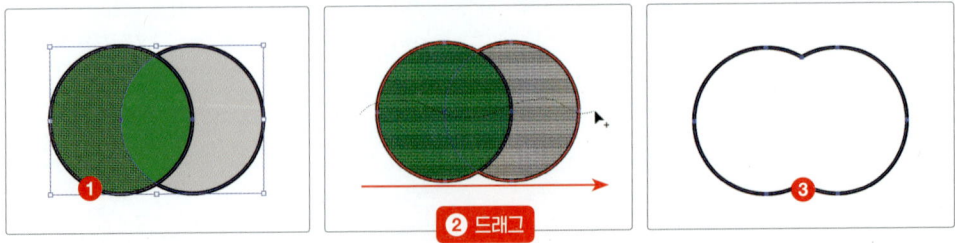

> **TIP** 도형 구성 도구로 병합한 개체에는 [Fill] 설정의 색이 채워집니다. [Fill: C0/M0/Y0/K0]이 적용된 상태입니다.

04 특정 영역을 지울 수도 있습니다. ① 〈Selection Tool(V)〉▶로 중간에 있는 2개의 원을 선택합니다. ② 〈Shape Builder Tool〉을 선택한 후 왼쪽 반원에 걸치도록 Alt+드래그해서 지웁니다. ③ 계속해서 오른쪽 반원도 Alt+드래그해서 지웁니다.

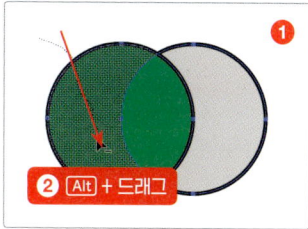
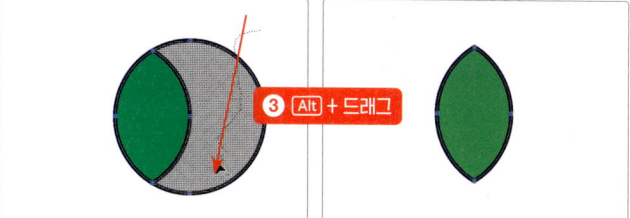

TIP 여러 영역을 지울 때는 Alt+드래그하는 것이 편하지만, 특정 영역 한 곳만 지울 때는 Alt+클릭해도 됩니다.

05 이번에는 영역을 분리해 보겠습니다. ① 〈Selection Tool(V)〉▶로 오른쪽에 있는 2개의 원을 선택합니다. ② 툴바에서 〈Shape Builder Tool〉을 선택한 후 ③ [Color] 패널([F6])에서 **Fill: C0/M0/Y0/K30**을 적용합니다.

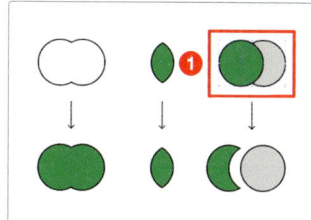
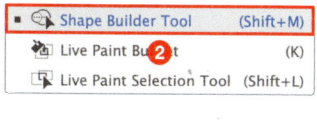
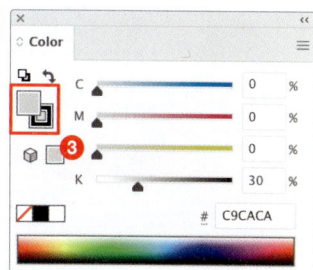

06 ① 그림과 같이 오른쪽 두 영역만 지나치도록 드래그해서 병합합니다. ② 〈Selection Tool(V)〉▶로 빈 영역을 클릭해 개체 선택을 해제하고 ③ 병합하고 남은 반원을 클릭한 채 드래그하여 분리합니다.

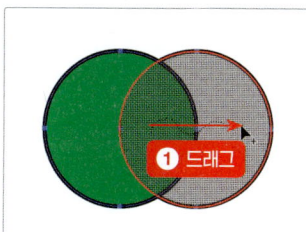

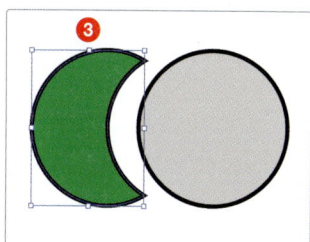

> **TIP** 도형 구성 도구를 이용하면 선택 중인 개체를 클릭하거나 드래그해서 원하는 영역을 병합하고, Alt +클릭 또는 드래그하여 지울 수 있으며, 병합하고 남은 부분은 별도의 개체로 분리됩니다.

도형 구성 도구로 그리드 로고 만들기

그리드 로고는 도면처럼 일정한 간격과 체계적인 레이아웃을 바탕으로 설계된 로고로, 균형감과 구조적 미를 강조합니다. 도형 구성 도구를 이용하면 그리드 위에 배치된 도형을 직관적으로 결합하거나 분리하여 정교하고 조화로운 로고를 손쉽게 만들 수 있습니다.

01 ❶ 〈Selection Tool(V)〉▶로 로고 제작용 그리드 개체를 모두 선택합니다. ❷ 〈Shape Builder Tool〉을 선택하고, Alt 를 누른 채 방패 모양 바깥쪽을 드래그하여 지우면 ❸ 그림과 같이 방패 모양만 남습니다.

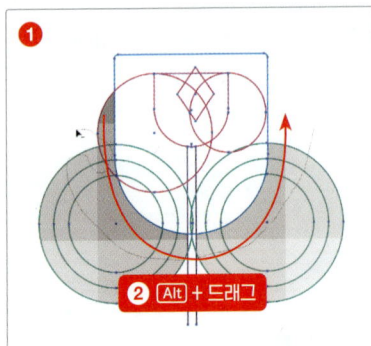
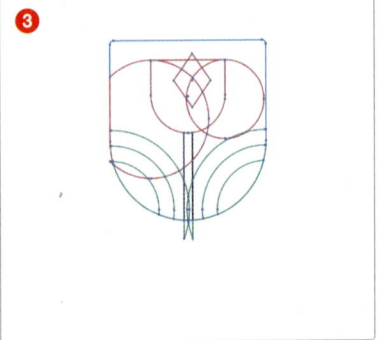

02 Ctrl + + 를 눌러 화면을 확대해 보면 일부 제대로 지워지지 않은 패스가 보입니다. Alt +클릭 또는 드래그하여 방패 모양 바깥쪽에 남은 패스를 모두 정리합니다.

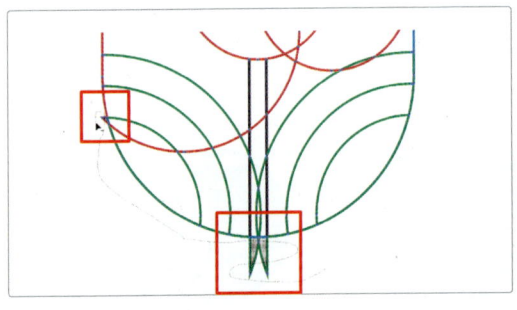
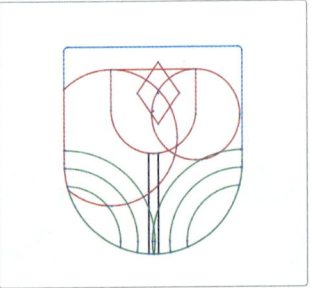

03 그리드 개체 오른쪽에 있는 완성본을 참고하여 방패 모양 아래쪽부터 각 영역을 병합하고, 영역별로 임의의 다른 색을 적용합니다.

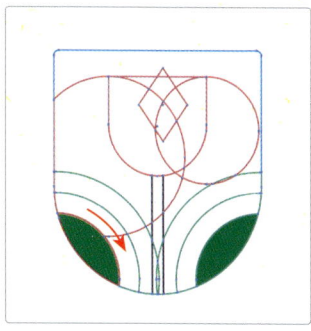 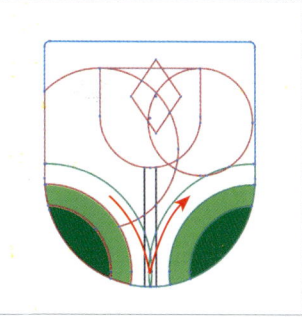 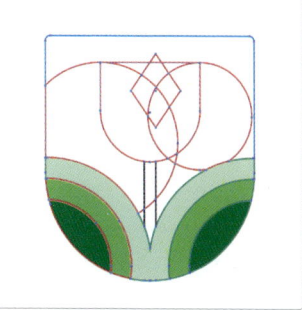

04 ❶ 계속해서 배경 부분을 병합하고, ❷ 이어서 줄기 부분을 병합합니다.

05 끝으로 꽃잎 부분을 3개의 영역으로 병합하면 기본 형태가 갖춰집니다.

06 ❶ 〈Selection Tool(V)〉▶을 선택하고 [Color] 패널(F6)에서 **Stroke: None**을 적용하여 ❷ 개체의 선을 모두 없앱니다.

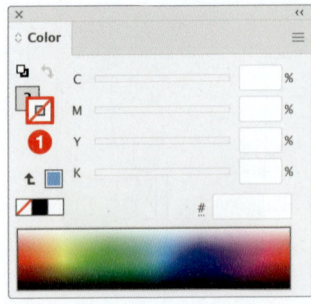 

07 끝으로 〈Selection Tool(V)〉▶을 이용해 각 영역을 클릭해서 선택하고, 〈Eyedropper Tool(I)〉로 완성본의 같은 영역을 클릭해서 같은 색을 적용하면 그리드 로고 완성입니다.

🔍 한 걸음 더 도형 구성 도구와 패스파인더의 차이

	Shape Builder Tool	Pathfinder
작업 방식	개체 선택 후 드래그 또는 클릭	개체 선택 후 아이콘 클릭
직관성	직관적으로 결과를 예측할 수 있음	아이콘을 클릭해 봐야 결과를 확인할 수 있음
세밀한 작업	특정 영역에서 선택적으로 작업할 수 있음	선택한 개체에 일괄적으로 적용
사용 난이도	직관적이고 쉬움	다양한 옵션으로, 약간의 학습 필요
효율성	소량의 개체에서 작업할 때 적합	대량의 개체를 빠르게 처리할 때 적합

참고로 필자가 운영 중인 롤스토리디자인연구소의 'RDL' 로고도 기본 원을 활용한 그리드 시스템으로 만들었습니다.

LESSON 12 | 도형과 문자로 완성한 엠블럼

엠블럼은 원형이나 방패 모양 같은 틀에 디자인 요소를 배치하는 방식으로 제작할 수 있습니다. 정원을 기본으로 하고, 적절한 문자를 배치하여 시각적으로 안정감을 주는 엠블럼을 제작해 보겠습니다.

완성 결과 | **엠블럼 디자인.ai**

이것만은 반드시!

- **Type on a Path Tool(패스 상의 문자 도구):** 패스(경로)를 따라 문자를 배치할 수 있습니다.

원과 오프셋 패스를 이용하여 기본 틀 만들기

엠블럼은 틀을 만드는 것에서 시작됩니다. 이때 Offset Path 기능을 활용하면 두께와 비율을 일정하게 유지하면서 원하는 형태의 틀을 완성할 수 있습니다.

01 Ctrl+O를 눌러 [엠블럼 디자인.ai] 예제 파일을 열면 색상 견본과 엠블럼 디자인에 사용할 요소가 배치되어 있습니다.

02 ❶ 〈Ellipse Tool(L)〉을 선택한 후 빈 영역을 클릭하여 Ellipse 창이 열리면 Width: 40mm, Height: 40mm를 적용하고 ❷ [OK]를 클릭합니다. ❸ 정원이 추가되면 ❹ 〈Eyedropper Tool(I)〉을 선택한 후 녹색 견본을 클릭하여 ❺ 같은 설정을 적용합니다.

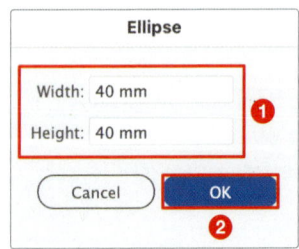 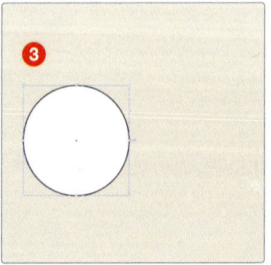 

03 ① [Align] 패널(Shift+F7)에서 [Horizontal Align Center]와 ② [Vertical Align Center] 아이콘을 각각 클릭하여 ③ 작업 영역 중앙에 배치합니다.

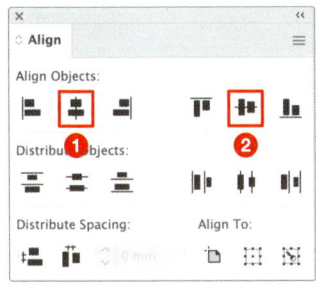 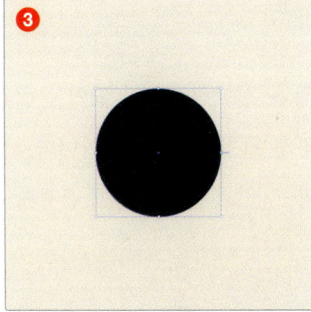

04 ① 메뉴 바에서 [Object-Path-Offset Path](오프셋 패스)를 선택하여 Offset Path 창을 열고 **Offset: 2mm**를 적용한 후 ② [OK]를 클릭합니다. ③ 〈Eyedropper Tool(I)〉로 갈색 견본을 클릭하여 ④ 같은 설정을 적용합니다.

 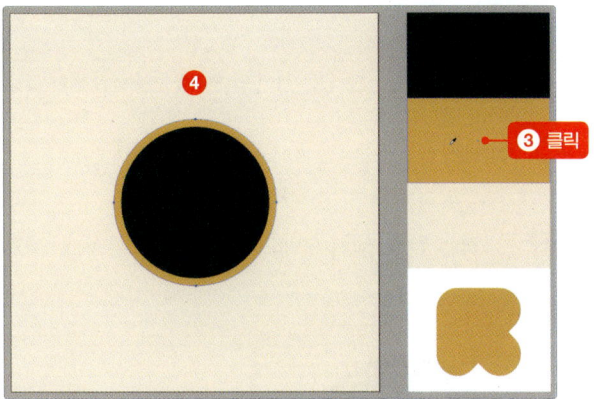

TIP 위와 같이 설정하면 기존 원보다 2mm 두꺼워진 원이 그려집니다.

05 ① 다시 한번 [Object-Path-Offset Path]를 선택하여 Offset Path 창을 열고 **Offset: 10mm**를 적용한 후 ② [OK]를 클릭합니다. ③ 〈Eyedropper Tool(I)〉로 녹색 견본을 클릭하여 같은 설정을 적용합니다.

◀◀ 패스파인더 기능으로 원의 형태 변형하기

온전하게 둥근 형태의 엠블럼은 다소 단조로울 수 있습니다. 패스파인더 기능을 활용해 원의 형태를 살짝 변형해 보겠습니다.

01 ❶ 〈Ellipse Tool(L)〉◯을 선택한 후 빈 영역을 클릭해 Ellipse 창을 열고 **Width: 10mm, Height: 10mm**를 적용한 후 ❷ [OK]를 클릭합니다. ❸ 〈Selection Tool(V)〉▶로 추가한 원을 드래그하여 그림과 같이 큰 원의 왼쪽 중앙에 겹치게 배치합니다.

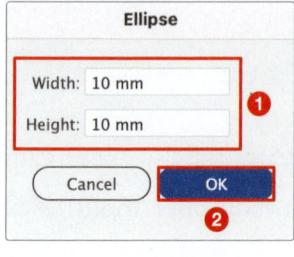 

> **TIP** 새로 추가한 작은 원은 큰 원의 형태를 변형하기 위한 것입니다. 그러므로 다른 원과 구분되는 임의의 색을 적용하면 됩니다.

02 작은 원을 Alt + 드래그 + Shift 로 오른쪽에 수평으로 복제하여 그림과 같이 배치합니다.

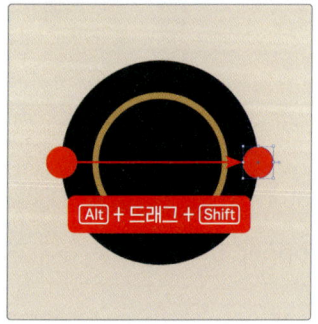

03 ① Shift 를 누른 채 클릭하여 바깥쪽의 가장 큰 원과, 새로 추가한 2개의 작은 원을 다중 선택합니다. ② [Pathfinder] 패널(Ctrl+Shift+F9)을 열고 [Minus Front] 아이콘을 클릭합니다.

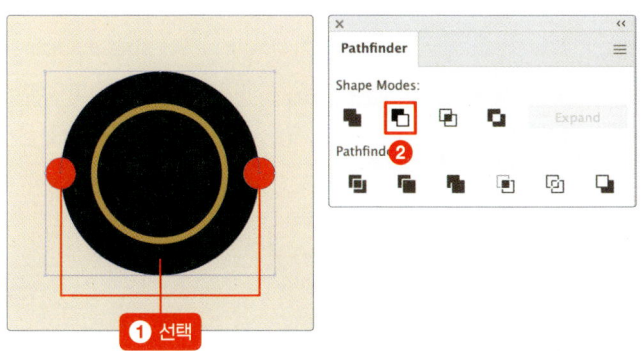

04 ① 가장 아래쪽에 정돈된 큰 원에서 작은 원과 겹친 부분이 지워지면서 맨 앞으로 정돈됩니다. ② Ctrl+[를 2번 눌러 그림과 같이 갈색 원 아래로 정돈합니다.

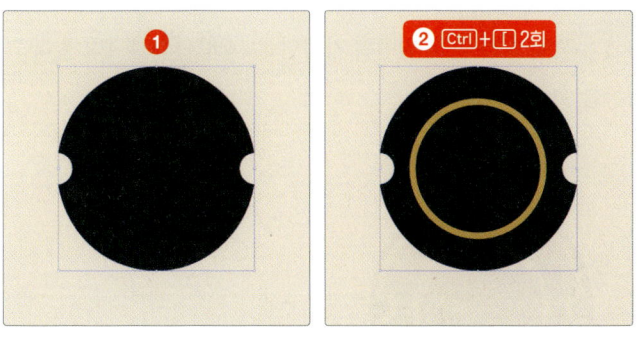

05 변형된 원이 선택된 상태로 ① 메뉴 바에서 [Object-Path-Offset Path]를 선택하여 Offset Path 창을 열고 **Offset: 2mm**를 적용한 후 ② [OK]를 클릭합니다. ③ 개체가 추가되면 〈Eyedropper Tool(I)〉 🖋 로 갈색 견본을 클릭하여 같은 설정을 적용합니다.

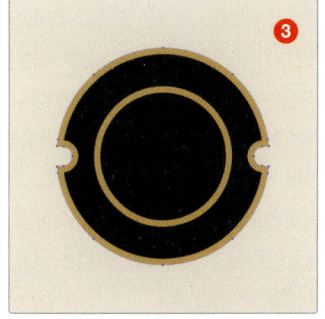

06 ❶ 〈Selection Tool(V)〉▶로 가장 앞에 정돈된 원을 선택합니다. ❷ 메뉴 바에서 [Object-Path-Offset Path]를 선택하여 Offset Path 창을 열고 **Offset: 16mm**를 적용한 후 ❸ [OK]를 클릭합니다.

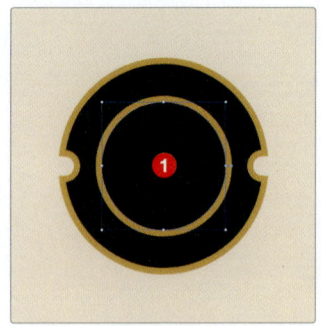
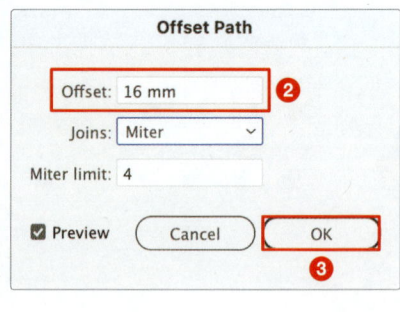

> **TIP** 엠블럼의 마지막 2mm 두께를 표현하기 위해 가장 앞쪽의 초록색 원을 기준으로 2mm(갈색 원)+10mm(변형된 초록색 원)+2mm(변형된 갈색 원)+2mm(최종 두께)를 계산해 16mm라는 값을 구했습니다.

07 ❶ 가장 작은 원보다 12mm 두꺼워진 가장 큰 원이 추가되면 ❷ Ctrl + [을 4번 눌러 그림과 같이 변형된 갈색 원 뒤로 정돈합니다.

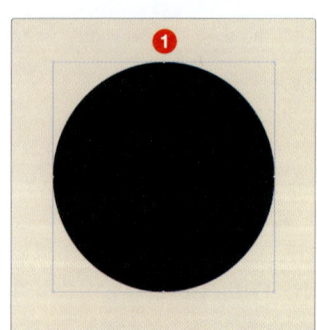

🔍 한 걸음 더 | 엠블럼 디자인 중에 선(Stroke)을 사용하지 않는 이유

지금까지 과정을 보면서 '오프셋 패스로 새로운 도형을 추가하지 않고 선을 추가하면 어땠을까?'라고 생각할 수 있습니다. 여기엔 몇 가지 이유가 있을 수 있지만, 가장 큰 이유는 크기 조정 때문입니다. 획을 이용해 테두리를 표현했다면 이후 엠블럼 크기를 변경할 때 비율이 변하거나 정확한 크기를 반영하기 어렵습니다. 하지만, 오프셋 패스(Offset Path)를 사용하면 Fill로만 구성된 단일 속성의 개체를 일정한 크기로 변형하거나 관리할 수 있으므로 작업은 더욱 간단하면서 일관성 있는 결과를 얻을 수 있습니다.

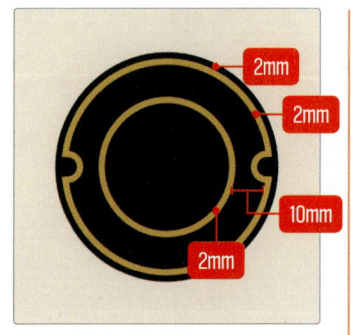

패스를 따라 둥근 형태로 문자 입력하기

곡선이나 원형 등의 형태에 따라 문자를 입력하여 엠블럼 내부를 꾸며 보겠습니다.

01 ❶ 〈Selection Tool(V)〉▶로 앞쪽의 녹색 원을 선택합니다. ❷ 메뉴 바에서 [Object - Path - Offset Path]를 선택한 후 Offset Path 창에서 **Offset: 7mm**를 적용하고 ❸ [OK]를 클릭합니다. ❹ 2개의 갈색 원 중간 크기의 원이 추가됩니다.

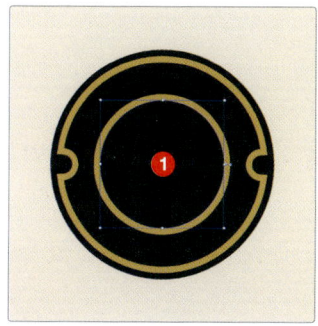

02 ❶ 〈Type Tool(T)〉T을 선택하고 [Alt]를 누른 채 앞서 만든 원의 패스(테두리 부분)를 클릭합니다. ❷ 패스 상의 문자 입력 상태가 되면 원하는 문구를 입력한 후 [Ctrl]+[Enter]를 눌러 문자 입력을 마칩니다.

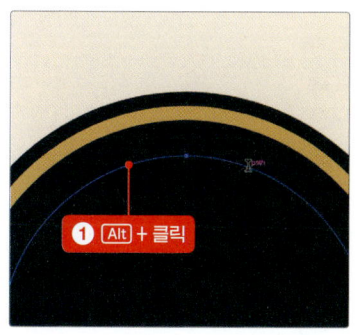

> **TIP** 기본 도구인 〈Type Tool(T)〉이 선택된 상태에서 패스를 클릭하면 패스 영역 안쪽에 문자 입력하기(Area Type Tool), [Alt]를 누른 채 패스를 클릭하면 패스 상에 문자 입력하기(Type on a Path Tool), [Shift]를 누른 채 클릭하면 세로 문자 입력하기(Vertical Type Tool)가 됩니다.

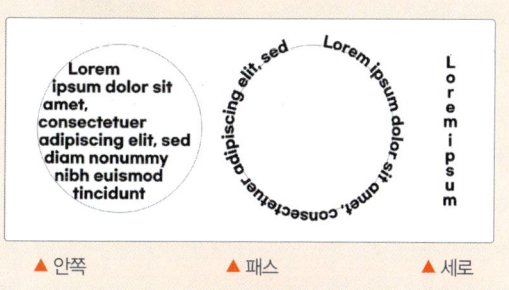

▲ 안쪽　　▲ 패스　　▲ 세로

03 문자 입력이 끝나면 ❶ [Character] 패널(Ctrl+T)을 열고 **글꼴: G마켓 산스/Bold, 크기: 18pt**를 적용한 후 ❷ 〈Eyedropper Tool(I)〉로 갈색 견본을 클릭하여 적용합니다.

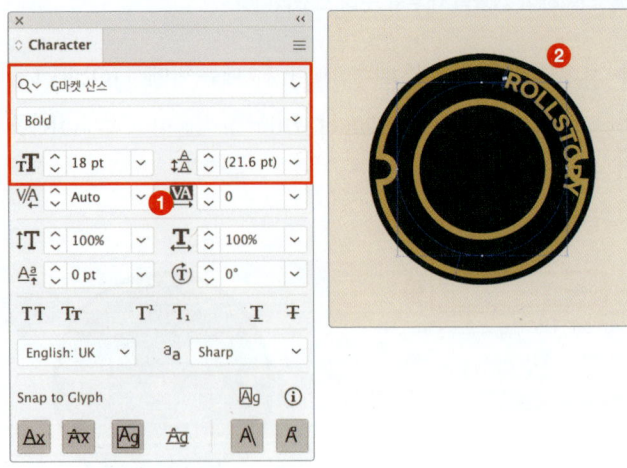

04 ❶ [Paragraph] 패널(Ctrl+Alt+T)에서 [**중앙 정렬**]을 클릭합니다. ❷ 이어서 〈Selection Tool(V)〉을 선택하고 문자 주변에 있는 시작 위치 조절 핸들을 클릭한 채 드래그하여 ❸ 다음과 같이 문자를 위쪽 중앙에 배치합니다.

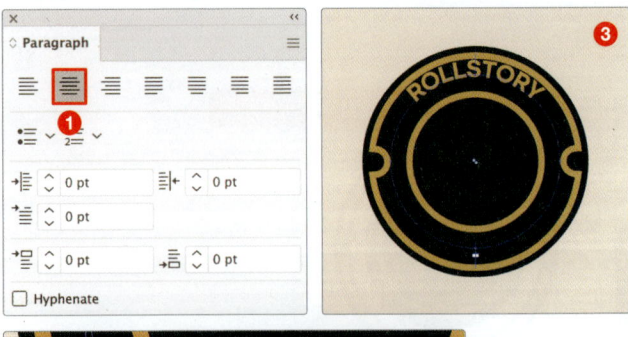

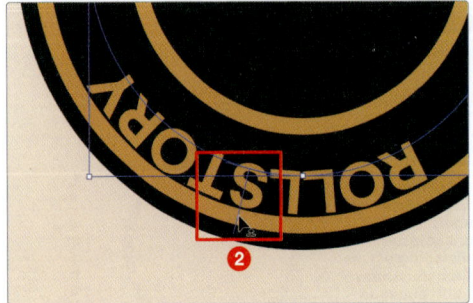

05

❶ 툴바에서 〈Type Tool(T)〉 T 을 더블 클릭하여 Type on a Path Options 창을 열고 **Align to Path: Center**를 적용한 후 ❷ [OK]를 클릭하면 문자의 위치가 패스 중앙에 걸치도록 정렬됩니다.

🔍 한 걸음 더 Type on a Path Options 창 살펴보기

패스 상의 문자를 입력하고 툴바에서 〈Type Tool(T)〉을 더블 클릭하면 Type on a Path Options 창이 열리며, 여기에서 패스에 입력된 문자의 스타일과 정렬 방법을 변경할 수 있습니다.

❶ **Effect(효과)**: 패스에 입력된 문자의 스타일을 선택할 수 있습니다.
  Rainbow(무지개)   Skew(기울이기)
  3D Ribbon(3D 리본)   Stair Step(계단 단계)
  Gravity(중력)

❷ **Flip(뒤집기)**: 체크하면 문자가 반대쪽으로 뒤집어집니다.

❸ **Align to Path(패스에 정렬)**: 패스를 기준으로 어느 위치에 문자를 정렬할지 선택할 수 있습니다.
  Ascender(상단 정렬)   Descender(하단 정렬)
  Center(중앙 정렬)   Baseline(기준선 정렬)

❹ **Spacing(간격)**: 패스에 입력된 문자 사이 간격을 설정합니다. 기본값은 [Auto](자동)이며, 숫자를 입력하거나 선택하여 간격을 조절할 수 있습니다.

06 문자가 선택된 상태에서 Alt + → 를 여러 번 눌러 적절하게 자간을 조절합니다. [Character] 패널(Ctrl + T)을 열고 원하는 값을 입력해도 좋습니다.

07 아래쪽에도 문자를 배치하기 위해 문자가 선택된 상태에서 ❶ Ctrl + C (복사) 후 Ctrl + F 를 눌러 제자리에서 앞에 붙여 넣고, ❷ 〈Selection Tool(V)〉▶로 위치 조절 핸들을 드래그하여 그림과 같이 아래쪽 중앙으로 옮깁니다.

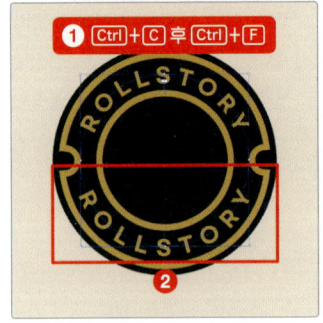

08 ❶ 아래쪽의 문자를 더블 클릭하여 편집 모드가 되면 ❷ 문구를 변경하고 Ctrl + Enter 를 눌러 문자 변경을 마칩니다.

09

❶ [Character] 패널(Ctrl+T)에서 **크기: 13pt, 자간: 800**을 적용하여 위쪽 문자와 구분하면 리듬감이 표현됩니다. ❷ Ctrl+2를 눌러 아래쪽 문자를 잠급니다.

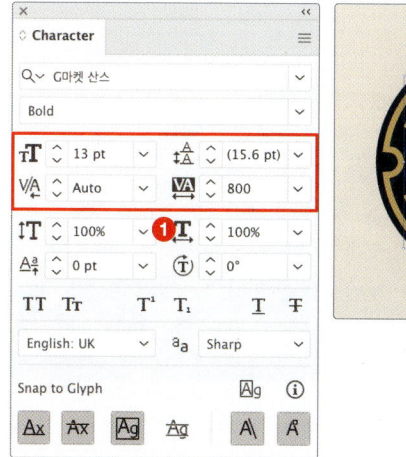 

> **TIP** 이후 과정에서 위쪽 문자를 선택하여 입체감을 표현할 것입니다. 그러므로 이후 작업 시 아래쪽 문자가 방해되지 않도록 잠금 처리하였습니다.

10

문자에 입체감을 추가하겠습니다. ❶ 〈Selection Tool(V)〉 ▶ 로 위쪽 문자를 선택한 후 Ctrl+C 후 Ctrl+B를 눌러 제자리에서 뒤로 붙여 넣습니다. ❷ 방향키 →와 ↓를 각각 한 번씩 눌러, 오른쪽으로 1px, 아래로 1px 옮기고, ❸ Shift+X를 눌러 [Fill]과 [Stroke] 설정을 서로 전환합니다.

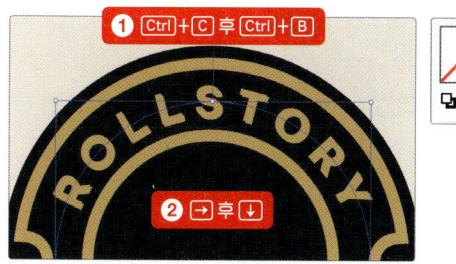 

LESSON 12 도형과 문자로 완성한 엠블럼

11 끝으로 ❶ [Stroke] 패널(Ctrl+F10)에서 Weight: 0.5pt를 적용하면 ❷ 그림과 같이 깔끔한 선으로 입체감을 표현할 수 있습니다.

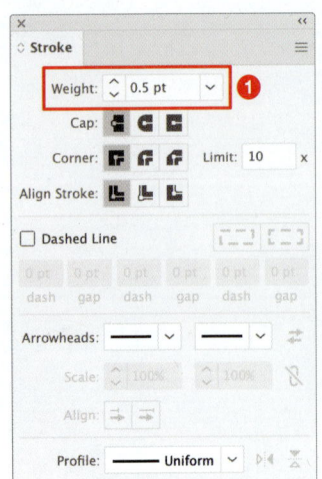

12 ❶ 예제 파일에 포함된 'R' 모양 심볼을 엠블럼 중앙에 배치한 후 ❷ Ctrl+Shift+]를 눌러 맨 앞으로 정돈하면 엠블럼 완성입니다.

LESSON 13 | 스케치 이미지를 벡터로 변환하여 완성한 캐릭터

이미지 트레이스 기능을 활용하면 비트맵 이미지를 손쉽게 벡터 개체로 변환할 수 있습니다. 예제로 제공한 스케치 이미지(비트맵 이미지)를 벡터화하여 캐릭터를 완성해 보겠습니다.

완성 결과 | **캐릭터.ai**

이것만은 반드시!

- **Image Trace(이미지 추적)**: 비트맵 이미지를 벡터 개체로 변환할 수 있습니다.
- **Live Paint Bucket(라이브 페인트 통)**: 여러 개체가 겹쳐 있을 때 경계를 기준으로 색을 채울 수 있습니다.

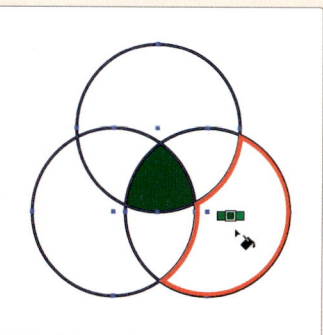

이미지 추적 기능으로 비트맵을 벡터로 변환하기

이미지 추적(Image Trace) 기능으로 스케치한 비트맵 이미지를 벡터 개체로 변환해 보겠습니다.

01 ❶ Ctrl+N을 눌러 New Document 창을 엽니다. ❷ 분류에서 [Print] 탭을 누른 후 ❸ 세부 정보에서 Width: 200mm, Height: 200mm로 적용하고 ❹ [Create] 버튼을 클릭해 새 작업을 시작합니다.

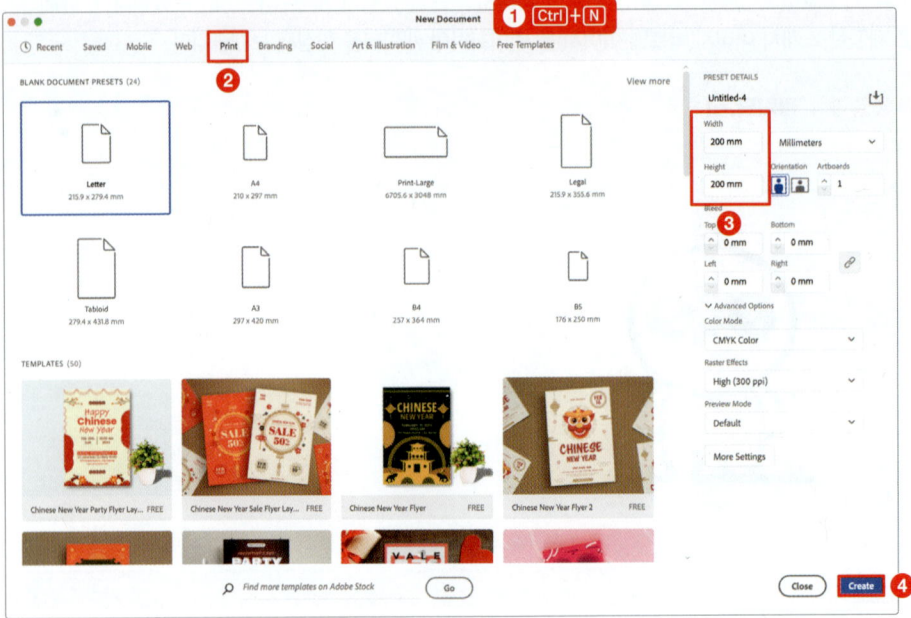

02 메뉴 바에서 [File-Place]를 선택하여 [소망이.jpg] 예제 파일을 가져온 후 그림과 같이 작업 영역 크기에 맞게 드래그하여 배치합니다.

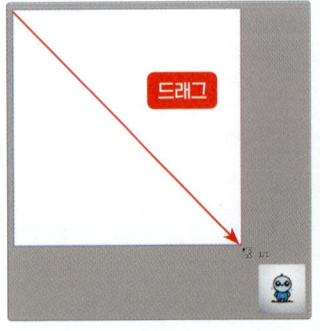 

03 작업 영역 크기에 맞게 가져온 스케치 이미지는 잠시 작업 영역 바깥으로 드래그해서 옮깁니다.

TIP 흰색 배경인 작업 영역에서 이미지 추적 기능을 적용하면 비트맵 이미지의 흰색과 작업 영역의 흰색이 제대로 구분되지 않을 수 있습니다. 그러므로 회색 배경인 작업 영역 바깥쪽에서 작업한 후 다시 작업 영역으로 옮길 예정입니다.

04 ❶ 작업 영역 위쪽 컨트롤 바에서 [Image Trace] 버튼을 클릭합니다. ❷ 이미지가 커서 속도가 느려질 수 있다는 경고가 표시될 수 있으며, [OK]를 눌러 계속 진행하면 ❸ 스케치 이미지가 흑백 이미지로 바뀝니다.

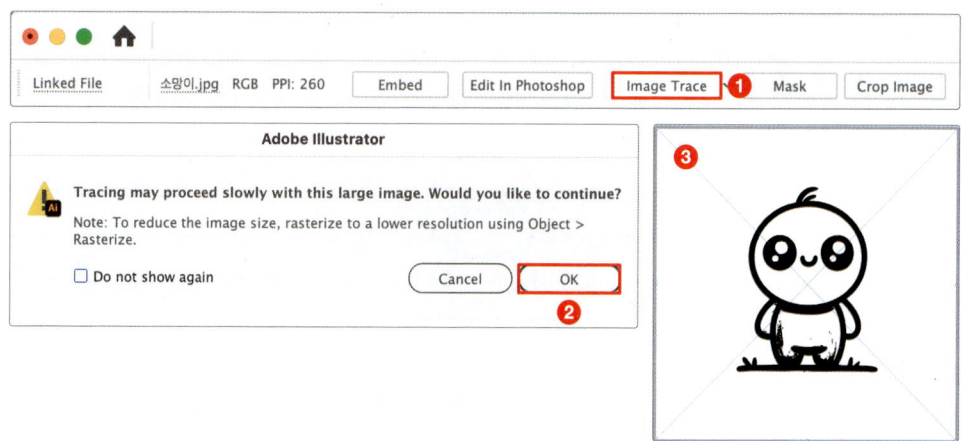

TIP 컨트롤 바가 보이지 않는다면 메뉴 바에서 [Window-Control]을 선택합니다.

05 아직은 이미지가 벡터 개체로 변경되기 전입니다. 컨트롤 바를 보면 이미지 추적 관련 옵션이 활성화되어 있습니다. 먼저 ❶ [Image Trace Panel] 아이콘을 클릭하여 ❷ [Image Trace] 패널을 엽니다.

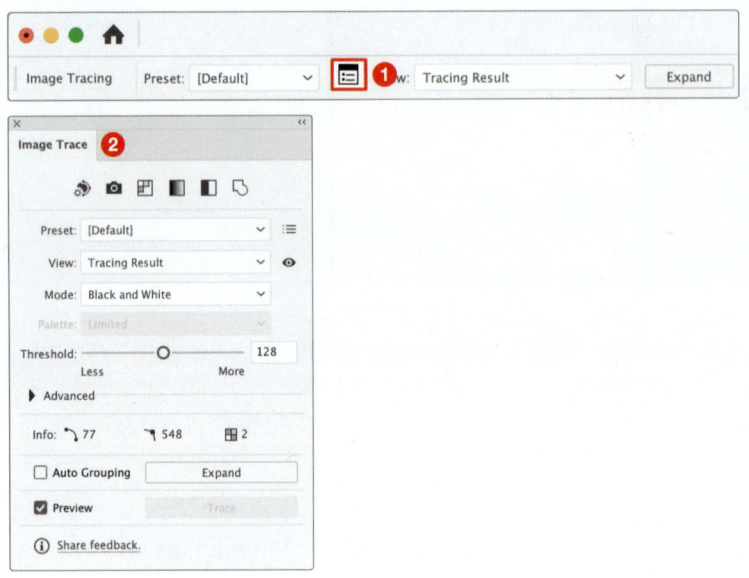

06 ❶ [Image Trace] 패널의 맨 위에 있는 빠른 설정 아이콘 중 첫 번째로 표시된 [Auto-Color] 아이콘을 클릭하면 ❷ 흑백 이미지에서 다시 일부 색상이 채워집니다.

07 ❶ [Advanced] 영역을 클릭하여 고급 설정 옵션을 펼칩니다. ❷ 선택한 색상을 제외하는 [Ignor Color]에 체크한 후 ❸ 이미지의 배경을 클릭하면 ❹ 해당 색이 투명해집니다.

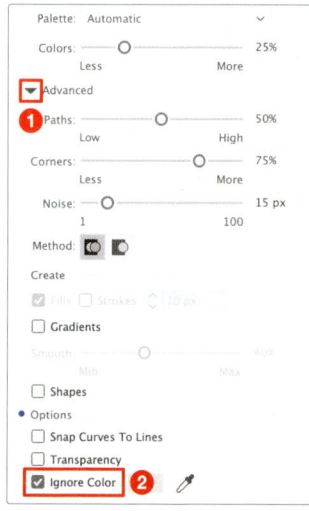

08 설정이 끝난 후 ❶ [Image Trace] 패널 아래쪽에 있는 [Expnad](확장) 버튼을 클릭하면 ❷ 비트맵 이미지가 벡터 개체로 변경됩니다.

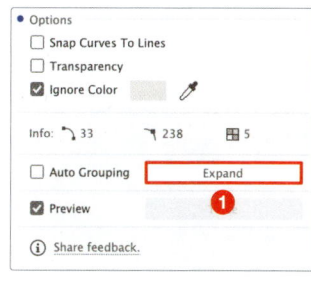

> **TIP** 벡터 개체로 변경되더라도 눈으로 보면 구분이 어렵습니다. 이럴 때 Ctrl + Y 를 눌러 윤곽선 보기를 실행해 보면 패스 형태의 벡터 개체로 변경된 것을 바로 확인할 수 있습니다.

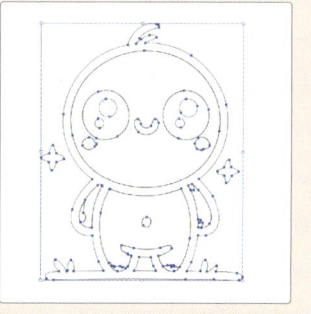

🔍 한 걸음 더 [Image Trace] 패널 살펴보기

일러스트레이터 2025 버전에서는 이미지 추적 기능이 한층 개선되어 Gradient를 인식하는 등 다양한 기능이 추가되었습니다.

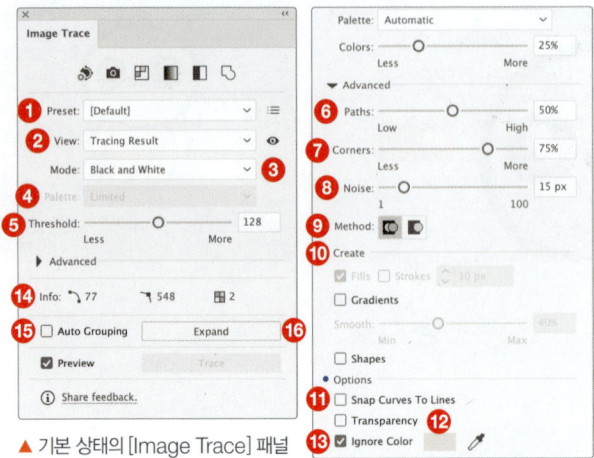

▲ 기본 상태의 [Image Trace] 패널

▲ [Advanced] 영역을 펼쳤을 때

❶ **Preset(사전 설정):** 미리 정의된 이미지 추적 스타일을 선택해서 적용할 수 있습니다.

❷ **View(보기):** 이미지 추적 결과를 어떻게 확인할지 선택할 수 있습니다.

- Tracing Result(추적 결과)
- Outlines(윤곽선)
- Source Image(소스 이미지)
- Outlines with Tracing Result(윤곽선이 있는 추적 결과)
- Outlines with Source Image(소스 이미지를 통한 윤곽선)

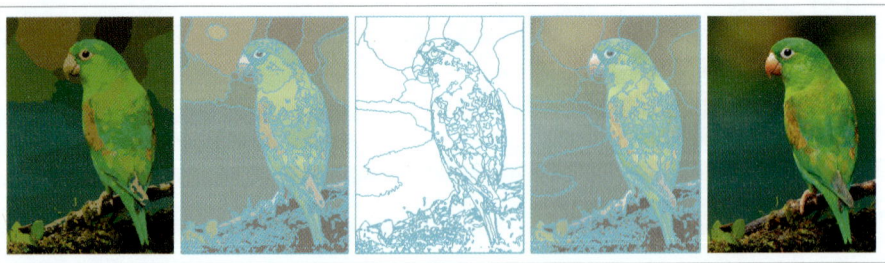

▲ Tracing Result ↔ Source Image 선택에 따른 결과

❸ **Mode(모드):** 색상 처리 방식을 결정합니다.

▲ 왼쪽부터 Color, Grayscale, Black and White 모드 선택 시 결과

❹ **Palette(팔레트)**: 색상 모드를 선택합니다. [Mode] 옵션을 [Color]로 적용했을 때만 활성화됩니다.
❺ **Threshold(임계값)**: [Mode] 설정에 따라 옵션이 바뀌며, 적용한 모드의 많고 적음의 정도를 설정합니다.
❻ **Paths(패스)**: 패스의 수준을 조절합니다. 값이 클수록 복잡한 패스의 개체로 생성됩니다.
❼ **Corners(모퉁이)**: 모퉁이의 각진 부분을 조절합니다. 값이 클수록 뾰족한 모퉁이가 많이 생성됩니다.
❽ **Noise(노이즈)**: 무시할 수 있는 픽셀 크기를 설정합니다. 값이 클수록 디테일이 무시됩니다.
❾ **Method(방법)**: 패스가 교차하는 부분의 처리 방식을 결정합니다.
❿ **Create(만들기)**: 각 항목에 체크하여 생성 여부를 설정할 수 있습니다.
⓫ **Snap Curves to Lines**: 곡선을 선에 물립니다.
⓬ **Transparency**: 투명도를 포함한 이미지 추적 여부를 결정합니다.
⓭ **Ignore Color**: 제외할 색상을 지정할 수 있습니다.
⓮ **Info(정보)**: 벡터로 변환됐을 때의 패스 수, 앵커 포인트 수, 색상 영역을 확인할 수 있습니다.
⓯ **Auto Grouping(자동 그룹화)**: 체크 시 벡터로 변환한 일부 개체를 그룹으로 묶습니다.
⓰ **Expand**: 설정에 따라 이미지를 벡터 개체로 변환합니다.

라이브 페인트 통으로 캐릭터 채색하기

개체의 경계를 기준으로 색을 간단히 채울 수 있는 라이브 페인트 통 도구를 사용해 벡터로 변환한 캐릭터를 채색해 보겠습니다.

01 ❶ Ctrl + Shift + G 를 여러 번 눌러 그룹을 해제하고 ❷ 〈Selection Tool(V)〉 ▶ 로 빈 영역을 클릭하여 선택을 해제합니다. 그런 다음 ❸ 캐릭터 안쪽 개체를 하나씩 클릭하고 Delete 를 눌러 삭제하여 ❹ 그림과 같이 테두리만 남깁니다.

02 화면을 확대해 보면 일부 거칠게 표현된 패스가 보입니다. ❶ 범위를 드래그하여 캐릭터 전체를 선택합니다. ❷ 메뉴 바에서 [Object-Path-Smooth]를 선택하여 패널이 열리면 [10%]로 적용하여 패스를 매끄럽게 보정합니다.

TIP [Smooth](부드럽게) 메뉴를 사용하면 개체의 패스를 부드럽게 변경할 수 있습니다. 패널에서 오른쪽 끝에 있는 [자동] 아이콘을 클릭하면 부드러운 정도를 최적의 상태로 적용할 수 있습니다.

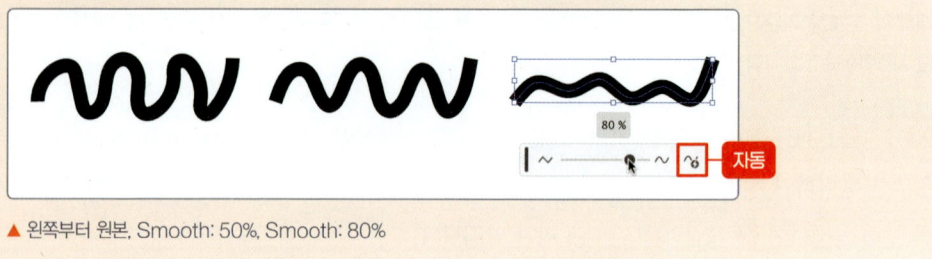

▲ 왼쪽부터 원본, Smooth: 50%, Smooth: 80%

03 본격적인 채색을 위해 ❶ 툴바에서 〈Live Paint Bucket(K)〉을 선택하고, ❷ [Color] 패널([F6])에서 Fill: C0/M20/Y30/K0, Stroke: None을 적용합니다.

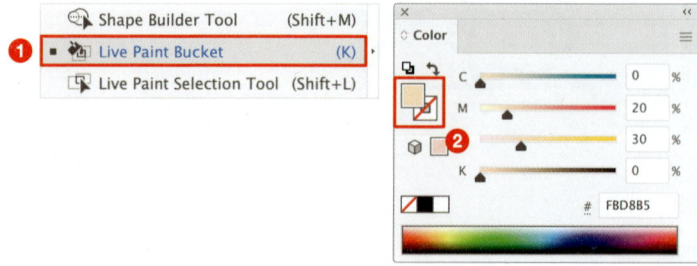

04 캐릭터가 선택된 상태에서 ❶ 얼굴 위치로 커서를 옮기면 해당 영역이 인식되어 빨간색 테두리로 표시됩니다. ❷ 그대로 클릭하면 지정한 색으로 채워집니다.

TIP 〈Live Paint Bucket(K)〉(라이브 페인트 통)은 개체의 경계를 기준으로 색을 채우는 도구입니다. 사용할 때는 채색할 개체를 모두 선택한 후 원하는 영역을 클릭합니다.

05 ❶ [Color] 패널(F6)에서 Fill: White, Stroke: None으로 변경하고, ❷ 눈동자를 각각 클릭하여 흰색으로 채웁니다.

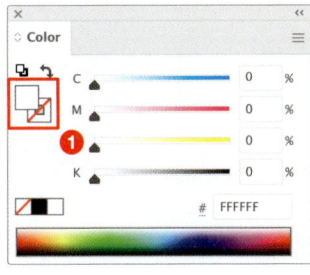 

06 계속해서 ❶ 몸통은 Fill: C0/M50/Y100/K0, ❷ 팔은 Fill: C0/M35/Y85/K0로 채우면 캐릭터 채색 작업 완료입니다.

07 마지막으로 〈Selection Tool(V)〉을 선택한 후 캐릭터 전체를 선택하여 작업 영역 중앙으로 드래그해서 옮깁니다.

응용해 보기

일러스트레이터의 안쪽에 그리기(Draw Inside) 기능을 이용하면 선택한 개체 내부에 도형을 추가하거나 브러시로 칠할 수 있습니다. 이 기능을 이용하여 캐릭터에 명암을 추가해 보겠습니다.

01 〈Live Paint Bucket(K)〉(라이브 페인트 통)으로 채색한 개체는 계속하여 기능을 유지하기 위해 라이브 페인트 전용 그룹으로 유지됩니다. 그러므로 다시 일반 개체로 변환하기 위해 메뉴 바에서 [Object-Path-Expand]를 선택하여 확장합니다.

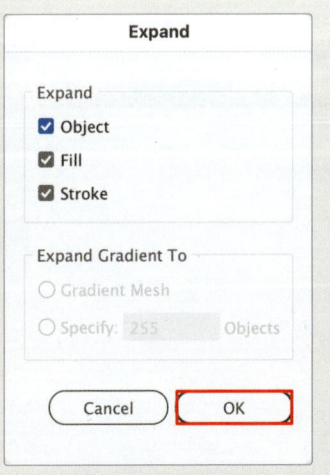

02 ❶ Ctrl+Shift+G를 여러 번 눌러 그룹을 모두 해제합니다. ❷ 〈Selection Tool(V)〉▶로 빈 공간을 클릭하여 선택을 해제한 후 얼굴 개체만 클릭해서 선택합니다.

03 툴바 아래쪽에 3가지 그리기 모드 아이콘이 있습니다. 여기서 ❶ 선택한 개체의 안쪽에만 그려지는 [Draw Inside] 아이콘을 클릭합니다. ❷ 〈Blob Brush Tool〉을 선택하고 [Color] 패널(F6)에서 **Fill: C0/M20/Y30/K10, Stroke: None**을 적용한 후 ❸ 브러시 크기를 적절하게 조절하여 그림과 같이 얼굴 아래쪽을 드래그해서 명암을 표현합니다.

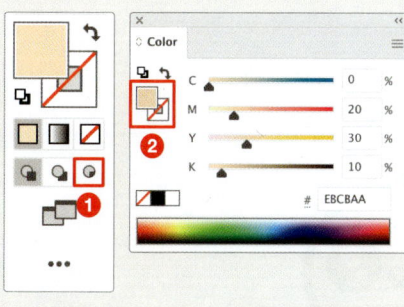 

> **TIP** 툴바의 그리기 모드는 3가지로 기본값인 [Draw Normal](표준 그리기)부터 [Draw Behind](배경 그리기), [Draw Inside](내부 그리기)가 순서대로 배치되어 있습니다. 각각 앞쪽, 뒤쪽, 내부에 그릴 때 사용합니다.

04 다시 ❶ [Draw Normal] 아이콘을 클릭하여 기본 상태로 돌아옵니다. 이번에는 ❷ 〈Selection Tool(V)〉▶로 몸통을 선택하고, ❸ [Draw Inside] 아이콘을 클릭하여 안쪽 그리기를 활성화합니다.

> **TIP** 한 번 Draw Inside 개체를 지정하면 다른 개체를 선택하더라도 Draw Inside 설정이 유지되어 있습니다. 그러므로 다른 개체 내부를 칠하기 위해 우선 [Draw Normal] 아이콘을 클릭하여 다른 개체를 선택합니다.

05 ❶ [Color] 패널(F6)에서 Fill: C0/M80/Y95/K0, Stroke: None을 적용하고 ❷ 〈Blob Brush Tool〉을 선택한 후 양쪽 발 부분을 드래그하여 명암을 표현합니다. 끝으로 [Draw Normal] 아이콘을 클릭하여 명암 표현하기를 마칩니다.

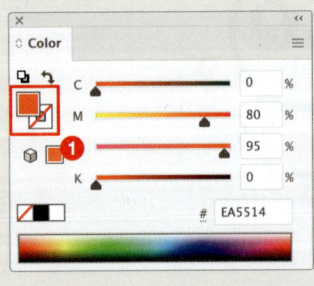 

LESSON 14 | 모자이크 기능으로 완성한 픽셀 아트

일러스트레이터의 모자이크 기능과 그리드 설정을 이용하면 원하는 이미지를 불러와 손쉽게 픽셀 아트로 표현할 수 있습니다.

완성 결과 | **픽셀 아트.ai**

이것만은 반드시!

- **Create Object Mosaic(개체 모자이크 만들기):** 비트맵 이미지를 작은 타일 형태의 모자이크로 변환합니다.

이미지를 활용한 픽셀 아트 가이드 만들기

원하는 형태와 유사한 참고용 이미지가 있으면 픽셀 아트 제작이 훨씬 수월해집니다. 예제로 제공한 이미지를 활용해 픽셀 아트 가이드를 만들어 보겠습니다.

01 ① Ctrl+N을 눌러 New Document 창을 엽니다. ② 분류에서 [Web] 탭을 누른 후 ③ 세부 정보에서 Width: 360px, Height: 360px로 적용하고 ④ [Create] 버튼을 클릭해 새 작업을 시작합니다.

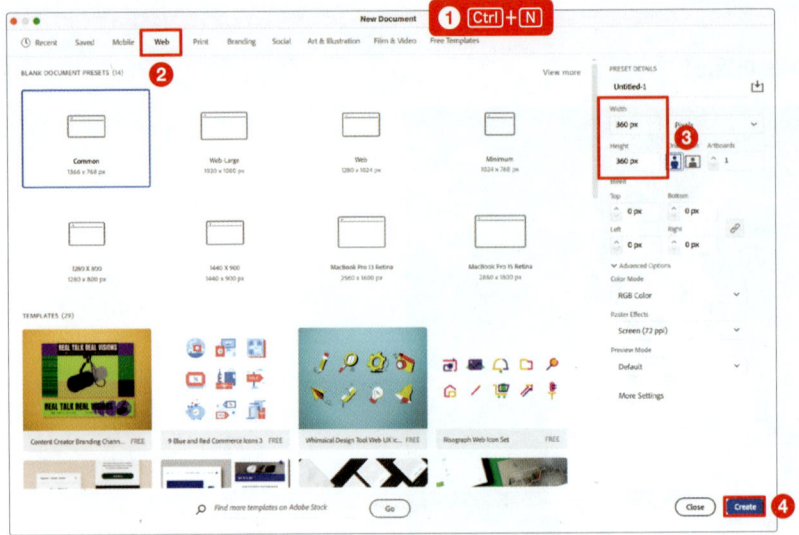

> **TIP** 지금까지의 실습은 인쇄를 고려하여 [Print] 탭에서 새 작업을 시작했습니다. 픽셀 아트는 인쇄보다는 웹용으로 디자인하는 경우가 많으므로 여기서는 [Web] 탭을 이용했습니다.

02 ① 메뉴 바에서 [File-Place]를 선택하여 [토끼.jpg] 예제 파일을 가져온 후 작업 영역에서 드래그하여 배치합니다. ② 정중앙에 정렬하기 위해 [Align] 패널([Shift]+[F7])에서 [Horizontal Align Center]와 [Vertical Align Center] 아이콘을 각각 클릭합니다.

03 이미지를 픽셀 아트용 가이드로 만들기 전에 ❶ 컨트롤 바에서 [Embed] 버튼을 클릭하여 이미지를 현재 작업 파일에 포함합니다. ❷ 선택 시 표시되던 X자가 사라지면 포함 상태가 된 것입니다.

> **TIP** 일러스트레이터에서 이미지를 가져오면 연결(Link) 상태입니다. 연결 상태에서는 이후 원본 파일이 삭제되거나 경로 및 파일명이 변경되었을 때 작업 파일에서 해당 이미지가 유실될 수 있습니다. 포함(Embed) 상태로 변경하면 유실 위험은 사라지지만, 파일의 크기가 증가하고 원본 이미지와의 실시간 연동은 되지 않습니다.

04 이미지에 모자이크를 적용하기 위해 ❶ 메뉴 바에서 [Object-Create Object Mosaic]를 선택하여 Create Object Mosaic 창이 열리면 **Number of Tiles-Width: 40, Height: 40**을 적용하고 ❷ [OK]를 클릭합니다. ❸ 가로세로 각 40개의 일정한 타일로 모자이크가 생성됩니다.

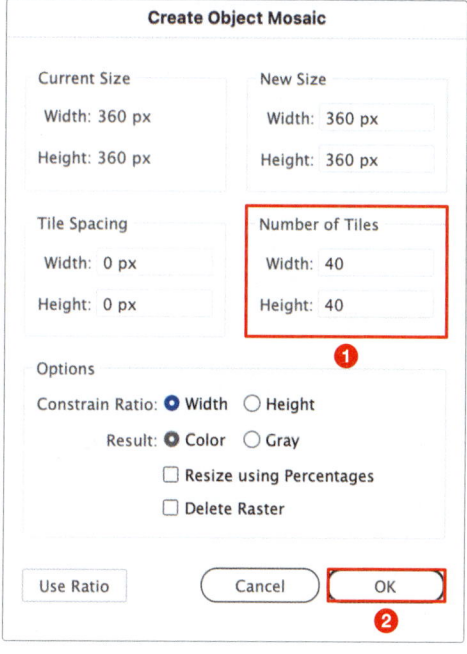

> **TIP** [Create Object Mosaic] 메뉴는 이미지가 포함(Embed) 상태일 때만 활성화됩니다.

05 모자이크 생성 기능은 원본을 유지한 채 새로운 모자이크 개체를 추가합니다. ❶ 모자이크 개체를 선택한 후 Ctrl+X를 눌러 잘라내고, ❷ 원본 이미지를 선택한 후 Delete를 삭제한 후 ❸ Ctrl+F를 눌러 잘라낸 모자이크 개체를 다시 붙여 넣습니다.

TIP [Layers] 패널(F7)에서 최상위 레이어를 펼치고, 아래쪽에 있는 이미지 레이어를 선택한 후 [Delete] 아이콘을 클릭해 삭제해도 됩니다.

06 생성한 모자이크 이미지를 가이드로 픽셀 작업을 진행할 것이므로, 불투명도를 조절합니다. ❶ [Transparency] 패널(Shift+Ctrl+F10)에서 **Opacity: 40%**를 적용하면 ❷ 모자이크 이미지가 흐릿해집니다.

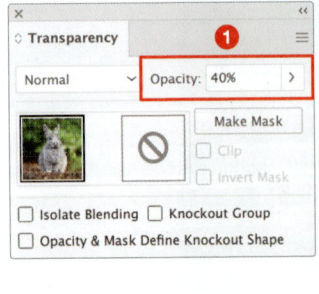

픽셀 작업을 위한 격자 표시 및 설정

효과적인 픽셀 아트 작업을 위해 작업 화면에 격자를 표시하고, 스냅 옵션을 설정합니다.

01 메뉴 바에서 [View-Show Grid]를 선택하여 작업 화면 전체에 격자 무늬를 표시합니다.

TIP 단축키 Ctrl+"를 눌러 빠르게 격자를 표시하거나 숨길 수 있습니다.

02 ❶ 이어서 메뉴 바에서 [View-Snap to Point]를 선택하여 체크를 해제하고, ❷ [View-Snap to Grid]를 선택하여 체크합니다.

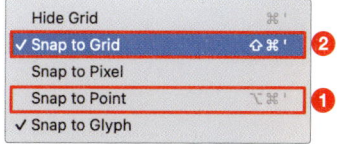

🔍 한 걸음 더   Snap 기능 살펴보기

메뉴 바에서 [View]를 선택한 후 설정할 수 있는 Snap 기능은 작업 중 개체를 옮길 때 특정 기준에 맞춰 정렬하도록 도와줍니다. 기본값으로 [Snap to Point]에 체크되어 있습니다.

- **Snap to Grid(격자에 물리기)**: 개체를 옮길 때 격자선에 맞춰 정렬할 수 있습니다. 화면에 격자가 표시되지 않은 상태에서도 격자에 맞춰 배치할 수 있습니다.
- **Snap to Pixel(픽셀에 물리기)**: 선택해서 체크하면 개체를 옮기거나 크기를 조절할 때 픽셀에 맞춰 정렬할 수 있습니다. 주로 웹 그래픽 또는 화면 표시용 작업 중에 적합합니다.
- **Snap to Point(점에 물리기)**: 개체를 옮길 때 경계선 또는 특정 포인트(앵커 포인트 등)에 맞춰 정렬할 수 있습니다. 세밀한 정렬 작업 시 효과적입니다.
- **Snap to Glyph(글리프에 물리기)**: 문자 작업 시 문자의 특정 부분(기준선, 중간선 등)에 맞춰 개체를 정렬할 수 있습니다.

격자를 이용해 픽셀 작업하기

이제 모든 준비가 끝났습니다. 가이드 이미지와 격자 무늬를 활용하여 원하는 형태의 픽셀 이미지를 완성하면 됩니다. 우선 토끼의 외곽선부터 그린 후 내부를 채워 보겠습니다.

01 ❶ 모자이크가 선택된 상태로 Ctrl+2를 눌러 개체를 잠그고, ❷ [Color] 패널(F6)에서 Fill: Black, Stroke: None을 적용합니다. ❸ 〈Rectangle Tool(M)〉을 선택한 후 드래그하여 귀쪽에 격자 한 칸 크기로 사각형을 추가합니다.

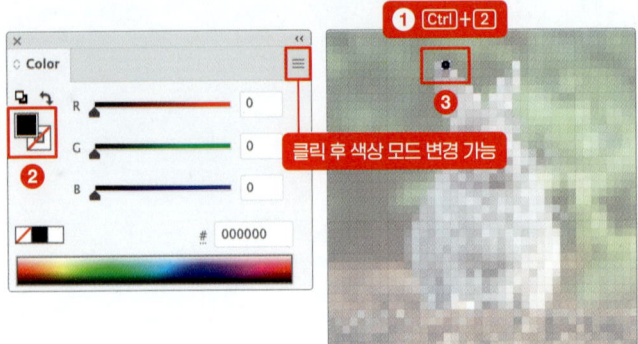

TIP [Snap to Grid]에 체크했으므로 작업 영역에서 드래그하면 정확하게 격자에 맞춰 도형을 추가할 수 있습니다. 이러한 픽셀 아트는 화면을 적절하게 확대하면 좀 더 수월하게 작업할 수 있습니다.

02 사각형이 선택된 상태에서 Alt를 누른 채 방향키를 누르면 격자 단위로 복제할 수 있으며, 방향키만 누르면 옮길 수 있습니다. 가이드 이미지를 참고하면서 Alt+방향키, 방향키로 토끼의 외곽선을 완성합니다.

> **TIP** 개체 이동 시 Alt 조합은 복제 기능을 수행합니다. 그러므로 Alt+드래그 또는 Alt+방향키를 누르면 개체를 복제 배치할 수 있습니다. [Snap to Grid]에 체크되어 있으면 격자 단위로 복제 배치됩니다.

03 계속하여 토끼의 ❶ 눈, ❷ 입, ❸ 턱 부분을 표현합니다. Alt+방향키로 하나의 사각형을 복제한 후 방향키만 눌러서 연속적이지 않은 위치로 사각형을 옮깁니다.

04 이제 내부를 채워 보겠습니다. ❶ 〈Selection Tool(V)〉▶로 범위를 드래그하여 사각형 개체를 모두 선택합니다. ❷ 〈Shape Builder Tool〉을 선택하고, [Color] 패널(F6)에서 Fill: White, Stroke: None을 적용한 후 ❸ 토끼의 내부를 클릭하여 흰색을 적용합니다.

 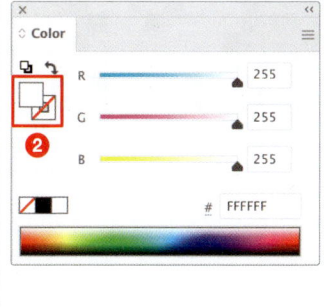 

> **TIP** 개체 선택 상태에서 [Color] 패널(F6)의 설정을 변경하면 선택 중인 사각형의 색이 변경됩니다. 그러므로 반드시 〈Shape Builder Tool〉을 먼저 선택한 후 색상을 변경하세요.

05 ❶ 〈Selection Tool(V)〉▶로 빈 영역을 클릭하여 선택을 해제하고, [Color] 패널(F6)에서 **Fill: #FBDEC4**를 적용합니다. ❷ 〈Rectangle Tool(M)〉▭을 선택한 후 귀 안쪽에 베이지색 사각형을 추가합니다.

06 외곽선을 만들 때와 같이 Alt +방향키 조합으로 베이지색 사각형을 복제 배치하여 토끼의 귀를 완성합니다.

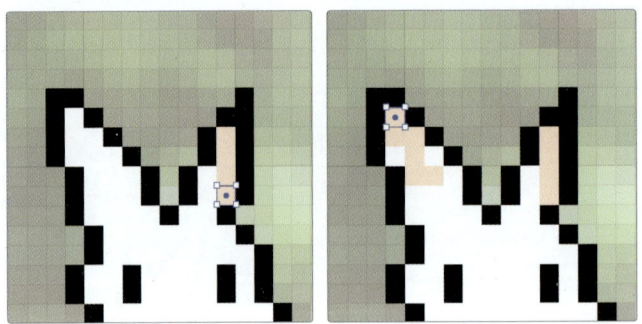

07 마지막으로 배경 작업을 위해 Ctrl + Alt + 2 를 눌러 개체 잠금을 해제하고, 가이드 이미지(모자이크 이미지)를 작업 영역 바깥으로 옮기거나 Delete 를 눌러 삭제합니다.

08 ❶ 단축키 Ctrl+"를 눌러 격자를 숨깁니다. ❷ 메뉴 바에서 [View-Snap to Grid]는 체크 해제하고, ❸ [View-Snap to Point]에 체크합니다.

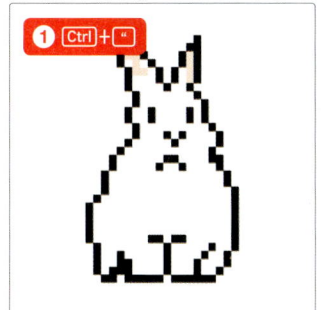
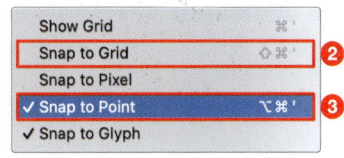

09 ❶ 〈Rectangle Tool(M)〉□로 작업 영역 크기에 맞춰 사각형을 추가하고, [Color] 패널(F6)에서 Fill: #13AE67, Stroke: None을 적용합니다. ❷ Ctrl+Shift+[를 초록색 배경을 맨 뒤로 정돈하면 완성입니다.

🔍 한 걸음 더 격자 한 칸의 크기가 9px인 이유

일러스트레이터의 격자 한 칸은 디지털 환경과 벡터 정렬에 가장 적합하도록 가로세로 9px로 만들어집니다. 디지털 해상도는 주로 72dpi(점/인치)가 기준이고, 1인치는 가로세로가 각각 72px인 정사각형입니다. 이를 이상적인 비율인 8로 나눈 값이 바로 9px입니다.

따라서, 웹용 작업을 시작할 때 작업 영역의 크기는 9px 단위로 나눠지도록 설정하는 것이 좋으며, 모자이크 기능을 이용해 타일 가이드를 만들 때도 정확하게 그리드와 일치하는 크기와 위치로 만들 수 있습니다.

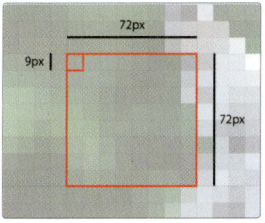

▲ 일러스트레이터 환경 설정의 [Grid] 옵션

◀ 1인치에 포함된 각 격자의 크기

LESSON 14 모자이크 기능으로 완성한 픽셀 아트

LESSON 15 | 여러 효과를 이용하여 완성한 초크 아트

일러스트레이터의 다양한 효과를 적용하여 색연필 혹은 분필로 쓴 듯한 독특한 질감을 만들고, 이를 그래픽 스타일로 저장하여 디자인에 간편하게 적용하는 방법까지 알아보겠습니다.

완성 결과 | **초크 아트.ai**

이것만은 반드시!

- **Scribble(낙서)**: 분필로 쓴 듯한 초크 아트 스타일의 효과입니다.

초크 아트 질감 표현하기

일러스트레이터의 효과를 조합하여 손으로 스케치하거나 색연필로 그린 것처럼 자연스러운 초크 아트 질감을 만들어 보겠습니다.

01 Ctrl+O를 눌러 [지구를 지켜요.ai] 예제 파일을 열면 다음과 같이 2개의 작업 영역이 포함되어 있습니다.

02 검은색 원에 질감을 표현해 보고, 오른쪽 디자인에도 적용해 보겠습니다. ❶ 검은색 원을 선택한 후 ❷ 메뉴 바에서 [**Effect-Stylize-Scribble**]을 선택하면 Scribble Options 창이 열리고 기본 설정에 따라 스케치한 느낌의 효과가 적용됩니다.

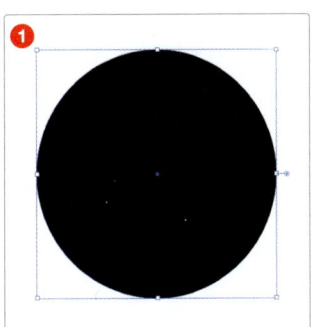 

> **TIP** 일러스트레이터에서 [Effects] 메뉴를 선택하면 'Illustrator Effects' 영역과 'Photoshop Effects' 영역으로 구분되어 있습니다. 'Illustrator Effects' 영역에 있는 효과는 벡터 기반 효과로 확대해도 품질이 유지되나, 'Photoshop Effects' 영역의 효과는 개체를 픽셀 이미지로 변환하여 적용하므로 확대하면 픽셀화(깨짐) 현상이 나타납니다.

03 ❶ Scribble Options 창에서 **Setting: Tight**(밀집)를 선택합니다. ❷ 효과를 좀 더 자연스럽게 변형하기 위해 각 **[Variation]** 옵션에 **5px, 2%, 1px**을 적용한 후 ❸ [OK]를 클릭합니다.

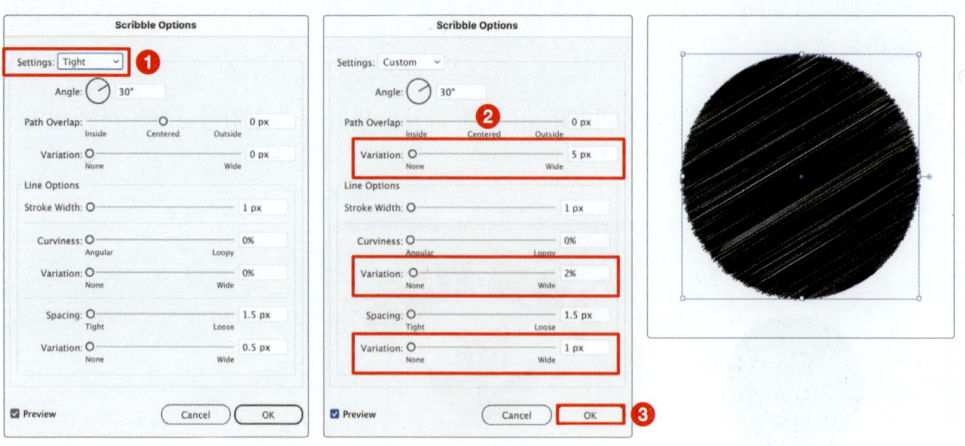

TIP 처음부터 모든 설정을 직접 적용하는 것보다는 위와 같이 [Settings] 옵션에서 원하는 스타일과 가장 유사한 사전 설정을 선택한 후 세부 옵션을 변경하면 효과적입니다.

🔍 한 걸음 더 Scribble Options 창 살펴보기

Scribble은 분필로 쓴 듯한 초크 아트 스타일을 표현하기 가장 적합한 효과입니다.

❶ **Settings(설정)**: [Tight](밀집), [Loose](느슨함) 등 사전 설정된 옵션을 빠르게 적용할 수 있습니다.

❷ **Angle(각도)**: 선의 방향을 설정합니다.

❸ **Path Overlap (패스 오버랩)**: 효과가 패스와 어떻게 겹칠지 설정합니다. [Variation] 옵션값을 높일수록 패스 경계에서 랜덤하게 벗어나는 범위도 넓어집니다.

❹ **Line Options(선 옵션)**: 선 폭(Stroke Width), 곡선도(Curviness), 간격(Spacing)을 조절할 수 있으며, [Variation] 옵션값을 높일수록 곡선 및 간격이 랜덤하게 변하는 정도도 커집니다.

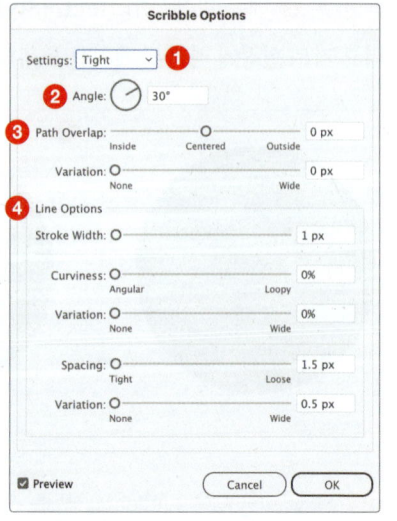

04 ❶ 메뉴 바에서 [Effect-Brush Strokes-Sprayed Strokes]를 선택하여 Sprayed Strokes 창을 열고 **Stroke Length: 12, Spray Radius: 7**을 적용한 후 ❷ [OK]를 클릭하면 초크 아트용 질감이 완성됩니다.

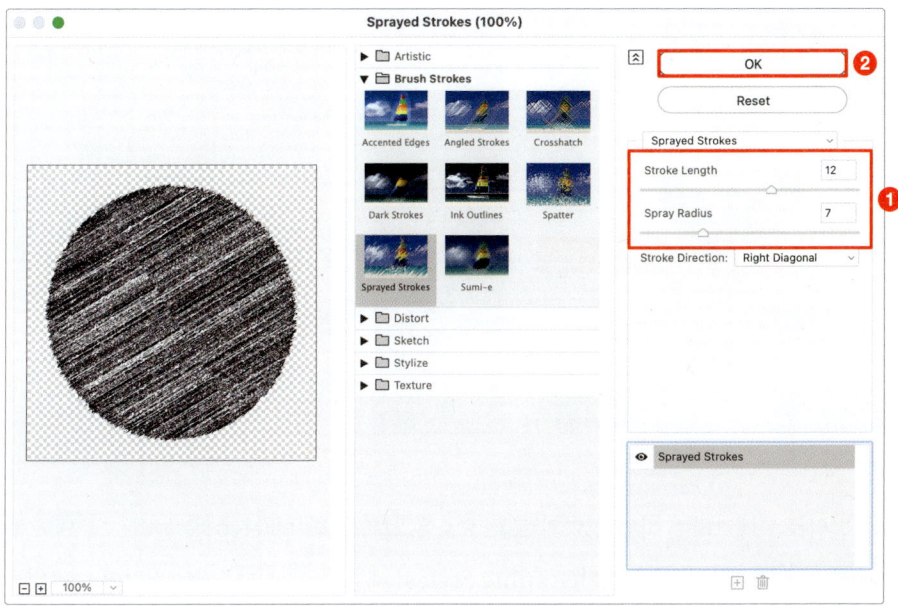

그래픽 스타일로 저장한 후 개체에 적용하기

완성한 질감을 그래픽 스타일로 저장하면 반복 작업을 줄이고 작업 효율성을 높일 수 있습니다.

01 2가지 효과를 적용하여 완성한 질감의 개체가 선택된 상태에서 ❶ [Graphic Styles] 패널([Shift]+[F5])의 [New Graphic Styles] 아이콘을 클릭하여 ❷ 그래픽 스타일로 등록합니다.

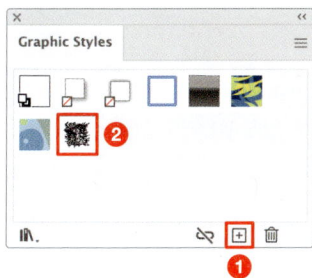

TIP [Effect] 메뉴에서 적용한 다양한 효과는 [Appearance] 패널([Shift]+[F5])에 레이어 형태로 표시되며, 효과 이름을 클릭하여 적용된 설정을 변경할 수 있습니다.

02 〈Selection Tool(V)〉로 오른쪽 작업 영역에 있는 디자인 요소 중 표정 개체를 선택하고 드래그+Shift로 하여 작업 영역 오른쪽에 수평으로 옮깁니다.

03 ❶ 범위를 드래그하여 작업 영역의 모든 요소를 선택한 후 Ctrl+G를 눌러 그룹으로 묶고, Ctrl+C를 눌러 복사합니다. ❷ [Graphic Styles] 패널(Shift+F5)에서 저장한 스타일을 클릭하면 ❸ 디자인에 질감이 적용됩니다.

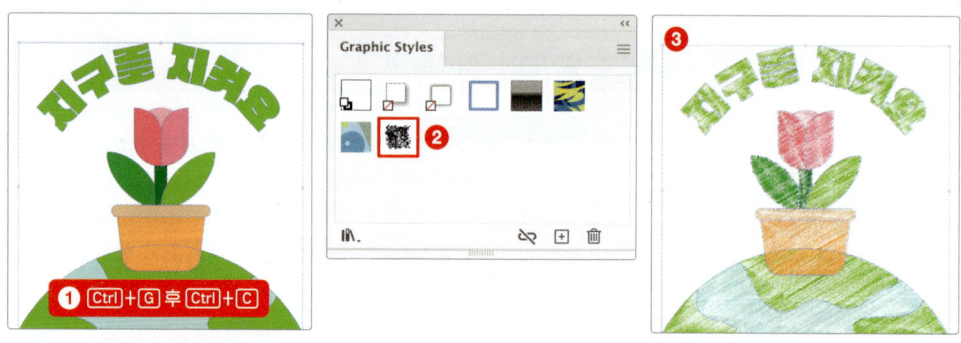

> **TIP** 그룹으로 묶지 않은 개체에 그래픽 스타일을 적용하면 등록한 원본 스타일의 색상이 그대로 적용됩니다. 반면, 그룹으로 묶은 개체에 스타일을 적용하면 색상을 유지한 채 스타일을 적용할 수 있습니다.

04 Ctrl+B를 눌러 앞서 복사해 놓은 원본 디자인 요소를 제자리에서 뒤에 붙여 넣어 시인성을 높입니다.

05 ❶ 작업 영역 오른쪽으로 옮겼던 표정 요소를 선택한 후 ❷ [Align] 패널(Shift+F7)에서 [Horizontal Align Center] 아이콘을 클릭하여 제자리로 옮기고, ❸ Ctrl+Shift+]를 눌러 맨 앞으로 정돈하면 초크 아트 디자인이 완성됩니다.

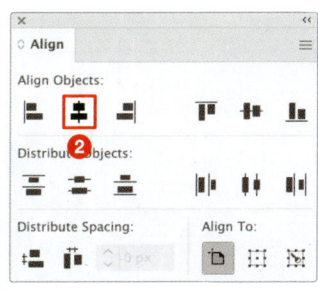

LESSON 16 | 흐림 효과로 완성한 네온 사인

네온 사인은 빛이 퍼지는 느낌을 강조하여 독특한 분위기를 연출하는 기법입니다. Gaussian Blur를 활용해 개체 가장자리를 흐리게 만들면 자연스러운 빛 표현이 가능합니다. 이를 통해 실제 네온 사인처럼 밝게 빛나는 네온 사인 효과를 연출해 보겠습니다.

완성 결과 | 네온 사인.ai

이것만은 반드시!

- **Gaussian Blur(가우시안 흐림):** 개체의 가장자리를 흐리게 표현하는 효과입니다.

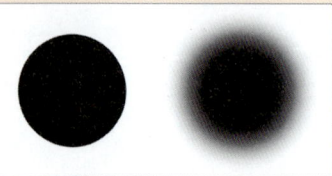

▲ 원본과 Gaussian Blur 20px 적용한 모습

빛 표현을 위한 흐림 효과 적용하기

Gaussian Blur를 활용하면 자연스럽게 빛이 퍼지는 효과를 만들 수 있습니다. 단계적으로 흐림 효과를 적용하여 네온 사인 효과의 기반을 만들어 보겠습니다.

01 ❶ Ctrl+O를 눌러 [rocket.ai] 예제 파일을 열면 어두운 배경에 선(Stroke)으로 구성된 개체가 포함되어 있습니다.

02 Alt+스크롤로 작업 영역 바깥까지 넉넉하게 표시되도록 화면을 축소하고, Ctrl+A를 눌러 모든 개체를 선택합니다.

03 Alt+드래그+Shift하여 수평으로 작업 영역 오른쪽에 복제 배치합니다.

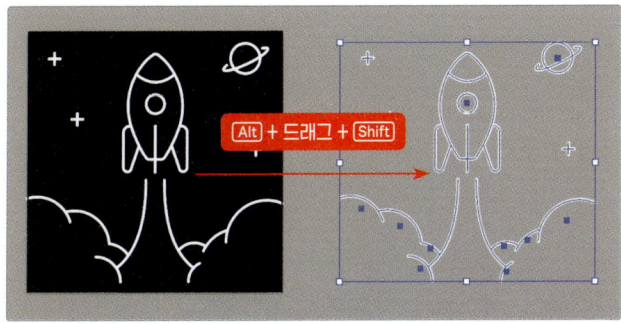

LESSON 16 흐림 효과로 완성한 네온 사인

04 이어서 `Ctrl`+`D`를 5번 누르면 로켓 개체 7개가 배치됩니다. 이제 각 로켓 개체에 단계별로 흐림 효과를 적용하면 빛이 발산되는 것처럼 표현됩니다.

> **TIP** `Ctrl`+`D`는 [Object-Transform-Transform Again](변형 반복) 메뉴의 단축키로, 마지막에 수행한 변형 작업을 반복하는 기능입니다.

05 ❶ 두 번째 로켓 개체를 모두 선택합니다. ❷ 메뉴 바에서 [Effect-Blur-Gaussian Blur]를 선택하여 Gaussian Blur 창이 열리면 **Radius: 2px**을 적용하고 ❸ [OK]를 클릭합니다.

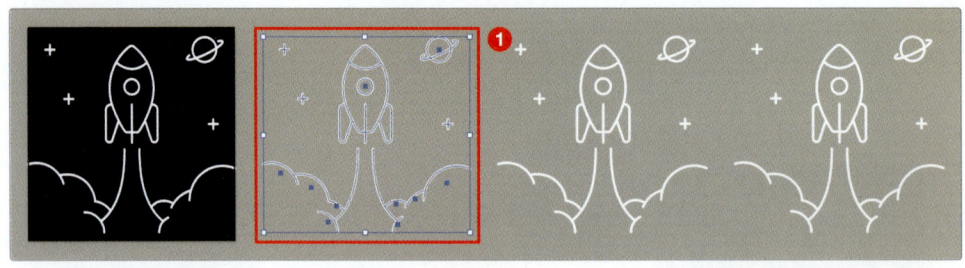

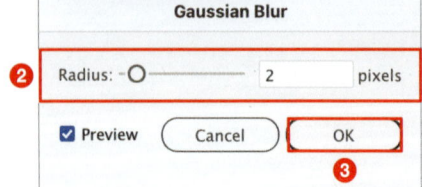

> **TIP** Gaussian Blur(가우시안 흐림)는 개체의 가장자리를 부드럽게 퍼지게 표현하는 효과로, [Radius] 설정값이 높을수록 넓고 흐리게 퍼집니다.

06 ❶ 두 번째 로켓 개체가 미세하게 부드러워집니다. ❷ 이번에는 세 번째 로켓 개체를 선택하고 ❸ `Alt`+`Shift`+`Ctrl`+`E`를 눌러 Gaussian Blur 창을 열어 2배 큰 값인 **Radius: 4px**을 적용한 후 ❹ [OK]를 클릭합니다.

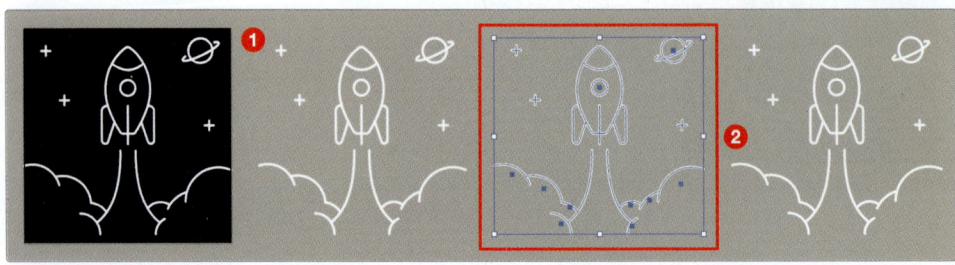

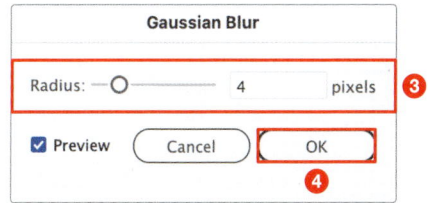

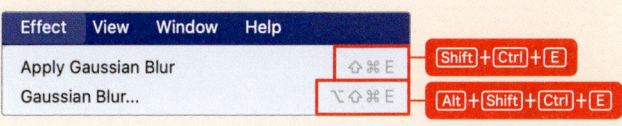

07 앞의 과정을 반복하여 네 번째 로켓은 8px, 다섯 번째 로켓은 16px, 여섯 번째 로켓은 32px, 일곱 번째 로켓은 64px로 가우시안 흐림 효과를 단계별로 적용합니다.

여러 흐림 효과 개체를 겹쳐서 네온 사인 효과 완성하기

네온 사인을 표현하기 위한 기본 준비가 끝났습니다. 이제 복제한 개체들을 모두 겹치고, 서로 다른 색상을 적용하면 네온 사인 효과가 완성됩니다.

01 개체를 정확하게 겹치기 위해서는 우선 각 로켓 개체를 그룹을 묶어야 합니다. ❶ 첫 번째 로켓 개체를 모두 선택한 후 Ctrl+G를 눌러 그룹으로 묶습니다. ❷ 같은 방법으로 로켓 개체별로 선택한 후 그룹으로 묶습니다.

02 다시 첫 번째 로켓 개체를 선택한 후 Ctrl+Shift+]를 눌러 맨 앞으로 정돈합니다.

03 ❶ Ctrl+A를 눌러 7개의 그룹을 모두 선택하고, ❷ 작업 영역에 있는 첫 번째 개체 그룹을 클릭하여 정렬의 기준으로 설정합니다.

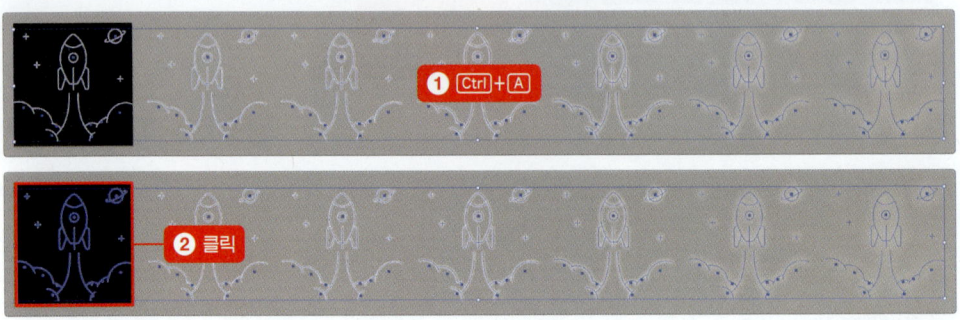

04 ❶ [Align] 패널(Shift+F7)을 열고 [Horizontal Align Center] 아이콘을 클릭하면 ❷ 7개의 개체가 기준인 첫 번째 개체를 기준으로 정확하게 하나로 겹칩니다. 정렬 기준 관련 자세한 설명은 000쪽을 참고하세요.

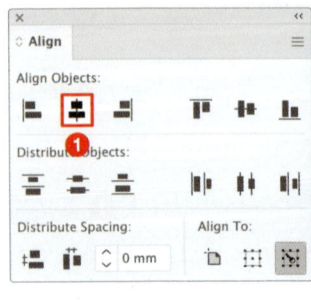 

05

① 맨 앞의 흰색 개체를 선택한 후 Ctrl+2를 눌러 잠금 처리합니다. **②** Ctrl+A를 눌러 잠긴 개체(배경과 원본)를 제외한 나머지 로켓 개체를 모두 선택한 후 Ctrl+Shift+G를 눌러 그룹을 해제합니다.

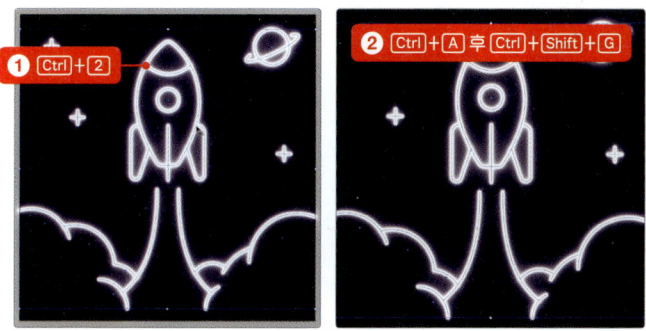

> **TIP** 맨 앞으로 정돈한 첫 번째 개체(원본 개체)는 흐림 효과를 적용하지 않은 가장 밝은 흰색입니다. 마치 네온 사인의 유리관 같은 역할입니다.

06

이제 흐림 효과를 적용한 개체는 부위별로 선택할 수 있습니다. **①** 범위를 드래그하여 모든 별 개체를 선택하고 **②** [Color] 패널(F6)에서 **Fill: None, Stroke: C0/M0/Y100/K0**을 적용하여 **③** 색상을 변경합니다.

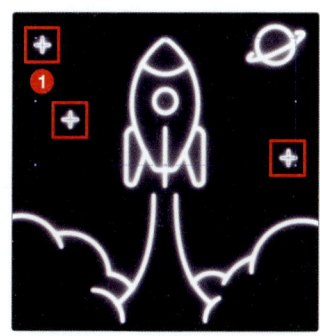 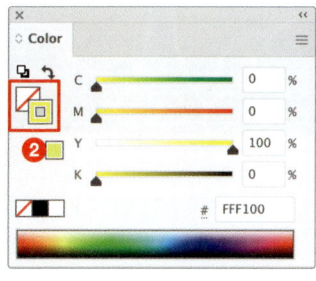 

> **TIP** 여러 개체가 겹쳐 있으므로, 클릭이 아닌 범위를 드래그해야만 흐림 효과가 적용된 모든 별 개체를 선택할 수 있습니다. 또한, 떨어져 있는 개체를 다중 선택할 때는 Shift+드래그하면 됩니다. 참고로, 가우시안 흐림 효과의 설정값이 클수록 멀리까지 퍼져 있으므로 해당 개체를 선택할 때는 바깥쪽에서 안쪽으로 드래그하면 좀 더 편리하게 선택할 수 있습니다.

07 이번에는 구름과 행성의 띠 부분을 선택한 후 [Color] 패널(F6)에서 **Fill: None, Stroke: C100/M0/Y0/K0**을 적용합니다.

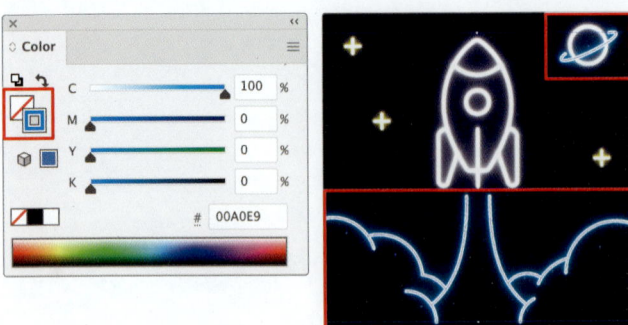

08 계속해서 ❶ 로켓의 머리 부분과 꼬리 부분은 **Fill: None, Stroke: C0/M100/Y100/K0**을 적용하고, ❷ 로켓의 몸통과 행성은 **Fill: None, Stroke: C100/M0/Y100/K0**을 적용해 네온 사인 효과를 완성합니다.

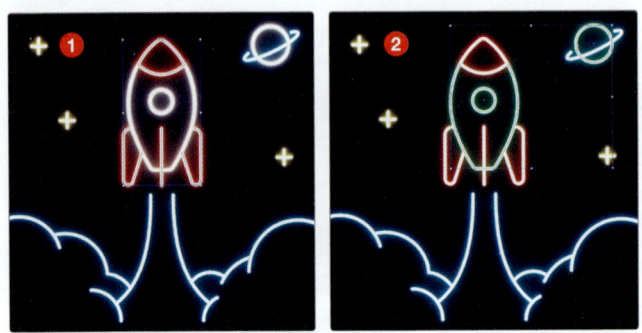

> **TIP** 가우시안 흐림(Gaussian Blur) 효과를 사용할 때 배경색이 [K100]의 검은색이면 효과 표현이 어색하게 나타납니다. 그러므로 검은색 배경을 사용하고 싶다면 리치 블랙(Rich Black)이라고 표현하는 [C100/M100/Y100/K100]을 적용해야 합니다.

▲ [K100]일 때   ▲ [C100/M100/Y100/K100]일 때

LESSON 17
변형 기능으로 완성한 가변형 타이포그래피

가변형 타이포그래피는 텍스트의 스타일을 유지하면서도 내용을 유동적으로 변경할 수 있는 디자인 방식입니다. [Appearance] 패널을 활용해 다양한 효과를 적용한 가변형 타이포그래피를 만들어 보겠습니다.

완성 결과 | **가변형 타이포.ai**

이것만은 반드시!

- **Transform(변형):** 개체 회전, 이동, 크기 조정 등의 변형과 함께 복제할 수 있습니다.

칠 속성으로 형태를 만들고, 변형하여 입체 표현하기

가변형 타이포그래피의 기본 형태를 만들고 오프셋 패스(Offset Path)와 변형(Transform) 효과를 조합해 입체적인 스타일을 연출해 보겠습니다.

01 ① Ctrl + N 을 눌러 New Document 창을 엽니다. ② [Web] 탭을 누른 후 ③ Width: 500px, Height: 500px로 적용하고 ④ [Create] 버튼을 클릭해 새 작업을 시작합니다.

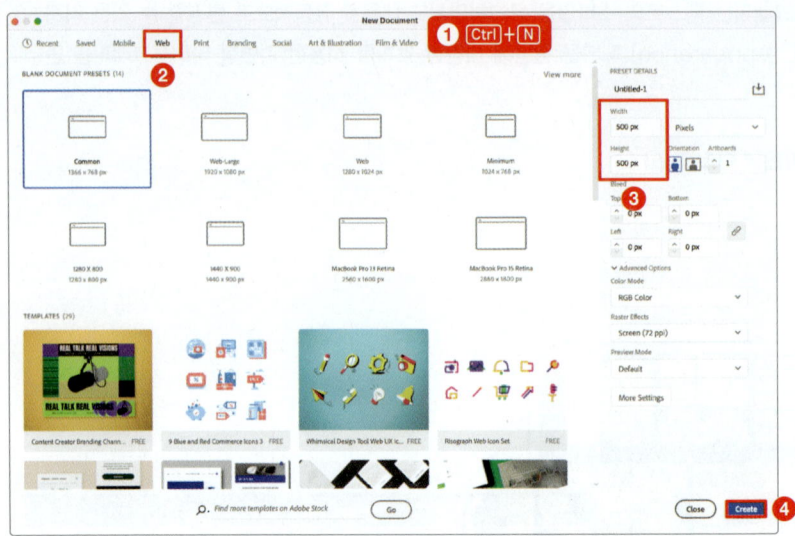

02 ① [Character] 패널(Ctrl + T)에서 **글꼴: 창원단감아삭/Bold, 크기: 100pt, 행간: 100pt, 자간: 0**을 적용합니다. ② 툴바에서 〈Type Tool(T)〉 T 을 선택한 후 작업 영역을 클릭하여 다음과 같이 첫 글자 위치가 다르게 2줄로 문구를 입력하고 Ctrl + Enter 를 눌러 입력을 마칩니다.

TIP 첫 줄의 문구를 입력한 후 Enter 를 눌러 줄을 바꾸고, 곧바로 Spacebar 를 눌러 한 칸 띄어쓰기하면 위와 같이 입력할 수 있습니다.

03 가변형 타이포그래피의 핵심은 [Appearance] 패널(Shift+F6)을 이용하는 것입니다. ❶ 패널 아래에 있는 [Add New Fill] 아이콘을 클릭하면 ❷ 문자에 [Stroke]와 [Fill] 속성이 추가되며, [Fill](칠) 속성에만 색이 적용되어 있습니다.

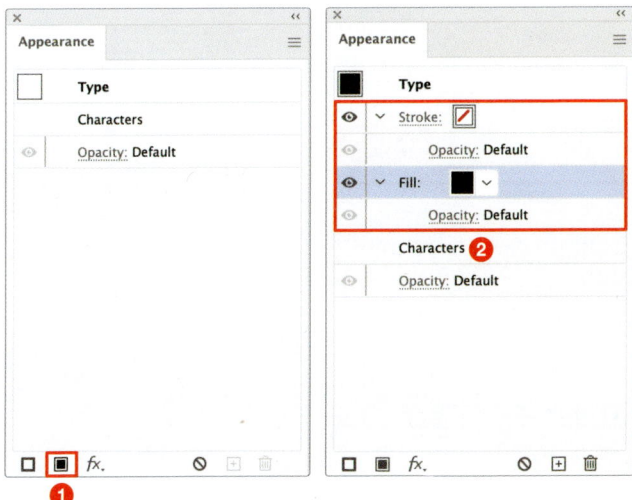

04 적용한 [Fill] 속성의 색을 변경하기 위해 ❶ [Color] 패널(F6)에서 Fill: #FFFF00을 적용합니다. ❷ 입력한 문자의 색과 함께 ❸ [Appearance] 패널(Shift+F6)의 [Fill] 속성의 색상도 변경됩니다.

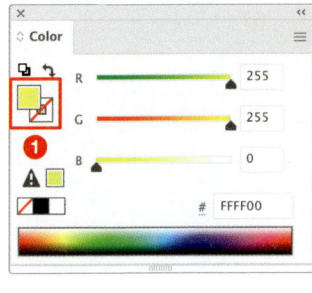

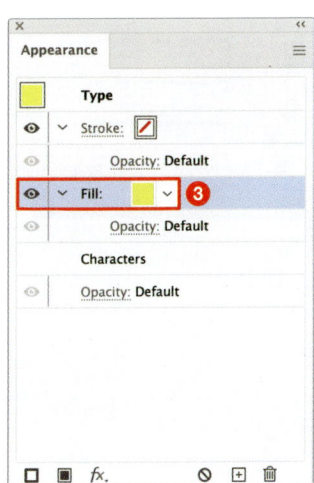

05 ❶ [Add New Fill] 아이콘을 한 번 더 클릭하여 ❷ [Fill] 속성을 추가하고, ❸ 추가한 속성을 다음과 같이 'Characters' 영역 아래로 드래그해서 옮깁니다.

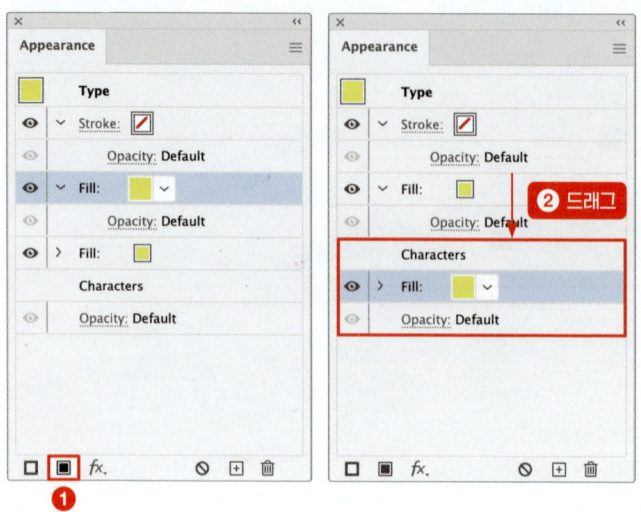

06 ❶ [Color] 패널(F6)에서 Fill: #0000FF를 적용하여 ❷ 아래쪽 [Fill] 속성을 변경합니다. ❸ 하지만, 문자는 여전히 노란색으로 표시됩니다. 파란색 [Fill] 속성을 문자(Characters) 아래에 배치했기 때문입니다.

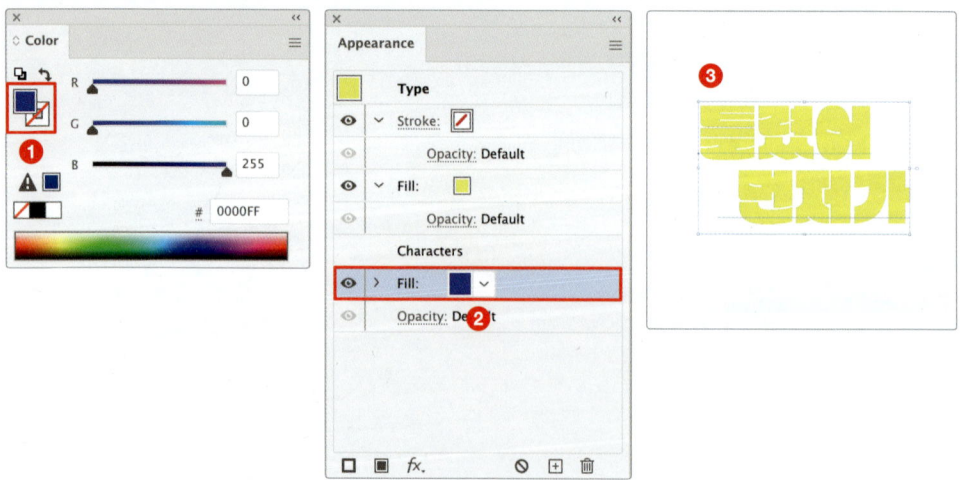

07 아래쪽 [Fill] 속성에 효과를 추가해 형태를 변형해 보겠습니다. ❶ [fx] 아이콘을 클릭한 후 ❷ [Path-Offset Path]를 선택하여 Offset Path 창이 열리면 ❸ **Offset: 5px, Joins: Round**를 적용하고 ❹ [OK]를 클릭합니다.

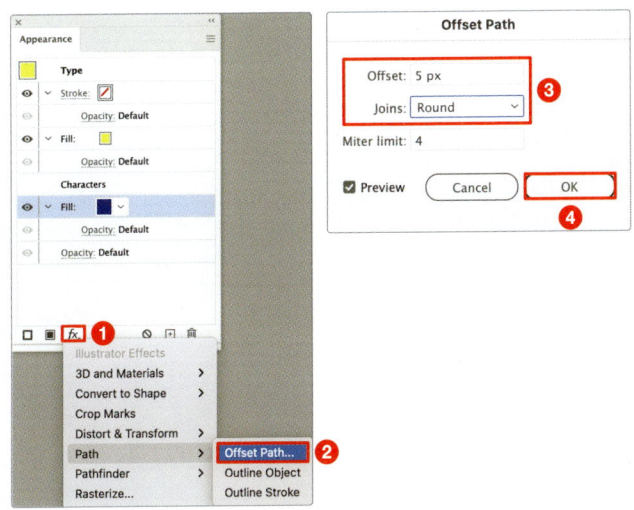

08 다음과 같이 ❶ 파란색 [Fill] 속성이 모퉁이가 둥근 형태로 5px 확장되어 표시됩니다. ❷ [Appearance] 패널(Shift + F6)에도 [Fill] 속성에 적용한 효과가 레이어 형태로 표시됩니다.

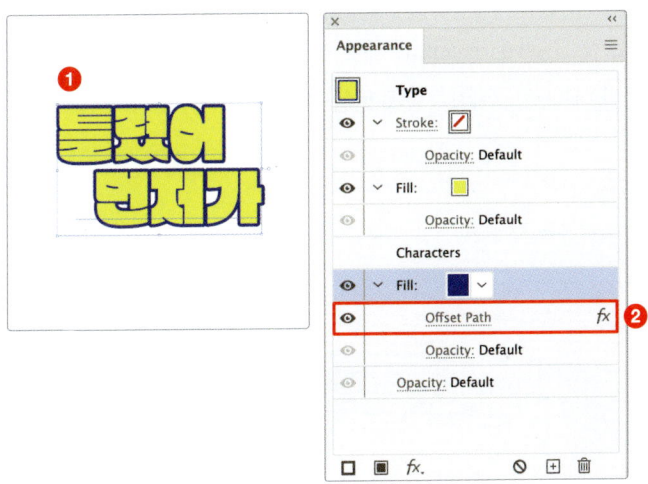

> **TIP** 오프셋 패스(Offset Path) 기능은 개체의 외곽선을 따라 일정한 거리만큼 확장하거나 축소할 수 있는 기능입니다. 2가지 메뉴로 실행할 수 있으며, 다음과 같이 일부 차이가 있습니다.
> - [Object-Path-Offset Path]: 실제 패스를 생성하여 원본과 별개로 유지됩니다.
> - [Effect-Path-Offset Path]: 라이브 효과로 적용되며, 원본을 유지한 상태로 [Appearance](모양) 패널에서 수정할 수 있습니다.

09 다시 한번 ❶ [fx] 아이콘을 클릭한 후 ❷ [Distort & Transform–Transform]을 선택하여 Transform Effect 창을 엽니다. ❸ Move 〉 Horizontal: 1px, Vertical: 1px, Copies: 20을 적용하고 ❹ [OK]를 클릭합니다.

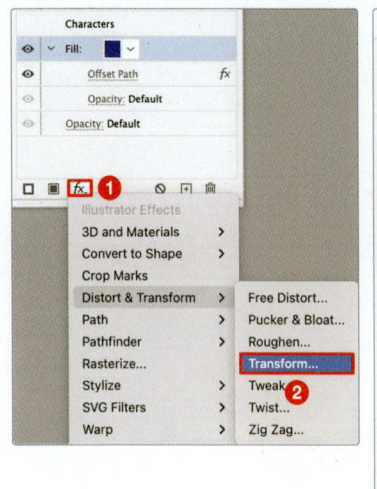
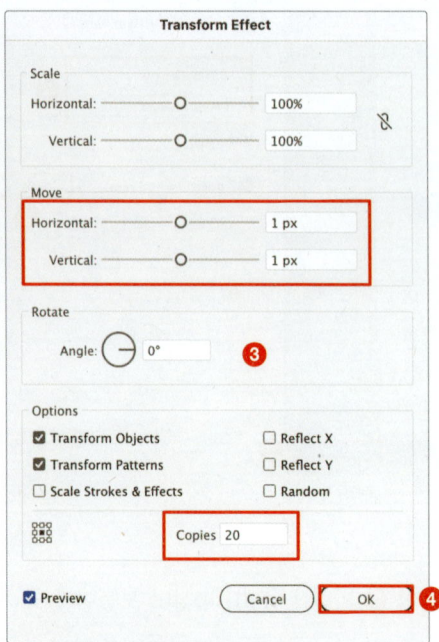

10 그림과 같이 오른쪽 아래로 각 1px(Horizontal: 1px, Vertical: 1px)씩 이동하면서 20개의 개체가 복제(Copies: 20)되어 마치 긴 그림자처럼 표현됩니다.

> **TIP** [Distort & Transform–Transform]을 선택하면 열리는 Transform Effect 창에서는 원하는 값만큼 개체를 회전(Rotate), 이동(Move), 크기 조정(Scale)하면서 복제할 수 있습니다.

선 속성 추가하여 타이포그래피 꾸미기

[Fill] 속성에 이어 [Stroke] 속성에도 다양한 효과를 적용하여 가변형 타이포그래피를 완성해 보겠습니다.

01 문자 개체가 선택된 상태로 ❶ [Color] 패널([F6])에서 [Stroke]에 임의의 색을 적용합니다. ❷ [Appearance] 패널([Shift]+[F6])의 [Stroke] 속성에도 같은 색이 적용됩니다.

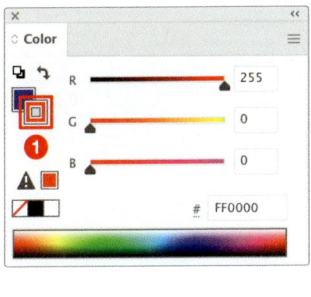
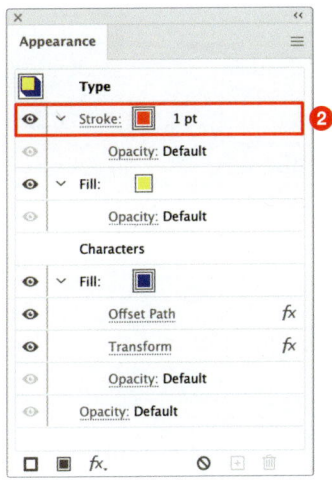

02 ❶ [Stroke] 패널([Ctrl]+[F10])을 열고 **Weight: 3pt**를 적용하여 ❷ 문자의 선(Stroke)을 좀 더 굵게 표현합니다.

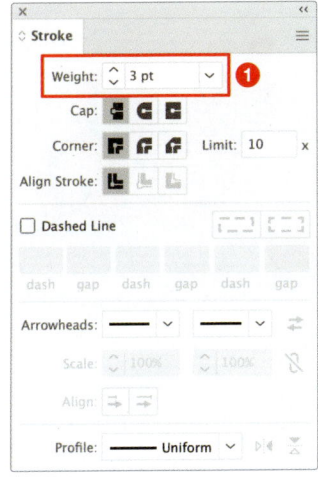

LESSON 17 변형 기능으로 완성한 가변형 타이포그래피 **431**

03 ❶ [Appearance] 패널([Shift]+[F6])에서 [Stroke] 속성을 선택합니다. ❷ [fx] 아이콘을 클릭한 후 ❸ [Path-Offset Path]을 선택하여 Offset Path 창이 열리면 ❹ **Offset: 15px, Joins: Round**를 적용하고 ❺ [OK]를 클릭합니다.

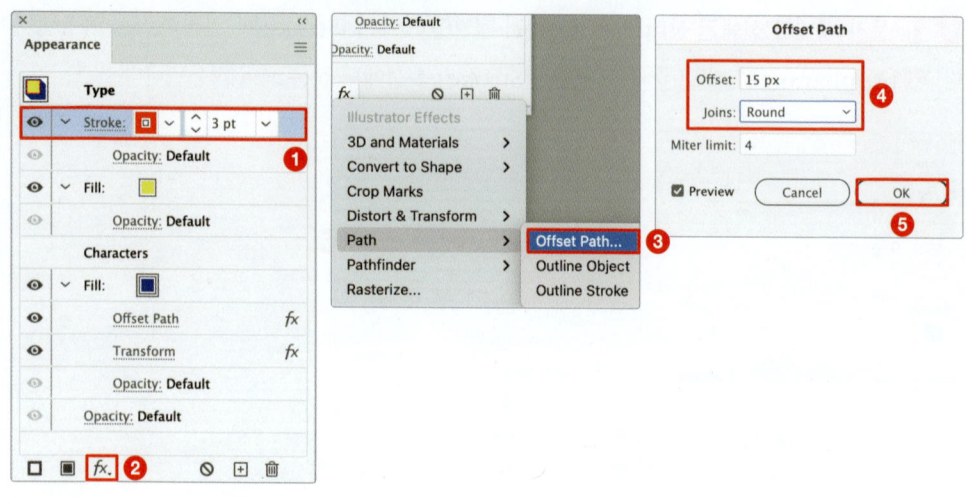

04 ❶ 선이 문자 영역을 감싸는 것처럼 표현되었습니다. ❷ [Fill] 속성에 적용한 [Transform] 효과를 [Stroke] 속성에도 적용하기 위해 [Transform] 효과를 클릭한 채 [Stroke] 속성의 [Offset Path] 아래로 [Alt]+드래그하여 복제합니다. ❸ 선이 오른쪽 아래로 1px씩 이동하면서 20개가 복제 배치됩니다.

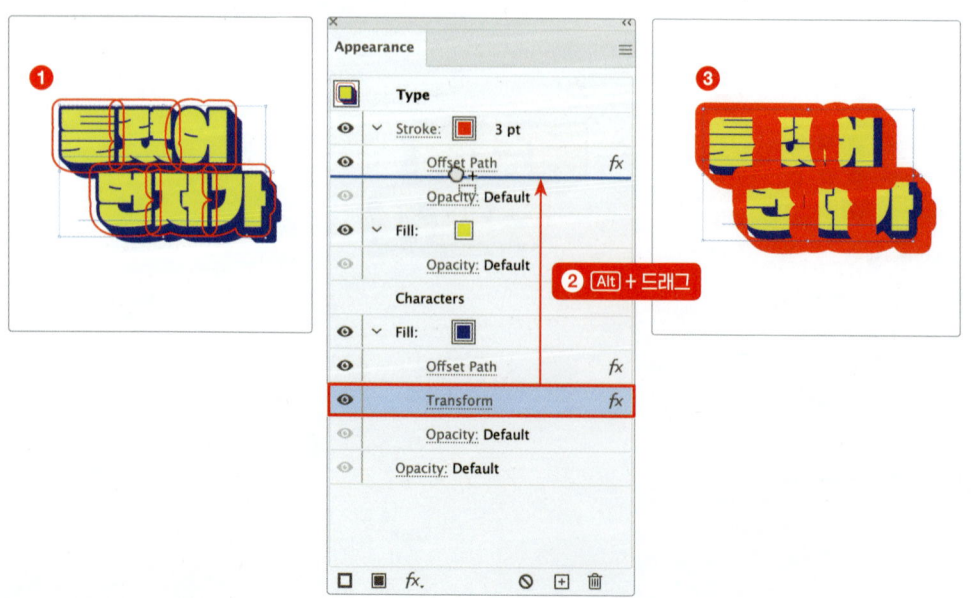

05 도형 개체를 병합하거나 분리했던 것처럼 [Effect] 메뉴에도 패스파인더 기능이 있습니다. ❶ [Stroke] 속성을 선택하고 ❷ [fx] 아이콘을 클릭한 후 ❸ [Pathfinder-Add]를 선택합니다. ❹ 추가한 [Add] 효과를 [Transform] 아래로 드래그해서 순서를 옮기면 ❺ 선 속성의 효과들이 하나로 합쳐져 문자 전체를 감싸는 형태로 바뀝니다.

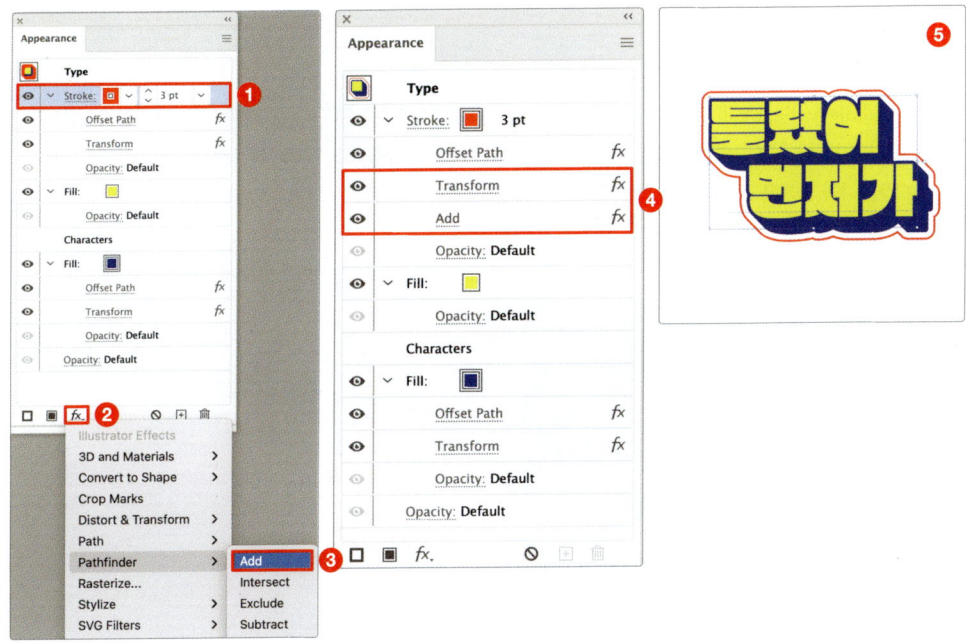

TIP [Appearance](모양) 패널에서 효과가 배치된 순서에 따라 결과도 달라질 수 있습니다. 위쪽에 있는 효과일수록 먼저 적용되며, 아래쪽에 있는 효과가 나중에 적용됩니다.

06 ❶ [Color] 패널(F6)에서 **Stroke: #0000FF**로 변경합니다. ❷ 문자를 깨트리지 않았으므로 내용을 변경해도 동일한 효과가 그대로 적용되는 가변형 타이포그래피 완성입니다.

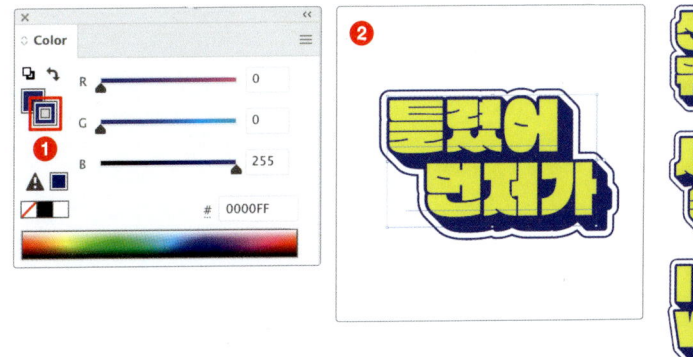

LESSON 18 | 블렌드 기능으로 완성한 입체적인 타이포그래피

블렌드(Blend)는 두 개 이상의 개체를 자연스럽게 연결하고, 중간 단계를 자동으로 생성하는 기능입니다. 이 기능을 이용하면 색상, 크기, 모양을 점진적으로 변형하여 다양한 시각적 효과를 연출할 수 있습니다. 블렌드 기능을 활용해 입체감 있는 타이포그래피를 완성해 보겠습니다.

완성 결과 | 블렌드 타이포.ai

이것만은 반드시!

- **Blend(블렌드)**: 두 개 이상의 개체를 연결해 중간 단계의 개체를 자동으로 생성할 수 있습니다.

◀◀ 문자 입력하여 타이포그래피의 형태 구성하기

블렌드 효과를 적용하기 위한 기본 개체가 필요합니다. 문자를 입력하여 타이포그래피의 기본 구조를 만들어 보겠습니다.

01 Ctrl+O를 눌러 [my place.ai] 예제 파일을 엽니다. Ctrl+A를 눌러 모든 개체를 선택하고 Ctrl+2를 눌러 잠급니다.

02 ❶ [Character] 패널(Ctrl+T)에서 **글꼴: 배달의민족 도현, 크기: 70pt, 행간: 85pt, 자간: 50**을 적용합니다. ❷ 〈Type Tool(T)〉 T을 선택하고 작업 영역을 클릭하여 '놀러와요'를 두 줄로 입력한 후 Ctrl+Enter를 눌러 입력을 마칩니다.

03 ① Ctrl + Shift + O 를 눌러 윤곽선 만들기를 실행합니다. ② 메뉴 바에서 [Object-Path-Offset Path]를 선택하여 Offset Path 창을 열고 **Offset: 1mm**를 적용한 후 ③ [OK]를 클릭합니다. ④ [Color] 패널(F6)에서 **Fill: White**를 적용하면 ⑤ 1mm 확장된 흰색 개체가 추가됩니다.

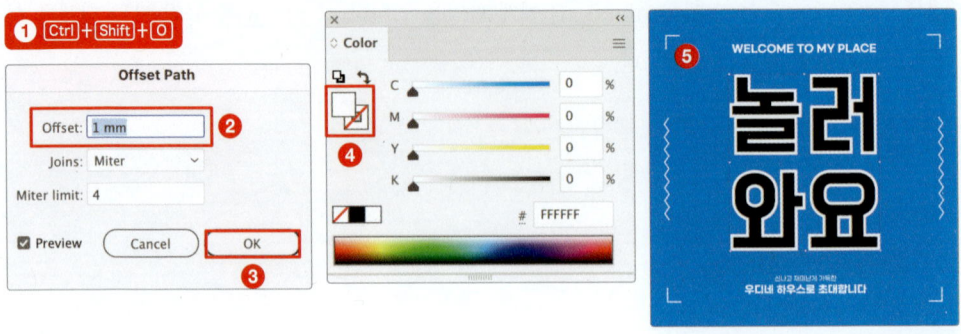

04 ① Shift + → 를 길게 눌러 확장된 개체를 옆으로 옮깁니다. ② 〈Selection Tool(V)〉 ▶ 로 빈 영역을 클릭하여 선택을 해제한 후 ③ 다시 문자 개체를 클릭해서 선택해 보면 원본과 오프셋 패스로 확장한 개체가 그룹으로 묶여 있습니다.

> **TIP** 문자 개체를 윤곽선 만들기(Create Outlines)로 깨뜨리면 그룹으로 묶입니다. 이 상태에서 오프셋 패스(Offset Path)를 적용하면, 원본과 오프셋 패스로 확장한 개체가 함께 그룹으로 묶입니다.

05 원본과 확장한 개체가 모두 선택된 상태에서 ① Ctrl+Shift+G를 눌러 그룹을 해제합니다. ② 빈 영역을 클릭하여 선택을 해제하고 ③ 검은색 문자와 ④ 흰색 문자를 각각 선택한 후 Ctrl+G를 눌러 그룹으로 묶습니다.

06 ① 흰색 문자를 선택하고 Shift+←를 길게 눌러 제자리로 옮깁니다. ② 검은색 문자를 선택하고 툴바에서 〈Eyedropper Tool(I)〉 을 선택한 후 배경을 클릭해 하늘색을 추출 및 적용합니다.

블렌드 도구로 입체감 표현하기

서로 다른 색으로 된 두 개체를 블렌드 기능으로 자연스럽게 연결하고, 부드러운 그라디언트 효과를 적용하겠습니다. 이를 통해 입체감을 더욱 강조하고, 보다 생동감 있는 디자인을 완성할 수 있습니다.

01 ❶ 〈Selection Tool(V)〉▶로 흰색 문자를 선택한 후 Ctrl + C 후 Ctrl + B 를 눌러 제자리에서 뒤로 붙여 넣습니다. ❷ Shift + → 와 Shift + ↓ 를 각 2번씩 눌러 오른쪽과 아래로 20pt씩 옮깁니다.

TIP 개체를 선택하면 [Fill](칠)이나 [Stroke](선)에 선택한 개체의 색상이 표시됩니다. 그러므로 툴바를 보면 현재 흰색 문자가 제대로 선택되었는지 확인할 수 있습니다.

02 ❶ 툴바에서 〈Blend Tool(W)〉을 선택합니다. ❷ 테두리처럼 보이는 흰색 문자로 마우스 커서를 옮겨 [*]가 나타나면 클릭하고, ❸ 이어서 오른쪽 아래로 옮긴 흰색 문자로 커서를 옮겨 [+]가 나타나면 클릭합니다. 2개의 개체 사이에 새로운 개체가 생성됩니다.

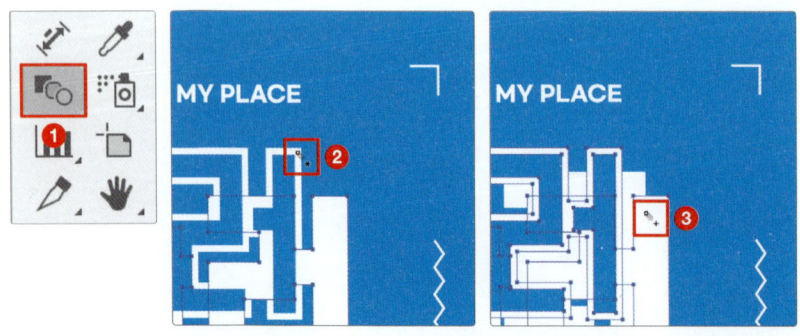

TIP 〈Blend Tool (W)〉을 사용해 2개 이상의 개체를 선택하면 중간 단계의 개체를 자동으로 생성할 수 있습니다. 이 기능을 활용하면 색상, 모양, 크기, 회전 등을 점진적으로 변형하여 자연스러운 전환 효과를 만들 수 있습니다.

03 ① 툴바에서 〈Blend Tool(W)〉 을 더블 클릭하여 ② Blend Options 창이 열리면 Spacing: Specified Steps/100을 적용하고 ③ [OK]를 클릭합니다. ④ 2개의 개체 사이에 100개의 개체가 생성되면서 자연스럽게 연결됩니다.

 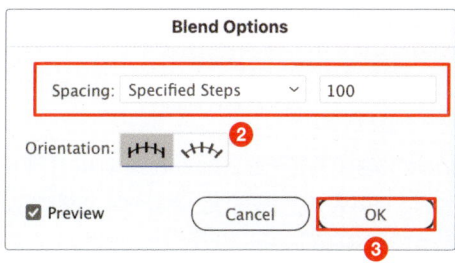 

TIP 서로 다른 위치의 개체를 연결하여 입체감을 표현할 때 Blend Options 창에서 [Specified Steps] 옵션값이 클수록 자연스럽게 표현됩니다. 다만, 지나치게 높은 값을 입력하면 패스가 많아져 작업이 무거워질 수 있으므로 적절한 수준으로 조절하는 것이 좋습니다.

04 ① 〈Selection Tool(V)〉 로 블렌딩한 개체를 더블 클릭하여 편집 상태로 전환한 후 뒤쪽 개체를 선택합니다. ② 〈Eyedropper Tool(I)〉 로 하늘색 배경을 클릭해 적용한 후 ③ ESC 를 눌러 편집을 마칩니다.

05 뒤로 갈수록 희미해지는 입체가 되었습니다. 마지막으로 〈Selection Tool(V)〉 로 문자 개체 전체를 선택한 후 두께감을 고려해 중앙에 배치하면 완성입니다.

◇ LESSON

19 | 2D 개체를 3D 개체로 변형한 입체 타이포그래피

일러스트레이터의 3D and Materials 기능을 활용하면 2D 디자인을 레이 트레이싱 기반의 3D 개체로 손쉽게 변환할 수 있습니다. 2D 타이포그래피를 3D로 변환하여 입체적이고 사실적인 그래픽으로 제작해 보겠습니다.

완성 결과 | 3D 타이포.ai

이것만은 반드시!

- **3D and Materials:** 2D 객체를 3D로 변환하고, 다양한 재질(Materials)과 조명(Lighting)을 적용하여 입체감 있는 그래픽을 만들 수 있습니다.

◀◀ 2D로 타이포그래피 디자인하기

3D 타이포그래피로 변형할 2D 디자인부터 완성해 보겠습니다. 글자의 배치, 색상, 그리고 추가적인 요소들을 조합하여 기본적인 형태를 완성한 후, 3D로 변환할 준비를 합니다.

01 Ctrl+O를 눌러 [ROLLSTORY.ai] 예제 파일을 열면 색상 견본과 눈 모양 요소가 배치되어 있습니다.

02 ❶ [Character] 패널(Ctrl+T)에서 **글꼴: 창원단감아삭/Bold, 크기: 450pt, 행간: 365pt**를 적용합니다. ❷ ⟨Type Tool(T)⟩ T 을 선택하고 빈 영역을 클릭하여 'ROLLSTORY'를 한 줄에 3글자 3줄로 입력하고 Ctrl+Enter 를 눌러 입력을 마칩니다.

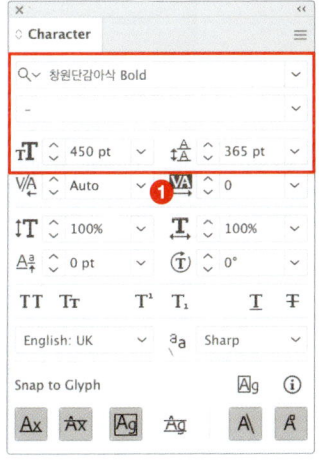

❷ 입력 후 Ctrl+Enter

03 문자를 캐릭터화하겠습니다. ❶ Ctrl+Shift+O를 눌러 윤곽선 만들기를 실행합니다.
❷ 눈 요소를 모두 선택한 후 Ctrl+G를 눌러 그룹으로 묶고, Ctrl+Shift+]를 눌러 맨 앞으로 정돈합니다.

04 Alt+드래그로 눈 개체를 복제하여 그림과 같이 'R, O, O, R' 각 문자에 배치합니다.

05 ❶ 'O'에 배치한 눈 개체를 더블 클릭하여 그룹 편집 상태를 활성화한 후 눈동자만 선택하여 위치를 조정합니다. ❷ ESC를 눌러 편집을 마칩니다.

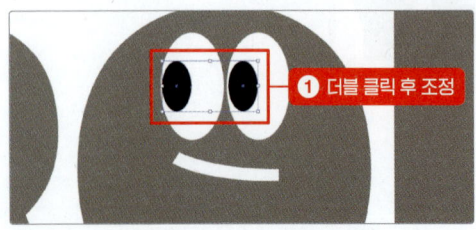

06 같은 방법으로 각 눈 개체를 더블 클릭한 후 눈동자의 위치를 조정하여 시선을 모두 다르게 변경합니다.

07 ① 문자를 선택한 후 Ctrl+Shift+G를 눌러 그룹을 해제한 후 ② 빈 영역을 클릭하여 개체 선택을 해제합니다. ③ 임의의 한 글자만 선택한 후 〈Eyedropper Tool(I)〉로 원하는 색상 견본을 클릭하여 적용합니다.

08 ① 위와 같은 방법으로 각 문자의 색을 변경합니다. ② 이어서 각 문자를 조금씩 다르게 회전 및 이동하여 조금씩 겹치도록 레이아웃을 구성합니다.

09 ❶ 〈Rectangle Tool(M)〉▭을 선택한 후 작업 영역 크기에 맞게 드래그하여 사각형을 추가합니다. ❷ [Color] 패널(F6)에서 **Fill: Black**을 적용한 후 ❸ Ctrl + Shift + [를 눌러 맨 뒤로 정돈한 다음 Ctrl + 2 를 눌러 잠급니다.

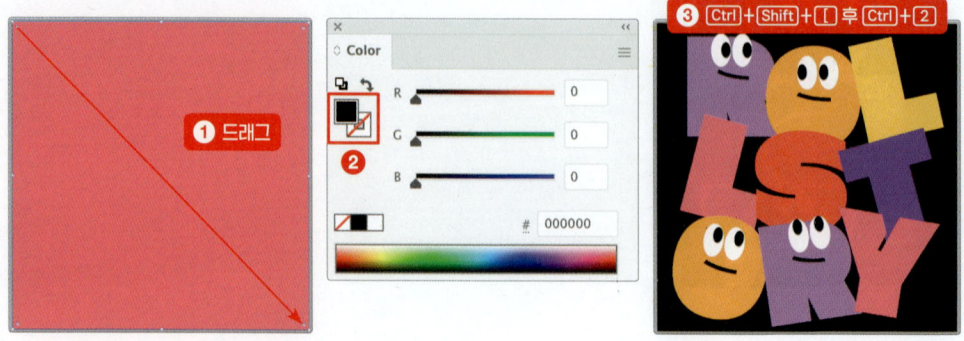

2D를 3D 개체로 변경하기

3D and Materials의 다양한 옵션을 활용하여 2D 디자인을 입체적이고 사실감 넘치는 3D 타이포그래피로 변환해 보겠습니다.

01 ❶ 배경을 제외한 2D 개체를 모두 선택하고 Ctrl + G 를 눌러 그룹으로 묶습니다. ❷ 메뉴 바에서 [Effect – 3D and Materials – Inflate]를 선택합니다.

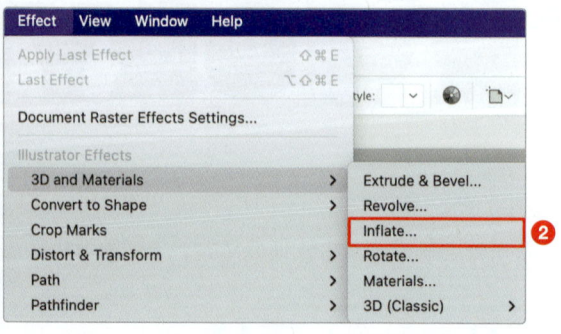

02 [3D and Materials] 패널이 열리고, 기본값으로 2D 개체가 3D 개체로 변환됩니다.

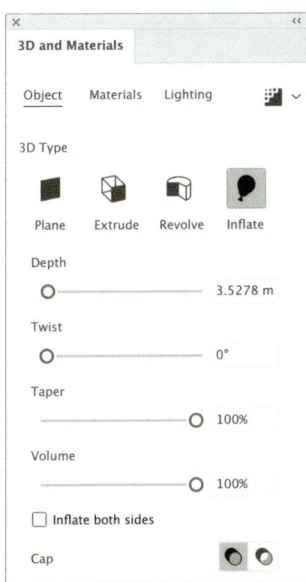

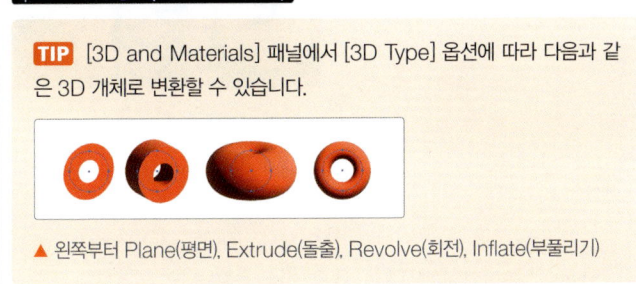

TIP [3D and Materials] 패널에서 [3D Type] 옵션에 따라 다음과 같은 3D 개체로 변환할 수 있습니다.

▲ 왼쪽부터 Plane(평면), Extrude(돌출), Revolve(회전), Inflate(부풀리기)

03 일부 설정을 변경해 보겠습니다. ❶ 3D 유형 및 속성을 조정하는 [Object] 탭에서 ❷ **Depth: 10mm**를 적용하여 개체의 두께를 변경하고, ❸ [Materials] 탭에서 ❹ **Roughness: 0**으로 적용하여 개체 표면의 매끄러운 정도를 조정합니다.

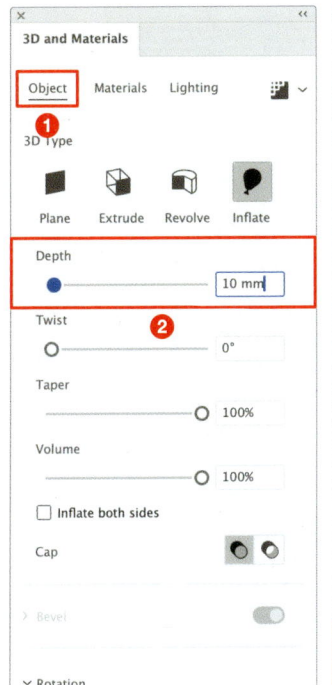

LESSON 19 2D 개체를 3D 개체로 변형한 입체 타이포그래피 **445**

04 계속해서 [Lighting] 탭으로 이동한 후 **Intensity: 85%**를 적용하여 조명의 밝기 강도를 설정하고, **Rotation: −135도**를 적용하여 조명의 각도를 설정합니다.

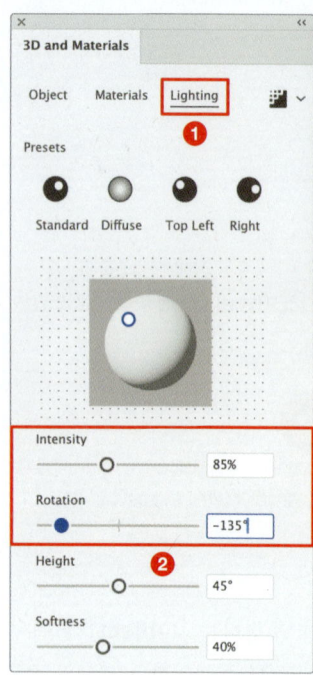

TIP [3D and Materials] 패널이 사라졌다면 [Appearance] 패널([Shift]+[F6])에서 [3D and Materials]을 클릭해 속성을 변경할 수 있습니다.

05 마지막으로 ❶ 패널 오른쪽 위에 있는 [Render with Ray Tracing] 아이콘을 클릭하여 렌더링 과정을 진행하면 ❷ 사실적인 3D 개체로 변환됩니다.

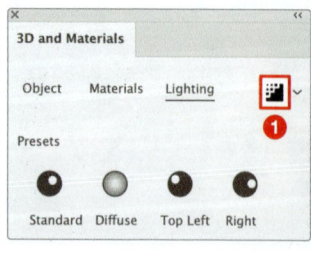

TIP 레이 트레이싱(Render with Ray Tracing)은 3D 렌더링 옵션으로, 빛의 반사, 굴절, 그림자와 같은 물리적으로 정확한 효과를 생성하는 고급 렌더링 기능입니다. 이를 통해 더 사실적인 3D 렌더링 결과를 얻을 수 있습니다.

레이 트레이싱 렌더링 실행 전후 변화 ▶

06 3D 개체의 품질을 더욱 높이기 위해 ❶ [Render with Ray Tracing] 아이콘의 펼침 버튼을 클릭한 후 ❷ [Quality] 옵션의 [High]에 체크하고, ❸ [Render with Ray Tracing] 버튼을 클릭하면 최종 완성입니다.

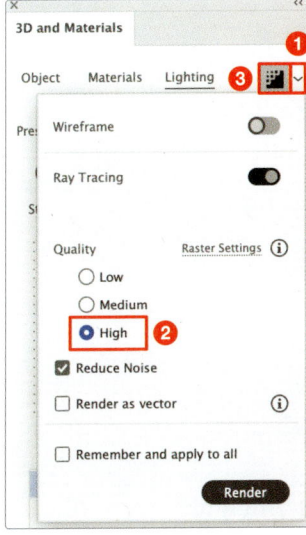

TIP PC 사양에 따라 렌더링 속도가 크게 느려질 수 있습니다. 그러므로 속성을 수정할 때는 [Render with Ray Tracing]을 끄거나 [Quality: Low]로 적용하여 작업 속도를 높이고, 최종 마무리 단계에서 [Render with Ray Tracing]을 적용하는 것이 효율적입니다.

응용해 보기

완성한 3D 개체에서 각도와 두께만 조정해도 색다른 구도의 입체 개체로 변형할 수 있습니다.

01 [3D and Materials] 패널의 [Object] 탭에 있는 'Rotation' 영역에서 **Presets: Off-Axis Front**를 적용하여 방향을 바꿉니다.

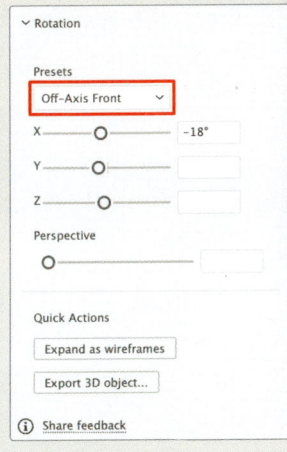

TIP 3D 개체 중심에 있는 +모양 아이콘을 클릭한 채 드래그해도 X, Y, Z축을 회전할 수 있습니다.

LESSON 19 2D 개체를 3D 개체로 변형한 입체 타이포그래피 **447**

02 다음으로 [Object] 탭에서 Depth: 20mm를 적용해 더욱 두껍게 표현합니다.

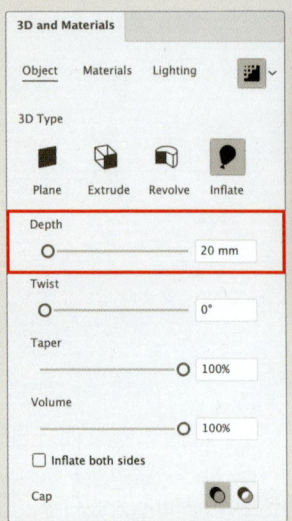
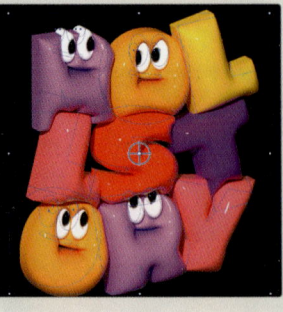

03 마지막으로 [Inflate both sides] 옵션을 체크해 그림과 같이 양면을 볼록하게 만들어 다른 구도의 3D 타이포그래피를 완성합니다.

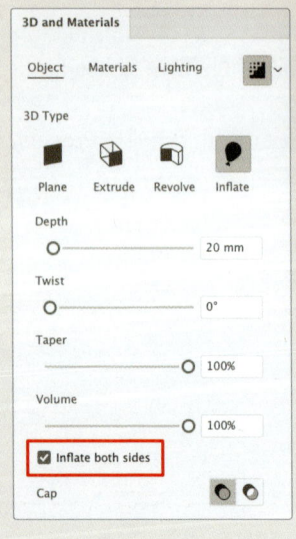

LESSON 20 | 2D 개체와 3D 개체를 조합하여 완성한 카드

3D 개체에 2D 요소를 더해 디자인하면 더욱 독창적인 결과를 완성할 수 있습니다. 부드러운 질감으로 표현한 3D 개체와 2D 그래픽을 조합하여 카드 디자인을 완성해 보겠습니다.

완성 결과 | 3D 카드.ai

2D 개체를 3D 개체로 변환하기

조명과 그림자, 표면의 매끄러움과 금속성 등을 조정해 부드러운 느낌의 3D 개체부터 완성합니다.

01 Ctrl+O를 눌러 [무지개.ai] 예제 파일을 엽니다. ❶ 무지개 요소를 모두 선택한 후 Ctrl+G를 눌러 그룹으로 묶고, ❷ 작업 영역으로 드래그해서 옮깁니다.

02 ❶ 메뉴 바에서 [Effect-3D and Materials-Inflate]를 선택하면 [3D and Materials] 패널이 열리고, ❷ 기본 설정의 3D 개체로 변경됩니다.

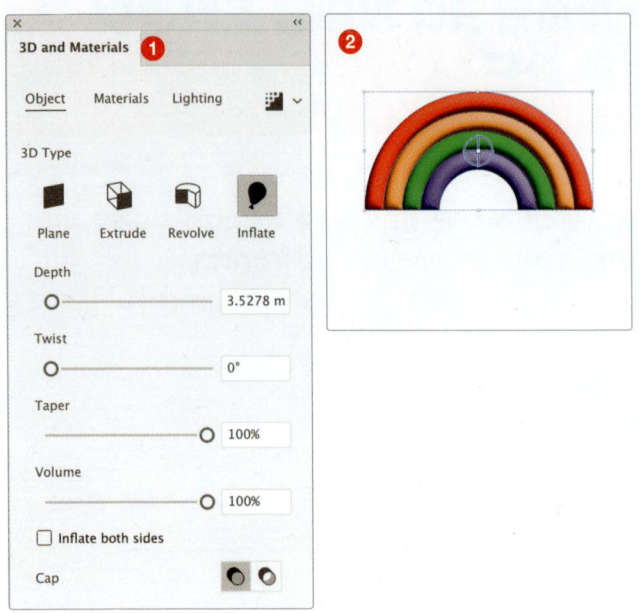

03 ❶ [3D and Materials] 패널의 [Materials] 탭으로 이동한 후 ❷ Roughness: 0.63을 적용하여 표면의 매끄러운 정도를 조정하고, ❸ Metallic: 0.2를 적용하여 금속 특성을 추가합니다.

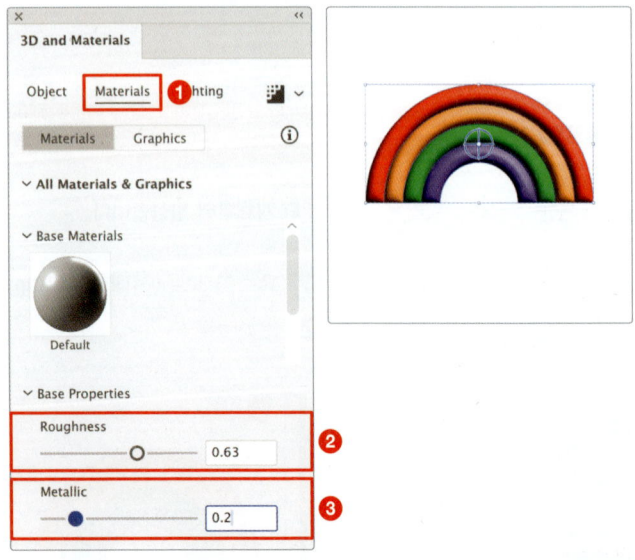

04 ① [Lighting] 탭으로 이동합니다. ② [Color] 아이콘을 클릭하여 ③ Color Picker 창이 열리면 **#F9F4F4**를 적용하고 ④ [OK]를 클릭합니다. ⑤ 기본 흰색에서 연한 분홍빛 조명을 적용했습니다.

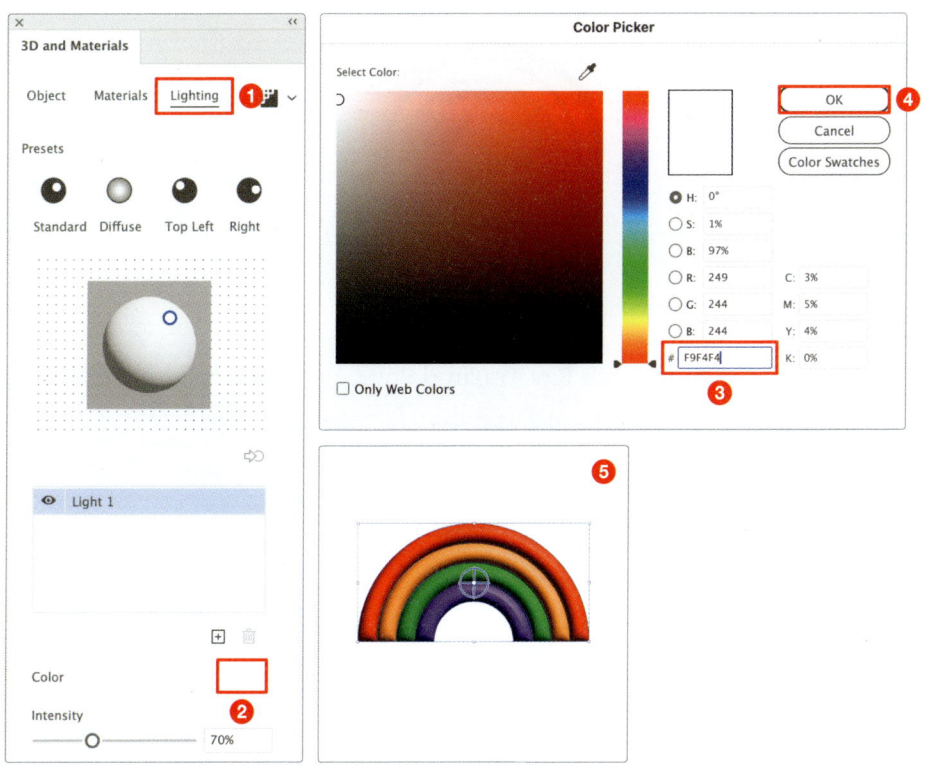

05 계속하여 ① Intensity: 97%를 적용해 조명의 밝기를 조정하고 ② Rotation: 90도를 적용해 조명의 각도를 조정합니다. ③ Height: 48도를 적용해 조명의 높이를 설정하고 ④ Softness: 90%를 적용해 그림자가 부드럽게 퍼지도록 설정합니다.

LESSON 20 2D 개체와 3D 개체를 조합하여 완성한 카드 **451**

06 ❶ 그림자를 추가하기 위해 [Shadows] 스위치를 활성화합니다. ❷ **Shadow Bounds: 285%**를 적용하여 그림자 영역을 설정합니다.

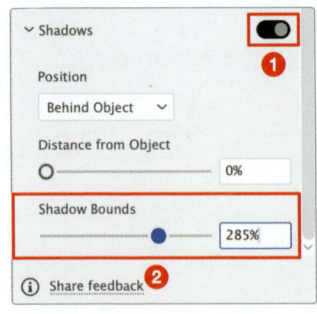 

07 마지막으로 ❶ [Render with Ray Tracing] 아이콘을 클릭하여 레이 트레이싱 기반의 렌더링을 적용하면 ❷ 그림과 같이 부드러운 분위기의 3D 개체가 완성됩니다.

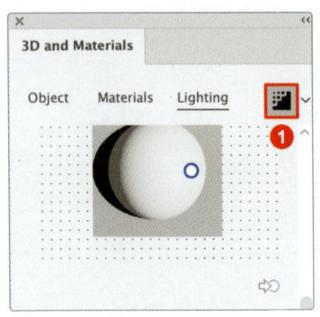 

3D 개체에 2D 개체를 더하여 카드 디자인 완성하기

3D로 변환된 개체에 준비된 2D 그래픽 요소를 조합하여 최종 카드 디자인을 완성합니다.

01 3D 무지개 개체가 선택된 상태에서 [Graphic Styles] 패널((Shift)+(F5))을 열고 [New Graphic Style] 아이콘을 클릭해 그래픽 스타일로 등록합니다.

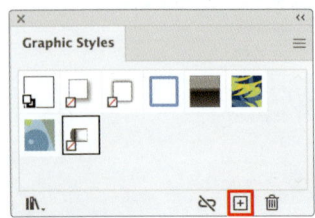

02
예제 파일에 포함되어 있는 ❶ 구름 개체를 선택하고 Ctrl + G 를 눌러 그룹으로 묶은 후 ❷ [Graphic Styles] 패널(Shift + F5)에서 앞서 등록한 스타일을 클릭해 3D 스타일을 적용합니다.

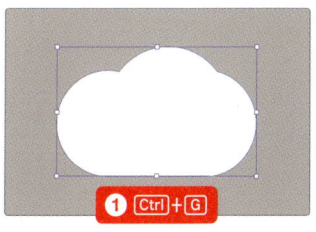

TIP 단일 오브젝트라도 레이 트레이싱 기반의 3D 효과를 적용하려면 반드시 그룹화해야 합니다.

▲ 그룹 미적용 상태에서 레이 트레이싱 적용했을 때(좌)와 그룹 적용 후 레이 트레이싱 적용했을 때(우)의 차이

03
❶ 3D 구름 개체를 그림과 같이 무지개 개체의 왼쪽 아래로 드래그해서 옮깁니다. ❷ Alt + 드래그하여 오른쪽 위로 구름을 복제 배치한 후 ❸ 크기를 줄이고 Ctrl + Shift + [를 눌러 맨 뒤로 정돈합니다.

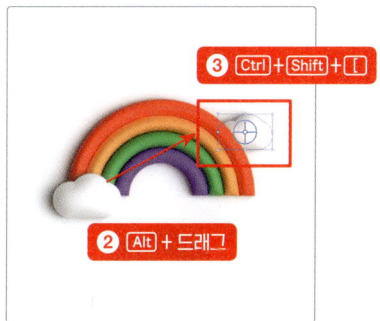

04 ① 풍선 개체를 모두 선택하고 ② [Transparency] 패널(Ctrl+Shift+F10)에서 Blending Mode: Multiply를 적용합니다.

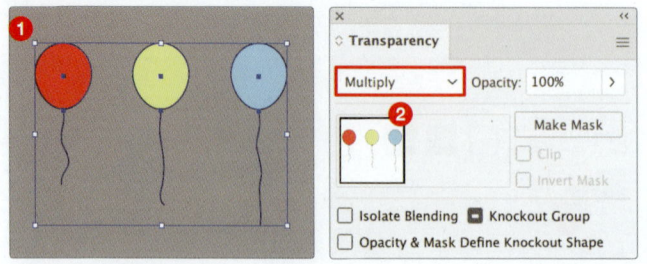

05 〈Selection Tool(V)〉▶로 각 풍선 개체를 선택한 후 그림과 같이 무지개 주위로 적절하게 배치합니다.

06 배경을 추가하기 위해 ① 메뉴 바에서 [File-Place]를 선택하여 [white paper.jpg] 예제 파일을 가져온 후 작업 영역 중앙에 배치합니다. ② Ctrl+Shift+[를 눌러 맨 뒤로 정돈합니다.

07 카드 문구를 추가하기 위해 ❶ [Character] 패널(Ctrl+T)에서 **글꼴: G마켓 산스, 크기: 200pt, 행간: 200pt**를 적용합니다. ❷ 〈Type Tool(T)〉T을 선택하고 빈 영역을 클릭하여 '알록달록무/지개처럼우/리의꿈도아/름답게펼쳐/지기를바래'를 5글자씩 5줄로 입력하고 Ctrl+Enter를 눌러 입력을 마칩니다.

08 ❶ [Color] 패널(F6)에서 **Fill: #C1C1C1, Stroke: None**을 적용하고 ❷ 종이 질감 배경과 블렌딩하기 위해 [Transparency] 패널(Ctrl+Shift+F10)에서 **Blending Mode: Multiply**를 적용합니다.

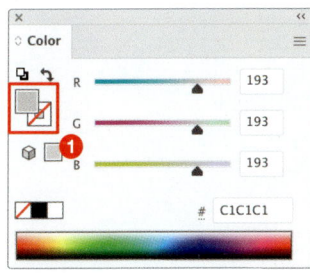
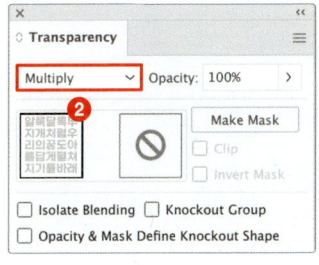

09 끝으로 Ctrl+Shift+[를 눌러 맨 뒤로 정돈한 후 Ctrl+]를 눌러 한 단계 앞으로 정돈하여 3D 카드 디자인을 완성합니다.

포토샵과 일러스트레이터는 각각으로도 훌륭한 디자인 도구이지만, 각 프로그램의 강점을 살려 함께 활용한다면 큰 시너지를 발휘할 수 있습니다. 포토샵의 픽셀 기반 편집 기능과 일러스트레이터의 벡터 작업 기능을 조합한 연계 작업을 통해 효율적이고 창의적인 그래픽 디자인을 완성해 보세요.

CHAPTER

04

포토샵 & 일러스트레이터 연동의 기술

LESSON 01 | 포토샵과 일러스트레이터 연동으로 완성한 인쇄용 포스터

포토샵과 일러스트레이터의 실시간 연동을 활용하여 디자인 과정을 효율적으로 관리할 수 있습니다. 일러스트레이터에서 기본 레이아웃을 설정하고, 포토샵에서 고급 편집 기능으로 디테일을 추가하여 포스터 디자인을 완성해 보겠습니다.

완성 결과 | 완성_outdoor poster.ai

포토샵 & 일러스트레이터 실시간 연동하기

일러스트레이터에서 PSD 파일을 가져와 배치한 후 포토샵에서 해당 파일을 수정하면 일러스트레이터에도 즉시 반영됩니다. 두 프로그램의 실시간 연동 기능을 활용한 효율적이고 유연한 워크플로우를 확인해 보세요.

01 [일러스트레이터]에서 ① Ctrl+O를 눌러 [outdoor poster.ai] 예제 파일을 열면 포스터 제작을 위한 디자인 요소가 배치되어 있습니다. ② 예제 파일 폴더에 있는 [down jacket.psd] 파일을 작업 영역 중앙으로 드래그하여 배치합니다.

02 일러스트레이터에 PSD 포토샵 파일을 가져오면 컨트롤 바에는 가져온 이미지의 기본 정보와 함께 포토샵으로 이동하여 해당 이미지를 수정할 수 있는 [Edit In Photoshop] 버튼이 표시됩니다. 해당 버튼을 클릭합니다.

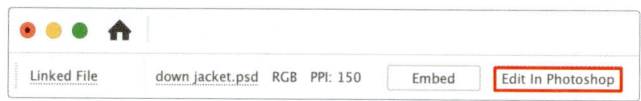

03 [포토샵]이 실행되고, 위의 이미지가 열립니다. 배경을 제거하기 위해 ① 툴바에서 〈Magic Wand Tool(W)〉🪄을 선택하고 ② 옵션 바에서 Tolerance: 23, Contiguous: 체크 해제를 적용합니다.

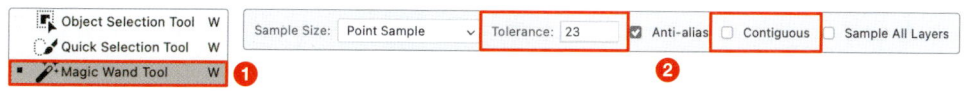

LESSON 01 포토샵과 일러스트레이터 연동으로 완성한 인쇄용 포스터

> **TIP** 자동 선택 도구의 옵션
>
> 마술봉이라 불리는 〈Magic Wand Tool(W)〉(자동 선택 도구)은 이미지에서 특정 색상을 기준으로 영역을 자동 선택하는 도구입니다. 클릭한 픽셀과 유사한 색상을 가진 영역을 한 번에 선택할 수 있어 배경 제거, 색상 교체 등의 작업에 유용합니다. 옵션 바에서는 다음과 같은 설정을 변경할 수 있습니다.
>
>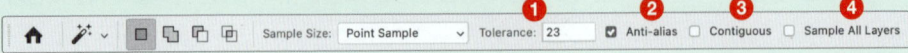
>
> ❶ Tolerance(허용치): 클릭한 픽셀과 유사한 색상의 범위를 결정합니다. 값이 낮을수록 선택 범위가 좁아집니다. 그만큼 정밀한 선택을 할 수 있습니다.
> ❷ Anti-alias(앤티 앨리어스): 체크하면 가장자리를 부드럽게 처리하여 선택 영역이 매끄럽게 보이도록 합니다.
> ❸ Contiguous(인접): 체크 상태에서는 클릭한 픽셀과 연결된 부분만 선택되며, 체크 해제 상태에서는 이미지 전체에서 같은 색상의 영역을 선택합니다.
> ❹ Sample All Layers(모든 레이어 샘플링): 여러 개의 레이어가 있을 때 체크하면 현재 선택한 레이어 이외에 모든 레이어에서 색상을 분석하여 선택합니다.

04 ❶ 〈Magic Wand Tool(W)〉 로 이미지의 배경을 클릭하여 같은 색의 배경을 모두 선택하고 Delete 를 눌러 삭제합니다. ❷ Ctrl + D 를 눌러 선택 영역을 해제하고, ❸ [Layers] 패널(F7)에서 [Background] 레이어의 눈을 끄면 배경이 투명한 이미지가 완성됩니다.

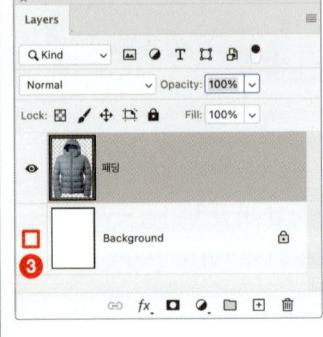

05 Ctrl+S를 눌러 포토샵의 변경 내용을 저장한 후 다시 [일러스트레이터]를 엽니다.

❶ 링크된 파일이 누락되거나 수정됐을 때 나타나는 경고 창이 열리면 [Yes] 버튼을 클릭합니다.

❷ 포토샵에서 변경한 결과가 일러스트레이터에 배치한 이미지에도 반영됩니다.

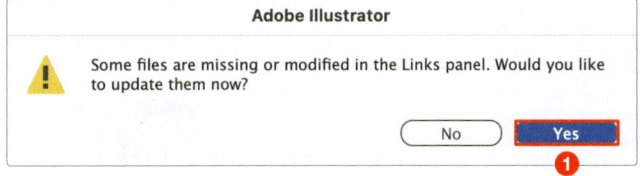

포토샵에서 이미지 편집하여 포스터 디자인 완성하기

계속해서 포토샵을 이용해 이미지 색상을 변경하고, 입체감을 추가하는 등 보정 작업을 진행하여 포스터 디자인의 완성도를 높입니다. 이후, 일러스트레이터에서 문자와 그래픽 요소 및 전체 레이아웃을 조화롭게 정리합니다.

01 ❶ [포토샵]으로 이동한 후 [Layers] 패널(F7)에서 [패딩] 레이어를 선택합니다. ❷ Ctrl +T를 눌러 자유 변형을 실행한 후 ❸ 모퉁이에 있는 조절점을 Alt+드래그하여 크기를 줄입니다. Enter를 눌러 자유 변형을 마칩니다.

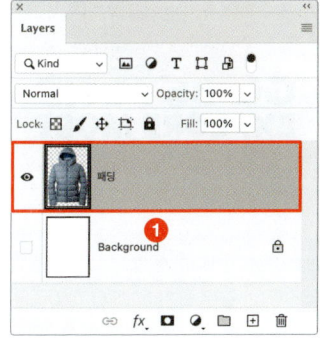

02
❶ [Layers] 패널([F7])에서 [Create new fill or adjustment layer] 아이콘을 클릭한 후 [Hue/Saturation] 조정 레이어를 추가합니다. ❷ [Properties] 패널에서 **Hue: +145, Saturation: +70**을 적용해 ❸ 패딩을 빨간색으로 보정합니다.

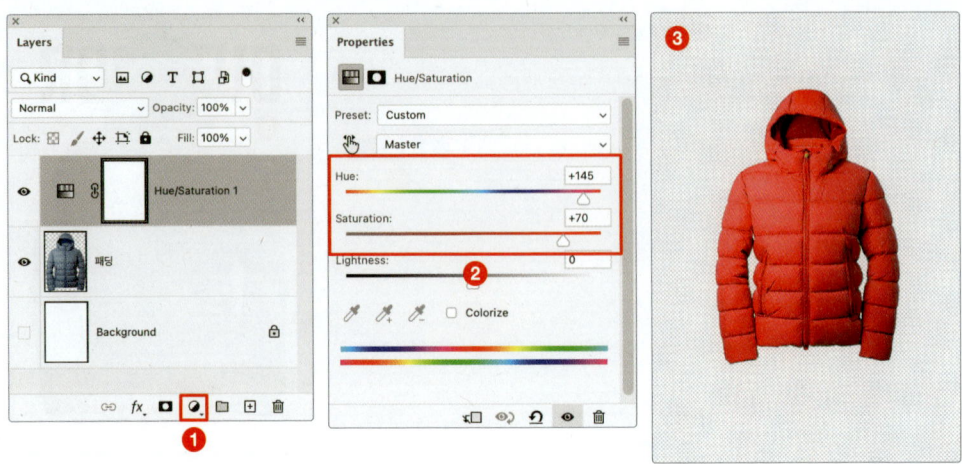

03
[포토샵]에서 [Ctrl]+[S]를 눌러 저장한 후 다시 [일러스트레이터]로 이동합니다. ❶ 경고 창에서 [Yes] 버튼을 클릭하여 변경 내용을 반영하면 ❷ 변경한 패딩의 색과 크기가 포스터에도 반영됩니다.

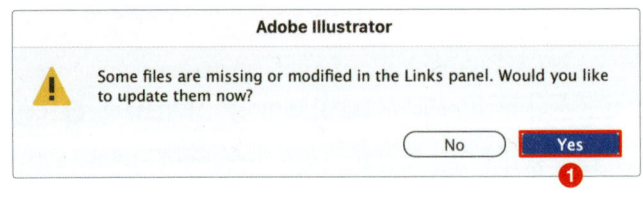

> **TIP** 일러스트레이터에서도 이미지 크기를 변경할 수 있습니다. 하지만, 이는 레이아웃이 흐트러지거나, 의도치 않은 변동이 발생할 가능성이 있습니다. 그러므로 실습처럼 일러스트레이터의 작업 영역과 같은 크기로 PSD 파일을 설정한 후 포토샵에서 이미지 크기 등의 편집 작업을 진행하는 것이 안정적입니다.

04 다시 [포토샵]으로 이동합니다. ❶ [Layers] 패널(F7)에서 [패딩] 레이어를 선택한 후 Ctrl + J를 눌러 복제합니다. ❷ Ctrl 을 누른 채 복제된 레이어의 섬네일을 클릭하여 선택 영역을 지정하고 ❸ 선택 영역을 검은색으로 채운 후 Ctrl + D를 눌러 선택 영역을 해제합니다.

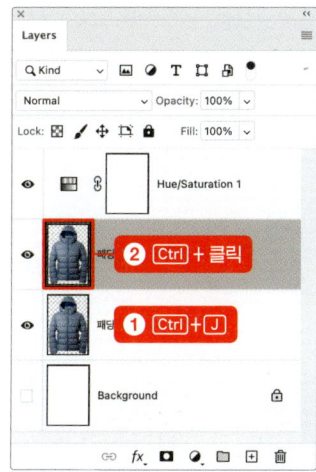

TIP 선택 영역이 지정된 상태에서 Alt + Delete 를 누르면 전경색으로, Ctrl + Delete 를 누르면 배경색으로 채울 수 있습니다.

05 ❶ 메뉴 바에서 [Filter–Blur–Gaussian Blur]를 선택하여 Gaussian Blur 창을 열고 **Radius: 30px**을 적용한 후 ❷ [OK]를 클릭하여 가우시안 흐림 효과를 적용합니다.

06

① Ctrl+J를 누르거나 [Layers] 패널(F7)에서 드래그하여 복제된 레이어를 [패딩] 레이어 아래로 옮기고 **②** **Opacity: 30%**를 적용합니다. **③** Shift+→를 10번 눌러 100px 오른쪽으로 옮겨 그림자를 표현합니다.

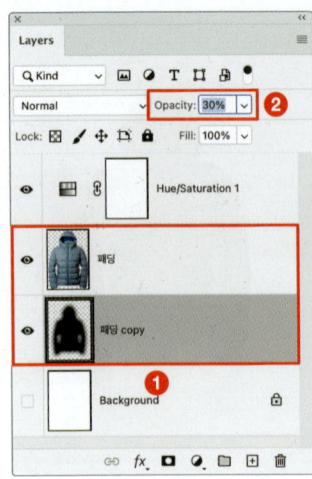 

07

[포토샵]에서 Ctrl+S를 눌러 저장한 후 **①** [일러스트레이터]에서 변경된 내용을 확인합니다. **②** 마지막으로 Ctrl+Shift+[를 눌러 이미지를 맨 뒤로 정돈한 후 Ctrl+]를 2번 눌러 그림과 같이 정돈 순서를 조정하면 완성입니다.

 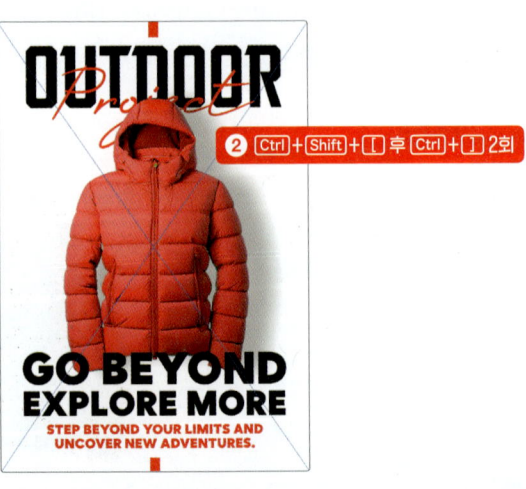

> **TIP** 인쇄에 사용하는 CMYK 색 공간은 모니터에서 사용하는 RGB 색 공간보다 표현할 수 있는 색상의 범위가 좁습니다. 예제의 포스터 디자인에 사용한 포토샵 이미지는 RGB 모드이며, 일러스트레이터는 CMYK 모드가 적용되어 있습니다. 그러므로 실습 중에 포토샵과 일러스트레이터에서 표시되는 이미지의 색상이 서로 다릅니다. 즉, 일러스트레이터의 CMYK 모드에서는 이미지가 다소 탁해 보입니다. 이는 채도가 높은 색상을 인쇄하기 어렵다는 제한 때문이며, 인쇄 작업물 디자인에서 흔히 발생하는 정상적인 현상입니다.

인쇄용 파일 만들기

최종 완성한 디자인을 인쇄용 파일로 만들어 보겠습니다.

01 [일러스트레이터]에서 Ctrl+Alt+2를 모든 오브젝트 잠금을 해제합니다. 이어서 Ctrl+A를 눌러 모든 개체를 선택하고 메뉴 바에서 [Object-Expand Appearance]와 [Object-Expand]를 순서대로 선택하여 모든 개체를 확장합니다.

> **TIP** 위와 같은 확장 과정에서 문자 개체도 외곽선화되며, 이로 인해 디자인 중에 사용한 글꼴이 설치되지 않은 컴퓨터에서도 디자인 변형 없이 결과물을 확인할 수 있습니다.

02 지금까지 실습에서 포토샵과 실시간 연동을 위해 이미지를 연결(Linked) 상태로 배치했습니다. 디자인이 모두 끝났으므로 일러스트레이터에 포함하기 위해 패딩 이미지를 선택한 후 컨트롤 바에서 [Embed](포함) 버튼을 클릭합니다.

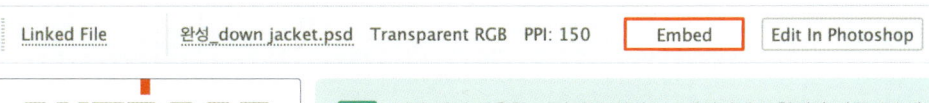

> **TIP** 위와 같이 사용한 이미지를 일러스트레이터에 포함해야 다른 PC에서도 누락 없이 확인할 수 있습니다.

03 인쇄를 목적으로 하는 디자인은 보통 실물 크기로 작업합니다. 예제의 포스터 디자인은 A4(300ppi, CMYK) 크기로 설정되어 있습니다. 이제 최종 인쇄용 파일로 저장하기 위해 Ctrl+Shift+S를 눌러 다른 이름으로 저장을 실행하고, 저장할 파일명, 포맷(*.ai), 경로를 지정합니다. 이어서 ❶ Illustrator Option 창이 열리면 **Version: Illustrator CS6**을 적용한 후 ❷ [OK]를 클릭합니다.

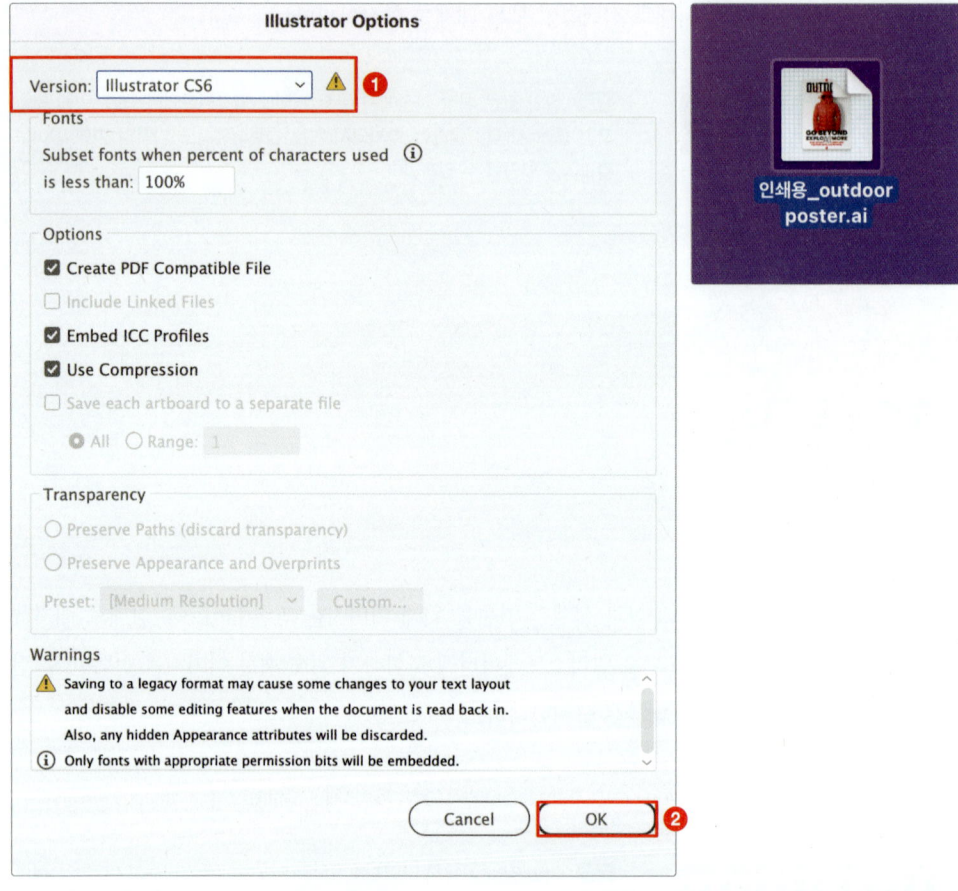

인쇄용_outdoor poster.ai

> **TIP** 일러스트레이터는 하위 버전에서 상위 버전의 파일을 열 수 없습니다. 인쇄를 의뢰할 곳에 최신 버전이 없을 수 있으므로, CS6 또는 그 이하 버전으로 저장하는 것이 좋습니다. 가장 좋은 방법은 인쇄소에 사용하는 버전을 문의한 후 해당 버전에 맞춰 저장하는 것입니다.

LESSON 02 | 레이어 가져오기로 질감 표현하기

앞서의 실습과 반대의 상황으로 디자인할 수도 있습니다. 이번에는 일러스트레이터에서 만든 개체를 포토샵에서 가져온 후 질감을 표현하여 디자인을 완성해 보겠습니다.

완성 결과 | **완성_질감 표현.psd**

◀◀ 일러스트레이터 개체를 포토샵 개별 레이어로 가져오기

붙여 넣기 기능을 활용하여 일러스트레이터의 개체별 레이어를 포토샵으로 가져올 수 있습니다. 레이어 구조를 유지하며 작업할 수 있는 포토샵 & 일러스트레이터 작업 방법을 알아보겠습니다.

01 ❶ [일러스트레이터]에서 Ctrl+O를 눌러 [tennis.ai] 예제 파일을 엽니다. ❷ Ctrl+A를 눌러 모든 개체를 선택한 후 Ctrl+C를 눌러 복사합니다.

02 ❶ [포토샵]을 실행하고 Ctrl+N을 누릅니다. New Document 창을 보면 일러스트레이터에서 복사한 개체의 크기, 해상도, 컬러 모드까지 동일하게 적용되어 있으므로 그대로 ❷ [Create] 버튼을 클릭하여 새 작업을 시작합니다.

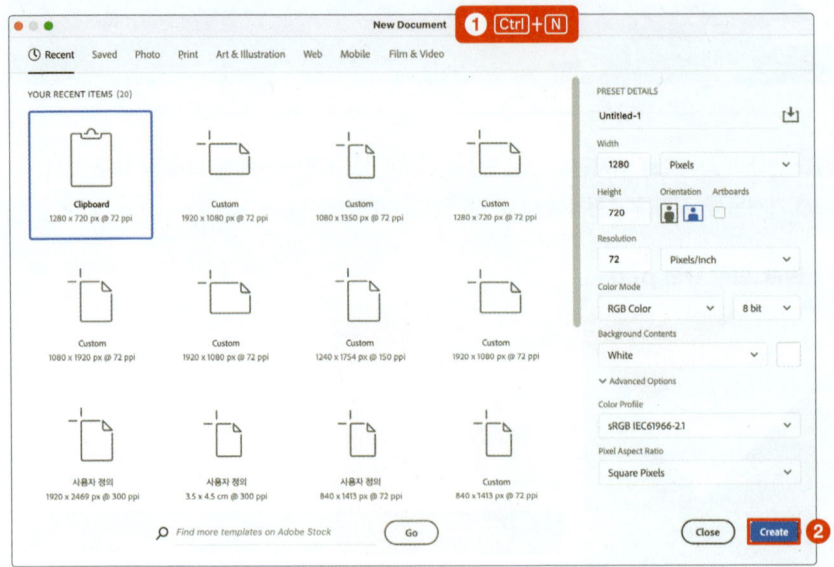

03 ❶ 포토샵에서 Ctrl+V를 눌러 붙여 넣기를 실행하면 Paste 창이 열립니다. ❷ 개별 레이어를 유지한 채 가져오기 위해 [Layers]를 선택한 후 ❸ [OK]를 클릭합니다. ❹ 일러스트레이터에서 복사한 개체가 그룹으로 묶여 있습니다.

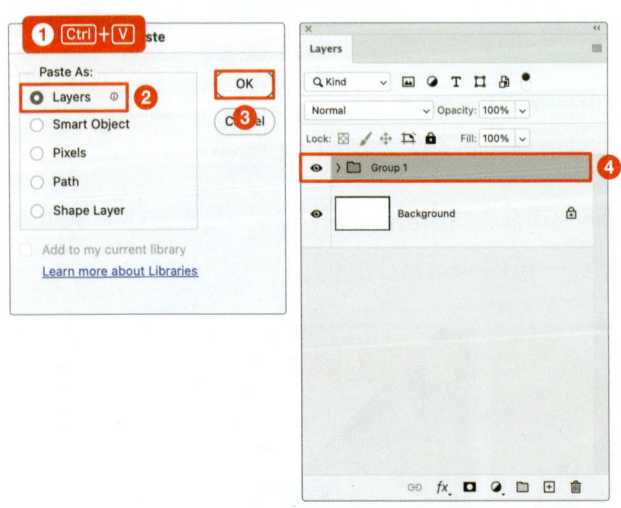

🔍 한 걸음 더 Paste 창 살펴보기

일러스트레이터에서 개체를 복사한 후 포토샵에서 붙여 넣기를 실행하면 Paste 창이 열리고, 다양한 방식 중 선택하여 가져올 수 있습니다.

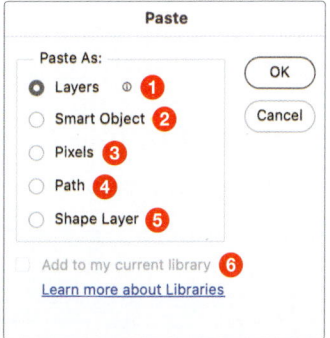

1 **Layers(레이어)**: 일러스트레이터에서 복사한 개체들이 포토샵에서도 각각의 레이어로 유지됩니다. 이를 활용하면 개체별로 세부 편집을 더욱 정교하게 진행할 수 있습니다.

2 **Smart Object(스마트 오브젝트)**: 일러스트레이터 개체를 하나의 스마트 오브젝트로 포토샵에 붙여 넣습니다. 개체의 품질이 손상되지 않으며, 섬네일을 더블 클릭하면 일러스트레이터에서 수정할 수 있습니다.

3 **Pixels(픽셀)**: 일러스트레이터의 벡터 그래픽을 픽셀화된 비트맵 이미지로 변환하여 붙여 넣습니다. 확대하면 품질이 저하될 수 있으므로, 픽셀 기반 작업이 필요하거나 세부 수정이 필요 없는 경우에 사용합니다.

4 **Path(패스)**: 일러스트레이터의 개체를 패스로 붙여 넣습니다. 포토샵에서 패스 상태로 편집할 수 있으므로, 클리핑 마스크나 선택 영역 지정 등의 패스 작업이 필요할 때 사용합니다.

5 **Shape Layer(모양 레이어)**: 일러스트레이터 개체를 포토샵의 벡터 모양 레이어로 변환합니다. 일러스트레이터에서의 색상 및 벡터 속성을 유지하며 포토샵에서 벡터 그래픽 작업을 할 수 있습니다.

6 **Add to my current library(현재 라이브러리에 추가)**: 복사한 개체를 Creative Cloud Libraries에 저장합니다. 이후 어도비의 다른 앱에서도 해당 개체를 사용할 수 있습니다.

블렌딩 모드와 브러시 조합으로 그레인 질감 표현하기

포토샵으로 가져온 일러스트레이터의 개체별 레이어에 부드러운 노이즈 느낌의 그레인 질감을 적용하여 분위기 있는 일러스트 디자인을 완성해 보겠습니다.

01 ① [포토샵]의 [Layers] 패널(F7)에서 테니스공 레이어를 선택한 후 ② Ctrl + Alt + Shift + N 를 눌러 선택한 레이어 위로 새로운 레이어를 추가하고, Ctrl + Alt + G 를 눌러 클리핑 마스크를 적용합니다. ③ 이어서 Blend Mode: Multiply를 적용합니다.

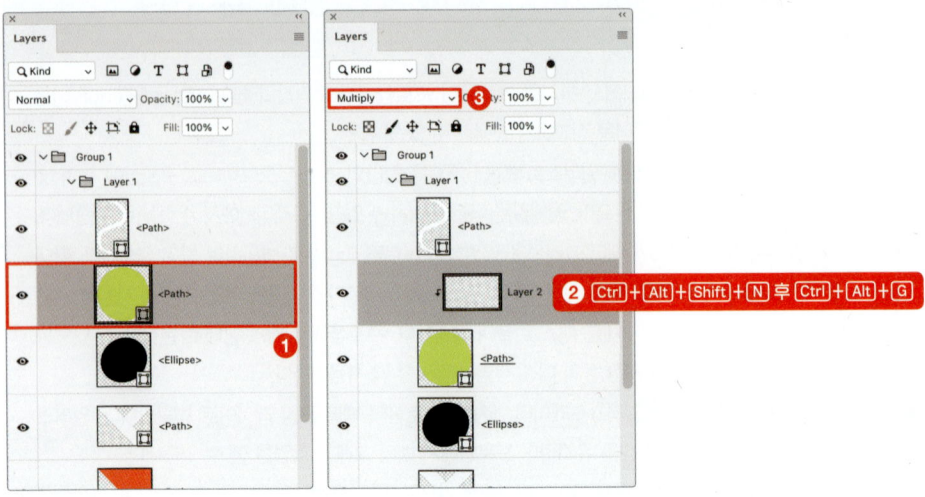

TIP 레이어가 많거나 그룹으로 묶여 있어 원하는 레이어를 찾기 어렵다면 〈Move Tool(V)〉을 선택한 후 작업 영역에서 Ctrl 을 누른 채 원하는 개체를 클릭하여 해당 개체의 레이어를 선택할 수 있습니다.

02 〈Brush Tool(B)〉을 선택하고 옵션 바에서 **모양: Soft Round, Size: 200px, Mode: Dissolve, Opacity: 10%**를 적용합니다.

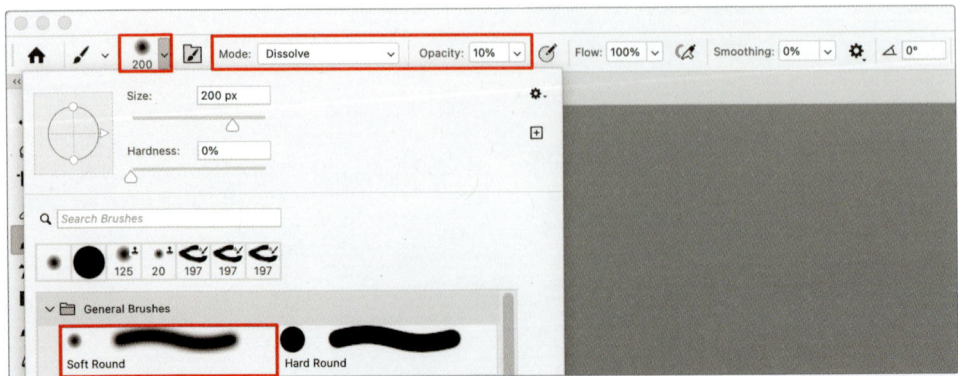

03 〈Brush Tool(B)〉 이 선택된 상태에서 Alt 를 누르고 있으면 스포이트 기능을 사용할 수 있습니다. ❶ Alt 를 누른 채 테니스공의 연두색을 클릭하여 전경색으로 추출합니다. ❷ 테니스공 영역을 드래그하여 그레인 질감을 표현합니다. 테니스공 오른쪽 부분을 여러 번 덧칠하면 더 많은 질감으로 명암을 표현할 수 있습니다.

TIP 클리핑 마스크가 적용된 빈 레이어가 선택된 상태이므로, 작업 영역에서 자유롭게 드로잉 하더라도 테니스공 영역에만 질감이 표시됩니다.

04 이번에는 ❶ 주황색 코트 개체를 선택한 후 Ctrl + Alt + Shift + N 를 눌러 위쪽에 새로운 레이어를 추가하고 ❷ Ctrl + Alt + G 를 눌러 클리핑 마스크를 적용합니다. ❸ Blend Mode: Multiply도 적용합니다.

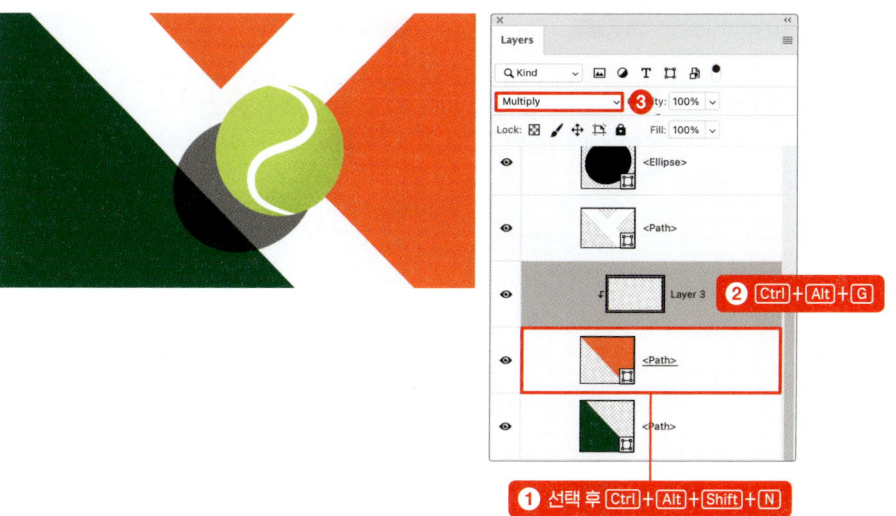

05 ❶ ⟨Brush Tool(B)⟩ 을 선택하고 주황색 코트를 Alt + 클릭하여 전경색으로 추출합니다. ❷ 주황색 코트 부분을 자유롭게 드래그하여 그레인 질감을 표현하고, 명암을 표현하고 싶은 영역은 반복해서 덧칠합니다.

06 위의 과정을 참고하여 녹색 코트와 흰색 라인에도 그레인 질감을 표현하면 완성입니다.

> **TIP** 그레인 질감은 일러스트레이터에서도 표현할 수 있습니다. 하지만 포토샵을 활용하면 더 섬세하고 다양한 효과를 적용할 수 있어, 질감 표현의 자유도가 훨씬 높아집니다. 작업 스타일에 따라 두 프로그램을 적절히 병행하면 원하는 결과를 더욱 쉽게 얻을 수 있습니다.

LESSON 03
스마트 오브젝트로 완성한 아트웍 디자인

스마트 오브젝트를 활용하면 원본의 품질을 그대로 유지하면서 자유롭게 편집할 수 있습니다. 포토샵에서 구현하기 어려운 디자인을 일러스트레이터에서 스마트 오브젝트로 가져온 후 활용하는 방법을 배워 보겠습니다.

완성 결과 | **완성_아트웍 디자인.psd**

◀◀ 일러스트레이터 개체를 스마트 오브젝트로 가져오기

일러스트레이터에서 완성한 디자인 개체를 스마트 오브젝트 형태로 포토샵에서 가져온 후 아트웍 디자인에 활용합니다.

01 ❶ [일러스트레이터]에서 `Ctrl`+`O`를 눌러 [레터링.ai] 예제 파일을 열면 3D and Materials 기능으로 완성한 문구 개체가 배치되어 있습니다. ❷ `Ctrl`+`A`를 눌러 모든 개체를 선택한 후 `Ctrl`+`C`를 눌러 복사합니다.

02 ❶ [포토샵]을 실행하고 `Ctrl`+`N`을 누릅니다. ❷ New Document 창에는 일러스트레이터에서 복사한 개체의 설정이 그대로 적용되어 있습니다. **Width: 1080px, Height: 1080px**을 적용하여 크기를 변경한 후 ❸ [Create] 버튼을 클릭합니다.

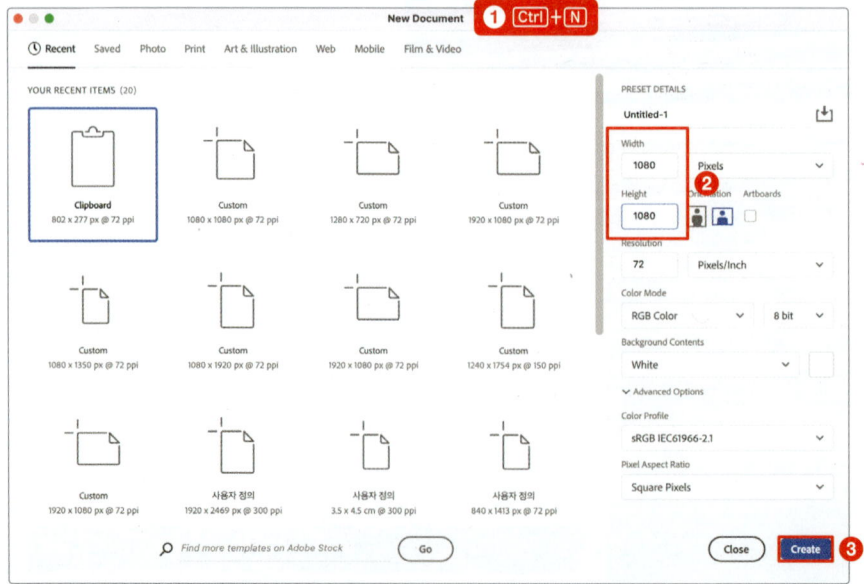

03

① Ctrl+V를 눌러 Paste 창이 열리면 ② [Smart Object]를 선택하고 ③ [OK]를 클릭합니다. ④ 스마트 오브젝트로 붙여 넣은 후 그대로 Enter를 누릅니다.

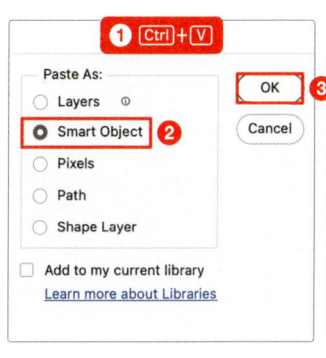 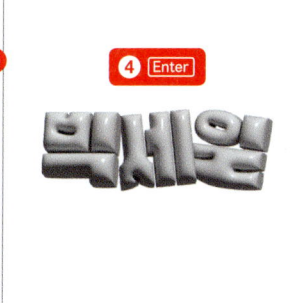 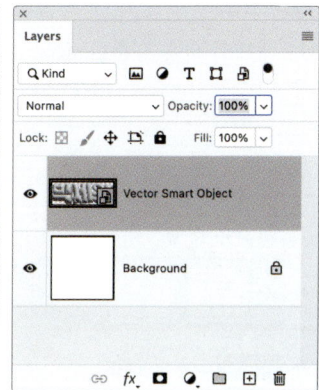

> **TIP** 스마트 오브젝트로 가져온 개체는 섬네일을 더블 클릭하여 일러스트레이터에서 원본을 수정할 수 있습니다. Paste 창의 옵션 설명은 000쪽을 참고하세요.

아트웍 디자인 완성하기

스마트 오브젝트로 가져온 3D 재질의 개체를 활용해 아트웍 디자인을 완성해 보겠습니다.

01

① [포토샵]의 [Layers] 패널(F7)에서 [Create new fill or adjustment layer] 아이콘을 클릭한 후 [Solid Color] 조정 레이어를 추가합니다. ② Color Picker 창이 열리면 #0056d8을 적용하고 ③ [OK]를 클릭합니다. ④ Ctrl+[를 눌러 조정 레이어를 스마트 오브젝트 레이어 아래로 옮기면 파란색 배경이 완성됩니다.

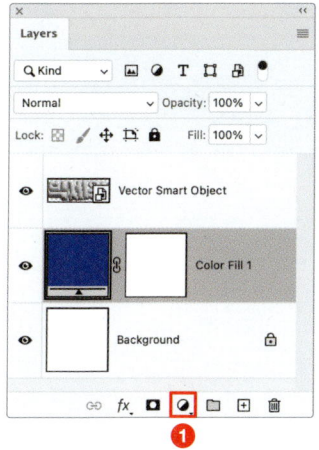 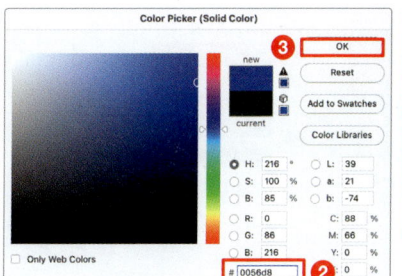 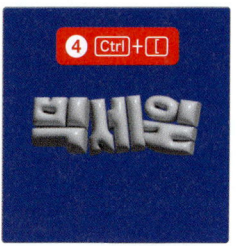

02 ❶ [Color Fill 1] 조정 레이어가 선택된 상태에서 Ctrl+J를 눌러 복제합니다. ❷ 복제된 조정 레이어의 섬네일을 더블 클릭하여 **#ffd43f**를 적용하고, 스마트 오브젝트 위로 옮긴 후 Ctrl+Alt+G를 눌러 클리핑 마스크를 적용합니다. ❸ **Blend Mode: Hard Light**를 적용하여 3D 개체의 색을 표현합니다.

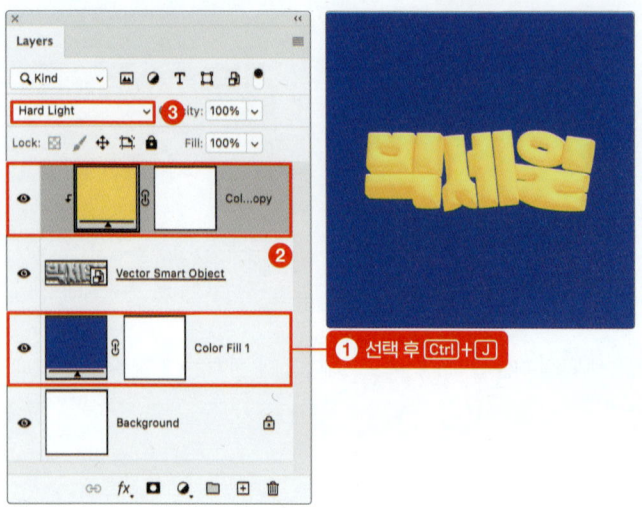

03 ❶ [Create new fill or adjustment layer] 아이콘을 클릭하여 [Levels] 조정 레이어를 추가하고 ❷ Ctrl+Alt+G를 눌러 클리핑 마스크를 적용합니다. ❸ [Properties] 패널에서 검은색 고정점을 오른쪽으로 드래그하여 개체의 색상을 더 진하게 보정합니다.

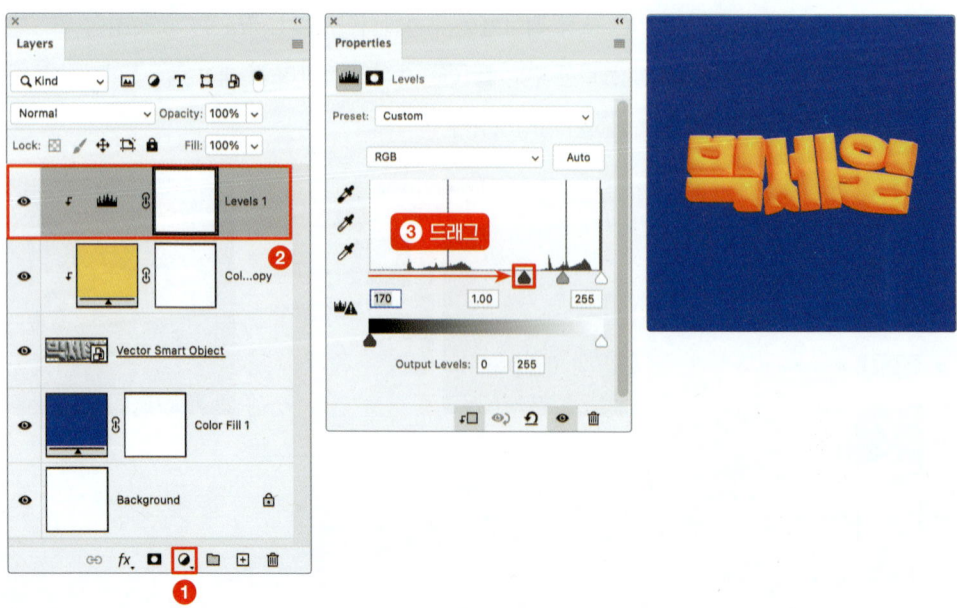

04 ① Ctrl + Alt + Shift + N 을 눌러 새 레이어를 추가한 후 ② D 를 눌러 전경색과 배경색을 기본값으로 적용하고, ③ Alt + Delete 를 눌러 레이어를 전경색(검은색)으로 채웁니다.

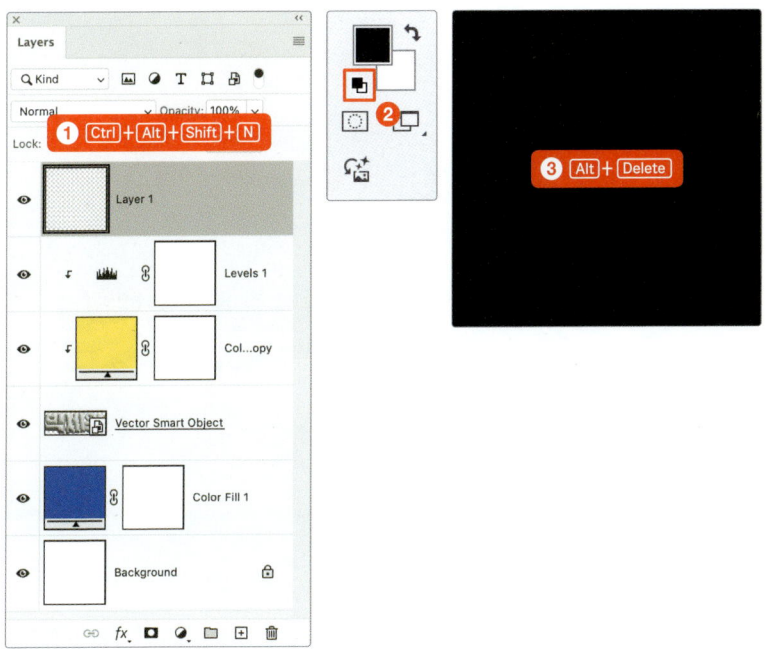

05 ① 메뉴 바에서 [Filter-Noise-Add Noise]를 선택하여 Add Noise 창이 열리면 **Amount: 20%, Uniform, Monochromatic: 체크**를 적용하고 ② [OK]를 클릭합니다. ③ **Blend Mode: Color Dodge**를 적용하면 ④ 전체 영역에 부드러운 노이즈 질감이 표현됩니다.

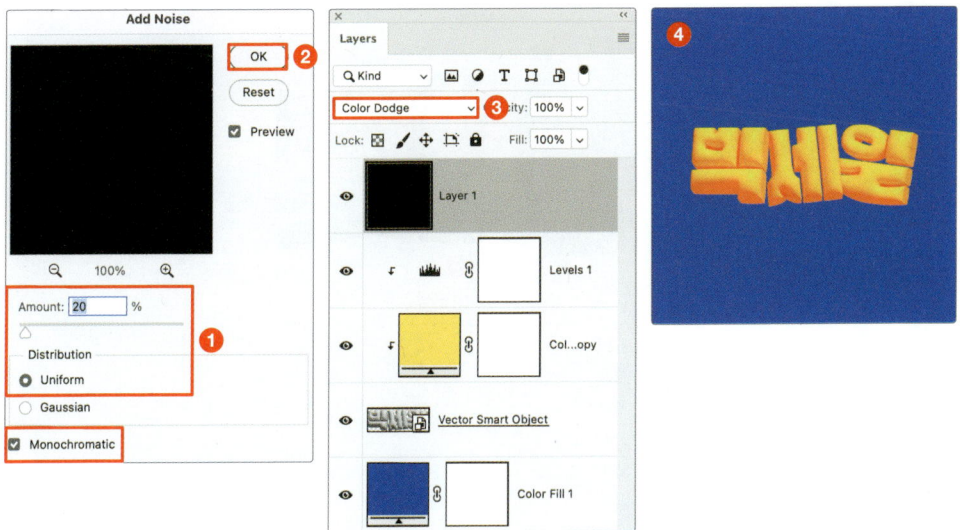

06 3D 문자 개체를 변경해 보겠습니다. ❶ [포토샵]에서 스마트 오브젝트 레이어의 섬네일을 더블 클릭합니다. ❷ [일러스트레이터]가 실행되고 원본 개체가 나타납니다.

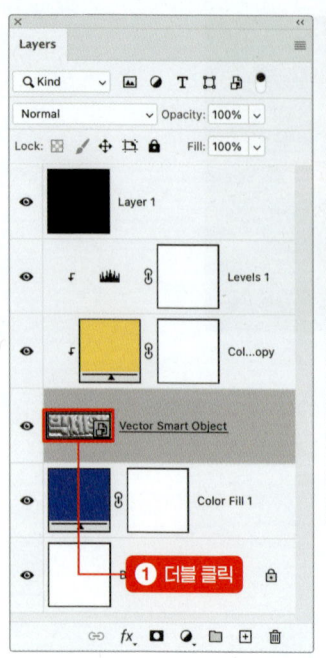

07 ❶ '빅' 개체를 선택한 후 Shift 를 누른 채 조절점을 드래그하여 크기를 키우고 위치도 조절합니다. ❷ '세' 개체를 선택한 후 3D 중심축을 드래그하여 각도를 변경합니다. ❸ '일' 개체도 자유롭게 변형합니다.

08 Ctrl+S를 눌러 변경한 내용을 저장하고, 작업 창의 탭에서 100%가 될 때까지 기다립니다.

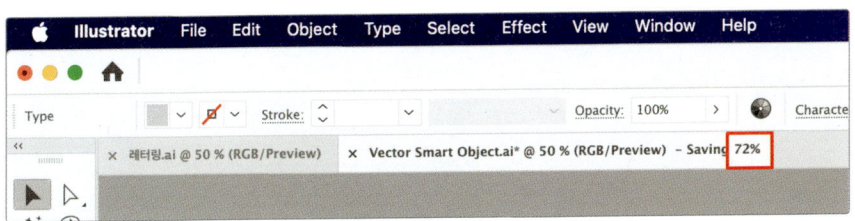

TIP 3D 기능이 적용된 상태이므로, 컴퓨터 성능에 따라 저장하는 데 시간이 오래 걸릴 수 있습니다.

09 다시 [포토샵]을 확인해 보면 실시간으로 연동되어 일러스트레이터에서 변경한 내용이 반영되어 있는 걸 확인할 수 있습니다. 이 외에도 [일러스트레이터]에서 문구를 수정하거나 배치를 변경하여 다양하게 응용할 수 있습니다.

TIP 실습처럼 포토샵에서 진행하기 어려운 작업은 일러스트레이터에서 디자인한 후 복사하고, 포토샵에서 스마트 오브젝트로 가져온 후 색상, 질감 등의 세부적인 작업을 진행하면 효율적입니다.

인공지능(AI) 기술의 발전은 여러 분야에서 편리함을 가져다 주고 있습니다. 이러한 인공지능 기술은 포토샵과 일러스트레이터에도 도입되어 누구나 좀 더 쉽고, 편리하게 설명(프롬프트)을 입력하여 원하는 결과물을 구현할 수 있게 되었습니다. 여기서는 포토샵과 일러스트레이터에 포함된 인공지능 기능과 함께 어도비의 인공지능 플랫폼인 파이어플라이(Firefly)를 활용하여 보다 효율적이고 창의적으로 디자인하는 방법을 살펴보겠습니다. 다양한 실습을 통해 인공지능을 활용한 새로운 디자인 워크플로우를 익혀 보기 바랍니다.

APPENDIX
어도비 인공지능 활용하기

LESSON 01 | 인공지능으로 이미지 생성하기

AI 기술을 활용하면 프롬프트(설명글)를 입력하여 원하는 이미지를 손쉽게 생성할 수 있습니다. 포토샵에 포함된 생성형 AI 기능을 이용하여 텍스트 기반의 이미지 생성 방법을 알아보겠습니다.

완성 결과 | **완성_텍스트를 이미지로.psd**

포토샵의 인공지능 이미지 생성 기능을 이용하면 더 이상 복잡한 그래픽 작업 없이도 원하는 장면을 쉽게 만들어낼 수 있습니다. 원하는 장면을 문장으로 표현하여 다양한 스타일과 분위기의 이미지를 생성해 보겠습니다.

01 ❶ Ctrl + N 을 눌러 New Document 창을 열고 [Web] 탭을 누릅니다. ❷ 세부 정보에서 **Width: 1080px, Height: 1350px, Artboards: 해제**를 적용한 후 ❸ [Create] 버튼을 클릭해 새 작업을 시작합니다.

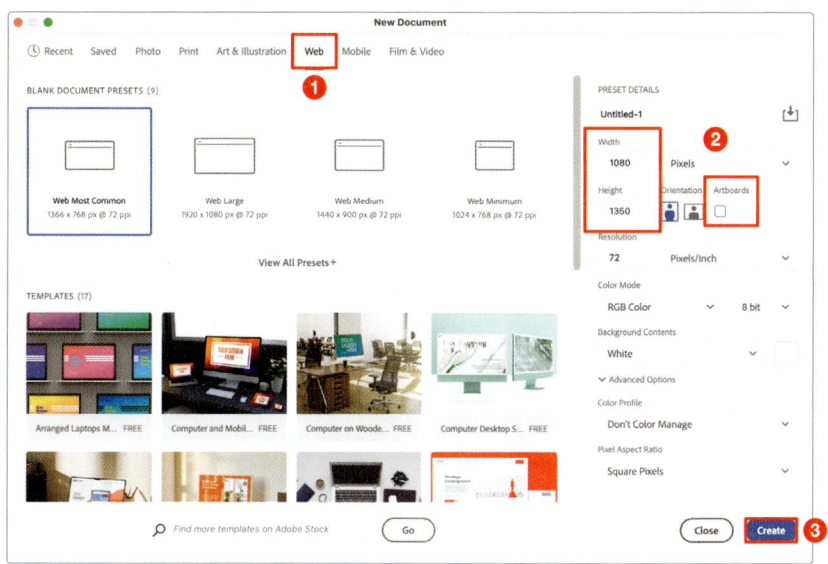

02 ❶ 메뉴 바에서 [Window - Contextual Task Bar]를 선택하여 상황별 작업 표시줄을 표시하고, ❷ 프롬프트(설명글)로 이미지를 생성하기 위해 [Generate image] 버튼을 클릭합니다.

> **TIP** 상황별 작업 표시줄은 포토샵의 새로운 기능으로 사용자가 특정 작업을 수행할 때 해당 작업에 적합한 도구와 옵션이 표시되는 AI 기반의 동적 툴바입니다.

03 ① Generate image 창이 열리면 오른쪽 이미지 목록에서 생성하려는 이미지와 비슷한 스타일을 먼저 선택합니다. ② 프롬프트 입력란에 선택한 이미지의 프롬프트가 표시되며, ③ 옵션들도 이미지에 맞게 변경됩니다.

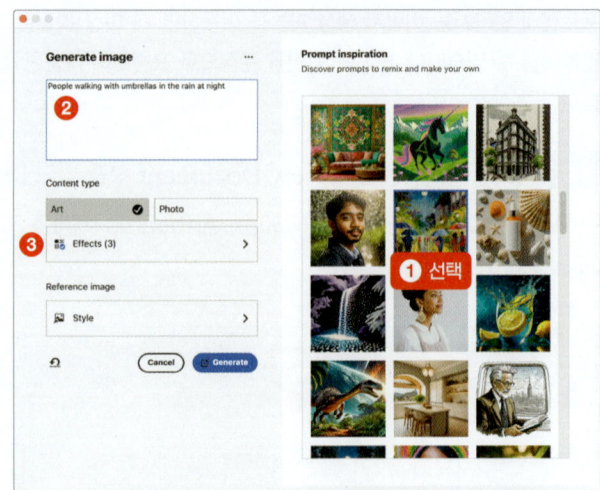

TIP 책에서는 [Type: Art, Effects: Acrylic paint, Painting, Palette knife]이 적용된 참조 이미지를 사용했습니다.

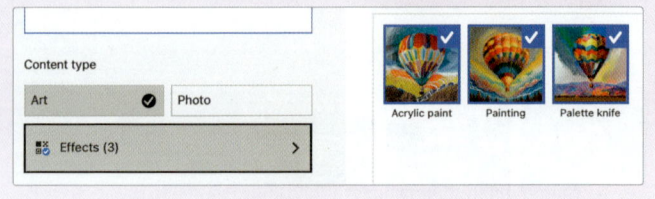

04 이제 원하는 장면에 맞게 프롬프트를 수정합니다. ① 여기서는 '벚꽃잎이 가득 쌓인 넓은 벌판, 양쪽에는 만개한 벚꽃나무들, 하늘에는 부드러운 흰 구름'으로 변경한 후 ② [Generate] 버튼을 클릭했습니다.

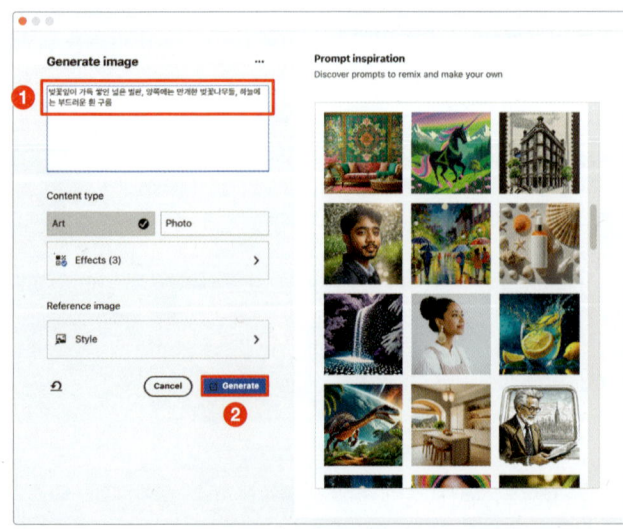

TIP 어도비의 생성형 인공지능을 사용할 때는 인터넷에 연결되어 있어야 하며, 정식 사용자 계정이 필요합니다. 또한, [Generate] 버튼을 클릭할 때마다 크레딧 1개가 사용됩니다. 단일 앱 플랜 사용자는 매월 400개의 크레딧을, 모든 앱 플랜 사용자는 1,000개의 크레딧을 제공받으며, 크레딧은 매월 1일 (미국 시간 기준) 초기화됩니다.

05 잠시 인공지능이 이미지를 생성하는 과정이 진행되고, 다음과 같은 결과물이 생성되었습니다. 기본으로 3개의 이미지가 생성되며 상황별 작업 표시줄에서 [〈 〉] 아이콘을 클릭하여 다음 이미지를 확인할 수 있습니다.

TIP 인공지능의 특성상 같은 프롬프트를 입력하더라도 서로 다른 결과가 나타날 수 있습니다.

06 ❶ 상황별 작업 표시줄 맨 앞쪽에 있는 프롬프트를 클릭하여 수정하거나 ❷ [Generate] 버튼을 클릭하여 이미지를 추가로 생성할 수도 있습니다. ❸ [Properties] 패널에서도 프롬프트를 수정하거나 이미지 생성을 실행할 수 있습니다.

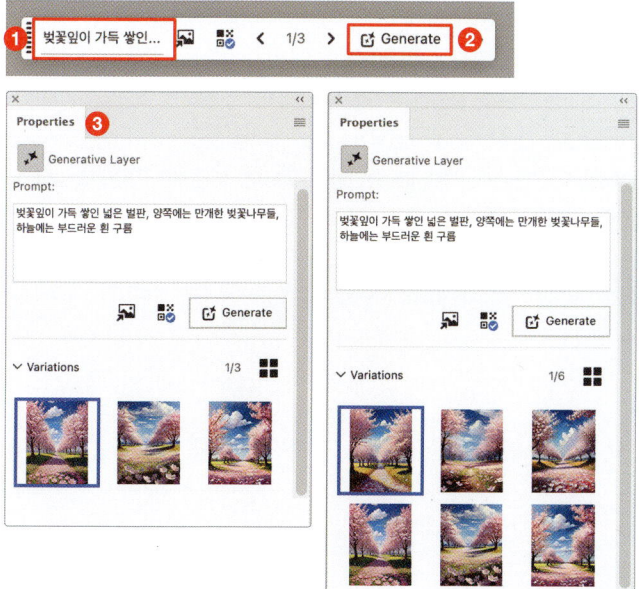

LESSON 01 인공지능으로 이미지 생성하기 **485**

한 걸음 더 — Generate image 창 살펴보기

상황별 작업 표시줄(Contextual Task Bar)에서 [Generate image] 버튼을 클릭하거나 툴바에서 가장 아래쪽에 있는 [Generate image] 아이콘을 클릭하면 Generate image 창이 열립니다. 여기서 프롬프트를 입력한 후 [Generate] 버튼만 클릭하면 원하는 형태의 이미지를 생성할 수 있습니다.

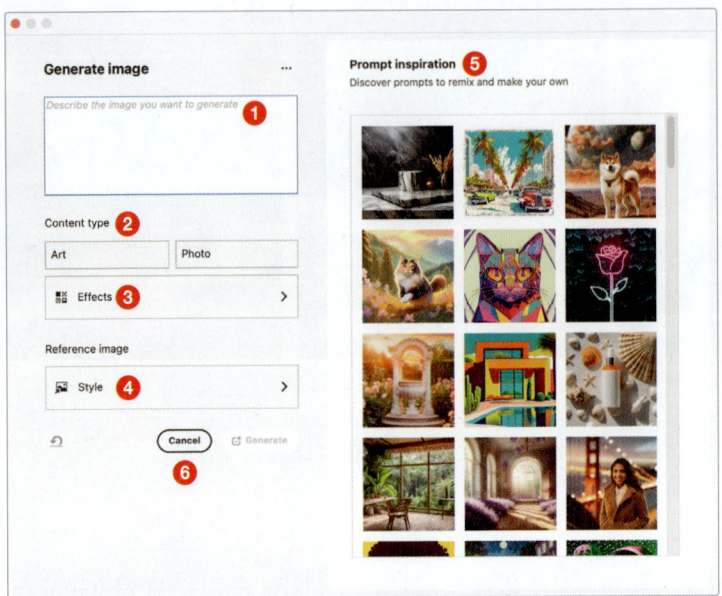

❶ **프롬프트 입력란**: 원하는 이미지를 설명글(프롬프트)로 입력하는 영역입니다. 간결하면서도 구체적으로 입력할수록 원하는 이미지에 더욱 가까운 결과를 얻을 수 있습니다.

❷ **Content type(콘텐츠 유형)**: [Art]에 체크하면 그림이나 일러스트 스타일로 이미지를 생성하고, [Photo]에 체크하면 실제 사진과 유사한 이미지를 생성합니다.

❸ **Effects(효과)**: 생성할 이미지에 적용할 효과를 선택할 수 있습니다.

❹ **Reference image(참조 이미지)**: [Style] 버튼을 클릭한 후 오른쪽 갤러리에서 원하는 스타일의 이미지를 선택하면 생성될 이미지에 반영됩니다.

❺ **Prompt inspiration(프롬프트 영감)**: 다양한 생성 이미지를 확인할 수 있으며, 선택하면 프롬프트 입력란에 해당 이미지의 프롬프트와 관련 설정이 적용됩니다. 이를 기반으로 유사한 느낌의 이미지를 생성할 수 있습니다.

❻ **Generate(생성)**: 프롬프트 입력 후 클릭하면 이미지 생성이 진행됩니다.

LESSON 02 | 생성형 채우기 & 생성형 확장

포토샵의 강력한 AI 기능인 생성형 채우기(Generative Fill)와 생성형 확장(Generative Expand)을 활용하여 이미지의 일부를 자연스럽게 생성하고 확장하는 방법을 알아보겠습니다.

완성 결과 | 완성_생성형 채우기.psd, 완성_생성형 확장.psd

선택 영역 지정한 후 오브젝트 추가하기

포토샵의 생성형 AI 기능을 사용하면 프롬프트를 입력하여 원하는 이미지 요소를 추가할 수 있습니다. 밋밋한 배경에 구름을 추가하고, 배경에 어울리는 요소들을 더해 보겠습니다.

01 포토샵에서 Ctrl+O를 눌러 [beach.jpg] 예제 파일을 열면 단순한 해변의 모습이 나타납니다.

LESSON 02 생성형 채우기 & 생성형 확장 **487**

02 ① 툴바에서 〈Rectangular Marquee Tool(M)〉 을 선택한 후 하늘 부분을 드래그하여 선택 영역으로 지정합니다. ② 상황별 작업 표시줄에서 [Generative Fill] 버튼을 클릭하여 '뭉게구름'을 입력한 후 ③ [Generate] 버튼을 클릭합니다.

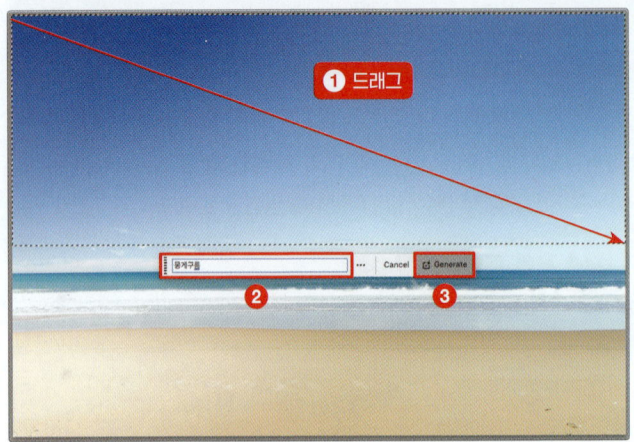

03 선택 영역에 구름이 생성됐습니다. ① 상황별 작업 표시줄에서 [〈 〉] 버튼을 클릭하여 생성된 3개의 결과물을 확인할 수 있습니다. ② 결과가 마음에 들지 않는다면 [Properties] 패널을 열고 프롬프트를 변경하거나 ③ [Generate] 버튼을 클릭하여 새로운 배경을 생성합니다.

TIP 인공지능의 특성상 같은 프롬프트를 입력하더라도 서로 다른 결과가 나타날 수 있습니다.

04 ① 이번에는 그림과 같이 바다 위에서 드래그하여 선택 영역을 지정하고 ② 상황별 작업 표시줄에서 [Generative Fill] 버튼을 클릭한 후 '무인도'를 입력합니다. ③ [Generate] 버튼을 클릭하면 ④ 새로운 요소가 추가됩니다.

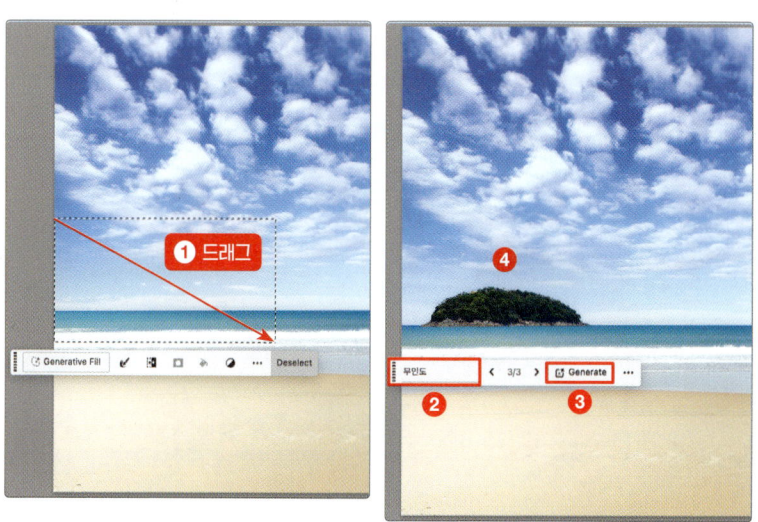

05 ① 계속해서 오른쪽 해변가에서 드래그하여 선택 영역을 지정하고 ② 상황별 작업 표시줄에서 [Generative Fill] 버튼을 클릭한 후 '흰색 파라솔'을 입력합니다. ③ [Generate] 버튼을 클릭하면 ④ 새로운 요소가 추가됩니다.

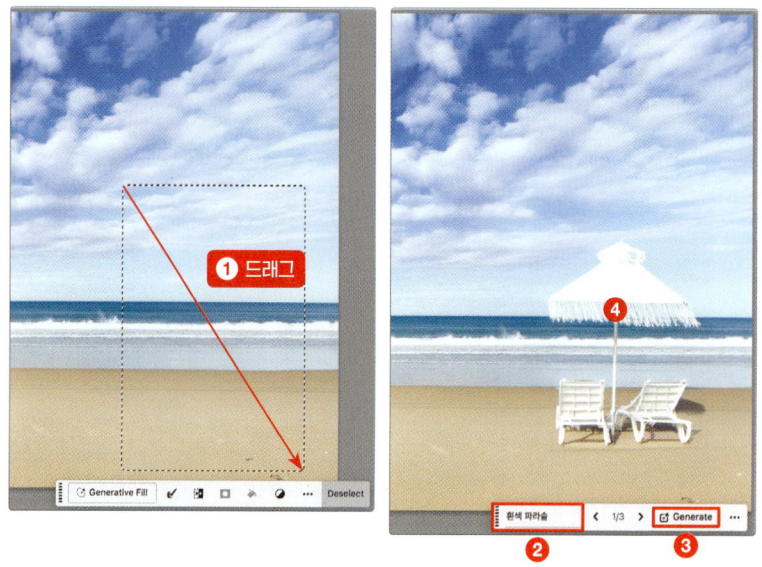

06 마지막으로 ❶ 툴바에서 〈Lasso Tool(L)〉 ◯을 선택하고 왼쪽 해변가에 선택 영역을 지정합니다. ❷ 상황별 작업 표시줄에 '모래 웅덩이'를 입력한 후 ❸ [Generate] 버튼을 클릭하여 ❹ 새로운 요소를 추가하면 완성입니다.

이미지의 빈 여백을 인공지능으로 채우기

캔버스의 크기를 키웠거나 의도치 않게 빈 여백이 생겼을 때 생성형 확장(Generative Expand) 기능을 활용하면 기존 이미지 배경과 자연스럽게 이어지도록 여백을 채울 수 있습니다.

01 포토샵에서 Ctrl + O 를 눌러 [friends.jpg] 예제 파일을 엽니다.

02 ❶ 툴바에서 〈Crop Tool(C)〉 ㅁ을 선택하고 Alt 를 누른 채 오른쪽 중간에 있는 조절점을 드래그하여 작업 영역의 가로를 넓히고, ❷ 상황별 작업 표시줄에서 [Generative Expand] 버튼을 클릭합니다.

03 ❶ 프롬프트 입력란이 표시되면 별도의 내용 입력 없이 그대로 [Generate] 버튼을 클릭합니다. ❷ 기존 이미지의 색감, 톤, 심도까지 계산하여 자연스럽게 배경이 확장됩니다.

LESSON 03 | 인공지능으로 생성한 벡터 그래픽 & 모양 채우기

포토샵에서 인공지능으로 비트맵 이미지를 생성하듯, 일러스트레이터에서는 벡터 이미지를 생성할 수 있습니다. 이번 레슨에서는 프롬프트를 벡터 그래픽으로 변환하는 3가지 유형과 생성형 모양 채우기 기능을 활용해 원하는 디자인을 빠르고 정교하게 만드는 방법을 알아보겠습니다.

완성 결과 | 완성_텍스트를 벡터로.ai, 완성_생성형 모양 채우기.ai

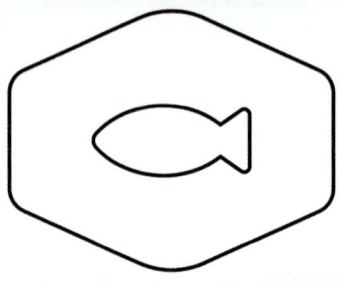

◀◀ 인공지능으로 생성할 수 있는 3가지 유형의 벡터 그래픽

일러스트레이터에서 인공지능으로 벡터 그래픽을 생성하는 3가지 유형을 알아보고 각 유형의 특징과 활용법을 배워 보겠습니다.

01 일러스트레이터에서 ❶ Ctrl+O를 눌러 [텍스트를 벡터로.ai] 예제 파일을 엽니다. ❷ 메뉴 바에서 [Window-Contextual Task Bar]를 선택하여 상황별 작업 표시줄을 표시한 후 ❸ 첫 번째 사각형을 선택합니다.

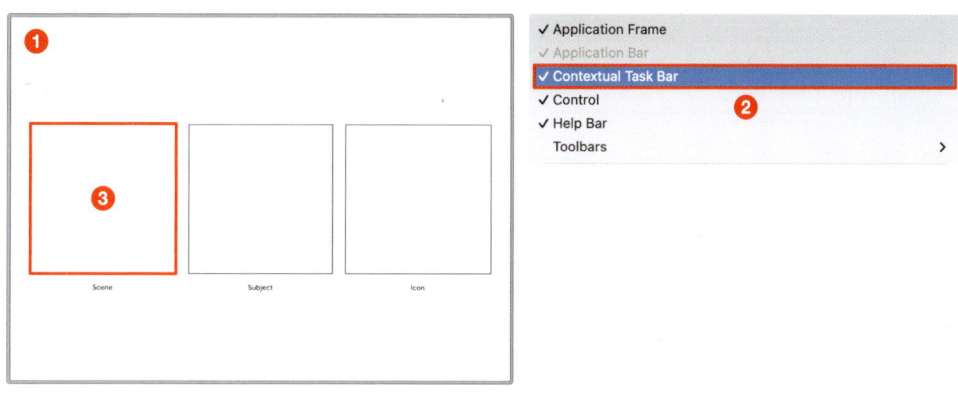

02 ❶ 상황별 작업 표시줄에서 [Generate Vectors] 버튼을 클릭한 후 ❷ [Content Type] 아이콘을 클릭하면 3가지 유형 중 선택할 수 있습니다. ❸ 우선 [Scene]을 선택하고 ❹ [Detail] 슬라이더는 중간으로 옮깁니다.

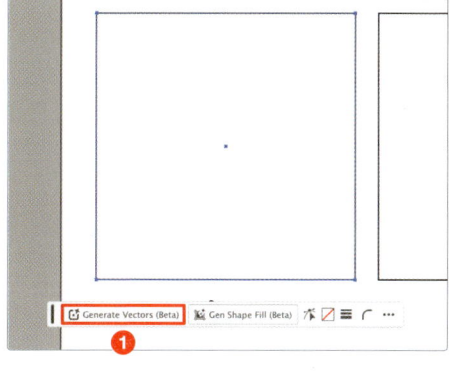
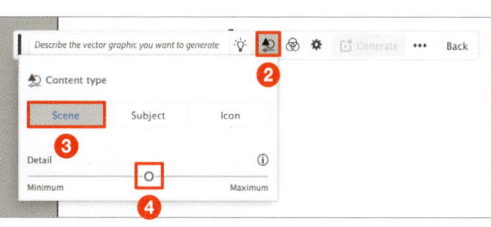

03 ❶ 프롬프트 입력란에 '선글라스를 끼고 수영하고 있는 웰시코기'를 입력한 후 ❷ [Generate] 버튼을 클릭하면 ❸ 배경이 포함된 벡터 그래픽이 생성됩니다.

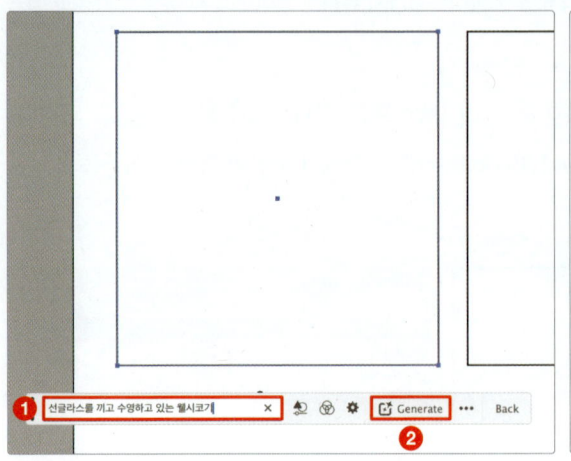

TIP 인공지능의 특성상 같은 프롬프트를 입력하더라도 서로 다른 결과가 나타날 수 있습니다.

04 기본으로 3개의 결과물이 생성되므로 상황별 작업 표시줄에서 [〈 〉] 버튼을 클릭하거나 [Properties] 패널에서 일괄 확인할 수 있습니다. 결과가 마음에 들지 않을 때는 프롬프트를 수정하거나 [Generate] 버튼을 다시 클릭합니다.

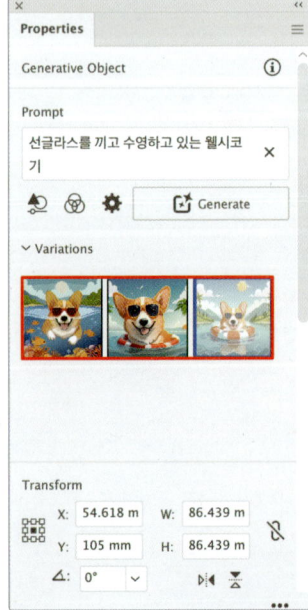

▲ 아웃라인 모드(Ctrl+Y)에서 확인한 결과

05 이번에는 ❶ 두 번째 사각형을 선택합니다. ❷ [Generate Vectors] 아이콘을 클릭한 후 ❸ [Content Type]-[Subject] 유형을 선택하고 ❹ '공놀이 하는 고양이'를 입력한 다음 ❺ [Generate] 버튼을 클릭합니다.

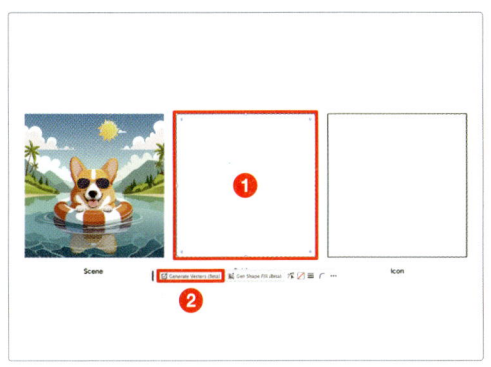

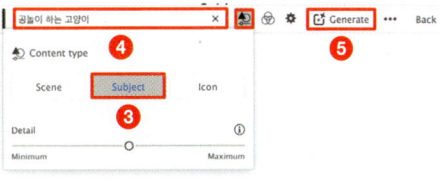

TIP [Detail] 슬라이더를 조절하여 세부 묘사 정도를 조절할 수 있습니다.

06 다음과 같이 배경 없이 피사체만 있는 벡터 그래픽이 생성됩니다.

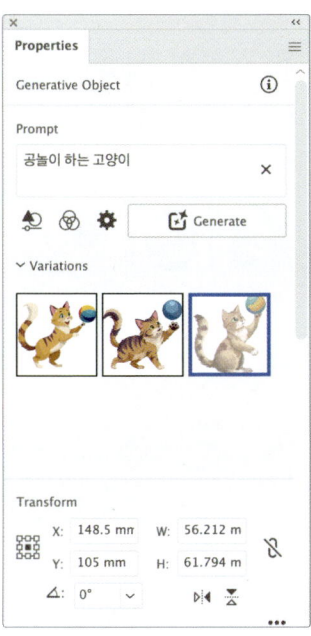

07 마지막으로 ❶ 세 번째 사각형을 선택합니다. ❷ [Generate Vectors] 아이콘을 클릭한 후 ❸ [Content Type]-[Icon] 유형을 선택하고 ❹ '달러 기호가 있는 돈주머니'를 입력한 다음 ❺ [Generate] 버튼을 클릭합니다.

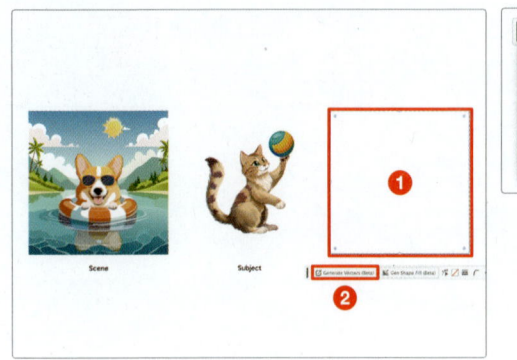
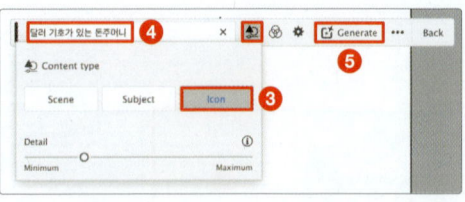

08 다음과 같이 단순한 아이콘 스타일의 벡터 그래픽이 생성됩니다.

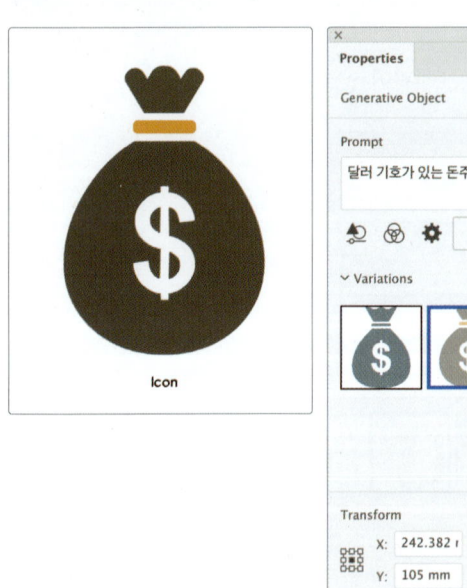
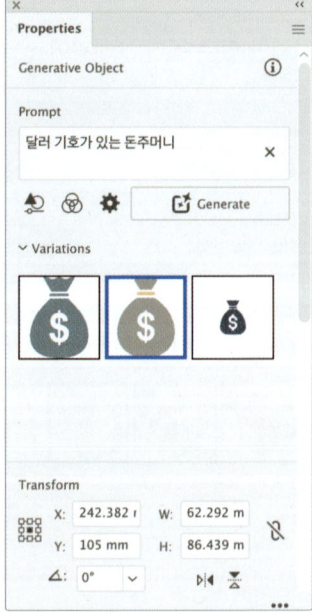

09 이처럼 [Content Type]에서 선택한 옵션에 따라 배경이 포함된 벡터 그래픽(Scene), 배경 없이 피사체만 있는 벡터 그래픽(Subject), 아이콘 스타일의 벡터 그래픽(Icon)을 생성할 수 있습니다.

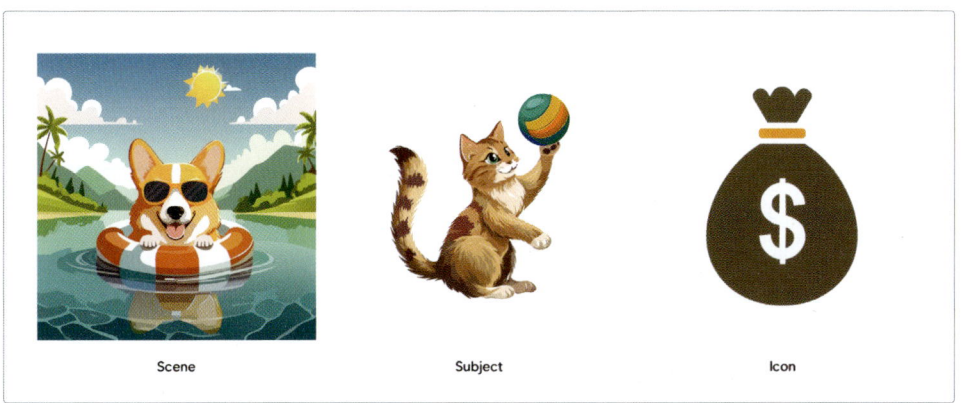

Scene / Subject / Icon

🔍 한 걸음 더 　Generate Vectors 창 이용하기

위 실습에서는 상황별 작업 표시줄을 이용했으나, 메뉴 바에서 [File-Generate Vectors]를 선택하여 Generate Vectors 창을 열고 벡터 그래픽을 생성할 수 있습니다.

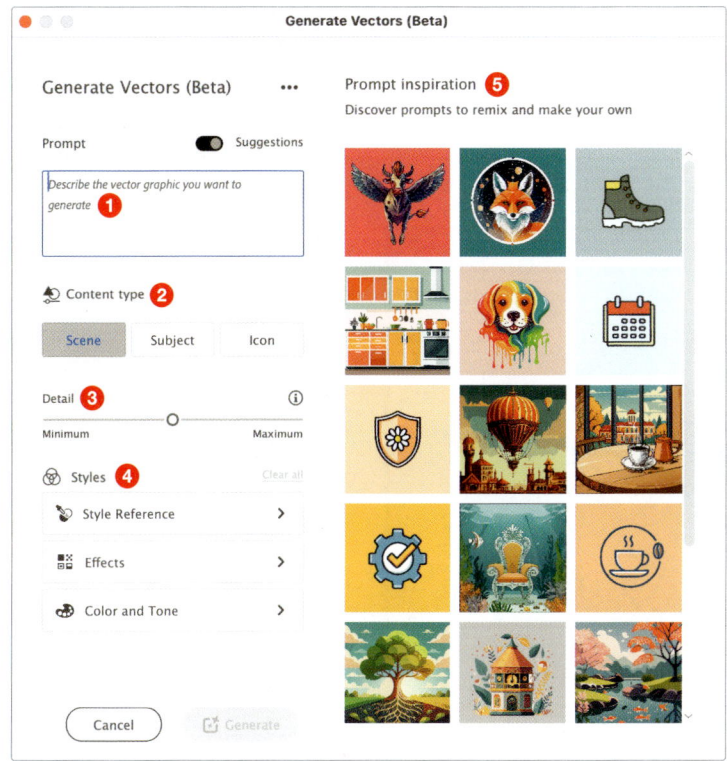

❶ **Prompt(프롬프트)**: 생성할 벡터 그래픽의 설명을 입력합니다.
❷ **Content type(콘텐츠 유형)**: 생성할 벡터 그래픽의 유형을 선택합니다.
- **Scene(장면)**: 배경이 포함된 전체 장면을 생성합니다.
- **Subject(피사체)**: 특정 피사체만 생성합니다.
- **Icon(아이콘)**: 단순한 아이콘 스타일의 벡터 그래픽을 생성합니다.

❸ **Detail(세부)**: 벡터 그래픽의 세부 묘사 정도를 조절합니다. 최소로 설정할수록 단순한 그래픽이 생성됩니다.

❹ **Styles(스타일)**: 생성할 벡터 그래픽의 스타일을 설정합니다.
- **Style Reference(스타일 참조)**: 참조 스타일 이미지를 선택하여 원하는 스타일로 벡터 그래픽을 생성할 수 있습니다.
- **Effects(효과)**: 벡터 그래픽에 적용할 효과를 지정할 수 있습니다.
- **Color and Tone(색상 및 톤)**: 색상 팔레트 및 전반적인 색감(밝기, 명도, 채도 등)을 설정할 수 있습니다.

❺ **Prompt Inspiration(프롬프트 영감)**: 벡터 그래픽 생성에 참고할 수 있는 예시 목록입니다. 원하는 스타일을 선택하면 해당 프롬프트와 설정이 동일하게 적용됩니다.

선택한 개체의 모양에 맞게 채워 주는 생성형 모양 채우기

선택 중인 개체의 형태를 유지하면서 내부를 원하는 스타일로 채우는 생성형 모양 채우기는 디자인의 일관성을 유지하면서 창의적인 그래픽을 생성할 수 있는 유용한 기능입니다.

01 일러스트레이터에서 Ctrl + O 를 눌러 [생성형 모양 채우기.ai] 예제 파일을 엽니다. 육각형 도형에 포함된 물고기 개체가 배치되어 있습니다.

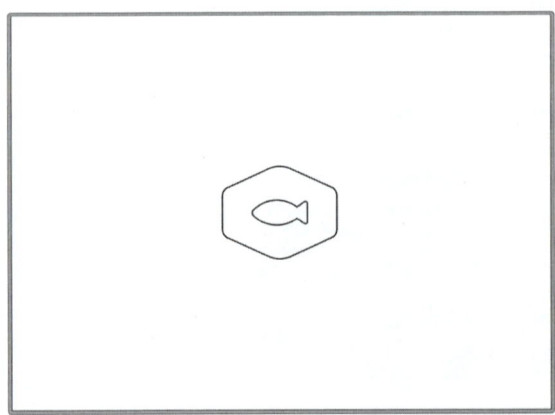

02 ❶ 모든 개체를 선택한 후 ❷ 상황별 작업 표시줄에서 [Gen(erative) Shape Fill] 버튼을 클릭합니다. ❸ [Shape strength and detail] 아이콘을 클릭한 후 ❹ 그림과 같이 2개의 슬라이더를 조절합니다. ❺ '바다 배경, 짙은 빨간색 물고기'라고 프롬프트를 입력한 후 ❻ [Generate] 버튼을 클릭합니다.

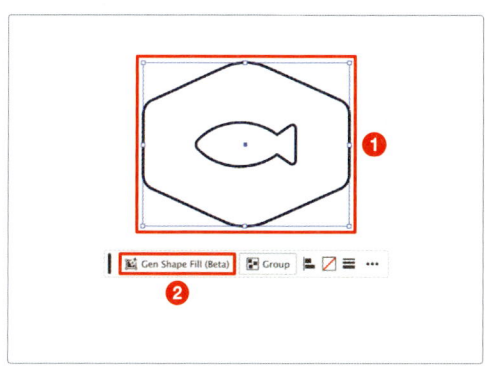
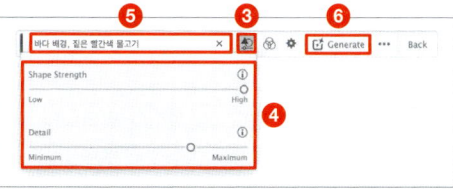

> **TIP** [Shape Strength](모양 강도)는 선택 중인 개체의 기본 형태를 얼마나 유지할지를, [Detail]은 세부 묘사 정도를 설정하는 슬라이더입니다.

03 ❶ 선택 중인 개체의 형태를 인식하여, 프롬프트에 따라 정교한 벡터 그래픽이 생성됩니다. ❷ 생성된 그래픽을 한쪽으로 드래그해서 옮기면 처음 선택한 개체가 그대로 유지되어 있습니다. 이처럼 생성형 모양 채우기를 활용하면 원하는 형태에 맞게 벡터 그래픽을 생성할 수 있습니다.

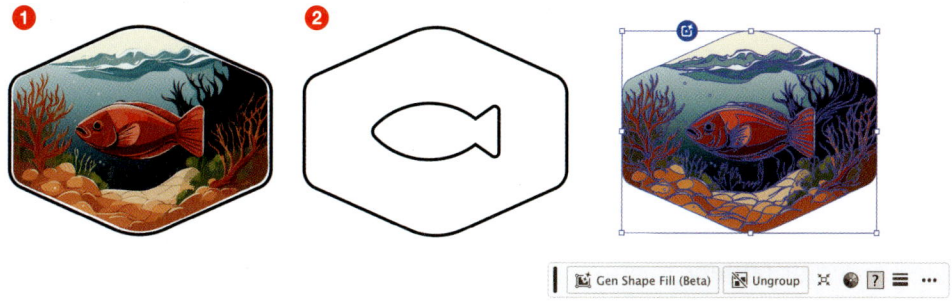

> **TIP** 메뉴 바에서 [Object-Gen Shape Fill]을 선택하면 Gen Shape Fill 창을 열어 생성형 모양 채우기를 실행할 수 있습니다. 상세 옵션은 000쪽에서 설명한 Generate Vectors 창과 거의 유사합니다.

LESSON 04 인공지능으로 생성한 패턴

인공지능으로 패턴도 생성할 수 있습니다. 간단한 프롬프트를 입력하여 다양한 스타일의 패턴을 제작해 보고, 캐릭터에 적용해 보겠습니다.

완성 결과 | 완성_텍스트를 패턴으로.ai

다양한 프롬프트를 이용하여 여러 종류의 패턴을 생성합니다. 그런 다음 생성한 패턴을 오브젝트에 적용해 보겠습니다.

01 일러스트레이터에서 ❶ Ctrl + O 를 눌러 [패턴 만들기.ai] 예제 파일을 열고, ❷ 메뉴 바에서 [Object - Pattern - Generate Patterns]을 선택하여 [Generate Patterns] 패널을 엽니다.

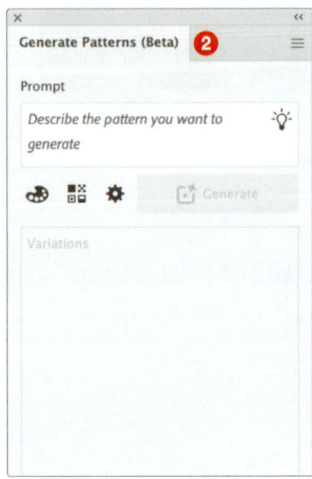

02 우선 여러 개의 패턴을 생성하기 위해 ❶ 프롬프트 입력란에 '다양한 색상의 도트 패턴'을 입력하고 ❷ [Genetare] 버튼을 클릭하여 ❸ 패턴을 생성합니다.

> **TIP** 인공지능의 특성상 같은 프롬프트를 입력하더라도 서로 다른 결과가 나타날 수 있습니다.

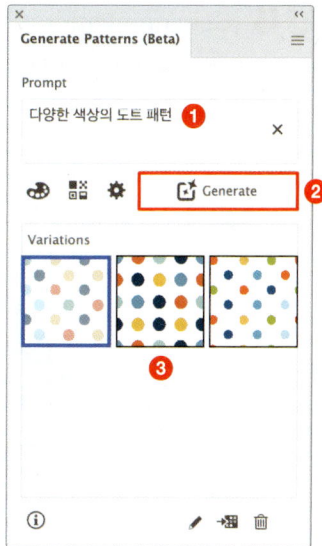

03 계속해서 ❶ '귀여운 오리 얼굴'을 입력한 후 ❷ [Generate] 버튼을 클릭하고, ❸ '아기자기한 별, 짙은 파란색 배경'을 입력하고 ❹ [Generate] 버튼을 클릭하여 ❺ 새로운 패턴을 추가로 생성합니다.

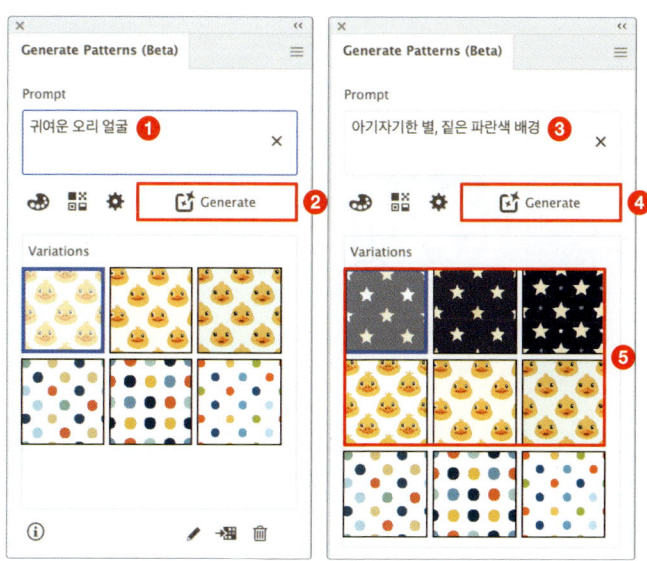

LESSON 04 인공지능으로 생성한 패턴 **501**

04 [Generate Patterns] 패널에서 생성한 패턴은 원하는 개체로 드래그하여 바로 적용할 수 있습니다. ❶ 툴바에서 [Fill] 옵션이 활성화되어 있는지 확인하고, ❷ 오리 패턴을 캐릭터의 옷으로 드래그하여 적용합니다.

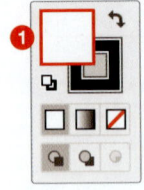

05 계속해서 ❶ 도트 패턴을 풍선으로 드래그하여 적용하고, ❷ 별 패턴을 모자로 드래그하여 적용합니다.

06 패턴의 크기를 변경하기 위해 ❶ 〈Selection Tool(V)〉 ▶ 로 캐릭터 옷을 클릭해서 선택하고, ❷ 툴바에서 〈Scale Tool(S)〉 을 더블 클릭하여 Scale 창을 엽니다. ❸ **Uniform: 20%** 를 적용하고, ❹ [Transform Patterns](패턴 변형)에만 체크한 후 ❺ [OK]를 클릭합니다.

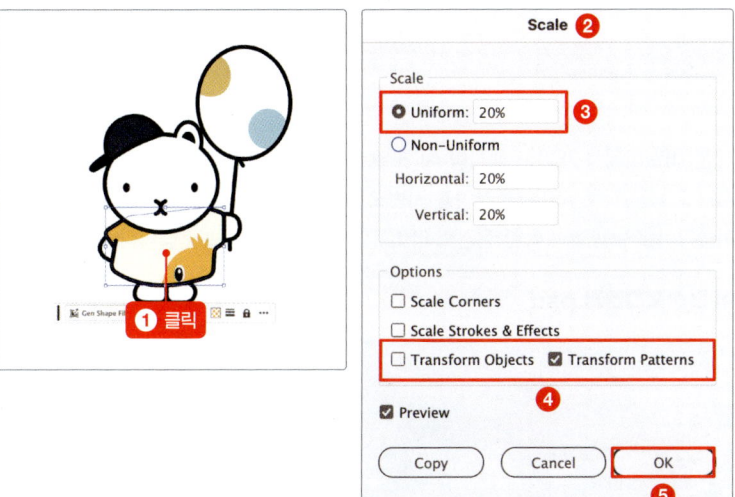

07 ❶ 선택한 개체의 패턴만 20%로 축소되었습니다. 같은 방법으로 ❷ 풍선과 ❸ 모자에 적용한 패턴도 원하는 비율로 축소합니다. 이처럼 일러스트레이터의 생성형 패턴 기능을 사용하면 간편하게 패턴을 생성하고 원하는 개체에 적용할 수 있습니다.

LESSON 05 | 인공지능으로 완성한 타이포그래피

파이어플라이(Firefly)는 어도비에서 개발한 생성형 AI 모델로, 앞서 소개한 포토샵과 일러스트레이터에 포함된 인공지능 기능은 모두 파이어플라이를 기반으로 작동합니다. 인공지능 활용편의 마지막으로 웹용 파이어플라이를 활용해 독특한 질감의 타이포그래피를 완성해 보겠습니다.

완성 결과 | **완성_AI 타이포그래피.psd**

웹용 파이어플라이는 이미지뿐만 아니라 영상을 생성하는 등 다양한 기능을 포함하고 있습니다. 웹용 파이어플라이에서 얼음이 녹고 있는 듯한 스타일과 문자 이미지를 참조하여 실제와 가까운 독특한 타이포그래피를 생성해 보겠습니다.

01 ❶ 웹 브라우저에서 어도비 파이어플라이(https://firefly.adobe.com)에 접속한 후 어도비 계정으로 로그인하고, ❷ [**텍스트를 이미지로**] 배너를 선택합니다.

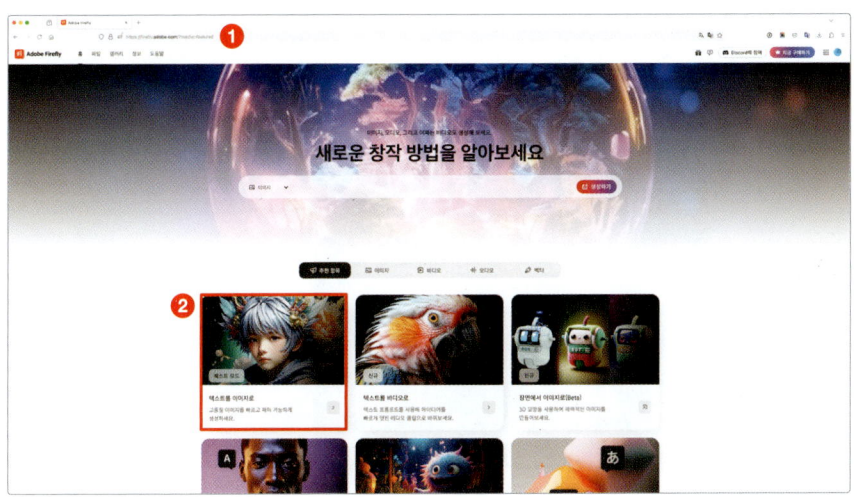

02 텍스트로 이미지 화면이 열리면 화면 위쪽 유형에서 ❶ [**생성하기**] 탭을 클릭합니다. ❷ 프롬프트 입력란에 '녹고 있는 얼음 조각, 파란색 배경'을 입력하고 ❸ [**생성하기**] 버튼을 클릭하여 스타일 참조에 사용할 이미지를 생성합니다.

03 ❶ 웹용 파이어플라이는 기본값인 패스트 모드 상태에서 한 번에 4개의 이미지를 빠르게 생성합니다. 대신 해상도가 다소 떨어집니다. ❷ 마음에 드는 얼음 이미지가 생성되었다면 [모두 업스케일]을 클릭하여 해상도를 향상합니다.

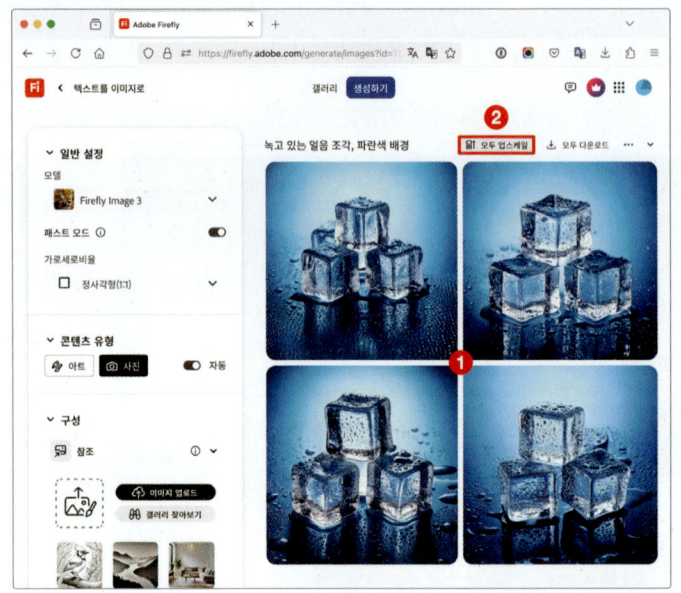

04 해상도 향상이 끝나면 결과물 중 스타일 참조에 사용할 이미지로 마우스 커서를 옮긴 후 ❶ [편집] 버튼(연필 모양 아이콘)을 클릭한 다음 ❷ [스타일 참조로 사용]을 선택합니다. ❸ 왼쪽 패널 아래쪽에 있는 '스타일' 영역을 보면 참조 이미지로 추가되어 있습니다.

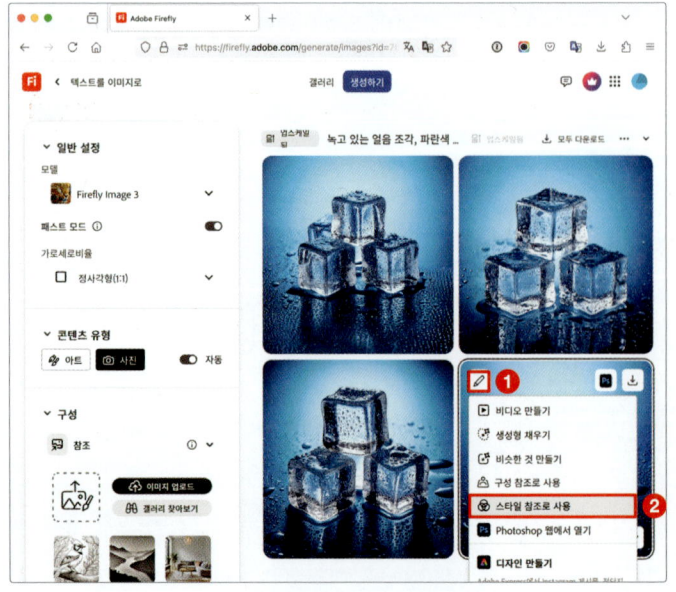

05 이제 참조 스타일을 원하는 형태로 만들기 위해 왼쪽 패널의 '구성' 영역에서 [이미지 업로드] 버튼을 클릭한 후 [아추버라.png] 예제 파일을 선택해서 적용합니다.

06 생성 결과를 극대화하기 위해 ❶ '구성' 영역의 [강도] 옵션, ❷ '스타일' 영역의 [비주얼 강화]와 ❸ [강도] 옵션을 최댓값으로 적용합니다. ❹ 현실감도 더하기 위해 '스타일' 영역의 [효과]에서 [테마] 항목에 있는 [극사실주의]를 선택합니다.

07 모든 설정이 끝나면 오른쪽 아래에 있는 ❶ [생성하기] 버튼을 클릭합니다. ❷ 참조한 얼음 재질 스타일과 문자 이미지 구성이 적용되어 독특한 타이포그래피가 완성되었습니다.

> **TIP** 원하는 결과가 생성되지 않았다면 왼쪽 패널의 옵션을 변경하거나 [생성하기] 버튼을 다시 클릭하여 결과물을 추가로 생성해 보세요. 원하는 결과가 생성되었다면 [모두 업스케일]을 클릭하여 해상도를 향상하고, [모두 다운로드]를 클릭하여 이미지 파일로 저장합니다.

찾아보기

기호

3D 440
3D and Materials 444

A

Add Noise 229
Adjustment Layer 82
Adobe Fonts 33
AI 26, 482
Align 338
Appearance 427
Art Brush 360, 362
Auto-Select 72

B

Bitmap 22
Black & White 241
Blend Tool 438
Blob Brush Tool 321

C

Camera Raw Filter 114
CMYK 24
Color Lookup 152, 209
Color Overlay 222
Color Range 221
Contextual Task Bar 483
Create Object Mosaic 405
Create Outlines 368
Create Polygon 169

Creative Cloud 30
Curves 87

D

DPI 25
Draw Inside 400

E

EPS 26
Expand 341
Export 174, 307

F

Fill 276
Firefly 504

G

Gaussian Blur 227, 420
Generate image 486
Generate Vectors 497
GIF 26
Gradient Map 243
Gradient Tool 147

H

Hue/Saturation 197

I

Image Trace 392, 396

J

JPG 26

L

Layer Mask 135
Leave Stroke 362
Legacy Brushes 184
Levels 109
Liquify 118
Live Paint Bucket 398
Lorem Ipsum 151
LUT 154, 209

M

Magic Wand Tool 460
Make with Warp 353
Mockup 258

N

Neural Filters 117
None 57, 276

O

Offset Path 288
Opacity] 105
Open 83

찾아보기 **509**

P

Paintbrush Tool 293
Paint Bucket Tool 257
Paste 469
Pathfinder 299, 378
Pattern 331
Pattern Brush 369
PDF 26
Pen Tool 316
Place 83
Place Embedded 69
Place Linked 69
PNG 26
Polygon Tool 169
Position 180
PPI 25
PSD 26

R

Refine Hair 127
Render with Ray Tracing 446
Resolution 25
RGB 24

S

Scale 333
Scale Corners 283
Scribble 413
Selective Color 84
Shape Builder Tool 374, 378
Smart Guides 72
Smooth 398
Snap 407
Stroke 276, 291

Subject 93
SVG 26

T

Threshold 221
TIFF 26
Type on a Path 387

V

Vector 22

W

Warp 353
WEBP 26

ㄱ

가로쓰기 문자 도구 40
가변형 타이포그래피 425
가산 혼합 24
가이드라인 추가 92
감산 혼합 24
개체 배치 72
개체 선택 도구 37
격자 표시 407
곡률 도구 51
그래픽 스타일 415
그레이디언트 도구 39, 55
그레이디언트 설정 147
그룹 76
글꼴 유실 247
글래스모피즘 226
기울기 205

ㄴ

내보내기 307
네온 사인 효과 152
네온 효과 209
노이즈 229
뉴럴 필터 117

ㄷ

단락 정렬 151
단순화 219
닷지 도구 39
도구 모음 편집 41, 57
도형 구성 도구 54, 374
도형 그리기 67
돋보기 도구 41, 57
듀오톤 238, 244

ㄹ

라이브 코너 274, 277
라이브 페인트 통 397
레벨 109
레이어 가져오기 467
레이어 마스크 135
레이어 복제 176
레이어 복제 이동 175
레이어 스타일 67
레이 트레이싱 446
레트로 238
로고 320

ㅁ

막대 그래프 도구 56
망 도구 55

머리카락 염색 113
모양 도구 53
모자이크 403
모퉁이 비율 283
목업 258
목업 제작 269
무료 글꼴 27
무료 이미지 28
문자 도구 51
문자 왜곡 346
물방울 브러시 320

ㅂ

밝기 197
배경색 41
배너 155
배너 디자인 123
벡터 22
변형 반복 311
복사 후 붙여넣기 89
복제 도장 도구 38
분할 구도 143
분할 영역 도구 56
불투명도 105
브러시 도구 38
블렌드 도구 55, 337, 438
블렌딩 모드 101
비트맵 22
빈티지 218

ㅅ

사각형 도구 40, 52
사각형 선택 도구 36
사진 보정 81

상황별 작업 표시줄 41
새 작업 68
색 공간 24
색상 197
색상 라벨 267
색상 모드 24
색상 변경 132
색상 조정 295
색상 지정 276
색상화 364
생성형 모양 채우기 498
생성형 채우기 487
생성형 확장 490
선분 도구 52
선택 도구 50
선택 영역 161, 188
선택 영역 브러시 도구 36
선 폭 도구 54
설치 31
섬네일 143
속도감 192
손 도구 40, 57
수평 맞추기 83
스냅 92
스마트 오브젝트 113
스타일 추가 132
스팟 복구 브러시 도구 38
스포이드 도구 37, 55
실시간 연동 459
심볼 분무기 도구 55

ㅇ

아트보드 164
아트보드 도구 56
아트 브러시 358

아트웍 100
언어 변경 31
엠블럼 379
엠블럼 디자인 384
오프셋 패스 429
올가미 도구 51
옵션 바 41
왜곡 204
워크스페이스 설정 45
워크스페이스 초기화 49
원근감 격자 도구 55
이동 도구 36
이미지 가져오기 68
이미지 생성 41, 482
이미지 추적 392
이분할 144
인물 보정 112
인쇄용 파일 465
임곗값 219
입체감 206
입체 타이포그래피 440

ㅈ

자동 선택 도구 51, 460
자르기 도구 37
자유 변형 67, 204
자유 변형 도구 54
작업 내역 브러시 도구 38
작업 환경 45
전경색 41
정렬 72
제품 사진 배치 157
조정 레이어 81
조정 브러시 도구 39
종이 질감 136

지우개 도구 39, 53
직접 선택 도구 50, 123
질감 표현 184

ㅊ

채도 197
채색 256
초대장 135
초크 아트 412
치수 도구 55
칠과 선 57

ㅋ

카드뉴스 163
캐릭터 250, 391
커스텀 브러시 251
컨트롤 바 58
퀵 마스크 모드로 편집 41
크기 조절 333
크기 조절 도구 53
클라우드 35
클리핑 마스크 94

ㅌ

타이틀 디자인 183
타이포그래피 192
텍스트 입력 73
툴바 36, 50

ㅍ

파이어플라이 505
파일 포맷 26
패널 41, 58
패스상의 오브젝트 도구 57
패스 선택 도구 40
패스파인더 299
패턴 327
패턴 브러시 366
패턴 수정 335
페인트 브러시 도구 52
페인트 통 도구 257
펜 도구 39, 51, 316
포스터 218, 346
포토샵 65
표준 그리기 57

프레임 도구 37
프롬프트 482
프리셋 90
플러그인 35
피사체 선택 92
픽셀 아트 403
픽셀 유동화 118
필터 112

ㅎ

학습 자료 34
합성 91
해상도 25
화면 모드 변경 41, 57
확대/축소 282
회전 205
회전 도구 53, 312
흐림 효과 도구 39
흑백 이미지 241